마이클 부스의

유럽 육로 여행기

마이클 부스의 유럽 육로 여행기

동화 속 언더그라운드를 찾아서

마이클 부스 지음
김윤경 옮김

글항아리

일러두기

• 외국 인명, 지명 등 고유명사는 국립국어원의 외래어표기법을 따르되, 국내에 소개된 작품명 등은 외래어표기법과 다르더라도 한국어 제목대로 적었다.
• 본문에서 ( ), [ ]로 부연한 곳은 지은이의 것이며, 각주는 모두 옮긴이의 것이다.
• 원서에서 이탤릭으로 강조한 곳은 고딕으로 표시했다.

그 누구도 저보다 더한 고통은 겪지 못할 것입니다.
하지만 떠나보는 것도 나쁘지 않군요.
지금 제 영혼이 안녕치 못하니까요.

동방 여행 둘째 날인 1840년 11월 1일,
한스 크리스티안 안데르센이 후원자 요나스 콜린에게 보낸 편지에서

차례

1장

코펜하겐

København

오덴세 콘서트홀 무대 옆 편 어디선가 무대 기술자가 로저 무어의 등 뒤로 손을 뻗어 마이크 배터리를 확인하고 스위치를 눌렀다. 무어의 눈빛이 살아나고, 척추가 곧추세워지며, 오른쪽 눈썹이 파르르 떨리더니 놀란 듯 포물선 모양을 그렸다. 조명감독이 스포트라이트 쪽을 가리키며 콘솔의 토글스위치를 움직이자, 무어는 스칸디나비아반도에서 가장 큰 무대로 성큼성큼 걸어나갔다.

모르긴 몰라도, 눈에 보이지 않는 무대의 양쪽 끝 어둠 속에서는 이런 일이 벌어졌으리라. 나를 포함해 2000명가량 되는 관객은 덴마크 왕실의 일원들과 현지 고위 공직자, 일반 덴마크 국민과 한스 크리스티안 안데르센 마니아들이 주를 이루었고 개중에는 로저 무어의 팬도 간간이 섞여 있었을 것이다. 하지만 세상 무심한 얼굴로 두서없이 꺼내는 그의 이야기를 듣고 있자니 혹시 저 사람, 유니세프 대사로 쉬지 않고 일하는 슈퍼스타의 짐을 덜어주기 위해 스위스 본부에서 파견한 꼭두각시가 아닐까 하는 의심이 들었다. 바로 그 순간에 슬로바키아의 브라티슬라바부터 아프리카 부룬디에 이르기까지 수많은 로저 무어가 등장해 연설을 하고 있었던 것은 아닐까?

진짜인지 가짜인지 모를 로저 무어는 두꺼운 분장과 분장실에서 마신 셰리주로 제정신이 아니었다.

어쨌든 무어가 흐리멍덩한 발음으로 기근 희생자들의 이야기를 늘어놓을 때 내 마음은 어딘가를 표류하고 있었다. 나만 그런 것이 아니었다. 양옆에 앉은 장인어른과 장모님의 얼굴을 보니, 티는 내지 않아도 당혹감에 굳어 있었다. 유니세프 활동에 대한 소개는 일찌감치 끝내고 커리어 이야기로 쏠리는 무어의 독백이 혼란스러운 모양이었다. 이 당혹감은 내 주변에 앉은 다른 덴마크인들의 얼굴에서도 그대로 드러났다. 여러 섬과 협만, 반도로 이루어진 견실한 나라에 사는 이 견실한 사람들이 집을 나선 것은 허세로 가득한 어느 배우의 횡설수설한 추억담을 듣기 위해서가 아니었다. 이들은 덴마크 국민이 사랑해 마지않는 한 작가를 기리는 무척 뜻깊은 행사에 참석한 것이었다.

이 행사는 바로 매년 오덴세에서 열리는 한스 크리스티안 안데르센 축제였다. 마침내 로저 무어가 무대에서 내려오자 그의 작품(로저가 아닌 안데르센의 작품)이 노래와 낭독, 연설, 극으로 연출되었다. 전 세계인에게 가장 사랑받는 동화작가의 출생지는 그에 대한 추억을 아름답게 각색하느라 여념이 없었다. 그가 기차표 값을 벌자마자 퓐섬의 이 촌구석을 떠나 코펜하겐으로 갔다는 사실은 까마득하게 잊은 모양이었다. 엘비스 프레슬리의 생가가 있는 멤피스와 비틀스의 고향 리버풀을 생각하면 오덴세 사람들의 마음을 이해 못 할 일도 아니다. 안데르센은 오덴세 사람들에게 막대한 이문을 가져다주는 가장 위대한 국제 수출품이니까.

보통 때라면 내 인생을 배배 꼬아놓은 안데르센보다는 로저 무어의 인생을 추억하는 쪽을 택했겠지만 올해는 달랐다. 축제 날이 공교롭게도 덴마크 국민이라면 누구나 사랑하고 존경하는 마르그레테 2세 여왕(덴마크 국민은 편한 사석에서 여왕을 '데이지' 라고 부른다)의 예순 번째 생일이고 그때 그녀가 콘서트홀 맨 앞 줄에 프랑스인 남편 앙리 공과 함께 앉아 있었기 때문만은 아니 었다. 다음 무대에서 한 배우가 복장도착증 닭 옷을 입고 나올 예정이기 때문이었다. 이 복장은 코펜하겐의 어느 의상 디자이 너가 안데르센의 작품 「나이팅게일」에 나오는 시계태엽 새를 끔 찍하게 재해석해놓은 의상이었다.

그리고 그 배우는 바로 내 아내였다.

아내 리센을 만난 것은 2년 전 크리스마스가 코앞에 다가왔을 무렵 런던에 사는 한 연극평론가 친구의 집들이 파티에서였다. 친구네 이즐링턴 아파트에 도착했을 때부터 이미 취기가 올라 있 던 나는 리센의 기억에 따르면 취할 대로 취한 상태에서도 의식 을 잃지는 않았다. 이튿날 옷깃에 묻은 침 자국이 증명해주듯이, 보기 좋은 광경이었을 리는 만무했지만. 변명을 하자면, 그날 오 후 『타임아웃』지의 크리스마스 점심 모임에 참석한 후, 정처 없 이 걸어 소호에서 열린 채널 4 방송사의 파티에도 갔었다. (이거 변명 맞나?)

리센과 나의 만남을 주선해준 사람은 우리 두 사람의 친구인 수지였다(기자 출신인 그녀는 나중에 내 들러리 '맨'도 되어주었다). 그 날 파티에서 리센을 본 나는 이 스칸디나비아 미녀에게 매력을 발산하기 위해 최선을 다했다. 그녀는 천진한 얼굴과 굴곡진 몸매, 윤기가 흐르는 연갈색 머리칼과 황홀한 청록색 눈동자가 돋보였고 섹시한 보라색 가죽바지 차림이었다.

나중에 리센이 해준 말에 따르면, 그때 내 인상이 어찌나 강렬했던지 파티를 떠난 몇 시간 뒤에도 계속 생각이 났다고 한다. "점퍼를 뒤집어 입은 그 소름 끼치는 남자는 누구야?" 역으로 걸어가면서 그녀가 친구에게 꺼낸 말이었다. 하지만 남자들이 찍찍이 점프슈트를 입은 레밍이라도 되듯 그녀에게 몸을 내던지는 이 도시에서, 쌀쌀맞을 만큼 냉담하면서도 한편으론 관심을 드러내는 내 태도는 리센에게 일종의 심술궂은 마법을 걸었다. 나는 빙빙 도는 방 안과 배 속을 헤집어놓는 원심분리기에 맞서 싸우느라 안간힘을 넘어 발악까지 했는데(덕분에 친구의 새 아파트는 사이키델릭한 분위기로 인테리어가 바뀌었는데, 아마 그녀의 취향은 아니었을 것이다), 리센은 이런 내 모습을 불가사의한 매력으로 받아들였다. 달리 말하면, 다른 남자들이 그녀 앞에서 맥을 못 추며 와르르 무너질 때 나는 꼿꼿한 자세로 침을 질질 흘리고 있었다. 한마디로, '흥미를 자극할 만큼 색다른' 매력을 흘렸다.

여기서부터는 일사천리였다. 목례와 윙크, 며칠 뒤 망설이며 건 사과 전화 한 통(여기에 내 미래 들러리맨의 능수능란하지만 철두철미하지는 않은 만남 주선)으로 첫 데이트가 성사됐고, 연애를 거쳐 웨딩마치를 올렸다. 만약 그때의 선택으로 사람을 기죽이는 날씨에 세금은 널뛰고 사교 예절은 아리송하며 끼니마다 돼지기름과 생선 절임이 올라오는 나라로 이주하게 될 줄 알았더라면 아마도 나는⋯⋯ 슬픈 일이지만 다시 그때로 돌아가더라도 똑같은 선택을 할 것이다. 보라색 가죽바지 앞에서는 몇 번을 다시 생각해도 별수가 없다.

오덴세 콘서트홀을 나온 리센의 부모님과 나는 차로 가서 닭 의상을 입고 있던 디바 아내가 수수한 옷차림으로 나타나기를 기다렸다. 투자가이자 발명가(대표 발명품으로는 개가 아플 때 억지로 걸어주는, 그래서 꼭 위성 안테나와 싸워 진 듯한 인상을 주는 원뿔형 플라스틱 목걸이가 있다)인 장인어른 페테르는 여왕과 위대한 작가를 축하하는 공동 기념식에 로저 무어가 등장한 사실에서 의미를 찾아내고자, 적어도 어떤 명분이라도 찾아내고자 애썼다. 나는 괜한 말을 꺼냈다가 수습하느라 진땀을 빼게 될까봐 조용히 입을 다물었다.

사실 그때 내 마음속의 검은 하늘에서는 애초에 나를 친구들과 가족, 커리어에서 떼어놓고, 발버둥치는(실은 질질 짜는) 나를 이 적대적이고 침울한 나라로 끌려오게 만든 바로 그 사람, 그러니까 그날 저녁 우리가 기리고 있던 한 남자(힌트를 주자면 로저 무어는 아니다)에 대한 분개심이 여느 때처럼 빠르게 번져나가고 있었다.

금요일 저녁에 음악 프로그램 「톱오브더팝스Top of the Pops」*를 시청할 수 없거나 욕조에 누워 BBC 라디오 4의 토론 프로그램 「스타트더위크Start the Week」를 청취할 수 없는 것도 다 이 남자 때문이었다. 덴마크에서는 라디오 4가 나오지 않을 뿐 아니라 목욕이 갈라파고스섬에 냉장고를 내다버리는 일만큼이나 양심 없는 환경오염 유발 행위로 여겨졌다(덴마크인들에게 욕실은 방종의 공간이라기보다는 효율적이고 어떤 의미에서는 고통스러운 정화의 공간이다). 이 남자는 내게서 신문가판대의 코믹 잡지 『비즈Viz』를 사거나(덴마크에는 신문가판대가 없다. 지어낸 말이 아니다) 동네에서 부드러운 존스미스 에일 맥주를 마시는(덴마크는 칼스버그 양조장의 독재국가라고 할 수 있다) 즐거움까지 빼앗아간 원흉이었다. 글라스노스트 이전 시대의 더블크림이나 진한 오렌지주스, 살짝 익힌 쌀, 내겐 슈퍼마켓이나 다름없었던 채소 통조림 도매점을 찾을 수 없는 것도 이 남자 탓이었다. 어떻게 생겨먹은 나라인지 먹을 만한 감자칩 하나 구경하기가 힘들었다!

물론 덴마크에도 훌륭한 점은 많았다. 다만 내가 보낸 첫해에는 이 훌륭한 면면이 자기 연민과 사교생활에서 오는 당혹감에 가려져 있었다. 덴마크인들이 (대부분) 조각상 같은 체격을 갖춘 미남 미녀들이고 세계 최고 수준의 교육까지 받았다는 사실은 아무 도움이 되지 않았다. 그 틈바구니에서 살자니 마치 학생 대표만 모여 있는 나라에 와 있는 듯한 느낌이었다.

하지만 이런 그들에게도 흠결이 있었다. 내 인생을 탈선시킨고인 때문에 고통스럽긴 했지만, 덕분에 덴마크인은 '부탁'이란

● BBC에서 제작해 1964년부터 2006년까지 주간으로 방영된 영국의 음악 순위 프로그램.

말을 입에 담는 법이 없고 버스를 기다리는 줄에서 팔꿈치로 남을 밀치더라도 절대 사과하지 않는다는 사실을 배웠다. 우스꽝스러운 예절 규칙에는 답답할 정도로 순종하면서도(예를 들어 훈제 연어를 호밀 빵과 함께 내놓는 것은 손님에게 통조림에 든 베이크드빈스를 대접하는 것과 같다. 훈제 연어는 반드시 흰 빵과 함께 대접해야 한다) 질서 있게 줄을 서는 법은 몰랐다. 덴마크에서는 뒷사람을 위해 문을 잡아주면 기껏해야 사람들의 철저한 무시 속에서 문지기 신세가 될 뿐이며, 최악의 경우에는 기사도 정신에 눌려 살아온 뾰족한 인상의 페미니스트들이 무섭게 노려볼지도 모른다. 전날 리센에게 줄 뒤풀이 선물을 사러 백화점에 갔다가 내가 겪은 일이기도 했다. 이런 일을 겪고 나면 두 번 다시는 그럴 엄두를 못 내게 된다. 이들에 비하면 중국계 홍콩인들(그때까지 내가 만나본 가장 무례한 사람들)은 적극성 훈련을 받은 도서관 사서쯤 돼 보였다. 영국에서는 남의 발을 밟으면 사과하는 게 당연했기 때문에 나는 이런 일들을 나라는 개인에 대한 적대감으로 받아들였고, 그래서 짧은 쇼핑 나들이를 나갔다가도 종종 금방이라도 울 것 같은 얼굴로 집에 돌아오곤 했다. (어떤 민족 전체를 이런 식으로 일반화하는 것은 분명 잘못된 일이지만, 덴마크인들은 자신들이 유별날 정도로 유대가 긴밀한 민족이라는 데 자부심을 느낀다. 이 정도면 구실이 될 것이다.)

심해어를 닮은 옛날 어린이 작가 때문에 나는 축구팀을 함께 응원할 동료를 모을 수도 없었고(평범한 덴마크인들은 어찌나 성숙한지 좀처럼 스포츠에 열광하지 않는다), 음악 소리에 환호성을 지르는 모습도 자주 볼 수 없었다(아쿠아의 CD를 마지막으로 틀었던 때가 대체 언제인가?). 한 중앙 일간지의 호의로 자동차 관련 글을 기고하며 식객이나 다름없는 프리랜서 생활을 하면서 런던 주변으로 유유자적 페라리와 벤틀리를 몰고 다녔던 내가 지금은 이 작가와 빌어먹을 새 덕분에 밀레 파카에 맞먹는 차라고 할 수 있는 암갈색 르노캉구의 자랑스러운 주인이 되었다. 자동차를 악으로 보는 덴마크 정부가 노파심에 180퍼센트의 수입 관세를 부과해 자동차를 평생 빚에 허덕여야 살 수 있는 터무니없는 사치품으로 만든 탓이었다.

내가 볼 때 덴마크는 평범함을 최고의 미덕으로 여겼다. 과장이라고 생각하는가? 글쎄다. 덴마크의 독특한 사회 현상인 얀테의 법칙Jantés Law을 이야기하면 아마 깜짝 놀랄 것이다.

얀테의 법칙은 21세기 덴마크 풍자작가 악셀 사네모세의 소설에 나오는 표현으로, 1933년 소설에서 그는 이 땅에 널리 퍼져 있는 억압적이고 옹졸한 정신에 이런 이름을 붙였다. 사네모세가 생각해낸 이 법칙은 두 가지 계명으로 요약될 수 있는데, '스스로를 특별하게 여기지 마라'와 '당신이 우리보다 낫다고 믿지 마라'다. 비슷한 맥락으로, '나무에 높이 오르는 원숭이일수록 엉덩이가 많이 보인다'라는 덴마크 속담 또한 성취를 자랑하는 일에 대한 덴마크인들의 반감을 말해준다(이는 일종의 키 큰 양귀비 증후군Tall poppy syndrome으로, 낮게 자라는 곡식들 사이에서는 조금만 기벽을 보이거나 성과를 내도 튀어 보일 수 있음을 나타낸다). 소설 속 내용이긴 하지만 덴마크에는 얀테의 법칙을 생활신

조로 여기는 사람들이 있으며, 많은 이가 '훈제 연어를 먹다니 자기가 왕이라도 되는 줄 아나봐. 생선 페이스트론 만족할 수 없는 거야?'와 같은 편협한 생각을 진심으로 지지한다. 이는 세계를 제 집처럼 드나드는, 세상 경험이 많은 덴마크인에게서도 찾을 수 있는 특징으로, 덴마크에 사는 외국인으로서 내가 받아들이기 가장 어려운 개념 중 하나였다.

몇 가지 예를 들어보자. 신형 메르세데스를 뽑은 사람은 친구나 가족의 집에 갈 때마다 '누가 택시를 불렀나?'와 같은 조롱 섞인 농담을 들어야 하고, 시험 성적이 높은 사람은 그 사실을 말하면서 거의 죄인처럼 굴어야 한다. (덴마크인들은 이런 자랑을 늘어놓는 행동을 꼴불견으로 여긴다.) 번쩍거리는 의류 상표는 금기 사항이고, 매일 양복에 넥타이를 매고 출근하는 남자도 거의 없다. 덴마크에서는 정치인들조차 개집에서 꺼낸 듯한 다 해진 점퍼를 입고 의회에 출석한다. 고급 레스토랑은 아주 특별한 날에만 가는 곳인데, 왜 이런 레스토랑의 음식 값이 그다지도 높은지 이해가 되는 대목이다. 이곳을 찾는 '단골'들은 10년에 한 번 꼴로 결혼 몇십 주년을 축하하기 위해 다시 찾아온다. 자기가 쓰려고 명품 수건을 샀다가는 당신이 엘턴 존이냐는 소리를 듣기 십상이다.

메르세데스 페티시에 아르마니 양복을 꿈꾸고 외식을 사랑하며 엘턴 존을 성 시메온으로 보이게 만들 만큼 새 수건에 집착하는 내가 이 나라에 동화되기 힘들 것이라는 점은 초창기부터 분명했다.

얀테의 법칙은 코펜하겐 거리에서도 매일 통용되고 있다. 덴마크 사람들은 몇 킬로미터 밖에 차 한 대 보이지 않아도 누구하나 녹색등이 켜지기 전에 건널목을 건너는 사람이 없다. 한 번인가 빨간불에 차도를 건너다 야유를 받은 적이 있는데, 이 일로 나는 덴마크인들이 적어도 도로 위에서는 스스로 생각할 줄모르는 사람들이라는 결론을 내렸다. 혹시 덴마크에서 차도를 건너게 되거든 잘 들어보길. 어디선가 음매 하는 소리가 들릴 테니까.

아내가 그 뮤지컬 배역을 따내기 몇 달 전에 해준 이야기에 따르면, 망상증 로맨스 마조히스트였던 빌어먹을 한스 크리스티안 안데르센은 매혹적인 목소리로 전 유럽을 휩쓴 '스웨덴의 나이팅게일' 제니 린드의 매력에 푹 빠졌지만, 새 닮은꼴에 코주부였던 괴짜가 제니 린드의 마음을 얻기에는 역부족이었다. 빈번한 자위로 욕구불만을 해소하던(그의 일기장에 '+' 표시로 꼼꼼하게 기록되어 있다) 안데르센은 그녀의 관심을 끌기 위한 마지막 발악으로 천박한 기계 복제품에 왕의 애정을 빼앗긴 순백의 아름다운 새에 대한 이야기 「나이팅게일」을 썼다. 그리고 긴 시간이 흘러 간접적으로나마 내 아내에게 괴로운 사우스런던 생활을 끝낼 변명거리를 선사해주었다.

리센은 런던 생활을 싫어했다. 이유는 모르겠다. 그때 물어봤어야 하는 건데. 어쩌면 영국 가정집에 딱 맞게 깔린 거친 카펫이나 창문을 열 때마다 새까매지는 코딱지와 관련이 있을지도 모르겠다. 그게 아니면 매일같이 엄습하는 폭력의 위험이거나. 하지만 내가 우리의 사치스런 소비 패턴(이를테면 무한 공급되는 임피리얼레더 제품과 대낮에 즐기는 애프터에이츠 민트초콜릿 같은 것들)을 충당할 만큼 많은 돈을 벌고 있었고 아내는 덴마크 정부에서 실업수당만 받고 있었기 때문에 이사하자는 말을 꺼내기 힘들었다. 사실 덴마크의 실업수당은 영국 초등학교 교사의 봉급에 맞먹을 만큼 꽤 큰 금액이지만, 내가 덴마크에서 우리를 부양할 일을 찾을 가능성은 희박했다. 기껏해야 별이 그려진 빨간 유니폼을 입고 튀김기 다루는 기술을 뽐내는 일자리밖에 구하지 못했으리라.

하지만 리센이 덴마크의 유서 깊은 극장 중 한 곳인 폴케테아트레트Folketeatret(민중 극장)로부터 평생직 일자리 제의를 받으면서 모든 것이 변했다. 아내는 덴마크로 이주하면 자신이 우리를 부양할 수 있다고 주장했다. 이것은 나에게도 의미 있는 일이었다. 아직 시작조차 하지 않았지만, 어떤 일을 하느냐는 질문을 받을 때마다 내 직업의 공허함에까지 이야기가 미치는 것을 막기 위해 궁극적으로 하고 싶은 일이라고 말했던 소설 쓰기를 마무리할 수 있다는 뜻이었으니까.

이 '직업'이라 함은 자동차를 끌고 유유자적 돌아다니는 일 외에도 『라디오타임스』에 실을 비키니의 역사 칼럼 쓰기, 『타임아웃』에 기고할 텔레비전 리뷰 작성하기(하루 종일 TV를 보면서 돈을 받는다고 생각해보라!), 한 신문사의 의뢰로 필리핀에서 가장 끝내주는 해변을 찾아다니는 여행하기, 『투모로스월드Tomorrow's World』 지(지금은 폐간되었는데 도무지 이유를 모르겠다)의 의뢰로 레오나르도 다빈치와 레오나르도 디카프리오 중 누가 더 최고인지에 대해 조사한 일 등이 있었다. 뿐만 아니라 말을 한 번도 타본 적이 없는데도 아르헨티나로 날아가 폴로를 배워보거나(별로 추천하지 않는다) 도쿄에 가서 목욕만 하고 오는 일을 의뢰받은 적도 있었다. 한번은 사흘 동안 약간 미친 사람처럼 세계에서 가장 큰 쇼핑몰을 돌아다녔다. 행복하고 무의미하며 쉽게 잊힐 신문 기사를 쓰기 위해 했던, 행복하고 무의미한 일들이었다.

하지만 이제 리센은 내 안의 존 업다이크를 불러낼 기회를 주겠다면서 내 이기적인 허세에 맞섰다. 여기서 내가 할 수 있는 일이란 해변으로 쓸려온 구피처럼 입을 뻐끔거리다가 내 삶이 완전히 뒤바뀌는 과정을 지켜보는 것뿐이었다. 내 화려한 미디어 경력과 홍보 기념회로 가득한 런던 생활은 저 깊숙한 곳으로 사라지고, 소 떼를 보여주는 수많은 TV 쇼, 유별난 감초 사랑, 1년 중 300일은 지속되는 암울한 한겨울 날씨가 기다리는 회색의 칙칙한 작은 땅에서의 새로운 삶이 시작되었다.

망할 안데르센. 나는 오덴세의 얼어붙을 듯한 4월 안개에 몸을 떨다 애들 장난감 같은 내 자동차에 올라타며 생각했다. 빌어먹을 안데르센과 유치한 동화 같으니라고. 어설픈 훈계니 미운 오리 새끼(작가가 자신에 빗대 하는 말이다)니 다 집어치우라지. 더 원망스러운 것은 젠장맞을 인어공주였다. 최근에 처음으로 그 상사병에 걸린 딱한 물고기 동상을 보려고 도심에서 수 킬로미터를 발을 질질 끌며 걸어갔다. 코펜하겐의 쇠락한 산업 항구 앞 가장 음침한 곳의 맞은편 바위 위에 철퍼덕 앉아 있는 인어공주상은 일본인 크루즈 여행객들의 의식 함양에 활용되거나 현지 공공기물 파손자들의 저녁 집회 장소로 쓰였다.

물론 돌이켜 생각해보면 당시 내가 이 작가에게 품었던 경멸은 비이성적이고 근거 없을 뿐 아니라 병적인 증상에 가까웠다. 지금은 누가 뭐래도 19세기를 대표하는 위대한 문학 혁신가 중 한 명임을 인정한다. 마찬가지로, (물론 감초 사랑은 여전히 유별나다고 생각하지만) 덴마크를 향한 내 분노도 지나치게 왜곡된 감이 있었다. 실제로 나는 오랫동안 떨어져 살던 쌍둥이를 만난 것처럼 이 작가를 사랑하게 되었고 덴마크를 바하마의 낙원처럼 동경하게 되었다(거의 그렇다고 해두자). 하지만 당시에는 이 두 대상을 정말 증오했고 적어도 내 딴에는 그런 대접을 받아 마땅하다고 여겼다.

그렇다면 이런 불만과 불평을 리센과 보내는 일상에서도 그대로 드러냈을까? 아니면 행복한 결혼생활을 유지하기 위해 태연한 척하며 의연하게 견뎠을까?

어땠을 것 같은가?

코펜하겐으로 돌아온 그날 밤 나는 여느 때의 밤처럼, 그리고 여느 때의 아침처럼, 축축한 기저귀를 차고 있는 갓난아기같이 격하게 그렁댔다. 덴마크인들은 왜 그렇게 개념 없이 운전하느냐며 또 불평을 늘어놓았고(네토 마트의 주차장에서 주차 공간을 찾는 것은 바이킹이 린디스판 수도원을 휩쓸고 다닐 때 편안한 잠자리를 찾겠다고 하는 것과 같다), 왜 망할 케이크와 당과류 속에는 하나같이 마지팬* 덩어리를 숨겨놔 입맛을 뚝 떨어뜨리는지 모르겠다는 말이 수도 없이 엉겁결에 튀어나오곤 했다. 오픈샌드위치는 또 어떤가? 빵이 그렇게 모자란단 말인가?

당시 나는 아무도 생일을 기억해주지 않는 당나귀 이요르와 자신이 키운 말의 장례식에 참석한 앨버트 스텝토를 하나로 합쳐놓은 것 같은 모습이었다. 이런 샐쭉한 태도는 결혼생활에도 영향을 주기 시작했다. 침대 양편에서 분개심이 들끓었다. 리센은 귀마개를 끼기 시작했다. 왜 그냥 경찰을 불러 날 공항까지 데려가달라고 하지 않았는지 아마 나는 죽을 때까지 모를 것이다.

나는 제2의 조국에 대한 명목상의 헌신이라도 보여주고자 최근에 어학원 단기 집중반에 등록해 덴마크어를 배우기 시작했다. 이민자들이 자주 찾는 도심과 멀리 떨어지지 않은 외곽지역인 뇌레브로에 있는 학원이었다. 시내 중심가를 벗어나 터키 식료품 잡화점 뒤쪽의 인도 레스토랑 위층에 자리한 학원은 의미도 알 수 없고 자칫하면 큰 오해를 일으킬 법한 머리글자 KISS라는 명칭으로 불렸다. 지금까지도 이게 무엇의 약자인지 모르겠다. 학원의 스파르타식 교육과 교사들의 사디즘에 대처하는 일로 정신없는 나날을 보내느라 미처 물어볼 생각을 하지 못했다.

스물아홉의 나이에 열두 살 어린아이 취급을 받는 것도 엄청난 충격이었지만, 천하의 아문센이라도 어깨를 으쓱하며 패배를 인정하고 택시를 부를 만큼 혹독한 날씨에 매일 자전거를 타고

● 아몬드, 설탕, 달걀 흰자 등을 넣어 말랑하게 만든 과자.

도시 한복판을 가로질러 수업을 들으러 가는 일도 만만치 않은 고통이었다.

리셴이 왕실 어전 공연을 한 이튿날인 월요일에 H. C. 안데르센 대로를 따라 자전거를 타고, 높은 실크해트와 롱코트를 입은 모습이 영락없이 백일몽을 꾸는 장의사 같은 거대한 안데르센 조각상을 지나가는데 비가 내 뺨을 쿡쿡 찔렀다. 줄줄이 이어진 도심 호수들이 만들어낸 세찬 바람 통로를 가로지르는데, 파카 밑에서 거센 돌풍이 불어와 나를 메릴린 먼로와 미슐랭 맨 사이를 오가는 딱한 사람처럼 보이게 했다.

학원에 도착한 나는 여느 때처럼 등골이 서늘해지는 학창 시절의 데자뷔를 경험하며(어째서 어디를 가나 교육기관은 똑같은 것일까?) 2층 교실로 올라갔고 긴 직사각형 책상을 빙 둘러싼 자리 중 내 지정석에 앉았다. 양옆에는 이슬람 근본주의자이자 아프가니스탄 난민인 아흐메드와 파키스탄 회계사 출신이자 역시나 난민인 이브라힘이 앉았다. 우리 그룹은 덴마크 입장에서는 왜 하필 이 나라로 왔을까 싶은 유쾌한 부적응자 국가 연합을 이루었다. 페루 출신의 영화학도 한 명과 프랑스 여자 둘(한 명은 비행기 승무원, 한 명은 생화학자였다), 미국 변호사 한 명, 러시아 안경사 한 명, 이라크 의사 한 명, 세르비아 모델 한 명이었는데, 덴마크에 온 이유는 둘 중 하나였다. 영국에 가고 싶었지만 입국 허가를 받지 못한 난민이거나 아니면 덴마크인과 동거하는 경우. 어느 날 갑자기 '이 나라가 싫어졌어. 여기보다는 덴마크처럼 멋진 곳에서 살고 싶어!' 하며 이곳에 온 사람은 우리 중 아무도 없다고 봐야 할 것이다.

쉬는 시간은 덴마크인들에 대한 분노를 나누는 포럼의 장이 되었다. 흔히 덴마크인들은 진보적일 것이라고 생각하지만 이는 국제정치계에서 통용되는 근거 없는 믿음 중 하나다. 이웃인 노르웨이인, 스웨덴인과 마찬가지로 덴마크인들 역시 알아주는 국수주의자이며 미국인들을 겸손한 국제 평화유지군으로 보이게 만들 만큼 강박적으로 애국심을 과시한다. 일반 국민은 빨간 바탕에 흰색 십자가가 그려진 덴마크 국기가 세계에서 가장 아름답다고 진심으로 믿으며, 아무리 사소하더라도 명분만 있으면 국기를 게양한다. 휴가에서 돌아오는 친구를 맞이하거나 아이 생일을 표시할 때는 물론이고, 심지어 고양이의 탈장 수술 성공 기념 뷔페를 열면서도 종이 국기로 장식을 하고 덴마크 국기가 그려진 냅킨을 내놓는다. 모든 가정집과 영업장 앞에 깃대가 있고, 심지어 주말 농장에도 있다. 덴마크 친구들은 이런 행동에 악의적인 의도는 없으며 그저 전통일 뿐이라고 말하지만, 찬물을 좀 끼얹자면 덴마크에서 외국 국기를 달면 불법이라는 이야기도 들었다.

유럽의 다른 소규모 국가들처럼, 이곳에서도 인종차별이 악화 추세다. 가끔은 많은 덴마크 국민(내가 여기서 생각하는 사람들은 일반적으로 '무슬림을 집으로 보내라' 당에 투표하는 이들이다. 무섭게도 이 당이 의회의 주요 실세라고 한다)이 아무도 보는 사람이 없고 선택권만 있다면 덴마크 국기의 흰색 십자가에서 세로 막대를 지워 누구나 알 만한 출입 금지 표시로 바꿀 것처럼 느껴졌다.

내 급우들(이들과 나누는 수다는 덴마크어 수업이 가져다주는 무수한 고통에 대한 유일한 보상이었다) 중 다수는 특히 구직 문제로 인종차별의 표적이 되었다. 이들의 인생 스토리는 놀라움을 넘어 때로는 참혹했지만, 그럼에도 아흐메드와는 말을 섞지 않는 것이 좋겠다는 사실을 곧 깨달았다. 이유는 단순했다. 그가 나를 죽일지도 몰랐으므로.

한 주 전쯤, 아흐메드에게 왜 조국을 떠났는지 묻자 자신의 종교적 신념이 탈레반(그가 도망칠 당시 정권을 잡고 있던 세력)이 받아들이기에는 너무 과격했다고 말했다. 탈레반한테도 과격한 신념이라니! 어떻게 그런 일이 가능하냐고 묻기도 전에 아흐메드가 재빨리 덧붙였다. "우리 나라에서는 사람을 화나게 하면 그냥 죽여버리거든요."

"아, 그렇군요." 나는 아랫입술이 떨리지 않게 안간힘을 쓰며 말했다. "음…… 그런데 교실 반대편에 있는 저건 뭐죠?"

쉬는 시간이 끝나면 매일같이 고문과도 같은 문장 수업이 이어졌다.

이것이야말로 KISS 시스템의 진수였다. 매일 오전 수업 마지막에 우리는 덴마크어 문장 열다섯 개와 앞으로 배울 두 쪽짜리 어휘 목록을 받았다. 이튿날 이 문장들을 토씨 하나 틀리지 않고 쓰고 암기하지 못하면 강사는 내 이름에 검은색 작대기를 그었고, 3주의 수업 과정에서 검은 작대기가 세 줄이 되면 전체 수업을 다시 들어야 했다. 찰스 디킨스 소설에 나오는 못된 그래드그라인드 교장이 좋아할 법한 방법이었다.

안 그래도 굴욕적이고 스트레스가 심한데, 매일 반복되는 시험 방식, 다시 말해 교사가 에라스뮈스파* 저격수처럼 무작위로 한 학생을 지목해 문장의 핵심어를 던지면 학생이 즉각 전체 문장을 말하는 방식은 더욱 공포감을 조성했다. 문장의 내용은 상처에 떨어뜨리는 마지막 식초 한 방울이었다. 대부분은 '얀과 페르닐은 기차를 타고 오르후스에 갑니다'와 같은 무난한 문장이었지만, 누가 봐도 갓 도착한 이민자들을 세뇌하려고 만든 악의적인 문장들도 있었다. 예를 들어 '덴마크인은 쓰레기를 버리지 않습니다'(쓰레기 버리기가 다른 나라 사람들의 전형적인 특징이라는 뉘앙스를 풍긴다)가 있었고, '덴마크에서는 직원을 해고하기 전에 미리 전화로 통보합니다' 또한 사회적 교화에 유용한 문장이었다. 우리는 '덴마크인은 인종과 피부색에 상관없이 모두를 환영합니다'처럼 그 의도가 의심되는 만트라**도 암송해야 했다. 하지만 나는 확실히 선을 그었다. '나는 록 음악, 특히 덴마크 록 음악을 좋아합니다'를 암송해보라는 강사의 요청에 묵묵히 내 이름에 검은 막대기를 긋는 편을 택했다.

식도에 어휘와 문법을 꽉꽉 채워 넣는 이런 교수법은 푸아그라 거위 농장주만큼이나 큰 인류애와 연민을 과시했지만, 그럼에도 KISS 시스템이 효과가 있었다고 인정할 수밖에 없다. 비록 그 과정은 고통스럽고 굴욕적이었지만 KISS 강사들은 그동안 누구도 하지 못한 일을 해냈다. 즉, 내가 외국어를 구사할 수 있

---

* 에라스뮈스는 네덜란드의 인문학자, 가톨릭 사제(1466~1536).
** 불교나 힌두교에서 기도나 명상을 할 때 외우는 주문 또는 주술.

게 해주었다. 게다가 그 외국어가 지상에서 가장 매력 없는 언어 중 하나, 다시 말해 조르디 방언의 텅트위스터tongue twister*처럼 단어 하나하나가 성문 폐쇄음으로 이루어져 침 범벅과 가래 끓는 말의 매듭에 매번 발을 헛딛게 되는 언어라는 사실은 오히려 성취감을 더 고조시켰다.

덴마크어는 말하는 족족 '꺼지라'는 말처럼 들린다. '사랑해'를 뜻하는 'Jeg elsker dig'는 꼭 '이에 엘스케레 다이Yiye ellskere die'처럼 들리고, 외치는 소리는 언제 들어도 바이킹이 뿔 달린 투구를 내 배에 내던지며 지르는 고함소리 같다. 덴마크어는 사랑의 언어라기보다 순무 밭에 무단 침입한 사람을 현장에서 붙잡은 성난 농부의 언어에 가깝다. 1년을 꼬박 배우고도 나는 개별 단어조차 알아들을 수 없었다. 덴마크어는 골초가 그르렁대는 소리를 길게 늘인 듯했다(여왕을 비롯한 많은 덴마크인이 실험용 비글 못지않게 담배를 피운다는 사실을 고려하면 이런 소리가 나는 것도 당연할 것이다). 게걸스러운 성문聲門 괴물에게 잡아먹히는 철자와 음절에 줄을 긋는 게 학원에서 우리의 주요 일과였는데, 그러다보면 대개는 단어의 절반이 사라졌고 이 방법은 실제로 도움이 되었다. 나는 서서히 대화 주제를 알아차리기 시작했고, 자신감이 쌓이면서는 이따금씩 축구 선수 에리크 캉토나 같은 점프력으로 디너파티 논쟁 중간에 끼어들었는데, 내용을 완전히 잘못 이해했을 때도 있었다. "아, 맞아요. 예전에 제가 알던 여자

• 혀가 잘 굴러가지 않아, 발음하기 어려운 어구.

도 가슴이 어마어마하게 컸다니까요!" 의기양양하게 말참견을
했는데, 알고 보니 한창 프루스트에 대해 대화를 하는 중이었던
것이다(내 말을 믿어도 좋다. 덴마크어로 프루스트와 '가슴'은 발음이
매우 흡사하다). 결국 내 언어 실력은 '2보 전진, 디너파티 1보 후
퇴'식으로 앞으로 나아갔다.

그런데 그 월요일에는 문장 수업이 없었다. 대신 담임인 스틴
선생님(두툼한 스웨터를 입은 토르케마다Torquemada*를 상상하면 된
다)이 약간의 번역 과제를 내주었다. 선생님이 복사해온 덴마크
어 동화를 읽고 자국어로 번역한 후 수업 마지막에 덴마크어로
질문에 답을 하는 과제였다.

당연히 그때는 그 동화들이 안데르센의 작품이고 내가 맡게
될 작품이 「인어공주」라는 사실을 짐작하지 못했다. 나는 짜증
이 오른 열세 살 꼬마처럼 열심히 눈알 굴리기와 혀 차기를 해가
며 읽어나가기 시작했다(책을 읽으면서 눈알을 굴리기는 쉽지 않
지만 난 꽤 비장했다).

그런데 그때 생각지도 못한 일이 일어났다.

덴마크어 원문으로 「인어공주」를 읽은 일을 사도 바울의 다마
스쿠스(다마섹)행에 비유하면 과장일 수도 있겠지만(그보다는 평
생 마마이트**를 거부하며 살아온 사도 바울을 위해 누가 피타 빵에
마마이트를 조금 넣어줬는데 실제로 먹어보니 맛이 괜찮았다고 비유하
는 편이 낫겠다), 안데르센에 대해 갖고 있던 생각을 바꿔준 것만

---

* 중세 스페인에서 '마녀사냥'식 종교재판으로 1만여 명을 죽인 재판소장.
** 영국인이 주로 빵에 발라 먹는 이스트 추출물로 만든 제품.

은 확실했다.

「인어공주」는 훌륭한 작품이다. 원작은 북극 자연 다큐멘터리가 「내 친구 펭귄 핑구」*와 딴판인 것만큼이나 디즈니 영화 버전과는 완전히 동떨어져 있을 뿐 아니라 내가 어린 시절에 읽은 것으로 기억하는 내용과도 판이했다. 예를 들어 인어공주가 마녀와 신체 일부를 가지고 말도 안 되는 협상을 한 이후 마녀가 다리를 내어주는 조건으로 인어공주의 혀를 자르고, 인어공주에게 이제 가족의 품으로 절대 돌아갈 수 없으며 걸을 때마다 엄청난 통증이 따를 것이라고 경고하는 장면은 처음 읽는 것처럼 낯설었다. 또 왕자가 다른 여자에게 홀딱 빠져(혀가 없어 말을 하지 못하는 인어공주는 어쩐지 매력 없어 보이지 않았을까?) 인어공주에게 노여움을 드러내며 그녀를 버리고 떠나는 장면이나, 마녀가 인어공주에게 다시 바다로 돌아오고 싶으면 왕자를 죽이고 그 피를 다리에 떨어뜨리라고, 그러면 다리가 다시 꼬리로 변할 것이라고 알려주는 장면도 마찬가지였다. 분명 월트디즈니의 버전에서는 인어공주가 '물거품'이 되어 300년 동안 둥둥 떠다니다가 어느 날 불멸의 영혼이 되는 것으로 이야기가 끝나지 않는다. 사실 원작은 라르스 본 트리에르**의 대본과 묘하게 비슷해 보였다.

인어공주의 갈망은 작가의 삶에서 직접 따온 것이 분명해 보일 만큼 무척 원초적이고 강렬하면서도, 동시에 성에 눈을 뜨는

●남극에 사는 펭귄 핑구와 가족들의 이야기를 다룬 BBC의 어린이 만화.
●●폭력성, 선정성, 파격적인 주제로 '문제적 감독'이라 불리는 덴마크의 영화 감독.

10대 소녀의 모습을 생생하고 사실적이게 그리고 있다. 작가의 시각은 공감이 갈 만큼 여성적이면서도 완전히 가학적이라고 할 순 없어도 이따금 대단히 여성혐오적이다. 한편 금지된 침묵의 사랑 이면에 동성애의 암시가 숨어 있다고 느끼는 사람은 나뿐인가? 분명 동화로 읽기에는 얼굴을 붉히게 되는 에로틱한 장면도 있다. "인어공주는 자신의 가슴에 닿아 있던 왕자의 머리와 왕자에게 해준 따뜻한 입맞춤을 기억했다." 안데르센의 이야기에서 인어공주는 대부분 알몸 상태였다는 사실을 잊지 말자.

한편 「인어공주」는 하루 종일 작품을 뜯어보고 음미해도 될만큼 상징성이 풍부하다. 인어공주가 새로 얻은 다리로 걸음을 내딛을 때마다 피가 나는 것은 순결의 상실 또는 월경의 시작을 의미하는 것일까? 바다 마녀가 "자신의 입속에 든 것을 두꺼비에게 먹이고…… 흉측한 물뱀들을 가슴 위에 칭칭 감아 기어다니게 했다"고 묘사할 때 안데르센이 무슨 생각을 했을지 생각만 해도 소름끼친다.

나는 더없이 호기심이 일었다. 세상에 어떤 남자가 이런 글을 쓸 수 있단 말인가?

그날 오후, 나는 학원에서 집으로 돌아오는 길에 시청 광장에 있는 서점에 들러 안데르센 동화집 한 권과 자서전을 샀다. 오후부터 밤늦게까지 책을 읽으며 각각의 이야기를 한 겹 한 겹 벗겨내고 작가의 유머와 지혜, 특출한 근대성에 혀를 내둘렀다.

사회에서 소외된 볼품없고 별난 이들에 대한 가슴 아픈 찬가인 「꿋꿋한 양철 병정」도 읽었다. 외다리 양철 병정은 고통스러운 여정을 감내하며 우여곡절 끝에 자신의 진정한 사랑인 발레리나 인형에게 돌아가지만 결국 '상황이 순조롭게 흘러가던 찰나에' 어느 꼬마의 잔인한 손길에 불구덩이 속으로 떨어진다. "양철 병정은 불길에 휩싸인 채 꼿꼿이 서 있었다. 끔찍할 정도로 뜨거운 열기가 느껴졌지만 그 열기가 화염 때문인지, 사랑 때문인지 알 수 없었다." 그 순간 발레리나가 불속으로 날아가면서 둘은 함께 타올랐다. 독자들은 어떤지 몰라도 나는 이런 일에 마음이 약해지는 사람이다(『샬롯의 거미줄』에서 샬롯이 죽는 장면은 매번 내 심금을 울린다). 안데르센의 이야기에는 연민을 자아내는 큰 힘이 있다. 곧 알게 되겠지만, 이것은 안데르센의 삶을 규정짓는 특징 중 하나였다.

「벌거벗은 임금님」의 주요 테마인 무지에 대한 모의는 오늘날에도 널리 통용되는 시나리오로, 영국의 현대미술가 데이미언 허스트의 수조에 담긴 소•부터 신노동당••까지 모든 것을 평가하는 평론가들이 언급하는 주제이지만('내가 어리석은 사람일 리 없어.' 사기꾼들이 만드는 옷이 보이지 않자 임금님의 신하는 속으로 생각한다. '그렇다는 이야기는 임금님을 모실 자격이 없다는 거잖아. 다른 사람들이 이를 알게 해선 안 돼'), 원문에서는 풍부한 풍자와 재치로 이 테마가 그려진다.

나는 안데르센의 대표작 중 하나인(혹자는 F. 스콧 피츠제럴드가

• 포름알데히드 용액에 소의 사체를 넣어 만든 작품.
•• 1990년대 초 토니 블레어가 주창한 정치 구호로서, 제3의 길을 외치며 우경화된 새로운 영국 노동당.

말한, 부자들은 "자네나 나와는 다르다네"의 전신이라고 주장할지 모르겠다) 「완두콩 위의 공주」가 총 일곱 단락으로 이루어진 한 페이지짜리 동화라는 사실을 알고 몹시 놀랐다. 그것은 사실상 하이쿠*에 가까우며, 간결이 지혜의 정수라면 한스 크리스티안 안데르센은 그야말로 스토리텔링계의 제임스 브라운이다.

「마쉬 왕의 딸」은 1965년 이후에 쓰였다면 사이코패스 개구리 공주와 말하는 황새 때문에 환각제를 복용한 상태에서 창작한 이야기로 오해받았을 법한 작품이다. 반면 젊은 청년이 죽은 까마귀와 약간의 흙, 낡은 신발 한 짝으로 공주의 마음을 사로잡는 이야기인 「바보 한스」는 말할 수 없이 파이튼스럽다**(실제로 말린 대구 쪼가리에 편지를 쓰는 「눈의 여왕」 속 헐벗은 핀란드 여인들부터 자신보다 신분이 낮은 사람이 무례하게 말을 걸면 "푸!" 하고 아무 의미 없는 말을 내뱉을 정도로 콧대 높은 「나이팅게일」의 시종장까지 안데르센의 동화에는 파이튼들이 차고 넘친다).

다수의 안데르센 작품에는 엽기적인 장면도 등장한다. 사람들이 목 졸려 죽거나 뇌가 사방으로 튀는 등 탄식이 나올 만큼 자의적이고 악랄한 죽음들이 묘사되어 있어 때로는 대부분의 동화가 아이들이 읽기에는 부적절하다는 느낌까지 들 정도다. 예를 들어 「황새들」이라는 동화에서는 황새들이 자신을 놀린 아이에게 복수하기 위해 소름끼치는 음모를 꾸민다. "그 연못에는 죽

● 일본 고유의 단시短詩.
●● pythonesque, 영국의 6인조 코미디언 그룹 '몬티 파이튼'을 원용해 만든 단어로, 엉뚱하고 초현실적이며 괴짜 같은 사람이나 상황을 두고 하는 말.

은 아기가 있단다. 꿈만 꾸다가 죽은 아기란다. 그 아이에게 죽은 아기를 물어다주자. 그럼 죽은 아기가 남동생인 걸 알고 엉엉 울겠지." 한편 「키다리 클라우스와 난쟁이 클라우스」에서 난쟁이 클라우스가 돌아가신 할머니에게 옷을 입히는 장면은 히치콕 영화 저리 가라 할 정도다.

이토록 공포와 환상이 난무함에도 불구하고 그의 작품은 굉장히 세세한 묘사 때문에 신기할 정도로 진짜처럼 느껴진다. 「엘프의 언덕」에서 벽을 반짝이게 하려고 마녀의 지방으로 벽을 문지르는 장면이나, 「달님이 들려준 이야기」에서 한 힌두 여인이 "불이 꺼지지 않도록 가냘픈 손으로 불길을 감싸며 피의 저주를 하는" 모습을 달이 목격하는 장면이 그렇다.

「그림자」(자신의 그림자에 시달리는 한 남자 이야기) 같은 동화에서 안데르센은 동시대에 코펜하겐에 살았던 쇠렌 키르케고르 못지않게 복잡한 실존주의적 문제를 제기한다. 나는 그의 작품에서 인간 조건의 핵심을 날카롭게 파고드는 암울한 비관주의적 어조를 발견하고 깜짝 놀랐다. 이는 영락없이 깊은 정신적 불안과 씨름하는 한 인간의 모습이었다.

안데르센은 신분제도의 허식과 모순 또한 예리하게 포착했던 듯 보인다. 「하늘을 나는 트렁크」에는 과대망상증에 걸린 깃펜이 등장하는데, "잉크통의 아주 깊숙한 곳까지 들어갔다 나왔다는 것 빼고는 특별할 것이 전혀 없는 깃펜이었다. 하지만 이걸로 어찌나 잘난 척을 하는지 모른다". 한편 「행복한 가족」에서는 집이 없다는 이유로 민달팽이를 깔보는 달팽이들이 나온다.

당시 이 동화들은 또 다른 측면에서 획기적이었는데(솔직히 고백하자면 이는 뒤늦게 안 사실이다. 다행히 지금은 그런 사실을 잘 알고 있다), 바로 격식에 얽매이지 않는 회화체를 사용한 점이 그랬다. 안데르센의 이야기는 종종 익살로 시작한다. "여러분도 알다시피 중국은 황제도 중국인이고."(「나이팅게일」) 아니면 시작부터 뒤통수를 치는 반전을 선물한다. "자, 주목하세요! 이제 이야기를 시작하겠습니다. 이야기가 끝나면 여러분은 지금보다 훨씬 더 많은 것을 알게 될 겁니다. 먼 옛날에 세상에서 가장 사악한 악마가 있었다는 사실을 알게 될 테니까요."(「눈의 여왕」) 그러고는 에두른 표현이나 장황한 설명 따위는 일절 없이 친근하고 직접적인 어조로 이야기를 이어나가다가 종종 느닷없이 끝을 맺는다. "처음부터 다시 읽어볼래요? 그래도 달라지는 건 없답니다."(「달팽이와 장미 덤불」) 그리고 훌륭한 어린이 작가와 공연가라면 다들 그렇듯이, 안데르센 또한 어린 관객들에게 절대 친절하지 않다.

안데르센은 진정한 근대주의자였다. 아이들에게 막대기를 쥐여주며 근처에 있는 진흙밭을 가리키는 것이 놀이의 전부이고 아이들에게 현실을 일러주며 야단치는 것이 대다수 동화의 내용이었던 시절에, 직접적으로 이야기를 풀어놓는 문학, 즉 아이들을 휘어잡아 이토록 큰 웃음을 안겨주는 동화는 지각을 뒤흔드는 변화였다.

「인어공주」를 읽고도 훌쩍이지 않을 사람은 세상에 아무도 없을 것이다. 제아무리 대단한 블라디미르 푸틴이라도 말이다.

물론 민간 설화는 그 전에도 존재했다. 「잠자는 숲속의 공주」 「알라딘」 「잭과 콩나무」 같은 민화 수백 편이 몇 세대에 걸쳐 구전되었다. 독일의 그림 형제(야코프와 빌헬름)는 19세기 초부터 이런 민화를 수집해 이야기책으로 엮었고, 프랑스에서는 샤를 페로가 그림 형제처럼 편찬자로 활약하면서 「미녀와 야수」 같은 소녀 감성의 로맨틱판타지가 오랫동안 인기를 끌었다. 덴마크에서는 (훗날 안데르센의 후원자 중 한 명이 되는) 유스트 마티아스 틸레가 비슷한 역할을 했다.

하지만 나는 책을 읽어나가면서 안데르센이 그 형식에 참신한 문학적 상상력과 미묘한 재치를 가득 더했을 뿐 아니라 다른 어떤 이야기 수집가도 해내지 못한 일, 다시 말해 완전히 새로운 이야기를 구상하는 일을 해냈음을 알게 되었다.

안데르센 연구자인 엘리아스 브레스도르프에 따르면, 안데르센이 쓴 156편의 이야기 중 144편은 '작가의 완전한 창작물'이었음에도, 많은 경우 뭇 사람의 마음속에서 오래된 우화들을 몰아내고 그 자리를 차지했으며, 구전동화 못지않게 오랫동안 사랑받을 조건을 모두 갖추고 있다.

'맨땅에 헤딩한' 최초의 작품이자 「완두콩 위의 공주」 「키다리 클라우스와 난쟁이 클라우스」 「부싯깃통」(이 세 작품은 많이 손보긴 했지만 원작이 존재한다)과 함께 첫 우화집을 구성하는 「꽃들의 무도회」는 1835년 5월에 가제본한 소책자로 출간되었다. 「꽃들의 무도회」에는 안데르센이 변함없이 보여준 몇 가지 혁신적 요소가 담겨 있는데, 무생물의 의인화(이 동화에서 꽃과 장난감들은 살아 움직이며 무도회에서 춤을 춘다), 친근한 어조의 '낭독'체, 미묘한 유머와 어둠의 암시(꽃들의 장례식으로 이야기가 끝난다) 등이 그렇다.

안데르센은 1872년 소름 끼치는 마지막 작품인 「치통 아주머니」까지 연달아 우화집을 내며 이 개념들을 다듬고 발전시켰을 뿐 아니라 더 많은 기교를 도입했다. 이로써 소작농의 취미거리를 문학 장르, 즉 오늘날까지도 안데르센이 왕의 자리를 굳건히 지키고 있는 장르로 승격시켰다. 한마디로 안데르센이 어린이 문학을 탄생시켰다고 해도 과언이 아니다.

그가 없었더라면 『위니 더 푸』도, 『버드나무에 부는 바람』도, 『이상한 나라의 앨리스』도 태어나지 않았을 것이고, 『티기 윙클 부인 이야기』도 상상할 수 없었을 것이다. 뿐만 아니라 「슈렉」과 「황금나침반」도 없었을 테고, 해리포터 시리즈도 지금과 같지 않았을 것이라고 감히 말하고 싶다. 옷장을 통해 나니아에 들어간 『나니아 연대기』의 등장인물, 해피엔딩의 관례를 혼란스러울 정도로 묵살하는 레모니 스니켓, 어린이 관객만큼이나 성인 독자에게도 큰 즐거움을 주는 『괴물 그루팔로』까지 거슬러 올라가면 모두 안데르센과 하나로 이어진다. 말이 나온 김에 이야기하자면, 안데르센이 없었더라면 월트디즈니 사도 세상에 존재하지 않았을 것이며, 고로 월트디즈니프로덕션의 「미키 마우스 클럽」을 통해 스타로 도약한 크리스티나 아길레라, 브리트니 스피어스, 저스틴 팀버레이크도 탄생하지 못했으리라. (하지만 제3제국*의 발흥

• 1933년부터 1945년까지 존재했던 히틀러 치하의 독일.

에 영향을 준 작곡가 바그너에게 그 직접적인 책임을 물을 수 없듯, 우리는 안데르센에게도 이에 대한 책임을 물을 수 없다).

안데르센의 이야기가 갖는 보편성은 마르크스주의자와 페미니스트, 융학파, 프로이드학파가 모두 안데르센을 자기네 부류라고 주장했다는 사실에서 구체적으로 드러난다. 그리고 그중 많은 이야기는 세계인의 의식 속에 뿌리 깊이 스며 있기 때문에 오늘날까지도 브롱크스에서 베이징에 이르기까지 모든 사람이 제목 자체(「벌거벗은 임금님」「미운 오리 새끼」「완두콩 위의 공주」)를 특정 사회현상이나 인간의 나약함, 개연성 없는 상황을 묘사하는 약식 표현으로 사용한다.

안데르센의 작품들이 145개 언어로 번역되었다는 사실이나 마오쩌둥 주석이 중국 전역에 있는 학교의 교과목에 안데르센의 동화를 집어넣을 정도로 그의 열렬한 팬이었다는 사실을 아는가? 안데르센의 우화들이 누구보다 오스카 와일드에게 큰 영향을 주었다는 사실(와일드는 안데르센에게 영감을 받아 「행복한 왕자」 등의 동화를 쓰는 데 온 힘을 기울였다)과 윌리엄 새커리, 존 프리스틀리, 위스턴 휴 오든, 아우구스트 스트린드베리, 토마스 만, 찰스 디킨스 역시 안데르센의 팬이었다는 사실은 아는가? 안데르센이 유네스코가 선정한, 세계에서 '가장 많이 읽히는' 작가라는 사실도 아는가?

내게는 모두 생소한 사실이었다.

어째서 나는 안데르센이 이토록 혁명적인 문학 천재였다는 사실을 까마득하게 모르고 살았던 것일까? 그 이유는 나중에 알게 되었다. 안데르센의 동화가 덴마크어로 처음 출판되었을 때 메리 호윗과 찰스 보너 같은 기회주의 번역가들은 덴마크어를 잘 이해하지도 못하면서 앞다투어 영어판을 펴냈다. 안데르센의 섬세하고 정밀한 산문을 어설프게 매만지고 윤색하고 멋대로 삭제하고 망가뜨려 결국 이야기를 메이드인코리아 비디오레코더의 영어 안내문만큼이나 고상하고 선명하게 만들어놓았다. (이 때문에 독자 여러분 중에는 「완두콩 위의 공주The Princess on the Pea」를 「공주와 완두콩The Princess and the Pea」으로 잘못 알고 있는 사람도 있을 것이다.)

아무리 그래도 빅토리아 시대 사람들이 번역한 안데르센의 작품이 오늘날 나에게까지 영향을 미치는 것은 무엇 때문일까? 이유는 단순하다. 말도 안 되는 일이지만, 놀랍게도 많은 영어권 독자는 여전히 이런 19세기 번역본을 통해 안데르센의 작품을 접하고 있으며 그 뒤로도 원문에 충실한 번역본은 무척 귀했다. 안데르센에게는 제2의 고향인 코펜하겐의 최대 서점 '폴리티켄'에서조차 내가 찾을 수 있는 영어판 문고는 1899년의 번역본뿐이었다. 이런 이유로 대부분은 아니더라도 많은 영어권 독자가 통탄할 만큼 시대에 뒤떨어진 조악한 판본으로 안데르센을 접했을 것이다.

이 충격에서 채 헤어나오지 못할 무렵, 나는 인터넷 매물로 나온 1950년 대니 케이* 주연의 전기 영화 「한스 크리스티안 안데

• 미국의 영화배우 겸 팝 가수(1911~1987).

르센」의 사본을 발견했다. 철저한 고증을 거친 전기 영화를 기대한 것은 아니었지만(등장인물이 몇 분마다 한 번씩 느닷없이 노래를 부르는 장면은 사실주의를 방해하곤 한다), 안데르센에 무지한 나조차 이 영화가 엉터리 판타지라는 것을 알 수 있었다. 줄거리는 안데르센의 실제 삶과 거의 무관했다. (영화 속 등장인물들이 안데르센을 '한스'라 부르는 것은 사기 수준이다. 실제로 안데르센은 '한스 크리스티안' 또는 가까운 친구들에게 '크리스티안'으로 불렸지만 한스라는 이름으로 불린 적은 한 번도 없었다.) 알고 보니 그 영화에서 제대로 된 것은 당시 동성애자임을 숨기고 있던 대니 케이를 주연으로 캐스팅한 것뿐이었다. 그래도 노래들은 훌륭했다.

(훗날 오덴세에 있는 한스 크리스티안 안데르센 박물관에서 기록물을 훑어보다가 우연히 이 영화와 관련된 원본 문서와 서신들을 발견했는데, 영화의 엉터리 내용에 화가 난 덴마크 정부가 유럽연합에 제소했고 이에 따라 제작자인 샘 골드윈이 어쩔 수 없이 영화 초반부에 이런 경고문을 더한 것으로 보인다. "안데르센은 항상 모든 것을 우화로 바꾼 사람이었으니, 우리가 지금부터 이야기하려고 하는 이 마지막, 궁극의 우화를 보고도 자애롭게 웃어넘기지 않았을까요?" 서신 중에는 대니 케이가 심심한 우려를 표한 편지도 있었는데, 나중에 보니 굉장히 안데르센스러운 내용이었다. "신문지상에 실린 소동으로 어떤 끔찍한 일도 일어나지 않기를, 그리고 언젠가는 돌을 얻어맞을 각오를 하지 않고도 덴마크에 갈 수 있는 날이 오기를 희망해봅니다.")

안데르센에 대한 신뢰할 만한 출처의 정보를 읽어나가면서 나는 그의 실제 인생이 지나치게 감상적이고 멋대로 미화된 할리우드 버전보다 훨씬 더 기이하며 그의 소설만큼이나 눈을 뗄 수 없는 것이었음을 알게 되었다. 가난에 허덕이는 세탁부 어머니와 (열한 살 때 세상을 떠난) 구두수선공 아버지 밑에서 글도 모른 채 자라다가 모든 악조건을 극복하고 전 세계인의 칭송을 받는 작가이자 왕족들의 친구, '유럽에서 가장 유명한 남자'(작가 에드먼드 고스가 붙여준 이름)로 출세한 이야기는 전례가 없을 뿐 아니라 여느 문학 작품 속 등장인물의 기이한 인생담이라고 해도 믿을 법했다.

그렇다면 우리는 이 남자의 인생을 얼마나 알고 있을까? 공교롭게도 많은 부분이 알려져 있다. 안데르센은 네 가지 판본의 자서전을 썼는데, 이 자체만으로도 그의 대표적인 성격 특성 중 하나인 병적인 자기 집착을 알 수 있다. 첫 번째 판본은 1832년 작으로, 스물일곱(영화 배우 케네스 브래나가 유명세를 얻은 나이이기도 하다)에 쓴 것이지만 그가 죽고 50년이 흐른 후에야 출판되었다. 1847년에 두 번째 판본이 출간된 후 이어서 1855년에 개정판이 나왔고 그의 사후 6년인 1869년에 최종 윤색판이 출간되었다. '윤색판'이라 말한 것은 안데르센의 모든 자서전은 약간의 의심을 품고 읽어야 하기 때문이다.

믿기지 않아 할 사람들을 위해 덧붙이자면, 그는 이 네 권을 내는 동안 자서전의 제목을 『진실한 내 인생 이야기The True Story of My Life』에서 『내 인생의 동화The Fairy Tale of My Life』로 바꾸었다. 안데르센은 강박적인 자기 신화의 작가로, 유년 시절 중 받아들이기 힘든 일들, 예를 들어 어머니에게 사생아 딸이 있다는 것과 자신이 태어나기 두 달 전에 부모가 급하게 결혼했다는 사실은 언급을 피했다. 그보다는 아무 죄 없는 인재가 고난과 무명을 극복하고 결국 출세했다는 낭만적 이야기에 더 집중했다.

자서전보다 훨씬 더 흥미로운 사실들을 보여주는 것은 성인이 된 후 매일같이 친구들에게 일상에 대해 미주알고주알 써서 보낸 장문의 편지들(이 중 많은 편지가 그 답장과 함께 현존한다)과 스무 살부터 1875년 일흔의 나이로 죽을 때까지 불규칙하게 썼던 일기다. (하지만 일기조차 언젠가 출판되리라 가정하고 쓴 것처럼 보인다. 어떤 전기작가의 말처럼 그는 '자기 자신을 대변하는 큐레이터'였다.) 이외에도 안데르센은 여행 중에 만난 유명인들의 서명과 헌정사 같은 덧없는 것들을 거대한 스크랩북에 수집했고, 심지어 1838년부터 1871년까지 (분명 어린 시절부터 유심히 지켜보았을) 후세들을 위해 매일매일의 요점을 기록해 연감으로 만드는 수고도 아끼지 않았다.

따라서 우리는 그의 인생에서 특정 사건이 일어난 정확한 날짜뿐만 아니라 만난 사람과 일자, 그가 품었던 생각과 느낌과 야망과 실망감을 명확하게 알 수 있다. 심지어 그가 일기와 연감에 그려 넣은 십자가 표시를 통해 그의 사정射精 습관까지 속속들이 파악할 수 있다(그는 종종 사정한 이튿날, 겉보기상 원인이 불분명해 보이는 음경통을 호소했다).

여기에서 몇 가지 핵심적인 사실을 확인할 수 있다. 한스 크리스티안 안데르센은 1805년 4월 2일 새벽 1시에 퓐섬의 오덴세라는 도시에서 아네 마리와 한스 안데르센의 외동아들로 태어났다. 아버지는 구두수선공이었고 어머니는 세탁부(이중적인 의미로 쓰이는 단어인데, 실제로 그녀는 꽤 문란했다)로 당시에는 보기 드물게 남편보다 열 살쯤 연상이었다.

아네 마리는 소작농 집안 출신으로 현실적이고 근면한 여자였으며, 나이가 들어가며 술을 달고 살았지만 아들만은 살뜰하게 챙기며 전적으로 헌신했다. 반면, 한스 안데르센은 아네 마리와 애초에 사랑에 빠졌다는 사실 자체가 놀라울 정도로 완전히 다른 사람이었다. 교육을 갈망했지만 뜻을 이루지 못한 학생이었고 아내의 민간 미신을 조롱했던 사람이다. "어느 날 아버지가 성경책을 덮으며 이렇게 말했다. '그리스도는 비범한 인물이 아니라 우리처럼 평범한 사람이었어!' 이 말에 어머니가 기겁하며 울음을 터뜨렸다. 곤란해진 나는 하느님께 아버지의 무시무시한 신성모독을 용서해달라고 빌었다." 안데르센은 이렇게 회상했다. 독학가였던 한스는 아들에게 아라비안 나이트에 실린 이야기들을 소개해주었다. 두 사람은 무척 가까웠다. 안데르센은 자서전에 다음과 같이 썼다. "아버지는 온 마음을 다해 나를 사랑했다. 아버지는 나를 위해 사셨다."

자수성가한 나폴레옹 황제를 대영웅으로 여겼던 한스는 1813년 덴마크가 잉글랜드에 맞서 프랑스 편에 서자 돈 많은 징집병을 대신해 머스킷 총병으로 입대해 가족에게 절실히 필요했던 돈을 벌어다주었다. 그는 전쟁에 참가하지는 않았지만 병사로 지내는 동안 건강을 해쳤고 결국 집으로 돌아온 지 2년 후인 1816년 4월에 꼭 서른셋의 나이로 세상을 떠났다. "그날은 내 기억 속에서 진정 슬픈 날이었다", 안데르센은 이렇게 회상했다.

안데르센은 인형과 꼭두각시의 세계에 빠져 지냈다. 여성스럽고 유별날 정도로 키가 크며 반쯤 감긴 듯한 눈에 큰 매부리코를 가진 소년은 마을에서는 웃음거리요, 학교에서는 놀림감이었고, 나중에는 공장에서도 괴롭힘을 당했다. 당시는 어린 남자아이들을 공장으로 보내 일을 시키던 시절이었다. "나는 다른 남자아이들과 거의 어울리지 못했다. 내게는 인형에게 입힐 옷을 만드는 일이 가장 큰 기쁨이었다. (…) 나는 특이할 만큼 공상을 좋아하는 아이였다." 친할아버지 아네르스 안데르센이 시골뜨기였다는 사실도 도움이 되지 않았다(이런 이름을 가지면 다들 그런 운명이었나보다).

그는 자신이 특별하다는 사실을 처음부터 알았다. 『진실한 내 인생 이야기』에는 어머니와 안데르센이 채찍을 휘두르는 고약한 토지 관리인에게 쫓겨 밭에서 도망치는 일화가 실려 있다. 도망가던 안데르센은 나무 신발을 잃어버렸고 결국 토지 관리인에게 붙잡혔다. "[토지 관리인이] 내게 채찍을 휘두르려는 찰나 그의 얼굴을 보았고, 나도 모르게 고함쳤다. '감히 나를 때리겠다고? 하느님이 보고 계신데?'" 순간 토지 관리인의 마음이 누그러졌다. 안데르센에게 이런 자초지종을 전해 들은 어머니는 크게 놀랐다. "내 아들 한스 크리스티안은 묘한 아이야. 모두가 이 아이에게는 친절해. 그 못된 관리인조차 이 아이에게 돈을 주잖아."

"전 유명해질 거예요." 한번은 안데르센이 어머니에게 이렇게 말했다. "처음에 엄청난 역경을 극복하고 나면 다들 유명해지잖아요." 여느 때와 같이 다른 가난한 아이들처럼 밥벌이를 찾아야 한다는 말이 돌아오자, 그는 진지하게 대답했다. "그건 큰 죄를 짓는 거예요." 이 유별난 자기 확신은 성공을 향한 특출한 의지를 낳았고, 그 의지는 집 근처 공터에서 누구든 들으라는 듯이 소프라노 목소리로 목청껏 노래할 때 처음 드러났다. 이 일로 그는 퓐섬의 나이팅게일이라는 별명을 얻었다.

오덴세에는 코펜하겐 외곽 도시로는 유일하게 극장이 있었고, 극장 방문은 안데르센에게 큰 인상을 남겼다. 표를 살 돈이 없으면 연극 광고 전단이라도 얻어 연극 제목과 등장인물들을 보고 연극 전체를 상상해낼 수도 있을 터였다. (처음 본 연극 중 하나는 카우어의 「다뉴브강의 작은 아씨The Little Lady of the Danube」였다.) "나는 연극에서 사람이 많이 죽을수록 재미있다고 생각했다." 나중에 이런 소감을 남긴 그는 얼마 지나지 않아 첫 창작물을 써보겠노라고 마음먹었다. 퓌라모스와 티스베에 관한 노래에 기초한 「아보와 엘비라」라는 연극이었다. "이제 모두가 내 작품을 들었으면 하는 소망이 생겼다. 내 작품을 낭독하는 것은 내게 더할 나위 없는 행복이었고, 내 작품을 들은 사람은 한 명도 빠짐없이 나와 같은 기쁨을 얻을 것이라고 확신했다."

안데르센은 다재다능한 능력 덕분에 영향력 있는 현지 가문들의 저택에 초대받는 기회를 얻었고("내 독특한 정신이 그들의 흥미를 자극했다"), 그러면서 평범한 유년생활로부터 더욱 멀어졌다.

이 시기의 안데르센을 직접 겪고 쓴 훌륭한 기록이 지금까지 남아 있는데, 한 소녀가 주교의 집에서 열린 '희극계 대배우'(소녀가 안데르센을 지칭한 이름)의 공연을 보고 남긴 기록이었다. "두 시간 내내 꼬마 신사는 다양한 희비극의 배역을 소화해냈고, 대체로 잘했지만, 잘하고 못하고를 떠나서 무척 재미있었다. 동성애자 역할을 할 때가 최고였고, 감상에 젖은 사랑꾼이 되어 무릎을 꿇거나 실신하는 장면에서는 어처구니가 없었다. 때마침 보인 그의 큰 발이 분위기를 확 깬 탓도 있었다. 뭐, 코펜하겐에 가면 발 매무새도 다듬을 수 있을 테고, 그러면 머지않아 큰 무대에서 그를 보게 될 것이다. 저녁으로 샌드위치와 붉은색 과일 젤리가 나왔다. 우리 배우님도 합석했는데, 그는 재능을 펼칠 시간을 조금이라도 뺏길까봐 허겁지겁 삼켰다. 10시 반이 되자 주교님의 부인이 와줘서 고맙다는 인사를 전했고, 그는 집으로 돌아갔다."

'허겁지겁'이라는 표현이 마음에 쏙 든다. 소녀는 안데르센이 "멋쟁이 신사처럼 바삐 문을 빠져나갔다"란 설명도 남겼는데, 분명 안데르센은 자신의 재능에 심취한 나머지 자신이 다른 사람들에게 얼마나 바보 같아 보이는지 몰랐던 듯하다.

열네 살의 나이에 오덴세 생활이 갑갑해진 그는 상류층 사람들 앞에서 노래를 하고 벌어들인 돈과 값진 물건들을 긁어모은 뒤, 여느 동화 속 주인공처럼 출세를 위해 홀로 코펜하겐으로 떠났다.

안데르센의 인생담은 나중에 더 이어가기로 하고, 한 가지만 말해두면 (너무 초치는 얘기일 수 있겠지만) 그 이야기는 결코 해피엔딩이 아니었다.

우선 앞서 말했듯이 그는 호감형 외모가 아니었다. 185센티미터의 장신으로 평균 키가 166센티미터였던 시절에는 유별나리만큼 컸다. 광대 같은 발은 14호[약 300밀리미터]에 이를 만큼 거대했고 이마는 광활했으며 입술은 지나치게 부풀어 있었던 데다 설상가상으로 독보적인 비호감 코의 표본을 완성한 시라노•이후로 가장 큰 코를 자랑했다.

어떤 친구는 그를 기린에 비유했고, 또 다른 친구인 스웨덴 작가 칼 달그렌은 안데르센 사후에 다음과 같이 썼다. "난 항상 그 친구를 기중기라고 불렀다. 외모상 그 친구만큼 기중기를 닮은 사람은 본 적이 없었기 때문이다. 길고 가는 다리에 길고 가는 목이 있고 그 위에 머리가 혹처럼 달려 있는 (…) 키 큰 사람을 떠올려보라. 툭 튀어나온 굽은 등과 흡사 원숭이 또는 민첩한 두루미처럼 껑충이는 걸음걸이를 상상해보라. 마지막으로 긴 팔이 허리를 따라 끈처럼 축축 늘어져 있고 못생긴 얼굴에 (…) 큼지막한 입술과 담청색 눈, 검은 머리카락, 코끼리 상아처럼 긴 치아를 상상해보라."

또한 안데르센은 병적일 만큼 야망이 높았는데, 대개는 고배를 마셔야 했다. 그는 온 마음을 다해 명성과 사람들의 인정을 갈망했다. "내 영혼은 물을 갈구하는 목마른 자만큼이나 인정에 목말라 있다!" 젊은 시절에 그가 쓴 글이다. 인정 대신 부정적인 평가가 돌아오면(덴마크에서는 이런 일이 흔했다) 그의 영혼은 가미카제

• 프랑스의 극작가로 남들보다 큰 코가 특징이었다.

비행사가 조종하는 전투기처럼 바닥으로 곤두박질치곤 했다.

이에 관한 유명한 사건도 있는데, 안데르센이 영국 켄트에 있는 찰스 디킨스의 집에 머물고 있을 때였다. 코펜하겐에서 날아온 악평을 들은 그는 현관 앞 잔디밭에 엎드려 얼굴을 박고는 발작적인 울음을 터트렸다. 이 같은 행동은 비난의 정도에 비해 지나친 것이었을 뿐 아니라 남의 집에 머무는 유숙객으로서도 적절치 못했다. 누가 봐도 유아적이고 과민하며 관심과 애정에 굶주린 연극적인 행동이었다. 세상에 어떤 어른이 이런 식으로 행동한단 말인가?

사실 처음에는 나도 스스로 받아들이기 쉽지 않았지만, 아마 아내와 가족들이 그 글을 봤다면 단번에 '우리도 그런 사람을 한 명 알지' 하는 눈빛을 주고받지 않았을까 싶다. 정말이다. 나는 비난에 꽤 과민하게 반응하는 편이고, 아직까지는 어느 뛰어난 동화작가처럼 잔디밭에 몸을 던져 살수기가 되어본 적이 없지만 유감스럽게도 비평에 관해서는 상황을 바라보는 균형 감각이 특히 부족하다. 뿐만 아니라 (이 사실을 인정하자니 좀 쑥스럽긴 하지만) 전국지든 교구 소식지든 아니면 딱 한 번 실린 『보그코리아』(이건 구하기가 쉽지 않았다)든 내 이름이 나오는 기사는 모조리 오려서 보관한다. 게다가 사이클링 자격증은 액자에 끼워 보관하고 있다.

혁명에 가까운 문학적 재능과 기린 같은 다리는 차치하더라도, 이쯤 되니 내 이민의 설계자라 할 수 있는 안데르센과 나는 처음 느꼈던 것보다 더 많은 공통점이 있다는 생각이 들었다. 항간에 알려진 그의 양성애 성향은 나와 별개였지만(어쩌면 내가 아직 운명의 남자 짝꿍을 못 찾은 것일지도 모르겠다), 닮은 점은 계속 나왔다.

안데르센은 신경증 증세를 무수하게 보였다. 아마도 전형적인 드라마퀸*이었던 듯하다. 혹시라도 누군가가 자신을 죽은 것으로 오해해 땅속에 묻는 일이 없도록 "저는 죽은 것처럼 보일 뿐입니다"라고 적힌 메모를 옆에 두고 잤으며, 불이 난 건물에 갇힐 경우를 대비해 여행길에 90미터 길이의 밧줄을 가지고 다녔다. 엘리아스 브레스도르프는 다음과 같이 썼다. "전차표 값, 또는 어느 우체국에서 우표 값을 과하게 또는 너무 적게 지불한 것은 아닌지 같은 좀스러운 일로 몇 날 며칠을 고민했다. 그는 아파트 불을 끄거나 현관문을 잠그는 것을 깜빡한 것 같다는 생각으로 극장에서 보내는 저녁 시간을 망칠 수 있는 사람이었다."

안데르센은 심각한 심기증 환자이기도 했다. 예를 들어 한번은 저녁을 먹다가 핀을 삼킨 것 같다고 말한 적도 있다고 그의 친구 윌리엄 블로흐는 전했다. "그날 저녁과 이튿날, 그는 자신이 어떻게 될지도 모른다며 심각하게 걱정했다. 근심이 어찌나 컸던지, 한쪽 눈썹 위에 난 작은 종기가 눈을 덮을 만큼 큰 혹으로 자랄지도 모른다고 호들갑 떨던 일은 까마득하게 잊은 듯했다. 종기 사건이 있기 전에는 내가 지팡이로 배를 살짝 찌른 것을 가지고 장기가 파열될지도 모른다고 걱정했고, 이 걱정 탓에

---

* 작은 문제를 가지고 호들갑을 떠는 사람.

내가 왔을 때쯤 무릎에 관절수종이 생긴 것 같다고 전전긍긍하던 일은 싹 잊었다."

물론 병에 걸렸다고 착각해 의사를 들들 볶은 일은 우리 누구에게나 한번쯤 있을 것이다. 가령 뇌종양이 의심된다면서 몇 달 동안 반복적으로 의사를 찾아가 점점 발작적인 증세를 보이다가 결국 의사를 설득해 뇌 스캔 전문의를 찾아 정밀 검사를 받고, 아무 이상이 없다는 소견이 나오면 다시 혈액 검사지와 대변 샘플을 제네바의 연구소에 보내고 결국 누군가가 내게, 아니 우리에게 컴퓨터 스크린을 너무 가까이에서 보는 것 아니냐며 내 눈을 좀 검사해봐야겠다고 하는 일 말이다. 아차, 내 눈이 아니라 우리 눈을…….

안데르센의 고질병인 아첨은 그에 비하면 참아줄 만했다. 그는 고위층 친구를 사귀는 데 놀라운 재능, 심지어 천부적인 재능이 있었고 유럽 군주와 황태자, 공작, 백작, 귀족 같은 대단한 사람들 앞에서 굽실거리며 종종 이들과 친구 사이가 되었다. 영국 소설가 메리 러셀 밋퍼드는 안데르센의 이런 출세 방식에 '정나미가 다 떨어진' 사람 중 한 명이었다. "[그는] 명성을 상류사회의 문을 여는 열쇠, 상류사회로 올라가는 사다리로 이용할 뿐이다." 그녀는 이렇게 코웃음 쳤다.

한마디로, 한스 크리스티안 안데르센은 신경증에 걸린 공주와 (궁정에서 푸대접을 받으면 명예를 찾아 다른 곳으로 떠나는) 자만심 강한 쇠똥구리, 사랑에 우는 인어공주, 미운 오리 새끼를 하나로 합쳐놓은 인물이었다. 한 평론가의 말처럼 "그는 렘브란트보다 더 많은 자화상을 남긴 사람이었다". 하지만 이 사람이 그토록 비정상적이었다는 데 우리는 영원히 감사해야 한다. 그가 느꼈던 이런 개인적 갈등과 남다른 사회성 및 성적 소외, 의심, 분개, 깊은 비애감이 바로 그의 동화에 독자들의 마음을 어지럽히는 탁월한 신랄함을 부여하기 때문이다.

만약 안데르센이 자신의 인생을 쉼 없이 영광을 좇는 데 쓰지 않았다면 '전나무'는 휘황찬란한 도시를 갈망하는 대신 조용한 숲에 머무는 데 만족했을 것이고, 안데르센이 그런 신경증 환자가 아니었다면 '공주'는 깊은 잠에 빠져 있었을 것이다. 또한 안데르센이 깊은 허무주의에 시달리지 않았다면 「그림자」는 그저 한낱 도플갱어 광대극에 지나지 않았을 것이고, 안데르센이 그처럼 세상으로부터 소외된 기분을 느끼지 않았다면 「미운 오리새끼」는 세상에 나오지 않았을 것이며, 안데르센이 성적 이원성과 세상에 알려진 셀 수 없이 많은 짝사랑으로 고뇌하지 않았다면 절대 「눈사람」을 쓰지 못했을 것이다.

그리고 「인어공주」는 남자가 물고기를 만나 사랑에 빠지는 흔한 순정 소설이 됐으리라.

안데르센이 코펜하겐에 처음 입성한 날은 1819년 9월 5일 월요일로, 그에게는 매우 상서로운 날이라 여생 동안 제2의 생일로 기념했다. 당시 코펜하겐에서는 마지막 집단 학살이 한창이었지만, 천진난만했던 안데르센은 이 대소란을 흔한 일처럼 가볍게 치부했다.

그는 코펜하겐 중심부까지 들어가는 표를 살 수 없었고, 그로 인해 도심에서 수 킬로미터 떨어진 곳에 인정사정없이 내팽개쳐져 나머지 길을 걸어서 와야 했다.

안데르센이 처음으로 들른 곳은 콩엔스 뉘토르브 광장에 있는 왕립극장으로, 그에게는 세계의 중심이자 크나큰 영광과 함께 직업적으로 가장 굴욕적인 재앙을 겪게 되는 현장이었다. 극장의 벽을 뚫어지게 쳐다보며 서 있는 그에게 암표상이 다가왔다. 공짜 표인 줄 알고 고맙게 받아들자 암표상이 물었다. "어디에 앉으시겠어요?" "아, 아무데나 좋아요!" 그가 고마워하며 대답하자, 암표상이 화를 내며 표를 도로 낚아채갔다.

안데르센은 즉시 작업에 들어갔다. 코펜하겐에 사는 유명 예술가들의 문을 두드리고 응접실까지 '밀고 들어간' 뒤 내쫓기기 전에 얼른 노래와 춤을 시작했다. 지금 우리 생각에는 말도 안 되는 것 같지만, 처음에 그는 무용수가 될 생각이었다. 그의 자서전에는 이런 게릴라식 오디션의 첫 시작이라 할 수 있는 발레리나 마담 샬과의 만남이 묘사되어 있다. "나는 그녀에게 연극을 하고 싶은 진심 어린 마음을 고백했다. 어떤 배역을 해보고 싶으냐고 묻자 신데렐라라고 대답했다. (…) 그사이 나는 부츠를 벗어도 될지 허락을 구했다. 그러지 않으면 신데렐라를 가뿐하게 표현하기가 힘들 테니까. 그리고 나서 탬버린 대신 챙 넓은 모자를 들고 춤과 노래를 시작했다. (…) 내 이상한 몸짓과 엄청난 움직임을 본 그녀는 날 미친놈이라고 생각하고는 지체 없이 내보냈다."

안데르센은 덴마크의 설화 수집가 틸레의 집에서도 똑같이 했다. 틸레의 묘사에 따르면 작업을 하다가 올려다보니 "건방진 녀석 하나가 괴상한 모습으로 문 옆에 서서 바닥을 향해 매우 과장된 인사를 했다. 모자는 이미 문 옆에 던져져 있었다. 수척한 손목이 그대로 드러나는, 소매가 짧은 낡은 회색 코트를 입은 호리호리한 소년이 몸을 일으키자 작은 눈 한 쌍이 눈에 들어왔다. 크고 툭 튀어나온 코에 가려 있는 시야를 탁 트이게 하려면 [외과적] 시술이 필요해 보였다. (…) 한마디로 이상한 캐릭터였는데, 몇 발짝 앞으로 다가와 재차 인사를 하며 애처롭게 말할 때는 더 이상해 보였다. '연극을 하고 싶은 마음을 자작시에 담아 표현해보고 싶은데, 그래도 될까요?' 너무 놀란 나머지, 녀석의 웅변이 중반부를 넘길 때까지 꼼짝도 할 수 없었다". (이 무렵 안데르센은 꼬마 웅변가라는 별명을 얻었다.)

한창 몰입해 있는 연기에 끼어들 수 없었던 틸레는 안데르센이 마침내 마무리를 하고 여러 차례 과장된 인사를 한 뒤 모자를 집어 계단 아래로 사라질 때까지 꼼짝없이 앉아 듣고 있어야 했다.

안데르센은 왕립극장에서 가차없이 거절을 당했다. "그는 약 아홉 달 전에 위원회 앞에 나가 극장 단원으로 들어가게 해달라고 애원했지만, 오디션 결과 무대에 서는 데 필요한 재능과 외모 모두 부족한 것으로 드러났다." 돈이 절실히 필요했던 그는 (이 무렵 바지는 신발에 닿기에는 한참이나 모자랐고 몸은 뼈가 앙상할 정도로 말라 있었다) 하는 수 없이 가구공 도제로 일했지만, 이곳에서도 동료들의 무자비한 놀림이 기다리고 있었다. 오덴세에서는 공장 동료들이 정말 계집애가 아닌지 보자며 바지를 내린 적도 있었다. 코펜하겐에서는 이런 일이 일어나도록 두고 보지 않을 생각이었다. "나는 단 하루도 더 작업장에 있을 수 없겠다고 굳게 마음먹었다. 그래서 스승님께 가서 더 이상은 못 참겠다고 말씀드렸다. 스승님의 위로도 소용없었다. 상처받을 대로 상처받은 나는 서둘러 그곳을 떠났다."

하지만 그때 서서히 운이 바뀌기 시작했다.

그다음에 안데르센이 문을 두드린 상대는 왕립음악원의 원장인 시보니라는 이탈리아인이었다. 때마침 그날 저녁 시보니의 만찬 손님 중에는 저명한 작곡가와 시인이 섞여 있었고, 안데르센의 연극을 아주 즐겁게 본 두 사람(마지막에는 와락 눈물을 터트렸다)은 그가 교육을 받을 수 있도록 작은 후원금을 마련하는 일을 돕기로 했다. 시보니는 노래를 가르쳐주겠다고 약속했다. 모든 일이 순조롭게 흘러가던 차에 얼마 안 지나 안데르센의 목소리에 변성기가 왔고 그는 또다시 세상에 내쳐졌다. 그때 들은, 장사를 배우라는 조언이 귓가에 생생하게 울렸다.

「팝아이돌Pop Idol」에 참가하는 대다수의 불운한 사람처럼, 안데르센은 코펜하겐의 예술 기득권층에게 몇 번이나 거절과 조롱과 굴욕을 당하고 굶어 죽을 위기까지 내몰렸다. 많은 후원자를 찾았지만, 늘 예외 없이 자신의 변덕으로 후원자들의 믿음을 배신했다. 마지막으로 주사위를 굴린다는 간절한 심정으로, 이번에는 새로 사귄 친구이자 전자기를 발견한 물리학자 한스 크리스티안 외르스테드에게 도움을 청했다. 외르스테드는 안데르센에게 왕실 예술가 후원금 관리자이자 사회적으로 진보적인 자선가인 요나스 콜린을 찾아가보라고 제안했다.

안데르센에게 '제2의 아버지'가 되는 이 남자와의 만남이 성사되었지만 그 첫인상은 젊은 순정파 배우의 용기를 북돋우는 데 거의 도움이 되지 못했다. "대화는 심각했고 단 몇 마디로 끝났다. 나는 이 남자에게 일말의 동정심도 기대하지 않은 채 돌아왔다. (…) 나는 그가 보호자라기보다는 적에 가깝게 느껴졌다."

하지만 영화 「마이 페어 레이디」에서 헨리 히긴스 박사가 시골 처녀 엘리자 두리틀을 귀부인으로 변신시키듯, 요나스 콜린은 마치 목소리가 걸걸한 회색 요정처럼 안데르센이 연례 왕실 장학금을 받도록 주선하고 코펜하겐에서 서쪽으로 약 90킬로미터 떨어진 슬라겔세라는 도시에서 중등학교에 입학할 수 있도록 해주었다. 학교에서 안데르센은 덴마크 상류층 소년들과 똑같이 고전 역사와 라틴어, 수학을 배웠을 뿐만 아니라 희망했던 대로 쓸모 있는 사회 일원이 되기 위한 교육을 받았다.

안데르센은 코펜하겐에 오고 3년 동안 필사적으로 자기 홍보를 하고 왕립극장에 보낸 몇 편의 극본을 거절당하며 1822년에는 『젊은 날의 시도Youthful Attempts』를 자가 출판하는 등(단 50부가 팔렸다) 엄청난 마음고생을 한 끝에, 단기적으로 안정적인 미래를 구축할 수 있었고 자기 운명을 엮어나갈 대리 가족을 만나게 되었다.

그렇다고 이후 상황이 완전히 순조로웠던 것은 아니다. 뚱뚱하고 실패한 시인으로 독재자 같았던 시몬 메이슬링이 새로운 교장으로 부임하면서 불행이 시작되었다. 교장은 안데르센의 비현실적인 태도를 경멸했을 뿐 아니라 그의 재능을 시기했고 그의 학창 시절을 비극으로 만드는 데 온 힘을 쏟았다. 안데르센이 쓴 시를 "감상적이고 쓸모 없는 쓰레기"라고 악평했으며 그에게 "아무짝에도 쓸모 없는 멍청한 놈"이라고 말했다.

안데르센은 훗날 『진실한 내 인생 이야기』에서 이 시절을 상기할 때에도 여전히 그때 느낀 감정을 날것 그대로 드러냈다. "교장은 모든 상황을 비웃음거리로 만드는 데서 기쁨을 얻는 이상한 사람이었는데, 당연히 내 경우도 예외는 아니었다. (…) 교장이 교실에 들어오면 불안으로 온몸이 마비되는 것 같았다. (…) 그 시절 교장은 내게 신적인 존재였다. 그가 하는 말 한마디 한마디를 무조건적으로 받아들였다." 하지만 그럴수록 메이슬링은 왕실의 후원을 받는 이 소년을 괴롭히고 맹비난하고 조롱할 뿐이었으며, 이는 다른 학생들도 마찬가지였다.

이제 열일곱 살이 된 안데르센은 열한 살, 열두 살의 특권층 아이들과 한 교실에서 공부했다. 아이들은 즉시 연약한 사냥감의 냄새를 맡았다("'쟨 너무 크고 괴상하게 생겼어!' 그를 문 오리가 말했다. '그러니 괴롭힘을 당해도 돼.'" 「미운 오리 새끼」에 나오는 대목이다). 그는 이때가 "인생에서 가장 암울하고 불행한 시기"였다고 썼다. 일기를 쓰기 시작한 그는 이번이 마지막은 아니지만, 하느님께 자신의 목숨을 거둬가달라고 애원했다.

메이슬링은 헬싱외르에 있는 학교로 전근을 가게 됐을 때 효자 상품과도 같은 안데르센을 어떻게든 데려가고 싶어 몇 번인가 뜻밖의 친절함을 보이며 같이 가자고 설득했다. 햄릿이 살았던 엘시노어성의 배경이 된 이 도시는 덴마크에서 스웨덴과 가장 가까웠을 뿐 아니라 외레순 해협 어귀에 자리하고 있어 당시 전 세계 배들이 드나들던 북적거리는 항구였다. 안데르센에게는 이국의 참맛을 처음 일깨워준 곳이었다. "저 배들을 보라! 이 활기를 보라! (…) 이곳에서는 뚱뚱한 네덜란드 사내들이 삼삼오오 모여 허허로운 자국어를 말하고 저곳에서는 감미로운 이탈리아어가 들려오며, 더 내려가면 영국 쌍돛대 범선에서 석탄이 내려와 런던의 향기를 실어다주는 듯하다. (…) 나는 이루 말할 수 없이 행복했다."

이 행복은 메이슬링이 예전의 괴롭힘을 다시 시작하면서 금세 끝이 났다. 결국 콜린이 개입해 안데르센을 학교에서 꺼내주었다. 메이슬링이 이 어린 소년에게 마지막으로 한 말은 그의 시가 "서점 바닥에 처박혀 곰팡이를 피울 것이며 나는 정신병원에서 생을 마감하게 되리라"는 것이었다.

(『진실한 내 인생 이야기』에서 안데르센은 실명을 밝히지는 않았지만 몇 년 후 첫 소설이 출판되고 얼마 지나지 않아 메이슬링을 만났다고 전한다. "그는 화해를 청하듯 손을 내밀며, 자신이 날 존중하지 않고 못되게 굴었다고 말했다." 하지만 안데르센은 죽는 순간까지도 일기에 메이슬링 때문에 겪은 악몽에 대해 적었다.)

1827년에 코펜하겐으로 돌아온 안데르센은 교묘하게 비위를 맞추어 콜린 가족의 신뢰를 얻었다. 일주일에 한 번 요나스, 그의 아내, 다섯 자녀 잉에보르, 고틀리브, 에드바르, 루이세, 테오도르와 함께 식사를 했고, 이들 가족을 가장 가까운 존재로 여겼다. 처음에는 잉에보르와 친구가 되었다. 잉에보르가 놀려대도 안데르센은 그런 관심이 좋았다. 하지만 안데르센이 가장 강한 애착을 느끼고 결국 사랑에 빠진 상대는 그보다 세 살 어린 에드바르였다.

안데르센은 코펜하겐 외곽에 사는 한 선생에게서 개인 강습도 받았다. 매일 하숙집에서 아마게르섬(황량하고 바람이 휘몰아치는 섬으로, 오늘날 코펜하겐 항구의 보금자리다)까지 먼 거리를 걸어야 했지만, 이런 고생은 첫 판타지 희극 작품인 『1828~1829년의 도보 여행기, 홀멘스 운하부터 아마게르섬 동부까지』로 결실을 맺었다. 재미있게도 이 이야기는 1828년에서 1829년으로 넘어가는 새해 밤에 걸었던 길을 주제로 하고 있다.

눈이 부실 정도로 독창적인 이 첫 소설에 대해서는 두 가지 언급할 만한 사실이 있다. 하나는 안데르센이 품은 야망으로, 그는 이를 숨기지 않고 과감하게 드러냈다. 실제로 이 같은 야망은 안데르센 동화의 혁명적 요소라 할 수 있는 말하는 무생물(이 작품에서는 『햄릿』의 구절을 암송할 수 있는 탑) 등으로 나타난다(마지막 장은 느낌표와 대시로만 되어 있다). 또 하나는 이 최초의 의미 있는 소설이 일종의 여행기이기도 했다는 점이다.

하지만 코펜하겐의 출판업자들에게 거절을 당한 후 안데르센은 이 작품을 직접 책자로 제작했다. 기쁘게도 1쇄는 모두 팔렸다. 출판업자 레이첼이 낸 제2판 또한 매진이었다. "모두가 내 책을 읽었다. 내 귀에 찬사만이 들려왔다. 나는 학생 신분으로 소망의 꼭대기까지 올라 있었다. 내 안에서 기쁨의 소용돌이가 휘몰아쳤다." 안데르센은 이렇게 회상했다. 안데르센의 희곡 중 첫 성공작인 『니콜라이 탑에서 사랑을』 또한 빼어나게 근대적인 작품으로, 관객들은 휘파람을 불거나 야유를 보내 작품의 성공 여부를 알려주었다. 이 희곡은 그가 신성시하는 왕립극장의 무대에 올라 얼마간 찬사를 받았다.

성공을 맛본 다른 신인 극작가들이 푯값으로 벌어들인 돈을 와인과 여자에 썼던 반면, 안데르센이 글로 쌓은 부를 몽땅 쏟아부어 처음으로 한 일은 여행이었다. 1830년 5월, 윌란반도로 떠난 그는 여행 내내 덴마크에서 내로라하는 가문들의 웅장한 시골 별장을 정거장처럼 이용했고, 이는 안데르센이 평생 동안 여행을 다니며 계속 한 일이었다. 한 도시에서는 지역 신문에 자신의 도착 소식이 실린 것을 알고 기뻐했다(나무 위에서 오도 가도 못한 채 구조를 기다리는 고양이들에게는 사람 구경하기 힘든 날이었을 것이다). 학생일 때 발간한 시(「죽어가는 아이」)와 『1828~1829년의 도보 여행기, 홀멘스 운하부터 아마게르섬 동부까지』로 유명세를 얻은 결과였다.

결정적으로 이 첫 여행은 그가 인생에서 가장 소망했던 두 가지, 바로 대중의 인정과 사랑을 가져다주었다. 뭐, 사랑이랄 것까지는 없지만 적어도 짧은 열병 정도는 있었다.

상대는 코펜하겐 동창의 여동생으로 스물네 살에 짙은 머리카락을 지닌 리보르 보이그트였다. 그녀는 오덴세에서 남쪽으로 약 48킬로미터 떨어진 포보르라는 소도시에 살았다.

포보르는 리셴의 고향이라서 나도 잘 아는 곳이다. 목조 벽에 주황색 치장 벽토가 칠해진 보이그트의 집은 지금도 시내 중심가 가까이에 서 있으며, 뒷마당에는 안데르센의 단편소설 중 하나인 「팽이와 공」에 영감을 받아 만들어진 조각상 하나가 놓여 있다.

「팽이와 공」은 상류층인 공이 태생이 미천한 팽이가 다가오지 못하게 내치지만, 결국 공은 지붕 홈통에 빠지는 신세가 되고 팽이는 많은 사랑을 받는 장난감이 된다는 이야기다. 안데르센이 자신의 구애를 거절한 보이그트를 수년 후 자식도 있는 중년 여성으로 만나고 나서 그때까지도 남아 있던 쓰라림에 영감을 받아 창작한 소설이다. "아무리 사랑하던 여인이라도 물이 줄줄 흐르는 홈통에서 5년을 누워 지냈다면 다시는 그 얼굴을 알아보지 못하는 법이다!" 이야기는 이렇게 끝이 난다.

1831년 4월, 자존심에 큰 상처를 입은 안데르센은 다시 여행을 떠나기로 결심했는데, 이번에는 독일 북부였다. 그가 여행을 불행의 도피처로 삼은 것은 그때가 처음이되, 마지막은 아니었다. 그는 자신의 세계가 이 여행으로 "놀라울 만큼 부피를 넓혀 갔다"고 썼다. 흔들리는 마음을 붙잡아줄 새로운 사랑을 찾은 것이었다. "아, 여행이란. 여행을 한다는 것은 (…) 마치 세상이 내 집처럼 느껴지는 일. 내 정녕 이 집에서 즐겁게 뛰놀리라!" 당시에 안데르센이 쓴 글이다.

그렇게 그는 즐겁게 뛰놀았다.

첫 여행기인 『그림자 사진Shadow Pictures』은 당시의 독일 휴가를 바탕으로 쓴 것이다. 보도문과 전기문, 단편소설이 혼합된 이 이야기는 활력과 신선함으로 팔딱거린다. 또한 이 작품은 인어 전설에 대해서도 처음으로 간단히 언급하고 있다. 하지만 그보다 중요한 사실은 이 회고록이 10년 후에 쓰게 될 훨씬 더 야심 찬 여행기의 원형이었다는 점이다.

그리고 나는 특히 이 대목에서 흥미를 느끼기 시작했다. 이 시점부터 한스 크리스티안 안데르센은 기본적으로 집도 뿌리도 가족도 없는 노마드가 되었다. 그는 노동자 계층에서 벗어난 사회적 망명자였지만, 한순간도 상류층에 속하지 못한 사람이었다. 덴마크에는 자신의 발을 묶는 것도 없고 떠날 빌미만 가득했기에 그는 여행으로 눈을 돌렸다.

오덴세에서 코펜하겐으로 떠난 중대한 여정이 안데르센의 성인기를 특징짓는 방랑벽의 첫 신호탄이라고 주장할 사람도 있겠지만, 그가 여행의 가망성과 도피의 해방감에 점점 더 집착하게 된 시점은 윌란반도와 독일, 이탈리아를 처음으로 여행한 뒤부터였다. 스물다섯부터 예순여덟까지 그는 유럽 본토와 스칸디나비아반도에 있는 대부분의 나라를 방문했고 그중 여러 나라는 몇 번이나 다시 찾았으며, 아프리카와 아시아 땅에까지 발을 디뎠다. 스물아홉 차례나 해외 여행을 하면서 총 9년을 덴마크 밖에서 지냈고, 심지어 잘 걷지도 못하던 죽기 2주 전까지도 여행을 계획했다.

커다란 여행 가방과 트렁크, 모자 상자, 여행용 손가방, 지팡이, 우산, 스크랩북, 구두골*과 함께 9미터의 비상용 밧줄과 전용 베갯잇(어떤 점에서는 괜찮은 팁이겠다), 옷 안감에 꿰매넣은 지폐, 훗날에는 휘장과 훈장의 미니어처 복제품까지 전부 챙겨서 정기적으로 해외 여행을 떠났고, 그렇지 않은 때에는 예외 없이 다음 여행 일정과 예산을 계획하며 팁으로 쓸 금액까지 계산했다. 심지어 덴마크에 있을 때조차 자신의 셋방보다는 귀족 친구들의 조용한 시골 별장에서 친구들과 지내는 모습이 자주 목격되었다. 그는 한 번도 자기 집을 가져본 적이 없었으며 1866년에 처음으로 침대 하나를 사들였는데, 그의 나이 예순한 살 때였다(그마저도 친구의 강한 권유를 이기지 못해 산 것이었다). "겁이 난다. 가구가 나를 내리누르는 느낌이다…….."

안데르센은 모두가 자신처럼 느낄 것이라고 생각했다. "오, 여행, 여행이란! 가장 행복한 운명이다! 이는 우리가 모두 여행을 하는 이유다. (…) 심지어 조용한 무덤에 누워 있는 죽은 자들조차 지구와 함께 태양 주변을 날아다닌다. 그렇다, 여행은 우주 만물의 강박 현상이다." 물론 그는 대다수 사람보다 더 내키는 대로 살았다. 1838년 절친한 친구 헨리테 한크에게 보낸 편지에 썼듯이, 저녁 시간은 일종의 순회 행사였다. "내 저녁 일정은 다음과 같다네. 일단 월요일은 뷔겔 부인 댁에서 먹네. 늘 성대한 파티처럼 만찬을 즐길 수 있거든. 화요일은 콜린 선생님 댁으로 가지. 그 집 맏아들 내외도 같이 저녁을 먹는 날이라서 아주 특별한 요리를 먹는다네. 수요일은 외르스테드 씨 댁에서 먹지. 항

● 구두의 형태를 유지하기 위해 넣어두는 금속·목재의 틀.

상 그날 손님을 초대하거든. 목요일은 다시 뷔겔 부인 댁으로 가고, 금요일은 불프 씨 댁에서 먹네. 그날은 늘 베이세 씨가 와서 식사 후 피아노로 환상곡을 연주해주거든. 토요일은 쉬는 날이라네. 이날은 어쩌다 초대받은 곳에서 저녁을 먹거나 [레스토랑] 페리니스에서 먹는다네. 일요일은 레쇠 부인 댁이나 학생회관에서 먹고……."

'여행은 곧 삶이다'는 안데르센의 가장 유명하고 변치 않는 명언 중 하나다. 적어도 그의 여행 중독이 잘 알려진 덴마크에서는 그렇다. 하지만 안데르센 관련 책을 읽을 때까지 이런 사실을 전혀 몰랐기에, 이 문구는 나를 어리둥절하게 하는 동시에 강한 호기심을 불러일으켰다. 안데르센의 일상적인 신경증이 얼마나 피 말리는 수준이었는지를 감안하면(음식이 안전하고 언어 소통도 잘되는 조국에서조차 대부분의 시간을 불안으로 부들부들 떨었던 사람이다), 안데르센만큼 대륙 횡단 노마드와 어울리지 않는 사람도 찾기 힘들었다. 나는 이 중증 신경증 환자, 자신의 그림자마저도 두려워했던 남자가 어떻게 격동하는 혁명의 시대 한복판에서 위험한 대륙은 고사하고 도로를 건널 수 있었는지 스스로에게 묻고 또 물었다. 더 중요하게는, 그 이유가 궁금했다.

19세기 중반에 유럽 여행은 위험천만하고도 고된 일이었다. 끝없는 강도의 위협과 수많은 치명적인 병에 걸릴 실질적인 위험은 물론 뼈가 덜덜 떨리고 갑갑한 데다 춥기까지 한 역마차와 비포장도로를 견뎌야 했다. 특히 이탈리아와 독일엔 무수한 왕국이 존재했고 지역이 여러 개로 쪼개져 있어 국경을 통과할 때마다 통행료와 통행증을 제시하는 등 여행 한번 하기가 화가 날 만큼 복잡했다. 이는 일명 '통행증 불안'으로 외국 여행 전날 밤을 종종 뜬눈으로 지새우는 남자에게는 특히 고역스러운 일이었음에 틀림없다.

안데르센의 외국어 능력도 불안하기는 마찬가지였다. 독일어는 괜찮았지만 이탈리아어는 사실상 무식자나 다름없었고 영어와 프랑스어는 원어민이 전혀 알아들을 수 없는 수준이었다. (오죽하면 디킨스가 차라리 덴마크어로 말하라고 이야기했을까. 안데르센에게 난도질당한 댕글리시보다는 덴마크어가 더 알아듣기 쉽다면서.)

당대의 몇몇 덴마크 화가는 유럽을 잘 알았지만, 극작가 요한 루드비 헤이베르, 시인 베른하르 세베린 잉에만, 철학가 쇠렌 키르케고르 등 안데르센의 동료 작가 중 대부분은 집에 머물며 덴마크인의 삶에 젖어 지내는 데 만족했다. 안데르센이 공책(자신의 소견과 아이디어, 농담, 관찰을 담은 또 하나의 저장소)에 썼듯이, 덴마크인들은 외향형과는 거리가 좀 있었다. "덴마크보다 더 편견이 많은 나라도 없는 것 같다. (…) 우리는 가슴을 치며 말한다. '하느님, 감사합니다. 제가 다른 사람들과 같지 않음에!' 우리는 스스로를 무척 소박하고 친절한 사람들로 여긴다! 우리는 좋은 사람들이다. 이 말은 우리 사이에서 격언이 되었다. 하지만 조롱하고 비웃으며 이웃 나라의 약점이 나타나기를 기다리는 악함이야말로 우리 본성이다. 나도 그런 마음을 품고 그렇게 말하고 있으니 누가 뭐래도 덴마크인이겠다."

당시로선 덴마크인들의 성향이 안데르센에게도 거슬렸다는

사실 말고는 안데르센을 높이 평가할 이유가 전혀 없었지만, 이 뜻밖의 적대감은 안데르센의 여행 욕구를 설명해주는 중대한 단서이기도 했다. 사실상 그는 덴마크의 국민 시인이자 가장 유명한 수출품이요, 전 국민의 사랑을 받는 찬가 중 하나인 「나는 덴마크에서 태어났습니다I Danmark er Jeg Født」의 작사가이자, '필연적 결론'이라는 용어에 새로운 의미를 부여한 이, 2004년의 덴마크 여론 조사에서 역사상 '가장 훌륭한 덴마크인'으로 선정된 인물이었지만, 조국에 대한 감정은 분명 여러 갈래로 엇갈렸다.

당연히 내가 덴마크에 반감을 느끼는 이유는 안데르센의 그것에 비하면 애교 수준이었다. 고작해야 날씨나 뭉텅이로 넣는 마지팬을 가지고 칭얼거리는 수준이었으니까. 하지만 나는 그의 솔루션에 즉시 끌렸다. '싸워서 이길 수 없다면 피하라'는 안데르센의 모토였던 것 같다. 그는 덴마크 평론가들의 부당한 악평, 처참한 결말로 끝난 숱한 연애사, 작품의 실패, 지독한 날씨를 피하고자 여행에 눈을 돌렸다.

1840년 2월에 첫 선을 보인 안데르센의 희곡 『물라토The Mulatto』(오늘날에조차 일부에서는 금기시되는 인종 간의 사랑을 다룬 작품)는 거의 세계적인 찬사를 받았고, 그는 평단의 드문 호평에 기쁨을 감추지 못했다. 하지만 또 다른 평론가가 안데르센의 작품이 프랑스 희곡을 도용했다고 지적하며 연극 소개 글에 '순수 창작 낭만극'이 아니라는 문구를 넣어야 한다고 주장했을 때는 이 기쁨도 얼마간 누그러졌다. 이는 (안데르센이 작가로서 주목

받기 전 대세 작가였던 요한 루드비 헤이베르가 이끄는) 코펜하겐 지식인층이 그에게 본때를 보여주기 위해 찾고 있던 몽둥이에 불과했다. 하지만 안데르센은 이런 비판을 예민하게 받아들였고, 이 일은 이미 맹렬하게 날뛰고 있던 그의 피해망상에 기름을 부었다. 어느 정도는 이 같은 표절 논란에 응수하기 위해 그는 서둘러 두 번째 희곡 『무어인 소녀The Moorish Girl』를 썼다. 오로지 그의 머리에서 나온 이야기였지만, 작품성은 크게 떨어졌다. 안데르센은 특정 배우를 염두에 두고 이 희곡을 썼는데, 바로 헤이베르의 아내이자 당시 덴마크에서 가장 유명한 배우였던 요하네 루이세였다. 하지만 당사자의 거절로 어쩔 수 없이 다른 사람에게 그 배역을 내주게 된 안데르센은 경솔하게도 누구든 들으라는 듯이 헤이베르 부부를 비방했다.

"나는 늘 무시당하고 부당한 대우를 받았다." 훗날 안데르센은 이렇게 회상했다. "불쾌한 일들이 꼬리에 꼬리를 물고 일어나서 감정이 상했다. 집에 있는 것이 불편했고 반쯤 제정신이 아니었다. 더는 이 상황을 견딜 수 없었던 나는 희곡을 운명에 맡기고 괴롭고 우울한 기분으로 서둘러 떠났다."

희곡으로 치른 곤욕과 그 시기까지 계속된 여러 불운한 연애사 때문에(짝사랑 상대 중 한 명인 요나스 콜린의 딸 루이세가 곧 결혼할 예정이었다) 코펜하겐 생활은 이 예민하고 민감한 서른넷 청년에게 또다시 참을 수 없는 것이 되었다. 이런 상황에서 그는 늘 하던 대로, 『무어인 소녀』가 어떻게 될지 기다리지 않고 여행을 무사히 마칠 만큼 경비가 충분한지조차 확신할 수 없던 상황에서 훌쩍 떠났다. (이번 여행에는 동방이라는 더 야심 찬 목적지까지 포함시켰다.) 혹은 그의 말처럼 "괴로운 마음으로 조국에서 벗어났다".

그해 10월, 안데르센은 생애 가장 길고 가장 힘들고 흥분되는 여행이 될 여정을 시작했다. 남부로 가서 초창기 증기기관차를 타고 독일로 향한 뒤 마차로 피렌체와 로마, 나폴리를 돈 다음 증기선을 타고 몰타와 그리스, 터키를 여행하고 다뉴브강을 통해 헝가리와 오스트리아, 프라하, 독일을 거쳐 집으로 돌아오는 여정이었다. 이는 완전한 미지의 땅도 일부 포함되어 있는 위험천만한 이동 경로였을 뿐만 아니라 그의 인내심을 테스트하는 진정한 시험이었고, 마치 에니드 블라이턴*이 직접 카누를 타고 잠베지강**을 거슬러 올라가는 것과 같았다.

혁명 이전의 유럽을 통과하는 이 환상적인 모험은 서사적 여행기인 『시인의 바자르A Poet's Bazaar』로 결실을 맺었는데, 6년 앞서 출간된 프랑스 작가 알퐁스 드 라마르틴의 『동방 여행 회고록』에서 일부 영감을 받은 것이었다.

나는 이런 책이 있다는 것을 알고 한 권 구해야겠다고 마음먹었다. 코펜하겐의 서점에서는 아무 수확도 거두지 못하다가 뉴저지에 있는 한 서점에서 인터넷으로 판매 중인 것을 한 권 발견했다. 허드앤호턴 출판사에서 1871년 출간한 뉴욕 판본으로, 불행하게도 메리 호윗이 번역한 것이었다.

---

* 20세기 영국의 아동문학가(1897~1968).
** 남아프리카에서 인도양으로 흐르는 강.

며칠 후 도착한 책에는 "이 책을 원래 고향인 덴마크로 돌려 보내게 되어 기쁘군요!"라는 기분 좋은 메모가 딸려 있었다. 녹색 하드커버 표지를 펼치자 이 책이 호넬 도서관 장서였음을 말해주는 도서 대출 카드("2주의 반납 기한을 넘길 경우 하루 2센트의 연체료가 부과됩니다"—마지막 소인이 찍힌 시점은 1975년 9월이었다)가 보였다. 이를 무시하고(신고할 테면 신고하시죠, 현상금 사냥꾼님들!) 첫 장을 넘긴 뒤 지난날을 환기시키는 설마른 오래된 책 냄새를 깊게 한 번 들이마시고는 책을 읽어나가기 시작했다. 그러곤 마지막 페이지까지 그대로 쭉 읽었던 것 같다.

보도문와 회고록, 철학과 연극비평, 환상소설의 여러 요소가 한데 어우러진 『시인의 바자르』는 그야말로 여행기의 잃어버린 고전이었다. 생생한 관찰과 웃음이 절로 나오는 일화, 이야기, 실제 인물이었던 이국적인 배역들이 멋지게 표현되어 있었다. 등장인물 중에는 프란츠 리스트와 멘델스존 같은 유명 작곡가, 군주와 사절단뿐만 아니라 파샤pasha•와 승려, 매춘부, 페르시아인, 공주들도 있었다(심지어 수피교의 탁발 수도승과 멍 때리는 거머리 판매상까지 등장한다).

그의 조악한 희곡과 장황하고 두서 없는 신파 소설들과는 달리(내가 읽어봤으니 여러분은 그럴 필요 없겠다), 이 작품은 읽자마자 안데르센의 문학적 재능이 여행기에서도 발현되었음을 한눈에 말해주었다. 통탄스럽게도 이런 측면은 비덴마크어권 세계에

• 터키와 이집트 등 오스만 제국에서 신분이 높은 사람에게 부여하던 칭호.

는 잘 알려져 있지 않다. 『시인의 바자르』는 어느 면에서 보든 안데르센 동화만큼 독창적이고 재미있다. 더군다나 이 이야기는 모두 사실이었다(또는 나중에 밝히겠지만 대부분이 사실이었다).

그날 밤 침대에서 리센에게 내가 알게 된 사실들을 신이 나서 말해주었다. 물론 그녀에게 '충격! 한스 크리스티안 안데르센, 알고 보니 꽤 괜찮은 사람'은 그다지 놀랄 것도 없는 이야기였지만, 그녀는 내가 덴마크 뉴스 앵커들을 우습게 성대모사하는 대신 드디어 이 나라 문화의 진가를 알아봐주는 데 기뻐하는 듯 보였다. 하지만 그때 내 마음속에서 이미 도피 계획이 발효 중이었다는 사실은 말하지 않았다.

안데르센에 관한 책은 말 그대로 수백 권에 이른다. 그의 삶과 작품은 도널드 트럼프의 머리카락보다 더 구석구석 빗질되었지만 여전히 수많은 의문점이 미결로 남아 있다. 만족할 줄 모르는 여행 충동은 안데르센이 지닌 많은 역설과 수수께끼(신경증과 성정체성을 비롯한 무수한 괴로움)의 중심에 있었지만, 내가 읽은 책들에서 그의 여행기에 대한 설명은 쓰윽 훑어보는 정도나 전체적으로 얼버무리는 수준에 머물렀다. 학술 논문 몇 편에서 특별히 조명한 것을 제외하면 안데르센의 여행을 자세히 다룬 책은 거의 없었다.

내가 아는 한 안데르센의 여정을 되짚어간 사람은 아무도 없었기 때문에, 『시인의 바자르』를 읽는 동안 나는 내가 그 일을 해낸다면 이 당혹스럽고도 매혹적인 사내와 좀더 가까워지리라는 생각에 끌리는 차원을 넘어 '사로잡혔다'. (대부분 덴마크어로 발간된 작가의 일기와 편지, 연감, 자서전을 이용해) 그의 인생에서 짧지만 주축을 이루었던 이 8개월의 과정을 하나하나 세세하게 엮어갈 수 있다면, 아마도 그의 삶과 작품을 새롭게 조명할 수 있을 터였다.

다시 말해, 그가 본 것을 보고, 갔던 장소를 찾아가며, 그가 묘사한 사람들을 직접 만나는 여정을 통해 빅토리아 시대의 위대한 문학 혁신가이자 위인 중 한 명인 안데르센과 그 어느 누구도 해본 적 없는 방식으로 조우할 수 있을 것이었다.

나는 육지와 바다를 통해 코펜하겐부터 함부르크, 라이프치히, 로마, 나폴리, 몰타, 아테네, 이스탄불, 부다페스트, 빈, 프라하, 드레스덴을 여행한 후 집으로 돌아옴으로써 안데르센 탄생 200주년이 되는 2005년을 기념하리라고 그날 그 자리에서 다짐했다. 이도 저도 안 되면 최소한 몇몇 흥미로운 인물을 만나고 처음 가보는 장소들을 감상하며 고급 페이스트리라도 맛볼 수 있을 것이었다.

리센은 내가 집을 떠나 언제 끝날지 모르는 여행을 한다는 사실에 의외로 열광하는 듯 보였다.

2장

독일

Deutschland

이런 우여곡절 끝에 몇 주 뒤 나는 함부르크의 한 유곽 1층에 자리한, 천장이 낮고 촛불이 켜진 작은 방에 와 있었다. 나는 문란한 파티를 찾은 목사님처럼 의자 끝에 쭈뼛하게 걸터앉아 잔드라라는 착한 여자와 이런저런 이야기를 나누었다.

매춘부는 내게 미지의 존재였지만 안데르센의 여행에서는 놀라울 정도로 자주 등장했는데, 이런 발견은 뭔가 의미 있는 듯하면서도 적잖이 당혹스러웠다(캔터베리 대주교의 옷장에서 검은 라텍스 바디슈트를 찾은 느낌이랄까). 함부르크는 안데르센이 탕부들을 만난 많은 외국 도시 중 한 곳에 불과했다. 게다가 내가 점찍은 첫 여행지였고 세계적으로 유명한 홍등가를 자랑하는 도시이기 때문에 나는 '조사원'을 찾는 데 돌입했다. 이런 연유로 알게 된 잔드라에게 몇 가지 묻고 싶은 것이 있었다. 답을 얻을 수 있다면 안데르센의 수상쩍고 비밀스런 성적 취향이라는 끈적끈적한 주제를 초장에 끝내는 데 도움이 될 것 같았다. 동성애자일 거라는 둥 틀림없이 양성애자일 거라는 둥 그를 둘러싼 소문이 무성했지만 정작 본인은 죽을 때까지 총각 딱지를 떼지 못했다고 주장했으므로, 나는 몇 가지 답을 찾아보기로 했다. 성매매 종사자에게 무엇을 기대해야 하고 또 상대가 내 조사 방식에 어떻게 반응할지 전혀 알 수 없었지만, 안데르센이 사창가를 찾을 용기를 냈다면(실제로 만년에는 그랬다) 나라고 못 낼 이유가 없었다.

내 유럽 횡단 여행 첫날은 2월 초, 이보다는 훨씬 더 쾌적한 코펜하겐 중앙역에서 시작되었다. 티끌 하나 없이 깨끗한 중앙 홀은 새벽 6시가 되자 벌써부터 부산스러웠고, 벤치에 앉자 여느 때처럼 여행 전의 초조감과 함께 배가 요동치기 시작했다. 안데르센은 항상 여행 출발 몇 시간 전부터 돌돌 감은 밧줄과 함께 짐을 다 싸놓고 미리 기다리곤 했는데, 나도 온갖 불상사가 일어나 기차나 배, 비행기를 놓칠지도 모른다는 불안감에 예정보다 몇 시간 일찍 출발한다. 게다가 몇 분마다 한 번씩 호주머니를 쓰다듬으며 혹시 여권과 티켓이 빠져나가 어디 도랑에 떨어진 건 아닌지 확인하곤 한다. 이런 습관 때문에 리센은 미치려고 한다. 그녀는 단 1초도 낭비하지 않고 마지막까지 스릴을 즐기는 타입이다. 아마 내가 큰물이 갑자기 불어날지 모르니 어서 떠나자고 재촉하는 순간에도 그녀는 당장 해야 할 다급한 일을 수없이 찾아낼 것이다. (한 예로 도심 정반대편에서 열리는 파티 참석 시간 10분 전에 양말 서랍을 다시 정리한 일이 있었고, 비행기 표가 예약된 히스로 공항이 아닌 개트윅 공항으로 가는 바람에 몇 초를 남겨두고 M25 고속도로를 질주해야 했던 일은 맹세컨대 그녀 인생에서 최고의 순간으로 꼽혔다.)

그래서 그날도 50분 일찍 나와 코펜하겐으로 통근하는 사람들의 기계적인 움직임을 구경하면서 스무 번째로 여권을 확인하고 있었다. 덴마크 특유의 매서운 겨울 아침 날씨였기 때문에 퍼 코트에 스키 부츠를 신은 행렬이 줄을 이었다. 계급 차별 없는 이 사회의 엄청난 부에 감동한 것이 이번이 처음은 아니었다. 안데르센이 태어났을 때 오덴세는 빈곤선 이하의 생활을 하는 주민의 비율이 높아 '거지 도시'로 알려졌던 반면 코펜하겐에는 대부분의 중산층이 몰려 있었다. 오늘날 덴마크는 공식적으로 유럽에서 빈부 격차가 가장 낮은 국가인데, 여기에는 장단이 있다. 좋은 점이라면 보란 듯이 실크해트를 쓰고 롤스로이스를 몰면서 다른 사람들의 심기를 건드리는 사람이 드물고 범죄율이 낮으며 변호사든 환경미화원이든 덴마크에서 상위 직군에 속하는 교사든 누구나 자전거를 탄다(여왕은 예외다. 여기는 네덜란드가 아니다)는 사실이다. 어떤 대가를 치르더라도 평등을 추구하는 사람이라면 덴마크만큼 살기 좋은 곳도 없다.

부정적인 면은 모두가 똑같은 옷을 입고 똑같은 음식을 먹으며 똑같은 자동차를 몰고 똑같은 집에서 산다는 것인데, 나처럼 런던 같은 도시에서 온 사람에게는 이곳이 좀 무료하게 느껴질 수 있다. 다양성이 인생의 양념이라면 덴마크는 왕 싱거운 닭고기 코르마*라고 할 수 있다.

내 앞을 지나가는 덴마크인들은 모두 몽유병에 걸린 것처럼 보였고 박쥐의 음파탐지기라도 장착했는지 서로 부딪치는 일이 없었다. 전 세계 통근자들처럼 이들도 근심스런 표정을 한 채 어딘

---

* 요구르트(다히)나 크림에 흔히 아몬드를 넣어 만드는 인도 및 그 주변 지역의 요리.

가에 정신이 팔려서는 목숨이라도 달려 있는 양 문자 메시지를 보내고 있었다. 눈앞에 둔 여행을 생각하자 갑자기 해방감이 몰려왔다. 변수가 없는 한 나에게 '필요한 건 다 실렸다'(『햄릿』에서 레어티스가 힘차게 외친 말). 이제 12개국을 돌며 20개가 넘는 도시(이 중 여러 군데는 한 번도 밟아보지 못했다)를 통과하게 될, 내 생애 가장 긴 횡단 여행이 시작되려는 참이었다.

안데르센은 1840년 10월 31일에 증기선 크리스티안 8세 호를 타고 코펜하겐을 떠났다. 부둣가에서 그의 오랜 짝사랑 상대인 에드바르 콜린이 이마에 키스를 해주었다. "아, 가슴이 터질 듯한 그 느낌!" 안데르센은 일기에 이렇게 썼다. 하지만 폭풍우가 몰아치는 증기선에서 24시간을 보낸 뒤 킬*에 도착하자마자 (얼마 전 코펜하겐 사람들의 마음을 사로잡고 귀국하는 스페인 무용단도 함께였다) 오랫동안 품고 있던 불편한 마음을 애처로운 편지에 담아 에드바르의 아버지인 요나스에게 보냈다. "떠나보는 것도 나쁘지 않군요. 지금 제 영혼이 안녕치 못하니까요. 가장 소중한 사람에게조차 털어놓지 못한 마음이 저를 무겁게 짓누릅니다." 아마도 에드바르를 향한 사랑의 마음을 이야기하고 있었던 게 아닐까?

여행을 하면서 뒤늦게 알게 된 사실이지만, 안데르센의 여정에 이용된 해로는 (진기한 옛 기념물로서 아직까지 남아 있는 철도와 함께) 당시로선 물건과 사람을 운송하는 중요한 수단이었지만,

---

*독일 북부의 항구 도시.

안타깝게도 제트엔진의 개발로 쓸모가 없어지면서 지금은 사실상 존재하지 않는다. 두 발로 다니는 여행을 고집하는 사람에게는 심히 맥빠지는 일이 아닐 수 없었다. 따라서 안데르센의 첫 여행 구간을 가장 가깝게 흉내 낼 방법은 코펜하겐에서 기차를 타고 덴마크 롤란섬으로 남하하는 것뿐이었다. 그래도 한 가지 위안이 되는 사실이 있었는데, 듣자 하니 (사실 그때도 믿기지는 않았지만) 기차가 롤란섬에 도착하면 페리 안까지 들어가 그 페리로 독일 북부 푸트가르덴까지 간다는 것이었다. 전날 매표원에게 이 말을 듣고 기쁨의 환성을 질렀는데, 그런 나를 본 매표원은 도움을 요청해야 할지 고민하는 눈치였다. 기차가 배 안까지 들어간다는 개념 자체가 정말이지 너무 흥분되었다.

영국인에게 덴마크 기차는 상상도 할 수 없을 만큼 호화롭고 효율적이기 때문에 나는 6시 15분 코펜하겐발 함부르크행 기차에 열심히 기어올라 따끈따끈한 객실로 들어갔다. 자리가 있었다! 어쩌다 생겼는지 모를 갈색 얼룩도 없었고, 의자가 뒤로 젖혀지기까지 했다! 통로를 따라 굴러가는 회전초°도 없었다! 믿을 수 없을 만큼 쾌적한 환경이었다. 내 자리는 안데르센이 선호했던 창가 쪽 정방향 자리였다. 앞으로 수없이 재현될 모습이지만, 처음으로 큰 배낭, 그리고 코트와 한바탕 씨름도 벌였다. 꼭 말벌과 싸우면서 최신 유행 춤을 선보이는 거북이처럼.

기차는 칙칙폭폭 소리를 내며 코펜하겐의 우울한 남부 교외

° 가을이 되면 줄기 밑동에서 떨어져 공 모양으로 바람에 굴러다니는 풀 덩어리.

를 지나갔다. 덴마크인들이 아프리카와 아시아 이민자들을 한데 모아놓고 그 안에서 얌전히 살라는 의미로 막대한 사회복지 기금을 쏟아붓는 지역이다. 창밖을 보자 얼음장같이 차가운 푸른 하늘이 눈에 들어왔다. 이렇게 맑은 날에는 스칸디나비아의 하늘이 늘 평소보다 더 높아 보인다. 숨이 멎을 만큼 아름다운 풍경이었지만 어쩌면 이곳을 떠나기 때문에 그렇게 느껴졌는지도 모르겠다.

내 첫 목적지는 안데르센과 마찬가지로 홀슈타인의 뤼네부르거하이데*에 있는 브라이텐버그성**이었다. 1840년까지만 해도 덴마크 영토였던 곳으로, 콘라드 폰 란차우 브라이텐버그 백작 가문이 대대로 살던 저택이다. 당시 덴마크 수상이던 백작은 예술에 깊은 관심을 가져 몇몇 덴마크 예술가와 작곡가, 작가를 후원했으며, 안데르센이 출셋길을 모색하던 초창기에 호의를 베푼 사람 중 한 명이었다. 귀족과 마주할 기회를 그냥 놓칠 리 없는 안데르센은 남쪽으로 가는 길에 백작을 예방하기로 했다.

"백작은 즉각 자신감을 불어넣어주는 부류의 사람이었다." 안데르센은 백작을 처음 만났던 일을 이렇게 회상했다. "내게 한 번 방문해줄 것을 간청했고, 자신이 도움이 되어줄 방법이 없겠느냐고 터놓고 물어보았다. 나는 생계를 위해 글을 쓰는 일이 얼마나 가혹한 일인지 넌지시 알려주었다. (…) 백작은 다정하게 내

● 독일의 중북부, 엘베강과 베저강의 지류인 알러강 사이의 광대한 지역.
●● 오늘날 독일의 브라이텐부르크성.

손을 잡으며 쓸모 있는 친구가 되겠노라고 약속했다."

12세기에 지어진 브라이텐버그성은 지금도 란차우 가문의 저택으로 일반인에게는 개방되어 있지 않지만, 나는 도착하기 며칠 전에 연락해 성안을 산책할 수 있는지 물어보았다. 솔직히 말하면 상류층 흉내를 좀 내보고 싶었는데, 콘라드 백작의 후손, 그러니까 정식 이름을 말하자면 브라에도 주 란차우 브라이텐버그 백작이 직접 전화를 받아서 내심 놀랐다. 우리는 안데르센과 내 프로젝트에 대해 이야기를 나누었고, 그는 와서 성을 둘러보라며 나를 초대했다. 자신은 말과 관련된 일로 외출을 하게 되어 함께 있어줄 수 없지만 슈미트 부인이라는 가정부가 성을 구경시켜줄 것이라고 했다. 나는 불쾌하게 여기지 않으려고 애썼다.

삭막한 교외 풍경이 끝나고, 금방 간 듯한 젖빛 밭이 끝없이 이어지며 초콜릿칩 아이스크림에 남은 수많은 스쿱 자국처럼 부드럽게 물결쳤다. 덴마크는 지금도 대부분의 지역이 농경지로, 옹이투성이 남근처럼 생긴 윌란반도의 오르후스, 안데르센의 고향인 퓐섬의 오덴세, 동쪽 섬 셸란의 코펜하겐처럼 몇 곳만이 인구 밀집 지역이다. 덴마크의 비옥한 땅은 1940년에 독일이 침입한 주된 이유였고(덴마크의 별칭이 독일의 식품 저장고였다), 오늘날 농경은 여전히 덴마크 경제의 중심축이며 특히 양돈업이 발달했다. (하지만 안데르센은 덴마크인치고 거의 유일하게 돼지고기를 먹지 않았던 사람이다. 선모충에 감염될까봐 무서웠다나.) 돼지가 덴마크 인구수보다 많다고 하는데, 섬뜩하게도 돼지 구경하기가 하늘의 별 따기다. 기차 안에서 볼 수 있는 유일한 생명체라곤 홀로 슬품에 잠긴 채 저 중간 어디께를 응시하는 말 한 마리뿐이었다. 원래 말들은 거의 모든 시간을 그렇게 흘려보내는 것 같다.

기차가 비단처럼 쉬익 달려가는 동안 하얗게 얼어붙은 외딴 농가의 지붕에서는 장작불 연기가 나선형을 그리며 피어올랐다. 침수를 겪은 철로 옆 낮은 밭들은 지금도 물이 꽁꽁 얼어 있었다. 「얼음 처녀」에 나오는 풍경 같았다.

나는 안데르센이 유년 시절 꽁꽁 언 집 창유리에 그렸다는 무늬를 생각했다. 그것은 안데르센이 막 열한 살이 되던 해에 일어난 아버지의 죽음을 예견한 무늬였다. 지난겨울 그의 아버지는 한 여자가 팔을 한껏 벌리고 있는 것처럼 보이는 이 창유리 위 그림을 가리키며 농담처럼 말했다. "'저 여자가 날 잡으러 오고 있어.' 지금 눈을 감은 채 침대에 누워 있는 아버지를 본 어머니는 이 말을 떠올렸고, 나도 그 생각을 떨쳐버릴 수 없었다." 안데르센은 자서전에 이렇게 썼다.

이따금 성당이 휙 하고 지나갔다. 회반죽 칠에 무딘 톱니 모양 박공판을 걸고 소박한 탑을 쌓아올려 나즈막한 언덕에 지어진, 덴마크에서도 흔히 볼 수 있는 성당이었다. 다른 곳에서는 단조로운 풍경 속에 삼림지대 몇 곳과 독특한 거대 풍력발전기 행렬이 나타나 활기를 더해주었다. 강한 바람에 노출된 이 편평한 섬 전역에는 수천 기의 풍력발전기가 세워져 청정 전력을 생산했다. (한번은 환경에 관한 기사를 쓰기 위해 조사를 하던 중 덴마크 환경부 대변인에게 당해의 풍력 전력 생산량이 전년 대비 감소한 이유를 물은 적이 있다. "올해는 바람이 흉년이었거든요." 이 대답은 지금 생각해도 웃긴데, 그 말인즉슨 석유가 바닥나는 날 우리 인류의 운명도 끝장이란 뜻이었다.)

이 선진형 발전기를 차치하더라도, 덴마크 전원은 분명 안데르센의 시대만큼이나 어여쁘다. 실제로 풍차가 있어서 텔레토비 동산과 꼭 닮아 보인다. 물론 TV 안테나를 머리에 달고 깡충깡충 뛰어다니는 은하계의 자웅동체를 아직 한 번도 본 적은 없지만 말이다(적어도 맨정신일 때는 보지 못했다).

기차는 뢰드뷔 항구에 도착하자 정말로 페리 안까지 들어갔다. 나는 너무 신난 나머지 여섯 살 무렵의 아이로 퇴행해 창문에 얼굴을 바짝 갖다댔고, 심지어 사진까지 찍었다.

내 페리 여행에서는 안데르센 때와 달리 잔물결 하나 일지 않았다. 그는 『시인의 바자르』에서 다음과 같이 적는다. "파도가 연달아 갑판 위로 밀려들었다. 한두 번 증기선이 멈춘 듯한 느낌도 들었는데, 마치 다시 돌아가는 게 최선이 아닐지 고민하는 것 같았다. 디캔터와 접시들이 단단히 묶여 있는데도 꼭 겁에 질리거나 본능인 듯 부르르 떨었다."

나는 덴마크에 있는 동안 줄곧 이 바다 근처에 살았다. 거실 창문으로 이 바다가 일부 보일 정도다. 일 년에도 여러 번 배를 타거나 다리를 이용해 이 바다를 건넜고 심지어는 강한 또래 집단 압력에 못 이겨 팬티도 입지 않고 수영을 했다. 하지만 안데르센이 이 책에 묘사한 것처럼 폭풍 피해를 입은 모습은 한 번도 본 적이 없었다. 실로 물방아용 연못만큼이나 잔잔했다. 안데르센이 이야기에 양념을 더하려고 현실을 과장했다고 말하고 싶은 생각은 추호도 없다. 그래도 그렇지…….

독일에 도착하고 첫 정거장에서는 어린 해군 병사 무리가 우리 객차에 합류했다. 얼굴에 보송보송한 솜털 수염이 있고 여드름이 났으며 큰 녹색 더플백을 멘 채였다. 몇 명은 금색 단추가 달린 해군 제복을 입고 흰 모자를 쓰고 있었다. 그중 연한 적갈색 머리칼에 둥근 안경을 낀 주근깨투성이 소년이 내 맞은편에 앉더니 뚱한 얼굴로 창밖을 응시했다. 잠시 후 다른 소년들이 여자 목소리로 그 소년을 놀리기 시작했다. 이 무리는 꺼억꺼억 트림과 함께 강한 애프터셰이브 로션 냄새를 풍기며 다음 정거장에서 내렸다.

본능적으로 크게 쯧쯧 소리를 내며 곁눈질을 했지만(물론 저들이 이 모습을 보지 못하게 조심하면서), 이번 방문 때는 독일을 너그러운 눈으로 보자고, 일생에 무려 세 번이나 승부차기 굴욕을 지켜본 영국 국민이 아닌 안데르센의 입장에서 독일을 대하려 노력하자고 스스로 다짐한 터였다.

독일은 안데르센의 문화적 원천이었고, 독일 문학은 그의 작품에 큰 영향을 끼쳤으며, 1820년대에 독일에서 작품이 출간되고부터는 이곳이 제2의 고향이 되었다. 안데르센은 오덴세에서보다 독일 도시에서 지낼 때 더 편안하다고 말했으며 독일 평론가들이 덴마크 평론가들보다 더 우호적이라고 주장했다.

그는 늘 조국에서는 인정받지 못한 기분이었는데, 거기에는 그럴 만한 이유가 있었다. 덴마크 평론가들 중 다수는 안데르센을 개인적으로 알고 지냈고 그의 비호감 성격을 직접 경험했기 때문에 종종 그를 힐끗었다. 더욱이 독일에서는 유년 시절의 사회적 신분으로 평가받을 일 없이 상류층과 더 쉽게 어울릴 수 있었다. (이는 영국에서도 마찬가지였다. 영어를 한마디도 못하는 이 이상한 남자는 계급 범주 밖에 있었기 때문에 상류층도 그를 완전히 묵살할 순 없었다.) 정말이지 그의 자서전 후반부에서는 독일의 대공과 황제, 공주, 수상, 백작(기억에 남는 이름은 한한 백작부인 Countess Hahn-Hahn이다. 얼마나 좋으면 두 번이나 이름을 부를까)들을 만나 우정을 나눈 이야기가 지겹도록 이어진다. 한때 조국과 이웃 나라 독일에 대한 안데르센의 충성심은 극명하게 나뉘어, 독일과 덴마크 군주 사이에서 일종의 왕실 사랑 다툼의 중심이 되었다. 두 군주는 양국 간에 팽팽한 긴장감이 도는 시기에 그의 환심을 사려고 열을 올렸다. 게다가 나중에 알게 되겠지만 독일은 안데르센에게 가장 연애다운 연애를 선물한 곳이었다. 그것도 독일에서 손꼽히는 귀족 남자와 말이다.

브라이텐부르크성은 도랑못과 나무숲, 철쭉 덤불에 둘러싸여 있는 친숙하고 따뜻한 하얀 치장벽토의 저택으로, 주변보다 약간 높은 곳에 지어졌으며 슈퇴르강(독일에서 가장 편평한 땅에 속한다)과 가까웠다.

"테이블 위 접시에서 연기가 피어오르고, 샴페인이 터졌다. 그렇다. 분명 황홀한 기분이었다! 풍랑이 거센 바다와 인적 드문 황야가 생각났고, 그럼에도 사람이라면 이런 세상에서 안존할 수 있겠다고 느꼈다." 안데르센은 『시인의 바자르』에서 성에 도착했을 때를 이렇게 기록한다.

위풍당당한 나무 정문에 다가가 벨을 누르자 공기 중에 코를 찌르는 말 냄새가 가득했다. 슈미트 부인은 매우 쾌활한 30대 여성으로 호피 무늬 상의와 바지를 입고 있었다. 그녀는 성안을 안내하면서 중간중간 성과 관련된 역사를 말해주었다. 그녀의 영어가 내 독일어보다 나았기 때문에 우리는 영어로 대화했다. (이러면 내가 독일어를 조금 할 줄 아는 것처럼 보이겠지만, 사실 내 언어실력에 비하면 안데르센은 제임스 조이스급이나 마찬가지다. 내가 아는 독일어라곤 쓰임새가 한정되어 있는 이 말뿐이다. 'schnell, schnell, ich habe Geburstag!―빨리요, 빨리, 오늘 내 생일이라고요!') 브라이텐부르크는 지금도 가문의 저택으로 사용되어 문 옆에 진흙투성이 장화가 걸려 있고 여러 벽에 천연 우드칩 벽지가 붙어 있으며 복도에는 고장 난 TV도 놓여 있다.

안데르센은 브라이텐부르크에서 사흘 밤을 보내며 먹고 마실 것을 대접받고 정원을 산책하며 가을의 끝을 한탄했다. "아름다운 방과 쾌적한 침실에서 지내고 있다." 그는 일기장에 이렇게 쓴다. "백작은 나를 예배당, 그리고 선대 조상들의 초상화가 걸린 일종의 연회장에 데려갔다. (…) 만찬에는 우체국장인 크로그 씨가 아름다운 세 딸과 함께 참석했고, 내 옆에는 무척 재미있는 둘째 딸이 앉았다. (…) 나는 『무어인 소녀』(그가 최근에 쓴 희곡이었다)와 동화 몇 편을 들려주었다." 안타깝게도 그날 밤 백작의 미친 남동생이 방에서 끊임없이 통탕거리는 바람에 안데르센의 평화도 산산조각 났다. "그가 언젠가 죽더라도 그 통탕거리는 소리는 계속 들릴 것 같다." 안데르센은 일기에 이렇게 불평했다.

슬프게도 슈미트 부인은 안데르센이 어느 방에 묵었는지 알지 못했다. 게다가 안데르센이 이곳을 방문했음을 말해주는 확실한 기념품도 없었다. 초상화 갤러리에 이르자 그녀가 프랑스 루이 14세의 아버지라는 소문이 돌았던 조시아 란차우의 초상화를 가리켰다. 조시아는 불운한 인생을 보낸 인물로 보였다. 그게 아니라면 극단적인 체중 감량 프로그램을 몸소 실천하고 있었든가. 말년에 그는 의족을 차고 왼쪽 팔뚝과 한쪽 눈, 한쪽 귀를 잃었다.

그 근처에는 슐레스비히홀슈타인에 크리스마스트리를 소개한 아모르네 백작부인의 초상화가 걸려 있었다. 안데르센의 「성냥팔이 소녀」 집필에 영감을 주었다고 전해지는 브라이텐부르크 크리스마스트리 중 하나였다(덴마크 화가 요한 토마스 룬뷔에의 그림에 영감을 받아 썼다는 주장도 있다). 안데르센은 크리스마스를 보내기 위해 재차 이 성을 찾았는데, 영지에 도착하자마자 꽁꽁 언 바깥 뜰에서 창문을 통해 화려하게 장식된 트리를 보고는 자신이 크리스마스이브에 서서히 얼어 죽으며 환각에 빠지는 가난한 성냥팔이 소녀라고 상상했다. 우리도 그런 거 있지 않나.

성냥팔이 소녀가 창문으로 들여다본 커다란 집에서는 축제 분위기가 한창이었다. 음식을 보며 괴로워하던 성냥팔이 소녀는 허약해질 대로 허약해진 상태에서 음식이 눈앞에서 춤추는 상상을 하고, 마침내 죽은 할머니의 영혼이 소녀를 천국으로 데려 간다. 다양한 기교를 통해 사람들의 감상벽을 자극하고 있지만,

사실 이 이야기는 당대 중산층의 안일한 세태를 꼬집은 과감한 공격이었다.

빅토리아 시대 사람들은 착한 아이가 죽는 장면을 좋아했고, 디킨스처럼 안데르센도 그런 장면을 쓰는 데 달인이었기 때문에 태연하게 파토스를 이용했다. 어머니와 죽어가는 아이는 분명 뇌리에 깊이 각인되는 주제였다. 안데르센은 죽어가는 아이의 꿈을 평생 반복해서 꾸었는데, 그중 하나는 아이가 자신의 품에서 피부 가죽만 남기고 죽어가는 꿈이었다. 이는 안데르센의 작품(「무덤에 잠든 아이」와 「어머니 이야기」도 빼놓을 수 없는 예다)에서 반복되는 모티프다.

아마도 이런 집착은 그에게 큰 성공을 안겨준 첫 작품이 스물한 살이던 1826년에 (폭군 같은 메이슬링의 뜻을 어기고) 쓴 시 「죽어가는 아이」였다는 사실에서 기인한 듯 보인다.

장담하건대 오늘날의 독자들도 이 시를 읽으면 눈물이 봇물을 이룰 것이다.

어머니, 너무 피곤해요. 이제 그만 자고 싶어요.
제가 깊이 잠들 수 있게 곁을 지켜주세요.
부디 울지 마세요. 약속하시는 거죠?
제 얼굴에 어머니의 뜨거운 눈물이 흘러요.
여기는 춥고 바깥바람 소리는 무서워요.
하지만 제일 좋아하는 이 꿈속에서
졸린 눈을 감고 쉴 때면

천사 같은 아이들이 보여요.

보세요, 어머니. 천사가 제 옆에 있어요!
들어보세요. 음악 소리가 얼마나 달콤한지.
보세요. 천사의 날개가 무척 희고 아름다워요.
분명 하느님이 보내신 선물이에요.
초록과 빨강과 노랑이 제 주위를 떠다녀요.
천사가 와서 흩뿌려놓은 꽃들이에요.
저도 살아 있는 동안 날개를 달 수 있을까요?
아니면 죽은 다음에나 그리 될까요, 어머니?

왜 저를 꼭 부둥켜안고
그렇게 볼을 비비시나요?
어머니의 뺨이 촉촉하고도 뜨거워요.
어머니, 늘 어머니와 함께할게요.
그러니 한숨은 그만 지으세요.
어머니가 울면 저도 눈물이 나요.
너무 피곤해서 자꾸 눈이 감겨요.
어머니, 보세요. 천사가 제게 입을 맞춰요!

이 시를 여기 옮겨 적는 중에도 내 아랫입술이 떨려왔다. 다른
유럽 사람들도 마찬가지였다. 「죽어가는 아이」는 코펜하겐의 한
신문에 처음 실린 뒤 독일어와 프랑스어로 번역되어 19세기가 끝

날 때까지 줄곧 사랑을 받았다. 당시까지만 해도 어느 누구도 아이의 관점에서 죽음을 기록할 생각을 못 했기 때문에 시는 더욱 더 감정에 호소했다. 실제로 최근의 한 전기작가는 아이의 관점을 과감하게 차용한 점에서 이 시를 "획기적인 글"이라고까지 묘사했다.

슈미트 부인의 안내는 도서관에서 끝났다. 관례에 따라 높은 천장을 자랑하는 웅장한 방 안에 총 2만 권의 장서가 소장되어 있었다. 도서관 한가운데에는 한때 모차르트의 소유였던 함머클라비어*가 놓여 있었다. 콘라드 백작이 모차르트의 미망인인 콘스탄체로부터 직접 산 것으로 무척 유서 깊은 물건이었지만, 최근에 전문가 두 명이 모차르트가 연주한 악기가 맞는지 진위 여부를 두고 의문을 제기했다. 콘스탄체는 첫 남편이 죽은 후 덴마크인과 결혼해 코펜하겐으로 이주한 뒤 '전남편이 연주한' 것이라며 상습적으로 가짜 모차르트 피아노를 팔았기 때문이다.

안데르센은 브라이텐부르크에서 엘베강을 따라 남하해 함부르크로 향했다. 동승자 중 한 명은 아이를 임신한 '소위 하류층의'(세탁부의 아들이 할 소리는 아니지 않나!) 젊은 여자였는데, 여행 내내 초조하고 불안한 기색이었다. 그 이유는 곧 밝혀지는데, 그녀는 미국에서 돌아오는 남편을 만나러 가는 길이었다. 남편이 배를 타고 노를 저어 오고 부부는 서로 포옹한다. 사랑에 번민하던 안데르센은 아마도 (약혼한 지 7년 만에) 최근 결혼한 루이세

---

* 망치로 현을 때리는 건반악기를 통틀어 이르나, 주로 피아노를 지칭한다.

콜린을 떠올리며 언짢은 듯 부러운 눈으로 이 광경을 지켜보았으리라. "그것은 입맞춤이었다! 기나긴 1년의 달콤한 기다림이 선물하는 꽃다발이었다. (…) 배는 마치 기쁜 듯 들놀았다. 하지만 우리는 출발했고 나는 평평하고 헐벗은 해변을 바라보았다."

시간이 흘러 나는 평평하고 헐벗은 배를 바라보았다. 잔드라의 배를. 레페르반 거리에서 약간 벗어나 있는 헤르베르트슈트라세, 즉 악명 높은 (하지만 완전히 합법적인) 사창가를 다음 행선지로 정한 데에는 조사 차원의 진지한 동기가 있었다. 나는 안데르센의 성적 취향이라는 종기를 째버린 후 남은 여행 동안 19세기 중반 동유럽의 사회정치적 움직임, 르네상스 예술이 안데르센의 작품에 끼친 영향, 이탈리아인과 오스트리아인 중 누가 케이크 만들기의 장인인지 등 더 고매한 연구에 집중하고 싶었다.

내게는 잔드라가 여기에(성적 취향에 관한 것이다. 케이크 이야기를 묻자고 찾아가진 않았을 테니) 어떤 실마리를 줄 것이라는 예감이 있었지만, 알고 보니 안데르센의 성적 충동은 종기 수준을 넘어 발기한 벌레 통조림에 비견될 법했다.

한 가지 분명한 사실은 여행이 그의 성욕을 해방시켰다는 것이다. 남쪽으로 향하자마자 이상한 기분이 안데르센을 덮친 것처럼 보이는데, 마치 고국 사람들의 호기심 어린 눈길에서 벗어나자 성적 욕망을 가두었던 새장 문이 열리며 충동이 날뛰는 것 같았다. 나는 이런 여행들에 대해 쓴 그의 일기를 시간 가는 줄 모르고 읽었다. 일기에는 그의 '육감적인' 기분과 '몸이 달아오른' 밤이 언급되거나 콘스탄티노플의 근육질 노잡이부터 이탈리아에서 만난 스무 살 맨발의 수사修士, 로마의 카니발에서 가면을 쓰고 희희덕거린 예쁜 소녀들까지 다양하고 매력적인 사람들이 묘사되어 있었다.

여행은 안데르센에게 성적 흥분을 가져다주었다. 그에게 증기선 표와 호텔 예약은 비아그라였고, 이는 이국을 향한 그의 끝없는 굶주림을 설명해주는 중요한 요소 중 하나로 볼 수 있다. 그뿐만 아니라 앞서 말했듯이 이런 성적 해방은 매춘부와 얽혔을 때 가장 자주 일어나는 듯 보였다. 안데르센은 1833년 프랑스와 이탈리아를 처음 여행할 때 거리의 창녀들을 처음 마주쳤지만, 그 후 1840년 『시인의 바자르』 여행을 비롯한 모든 여행지에서 창녀들을 다시 찾았을 것이다. 그의 일기와 연감, 심지어 자서전에도 함부르크, 파리, 로마, 나폴리, 이스탄불, 아테네, 빈의 거리와 사창가에서 직업 매춘부를 만난 일화들이 적혀 있다. 하지만 여기에는 이상한 점이 있는데, 안데르센은 죽을 때 자신이 숫총각이라고 공언했다. 그의 전기작가들은 계절의 규칙성과 사랑에 빠진 열정적인 사내, 유럽의 홍등가에 빠삭한 전문가, 보험회계사에 버금가는 근면함으로 자신의 육욕과 모든 자위 에피소드까지 세세하게 기록했던 일기작가 안데르센이 다른 사람과 신체적 친밀감을 나누었을 리는 만무하다고 입을 모은다. 이 전기작가들은 안데르센이 삶과 일에서 불멸의 유산을 만드는 데 일생을 바쳤고, 또한 그가 사후 사람들에게 읽힐 것을 잘 알고 일기를 썼다는 데에도 한목소리를 낸다. 전기작가들이 총각으로 죽는다는 안데르센의 말을 언제든 받아들일 준비가 되어 있었다는 사실은 특히 이해하기 어렵다.

안데르센의 팬과 학자들이 안데르센을 무덤에 갈 때까지 순결했던 사람으로 생각하고 싶은 마음에서 단합을 한다는 것은 이해할 수 있다. 가장 좋아하는 어린이들의 작가를 무성애자 내지는, 좀 억지를 부린다면 기꺼이 결혼을 하더라도 공공연하게 순결을 지켰을 사람으로 남겨두고 싶을 테니까. 작은 솜털 곰인형과 귀여운 새끼 고양이 친구의 이야기를 읽을 때, 오르가슴 발작에 얼굴이 일그러진 채 성적 황홀경에 빠져 있는 작가를 상상하고 싶은 사람은 아무도 없다. 비어트릭스 포터*의 사진을 실제로 본 적이 있는가? 그녀가 '연달아 그 짓을 하는' 모습을 상상할 수 있는가? 그다지 유익한 생각은 아니지 않은가? 그럼 앨런 알렉산더 밀른**은 어떤가? 그가 성교에 열중하고 있는데 선반에서 이요르가 태연하게 쳐다보고 있는 모습, 더 심하게는 어쩌다 합류하는 모습을 그려보라. 생각만 해도 참을 수 없지 않은가? 그리고 해리 포터 책을 끼고 사는 독자라면 당장 그 얼굴에서 웃음기가 싹 가실 것이다.

물론 어린이 책 작가들이 우리보다 더하지는 않더라도 정서적으로 불안한 사람들인 것은 부정할 수 없는 사실이다. 『이상한 나라의 앨리스』의 작가 루이스 캐럴이 특히 좋은 예다. 캐럴과 어린 앨리스 리들의 관계는 몇십 년 뒤에만 일어났어도 『뉴스오

• 『피터 래빗』의 작가(1866~1943).
•• 영국의 대표적인 아동문학가(1882~1956).

브더월드News of the World』[•] 기자들이 그의 집 앞에서 진을 치게 만들었을 사건이다.

안데르센은 일기에 때로는 거의 정상적인 생활을 하지 못하게 만드는 성적 충동에 대해 변명하려고 종종 나폴리와 로마 등의 열기를 탓했다. 다시 말하지만, 전기작가들은 이 부분에 기꺼이 동조한다. (여기에는 쌀쌀한 북쪽 사람들은 흥분을 잘하는 라틴계 사람들의 추잡한 동물적 기행을 초월해 있다는 의미가 함축되어 있다.) 하지만 사실을 말하자면 안데르센이 성적 흥분을 느낀 것은 꼭대기까지 눈이 덮인 베수비오산의 그늘에 있었을 때, 로마의 숙박시설에서 동상에 걸렸을 때, 겨울철 파리의 사창가를 샅샅이 훑고 있을 때였다. 그것은 날씨와 전혀 무관했고, 사실상 덴마크 국경을 건널 때마다 그는 토끼 감옥에서 나온 토끼처럼 날뛰었다.

안데르센은 1819년 코펜하겐에 발을 들여놓던 순간 유년 시절의 순수함을 영원히 잃었다. 그의 어머니와 할머니는 많은 하류층 여인처럼 스스로 매춘부라고 해도 크게 틀린 말이 아닐 만큼 성적 매력을 생존에 이용하는 데 거리낌이 없었다. (어머니 아네 마리는 한스 크리스티안이 태어나기 6년 전에 사생아 딸 카렌 마리를 낳았다. 「빨간 구두」에 나오는 미운 아이는 그녀의 이름을 딴 것이다. 그리고 사랑하는 할머니는 각각 다른 세 남자를 만나 세 명의 사생아를 얻었다.) 그럼에도 안데르센은 오덴세에서 유년 시절을 보내는 동안 이례적인 보호를 받으며 인형 놀이를 하고 중산층의 집

• 영국에서 1843년부터 2011년까지 발행되었던 타블로이드판 신문.

에서 장기자랑을 했다. 하지만 코펜하겐에 도착하자마자 왕립극장 뒤에 있는 악명 높은 사창가 울케가데(오늘날의 브레머홀름)에 다락방을 얻어 들어갔고, 자신이 코펜하겐 성매매 현장의 중심에 있음을 깨달았다. 물론 당시에 그 사실을 알았던 것은 아니다. 그는 다음과 같이 썼다. "나는 코펜하겐의 은밀한 곳 한복판에 있었지만, 그 사실을 어떻게 해석해야 할지 몰랐다. 이 집에는 친절한 젊은 숙녀가 있었는데 혼자 살았고 자주 눈물을 흘렸으며, 매일 저녁 늙은 아버지가 그녀를 찾아왔다. 나는 자주 그에게 문을 열어주었다. (…) 그는 항상 그녀와 차를 마셨는데, 교제를 좋아하지 않아 아무도 감히 합석하지 못했다. 그녀는 아버지의 방문을 반가워하지 않는 듯 보였다." 몇 년 후 안데르센은 코펜하겐의 상류층 사람들과 어울리기 시작하면서 그 남자를 한 파티에서 다시 만난다. 그는 '훈장[메달]을 잔뜩 단 점잖은 노인'으로, 이 자리에서 노인이 그 젊은 여인의 아버지가 아니라는 사실은 내가 잔드라의 아들이 아닌 것보다 더 분명해진다.

뿐만 아니라 안데르센의 이모인 크리스티아네는 유곽을 운영하는 사람이었다. 안데르센은 코펜하겐에 도착하고 얼마 되지 않아 도움을 요청하기 위해 이모를 보러 갔다. "이모님은 날 그럭저럭 잘 맞아주었다." 그는 초기 자서전에서 이렇게 회상했다 (이 이야기는 나중에 나온 판본에서는 삭제되었다). "하지만 내 불쌍한 어머니에게는 무척 가혹했다. (…) 그녀는 말끝마다 이렇게 말했다. '보라고, 그렇게 못되게 굴더니 결국 지금은 나한테 자식이나 떠넘기는 신세잖아! 그것도 남자아이를. 여자아이였으면 좀 좋아!'"

코펜하겐에서는 당시 다른 유럽 도시와 마찬가지로 매춘이 흔해빠진 소매업이었다. 안데르센과 동배가 될 중산층 남자들이 매춘부를 찾는 일은 오늘날보다 훨씬 더 용인되는 분위기여서, 나중에 알게 되겠지만 안데르센의 훌륭한 친구 중 몇 명과 심지어 그의 주치의 두 명도 그에게 유곽을 가볼 것을 적극적으로 권했을 정도다. 하지만 분명히 말하는데, 안데르센이 마침내 유혹의 이끌림을 느끼기 시작한 것은 코펜하겐에서 수 킬로미터 떨어진 파리를 처음 방문하고부터였다.

"파리는 이 세상에서 가장 음탕한 도시라네." 그는 1833~1834년에 두 번째 외국 여행을 떠나 있는 동안 고국으로 부치는 편지에 이렇게 썼다. "그곳에 순결한 사람이 있으리라는 생각은 하지 않는 게 좋지. 놀라운 일들이 일어나는 곳이라네. 대낮에 점잖은 거리에서 '꽃다운 열여섯 소녀'는 어떠냐는 제안을 받았지. 어제는 순진무구한 얼굴을 한 아가씨가 그런대로 받아줄 만한 처신을 하며 나를 멈춰 세우더니 아주 사랑스럽게 자신을 찾아오라고 하더군. 처음에는 어떤 시험도 감내할 것이며 자신에게는 문제 될 것이 아무것도 없다는 둥 하면서. 어디서나 음탕한 광경이 펼쳐지고 어디서나 호색이 본능적으로 요구되어 정숙은 거의 찾아볼 수 없을 지경이지. 그럼에도 감히 고백하자면, 파리를 잘 아는 사람은 아마 믿지 않겠지만 난 아직 순결하다네."

실제로 이 경우 나는 그를 믿는 쪽이다. 해외 여행은 이번이 겨우 두 번째였고, 당시 스물여덟의 나이이긴 했지만 여전히 순진해빠진 남자였다. 울슐래거가 말한 것처럼, 그는 "멍청하게 바라만 보는 북부의 금욕주의자"였고 그런 부정한 열매를 감히 맛보기에는 너무나 소심했다. 파리는 나중에 안데르센이 가장 모험적인 성적 경험을 하는 현장이자 그가 쓴 매우 외설적인 이야기인 「숲의 요정」의 배경이 되지만, 당시만 해도 이런 생각은 순수한 부부 간 사랑이라는 낭만적 이상에 여전히 사로잡힌 출세지향주의 시인이 질색하는 주제였다.

몇 달 후 이 두 번째 여행 중 로마에 도착한 안데르센은 덴마크 출신의 많은 예술가와 작가, 그중에서도 화가 알베르트 퀴클레르와 어울렸다. 퀴클레르는 분명 안데르센의 얼굴에서 흥미로운 점을 알아보았고 그에게 초상화를 그려도 되는지 물었다. 퀴클레르의 화실을 찾은 어느 날, 안데르센은 우연히 어린 모델의 앙증맞은 가슴을 보게 되었다. 그의 반응은 즉각적이고도 본의 아니게 일어났다. "그때 열여섯 살쯤 되는 어린 모델이 어머니와 함께 들어왔다. 퀴클레르가 가슴을 보고 싶다고 말했다. 어린 모델은 내가 있어서 좀 부끄러움을 타는 듯 보였지만, 어머니는 '뭘 이런 걸로'라고 말하며 딸의 드레스를 느슨하게 풀더니 슈미즈와 함께 허리까지 쭉 잡아당겼다. 반나체로 서 있는 모델은 거무스름한 피부에 팔이 좀 마른 편이었지만, 가슴이 둥글고 아름다웠다. 어머니가 딸의 옷을 벗기자 내 전신이 떨려왔다. 퀴클레르는 창백해진 내 얼굴을 보고는 무슨 문제라도 있는지 물었다."

'한번 경험해보는 것보다 더 좋은 해결 방법은 없다'가 솔깃한 대답이다. 하지만 이렇게 여인의 알몸을 보고 로마의 홍등가

를 거닐며 거의 매일같이 뚜쟁이와 매춘부를 마주치고 동포들의
으스대는 어릿광대짓을 목격하고도 안데르센은 자신이 여전히
총각이었다고 주장한다.

부끄러움 없이 홍등가를 단골처럼 드나들던 친구들은 이걸로
그를 들들 볶았다. 노르웨이 풍경화가 토마스 피안리와 안데르
센의 절친한 친구인 베르텔 토르발센(덴마크의 유명 조각가로 로마
에 오래 거주했다)은 안데르센을 유괴해 유곽으로 데려갈 모의까
지 했다.

"피안리는 토르발센에게 순진무구한 나를 꼬여낼 방법에 대
해 이야기했다." 안데르센의 일기에는 이 사건에 대해 이렇게만
적혀 있지만, 한 예술가가 자신의 조각상 모델과 사랑에 빠진 후
친구들이 문란한 여자들로 그의 기분을 풀어주는 이야기인 「프
시케」에서 이 일을 회상한 것을 보면, 이는 안데르센에게 대단히
충격적인 사건이었음에 틀림없다.

안데르센의 혈기는 남부 여행 중 처음으로 들른 이탈리아에
서 몇 도 더 올라가게 되었다. 나폴리에 가면 여지없이 창녀들과
그 고용주들이 남자 관광객에게 들러붙으며 가는 길을 막았다.
"저녁의 어스름 속에서 포주 무리가 나를 둘러싸며 예쁜 아가씨
를 만나보라고 권했다. 기후 때문인지 내 피도 뜨거웠다. 욕정이
활활 타오른 것 같았지만 거절했다. 귀가하자 헤르츠[여행 길동
무]가 무슨 꿍꿍이를 벌이는지 방문이 잠겨 있었다. 노크를 하자
그가 나오더니 나를 문밖에 세워둔 채 미안하지만 방에 들어올
수 없다고 말했다. (…) 집을 나와 거리를 걷자 누군가가 젊은 여

자, 혹은 남자를 만나보지 않겠느냐고 집요하게 따라다녔다.

열 살 내지 열두 살쯤 된 남자아이가 거리 끝까지 졸졸 따라오며 '천사처럼 아름다운 아가씨' 운운했다! 순간 마음이 동했지만, 그래도 유혹을 뿌리쳤다. 고국에 돌아가는 날까지 내 몸이 순결하다면 앞으로도 쭉 그럴 것이다."

그로부터 사흘 후 그는 또 복병을 만난다. "하얀 모자를 쓴 남자아이가 끈질기게 나를 유혹하며 한 아가씨를 입이 마르도록 칭찬했다. '아, 정말 예쁘다니까요!' 아이가 말했다. 그녀는 겨우 열세 살이었고 바로 이번 주에 육체적 쾌락의 세계에 발을 들인 상태였다. 결국 남자아이에게 질린 나는 옆길로 방향을 틀었는데, 갑자기 아이가 내 앞으로 쏜살같이 달려왔다. 내가 들어선 길이 마침 그 여자가 사는 곳이었기 때문이다. 아이는 나를 그 집으로 안내하며 그냥 얼굴이라도 한번 보라고 간청했고 거부하기 힘들 것이라고 말했다. '왜 안 그렇겠어.' 나는 속으로 생각하고는 '됐으니까 그만해!'라고 말하고 다음 거리로 걸어갔다. (…) 경험이 많은 사람은 내 순진함을 비웃겠지만, 이건 순진함이 아니라 내가 미치도록 싫어하는 것에 대한 혐오일 뿐이다."

당시 그에게 혐오감을 준 것은 성 행위 자체가 아니라 매춘부, 특히 어린 여자아이들을 이용하는 일의 도덕성 문제였던 것 같다. "나는 이런 희열감을 죄로 여기지는 않지만 그런 사람들과 그런 짓을 하는 것은 역겹고 위험할 뿐 아니라 순진무구한 아이와 그러는 것은 용서할 수 없는 죄악이다." 그는 이렇게 쓴다.

하지만 그럼에도 안데르센은 붉은빛으로 날아드는 나방처럼 늘 이런 여자들이 돌아다니는 거리에 마음이 끌린다는 것을 깨달은 듯했다. 유혹하는 손길을 곧잘 물리치긴 했지만, 가서 화를 자초하고 싶은 마음이 드는 것은 어쩔 수 없었다.

6년 후 『시인의 바자르』 여행 때 안데르센은 로마, 나폴리, 아테네, 빈에서 매춘부들을 '마주쳤지만', 넘어가지 않았다고 일기에서 여전히 주장한다. 안데르센이 사창가에 실제로 들어갈 용기를 낸 시점은 20년 후 예순한 살이라는 고령의 나이에 포르투갈 여행에서 돌아오는 길에 파리를 들렀을 때였다고 일반적으로 추정된다.

안데르센은 포르투갈로 가는 길에 파리 호텔 방의 레이스 커튼 뒤에서 근처 유곽을 드나드는 사람들을 지켜보면서 이미 유혹을 느꼈다. ("한 여자가 나더러 올라와 10프랑에 어린 소녀를 만나보라고 권했다. 나는 고맙다고 말하고 가지는 않았다." 그는 일기에 이렇게 썼다.) 포르투갈에서도 그의 의지는 한계를 시험받았다. 그는 리스본에 머무는 동안 오랜 친구 게오르그 '조르즈' 오네일의 집에서 지냈다. 조르즈는 리스본 주재 덴마크 영사로 점잖은 사람이었지만 역시나 일상적으로 매춘부를 찾았다. 조르즈가 몇 번이나 유곽에 같이 가자고 청했지만 안데르센은 매번 거절하고 '따뜻한 피를 식히는 데 꽤 효과적인' 냉수 한 잔을 들이켜고는 자기 방으로 물러갔다.

하지만 씨앗은 심겼다. 포르투갈에서 귀국하는 길에 파리에 들러 프랑스 작가 알렉상드르 뒤마와 그의 딸을 방문해 하루를 보낸 후 호텔 방으로 돌아온 안데르센은 와인 한두 잔을 들이킨 뒤 호텔에서 나와 어느 유곽으로 곧장 달려갔다.

그날 저녁의 일은 그의 일기에 소상하게 적혀 있다. "여행하는 내내 매춘부를 찾아갈까 고민했다. 그런 생각에 지긋지긋해진 나는 어떤 곳인지 보기나 하자는 심정으로 한 집을 골라 들어갔다. 사람의 육신을 파는 여자가 들어오더니 네 명의 매춘부가 내 앞에 줄을 섰는데, 가장 어린 여자는 열여덟 살이라고 했다. 가장 어린 여자에게 남으라고 말했고, 슈미즈 차림이나 다름없는 그녀를 보니 너무 미안한 마음이 들었다. 마담에게 5프랑을 지불했다. (…) 하지만 아무 짓도 하지 않고 알몸으로 앉아 있는 불쌍한 아이를 그저 바라보았고, 내가 그저 바라보기만 했다는 사실에 깜짝 놀랐다."

제아무리 케네스 스타*라도 이를 성행위 현장으로 묘사하는 데 애를 먹겠지만, 이 사건은 그 후 여러 달 동안 자꾸 떠오르다 못해 결국 안데르센으로 하여금 1년 반 동안 무려 세 번이나 파리의 유곽을 찾도록 꾀어내기에는 충분한 일이었다. 되도록 빨리 파리를 방문할 구실로 1867년의 대영박람회를 이용했고, 퇴폐적인 어린 친구이자 편집자인 로베르트 와트와 동행했다. 분명 떠나기 전부터 매춘부를 염두에 두고 있었지만, 안데르센의 일기에는 여전히 이번 유곽 방문은 충동적인 일이었다고 적혀 있다(다시 말하지만 이는 그가 후세를 염두에 두고 일기를 썼다는 것을 암시한다).

● 과거 특검으로 빌 클린턴 대통령의 성추문 사건을 끝까지 물고 늘어져 클린턴을 탄핵 직전까지 몰고갔던 법조인.

당시 와트가 들려주는 방탕생활에 광란의 상태가 된 안데르센은 두 번째 유곽 방문을 생각하며 밤의 어둠 속으로 떠났다. "저녁을 먹은 후 후끈 달아오른 몸으로 이리저리 왔다 갔다 하다가 어느 인간 부티크People Boutique[안데르센이 유곽을 완곡하게 표현한 말]로 휙 발길을 돌렸다. 그중 한 명[매춘부]은 파우더를 덕지덕지 발랐고 두 번째는 평범했으며 세 번째 여자는 그런대로 흡족해서 그녀에게 말을 걸고 12프랑을 지불하고 나왔다. 육신의 죄를 짓지는 않았지만 감히 말하건대 머릿속으로는 그렇게 했다[대통령 추문 이야기가 나온 김에 말하자면, 지미 카터가 생각나는 대목이다]. 그녀는 내게 다시 오라고 청하며 내가 남자치고는 무척 순수하다고 말했다. 나는 무척 들뜨고 행복한 기분으로 그 집을 나왔다. 많은 이가 날 바보라 부를 것이다. 정말 내가 바보짓을 한 걸까?"

기록상 마지막으로 파리 유곽을 찾은 때인 1868년 5월, 안데르센은 페르난다라는 어린 매춘부와 얼마간 시간을 보냈지만 또다시 일기에는 한담을 나누었을 뿐 아무 일도 없었다고 적었다. "E[여행 길동무인 에이나르 드레브센]가 즐거운 시간을 보내는 동안 나는 어린 터키 소녀인 페르난다와 그저 이야기만 나누었다. 그녀는 그들 중 가장 어여쁜 아이였고, 우리는 그녀가 태어난 도시인 콘스탄티노플에 대해, 마호메트의 탄신에 장식되는 색색의 전등에 대해 얘기했다. 그녀는 집요하게 '사랑을 나누자'고 졸랐지만 나는 그저 대화를 나누러 온 것일 뿐 다른 것은 필요 없다고 말했다. '그럼 조만간 또 와요. 내일은 안 돼요. 제가 쉬는 날이라.' 불쌍한 아이 같으니!"

이제 여러분도 알겠지만, 한스 크리스티안 안데르센의 성적 모험은 순수한 의도로 유곽을 네 차례 방문한 것과 평생 유럽의 홍등가를 어슬렁거린 것이 전부다.

한 가지만 빼면 말이다. 안데르센의 삶을 다룬 많은 연구 논문을 읽어나가며 깊이 파고들고 (덴마크어로 쓴) 그의 일기를 (천천히) 해독해나가면서 나는 그리 유명하지 않은(어떤 이는 '은폐되었다'고 말할 법한) 일화들을 알게 되었는데, 연감 곳곳에 이전과는 달리 흥미진진했던 매춘부 방문기가 수수께끼처럼 언급되어 있었다. 재미있게도 『시인의 바자르』 여행에서는 크리스티안8세호에 승선하기 딱 한 달 전인 1840년 10월에 첫 번째 기회가 찾아왔다.

이때 그는 주치의이자 요나스 콜린의 막내아들인 테오도르 콜린과 함께 이니셜이 'MD'인 매춘부를 방문했다.

그 내용은 다음과 같다.

9월 22일 몸이 달아오르기 시작함.+

9월 23일 음경통. WH[윌켄 호르네만Wilken Hornemann, 적당하게 이름을 붙인 의사 친구]가 매춘부를 찾아가보라고 강권함.

9월 24일 저녁 내내 야릇한 생각을 하며 돌아다님.

9월 25일 Th[테오도르 콜린]가 내일 매춘부를 주선해줄 예정임.

9월 27일 오늘밤 Th가 화요일로 MD를 주선해줌.

9월 28일 잠을 이루지 못함.

9월 29일 하루 종일 흥분 상태임. (…) 극장에서 반쯤 아픈 상태였고 Th와 함께 MD를 보러 감. 페리니스에서 저녁을 먹음.

9월 30일 머리가 찔함. 신경이 곤두섬. 밤잠을 설침. WH가 오늘 아침 방문함. 졸리고 좀 이상함.

10월 1일 6시 30분 첫 손님. Th의 방문으로 완쾌됨! 생각이 많아짐.

10월 2일 잠을 이룰 수 없음! Th의 낙담에 짜증이 남. 또 아플까봐 두려움. 윌켄이 기운을 북돋아줌.

L. C.[루이세 콜린]에 대한 사랑이 강렬하게 깨어남. 홀스트와 여행을 떠나기로 함.

다시 말하지만, 이 마지막 줄에는 육욕과 짝사랑, 종국에는 도피 수단으로서 여행의 연결 고리가 나온다. 이후의 일을 기록한 내용은 "야릇한 기분"과 "열정이 넘침" 같은 짧은 코멘트로 가득하다. 물론 그의 일기장을 종종 국군 묘지처럼 만들어버리는 십자가도 등장한다. MD가 무슨 짓을 했든 이 일은 안데르센을 흥분시키기에 충분했지만(그는 15일에 다시 한번 찾아가야겠다고 언급한다), 그는 선뜻 용기를 내지 못했다. "MD의 문 앞까지 갔지만 들어가지 않았다."

MD와의 만남이 불발된 이튿날, 마침내 그는 덴마크를 떠날 기간을 정하고 즉각 안정을 되찾는다. "월말에 여행을 떠나기로 함. 마음이 편안하고 행복함."

이 모든 일에 대한 주석으로서 3년 뒤인 1843년 12월에 또 다른 수수께끼 같은 내용의 연감이 등장한다. "F를 데려오기로 약속해서 테오도르의 집에 옴. 몸이 달아오름." F는 매춘부를 뜻하는 덴마크 일상어인 'Fruentimmer'를 뜻하지만, 역시나 두 사람이 어떤 일을 계획한 것인지는 정확히 알 도리가 없다.

여러분의 생각은 어떤가? 이쯤 되니 왜 모든 사람이 안데르센을 숫총각으로 생각하고 싶어하는지 이해가 되기 시작했다.

안데르센은 자신의 일기가 공공 재산이 되기를 분명 바랐지만, 연감이 그렇게 되리라고는 전혀 생각하지 못했을 수 있다. 따라서 연감이 더 신뢰할 만한 출처라고 할 수 있다. 그는 분명 일기에서 자신이 죽는 날까지 순결을 지켰다고 주장했다. 한번은 이런 방문에 대해 직접 언급까지 한다. "결국 월켄[호르네만]의 조언은 고국에서나 외국에서나 따르지 않았다. 죽는 날까지 월켄이나 내 본능의 목소리를 따르지 않고 이대로 살 것이다. 그게 나에게는 최선인 듯하다."

나는 문득 궁금해졌다. 남자가 그저 이야기나 나누려고 매춘부를 찾는 일이 얼마나 흔할까? (컨디션이 좋을 때의 나처럼) 남자구실을 잘하는 이성애자가 뒷일을 생각할 필요 없이 그냥 즐기기만 하면 되는 직업여성과의 밤일을 뿌리칠 수 있을까? 정말 입맞춤도 하지 않았다는 것이 사실일까? 열세 살 때 키스 울리라는 친구와 이 주제로 열띤 토론을 한 적이 있는데, 그 친구도 그렇게 주장했다. 제니퍼 '타르트'라는 여자애에게 키스를 하려고 했다가 귀싸대기를 얻어맞고 하루 종일 귀가 안 들렸다나.

한 번도 와본 적이 없는 사람들을 위해 말하자면(물론 그러리라 확신한다), 헤르베르트슈트라세는 자갈이 깔린 짧은 거리로 그 유명한 레페르반과 나란히 뻗어 있다. 레페르반은 링고 스타가 합류해 시대를 앞서가는 음악적 천재성으로 역대 최고의 밴드로 탈바꿈시키기 전에 비틀스가 졸속으로 록큰롤 커버 곡을 찍어내던 곳이다. 또한 사람들의 말에 따르면 이들은 살아 움직이는 모든 것과 잠을 잤다고 하니, 그야말로 최적의 장소를 고른 셈이다.

거리 양끝에 그래피티가 그려진 높은 철문이 세워진 헤르베르트슈트라세는 열여덟 살 이상만 들어갈 수 있다. 철문을 통과하면 평범한 테라스하우스가 늘어선 거리를 마주하게 된다. 업소 정면의 통유리 창 뒤로 노출이 심한 요염한 여자가 앉아서 한두 시간 육체의 쾌락을 즐겨보라고 손짓하는 것만 빼면 평범하다.

감사하게도 전함 같은 잿빛을 띠는 추운 2월의 금요일 오후 그곳을 찾은 손님은 나 말고 한 명뿐이었는데, 스무 살쯤 돼 보이는 젊은 남성이었다. 우리는 철문 앞에서 잠깐 스쳤다. 그는 어깨를 웅크린 채 머리를 파카 속에 파묻고 시선을 단호하게 땅바닥에 고정했다. 이 방면의 에티켓에 확신이 없던 나는 잠시 정중하게 고개를 끄덕이며 "성과가 있었나요?"라고 물을까 했지만 금세 마음을 고쳐먹었다.

헤르베르트슈트라세에 입장하자, 줄줄이 늘어선 깨끗한 집들과 반짝이는 자갈돌 때문에 한산한 영화 세트장에 발을 들여놓는 느낌이 들었다. 그것도 잠시, 세이렌*들이 직업 정신을 발휘하기 시작했다.

핑크색과 흰색이 어우러진 실크 비키니를 입은 금발 여자가 강한 독일어 악센트가 섞인 영어로 말을 걸었다. "어서 와요. 영어 해요?"(그걸 어떻게 알았지?) 나는 겁먹은 흰담비처럼(이는 완곡한 표현이 아니다) 그녀의 구슬발을 재빠르게 통과한 후 시력이 어둠에 적응할 때까지 그대로 서 있었다.

이유는 신만이 알겠지만, 나는 헤르베르트슈트라세에 들어서기 전에 결혼 반지를 뺐다. 그러면 아무도 상처를 받지 않거나 내 부끄러움이 줄어들기라도 할 것처럼. 애초부터 순수한 의도로 이곳을 방문한 것이었고 리센이 허락한 일이기도 했지만, 벌써부터 죄책감과 불안감에 시달렸다. 이상하게도, 조사 차원에서 이곳을 방문했다는 사실이 더욱더 나를 긴장시켰다. 안데르센과 달리, 나는 이런 곳이 처음이라 내 인터뷰 대상이 날 미친놈으로 생각해, 문구멍으로 지켜보고 있을지 모를 문신투성이의 건장한 포주들을 시켜 강제로 내쫓을까봐 걱정되었다. 나는 대자로 뻗은 내 몸뚱이를 상상했다. 그쯤 되면 바늘꽂이, 그러니까 구멍마다 바늘 대신 딜도가 튀어나오는 꼬락서니가 되어 소변으로 얼룩진 캄캄한 복도에서 이 쓰레기통 저 쓰레기통을 옮겨다니며 변태 영국인이라고 조롱을 받을지도 몰랐다.

왜 그런지는 모르겠지만, 다른 사람들처럼 나도 그저 성욕이나 채우러 간 것이었다면 모두가 훨씬 더 납득할 만한 일이 됐을

●여자의 모습을 하고 바다에 살면서 아름다운 노랫소리로 선원들을 유혹하여 위험에 빠뜨렸다는 고대 그리스 신화 속 존재.

것이다.

운이 좋게도 잔드라는 모든 면에서 프로다웠고 내가 처음 꺼낸 말에 전혀 동요하지 않았다. "안녕하세요. 실은 제가 뭘 하려고 하는 건 아니에요. 제가 한스 크리스티안 안데르센에 관한 책을 쓰고 있는데요." 선불로 낸 50유로에 그녀는 술술 답을 했다. 돌이켜 생각해보면, 그녀는 숨을 헐떡이는 엉큼한 남자들의 별 이상한 질문을 처리하는 데 당연히 익숙했을 것이다. 내가 지폐를 건네주자 그녀는 보란듯이 붉은 새틴 침대보 위에 대자로 누우며 나를 당혹시켰다. 나는 좀더 설명을 보탠 뒤 손님 중에 '그저 이야기를 나누러' 오는 남자가 많은지 물었다. "그리 자주 있는 일은 아니에요." 그녀가 말했다. "그저 짧은 구강성교를 하러 오는 남자는 많아요. 대부분 이 근처에서 일하는 남자들인데 퇴근 후나 점심 시간에 들르는 거라 시간이 그리 많지 않거든요. 어떤 사람은 이야기를 하러 와요. 그런 사람들은 더 오래 머물며 뭔가를 마시죠." "얼마나 오래요?" "서너 시간이요. 하지만 막판 30분쯤에 제가 '뭘 더 할 생각은 없는 거냐'고 물으면 보통은……" 그녀가 나머지는 나의 열렬한 상상에 맡기며 말끝을 흐렸다. "젊은 남자들은 이야기를 나누려고 해요." 그녀는 열의를 띠며 이야기를 이어나갔다. "좀 겁을 먹은 거죠. 나이 많은 남자들은 더 특별한 걸 원하고요. 여긴 안전한 곳이면서도 흥분을 안겨주죠." 하지만 그저 앉아서 이야기나 나누려고 한 달에 다섯 번쯤 찾아오는 손님도 한 명 있었다. 분명 부인이 근처 병원에 들르는 동안 방문하는 것이었다.

마음속으로는 여전히 그 '특별한 것'을 생각하면서 방 안을 둘러보다가 침대 끝에 있는 3단짜리 구두걸이를 보았다. 다 낡아빠진 검정, 하양 스틸레토힐이 가득 걸려 있었다.

"내 발에 키스를 하려고 하거든요. 스타킹을 좋아하죠. 신발을 신는 걸 좋아하는 남자가 많아요." 그녀가 설명했다.

블라인드가 쳐져 있었지만 방 안에 흩어져 있는 잔드라의 나머지 장비들을 알아볼 수 있었다. 말뚝 크기의 딜도(나는 침을 꿀꺽 삼켰다), 채찍, 수갑, 모조 얼룩말 가죽 카펫, 문 옆의 낮은 싱크대, 여러 크림, 로션, 침대 옆에 놓인 티슈 한 뭉치 등이었다. 음침하면서도 어느 중화요리점만큼이나 도발적이었다.

그녀는 옆에 딸린 S&M 방으로 나를 안내했다. 등자식 의자가 떡하니 놓여 있는 방이었다. 반대편에는 거울이 있었고, 창문이 없는 네 벽면에는 무시무시한 검정 비닐 의상과 채찍, 체인, 허벅지까지 올라오는 부츠, 방독면이 걸려 있었다. 바닥에는 매끈하고 깨끗이 닦인 회색 비닐이 깔려 있다.

나는 잔드라에게 잠시 몸을 더듬는 것조차 하지 않고 이곳을 떠나는 남자가 얼마나 되는지 최종 가늠을 해달라고 요청했다. "올 때마다 이야기만 하고 가겠다고 말하는 사람은 열에 한 명쯤 돼요." 전체 중 극히 일부라고 그녀는 말해주었다.

스스로 유혹을 느낄까봐 적잖이 두려웠던 나는 마음이 동할 때 손바닥을 찌르려고 종이 클립을 펴서 가져왔는데, 이는 앨러스테어 캠벨 총리 공보수석이 허튼 조사위원회Hutton inquiry*의 심문을 받을 때 화를 억누르기 위해 사용했다는 묘책이다(어쩌면 끓어오르는 욕망을 식힐 때도 사용했을지 누가 알겠는가). 정말 솔직하게 말해서, 잔드라가 내 타입에 좀더 가까웠다면 진도를 빼지 않았으리라고 장담하기 어려울 것 같다. 하지만 아랫도리 간수를 잘할 수 있을지에 대한 고민이 무색하게, 저 아래쪽에서는 미동조차 느껴지지 않았다(무엇 때문에 그랬는지는 절대 밝힐 생각이 없다).

내가 아무 자극도 느낄 수 없었던 원인으로는 몇 가지가 있다. 첫째, 이렇게 말하면 실례인 것은 알지만, 잔드라는 가까이서 보니 처음 밖에서 잔뜩 겁먹은 상태로 흘긋 보았을 때만큼 묘한 매력은 없었다. 둘째, 헤르베르트슈트라세에서 겪은 모든 일, 다시 말해 여자들에게 호객 행위를 당할 때 얼굴을 드러내놓고 서 있어야 한다는 것, 그리고 구슬발 안으로 과감히 뛰어들어 불결하고 캄캄한 방을 마주하는 것은 발기 부전을 부추기는 데 특효약이었다.

헤르베르트슈트라세를 방문하기 전 죄책감을 느꼈던 나는 떠날 때도 양심의 가책을 느꼈다. 한 가지 차이점이 있다면 떠날 때 잔드라에게 미안했다는 것인데, 이는 아직 남아 있는 가톨릭 교도의 고뇌 때문만이 아니었다. 나는 그녀를 성적 대상이 아닌 연구 대상으로 이용했다는 데 죄책감을 느꼈다. 이 역시 나쁘기는 마찬가지였다. 또한 그녀의 매력에 굴복하지 않았다는 사실이

• 영국 국방부 무기 자문역이던 데이비드 켈리 박사가 BBC 이라크 대량살상무기 보유 의혹 보도의 취재원으로 지목돼 조사를 받은 후 자살한 사건의 진상조사위원회. 앨러스테어 캠벨은 토니 블레어 총리의 스핀닥터로 통했다.

죄스러웠다. 그녀는 내가 떠날 때 기가 좀 꺾인 듯 보였다. 내가 현관 입구에 서 있을 때 전문 호스티스답게 환한 미소로 나를 맞이하며 재빨리 마음을 녹여주던 모습과는 대조적이었다. 내가 감지한 이 슬픔이 다년간(그녀는 8년이라고 했다) 말할 수 없이 고되고 모멸감을 주는 직업에 몸담은 사람의 필연적이고도 냉엄한 비애감이었는지도 모르겠다. 그게 아니라면 좀 터무니없는 말이긴 하지만, 평소처럼 그 일을 치르지 않고 30분 동안 수다를 떨며 겨우 50유로를 벌었다는 생각에 약간은 퇴짜 맞은 기분이었는지도 모르겠다. 어느 쪽이든 나는 잔드라가 땀투성이 영국인에게 바람맞은 일에서 속히 회복되기를 바랐다.

헤르베르트슈트라세와 레페르반 사이에 도착한 나는 한숨 돌릴 새도 없이 마음을 가라앉히기 위해 술집으로 쏜살같이 뛰어갔다. 레페르반은 제2차 세계대전 이후에 조성된 요란뻑적지근한 큰 거리로 고속도로만큼이나 통행이 많고 넓었으며, (지금 생각하면 그리 안 어울리는 조합도 아닌 것 같지만) 케밥 가게와 테마 바, 무슨 까닭인지 싸구려 신발을 파는 가게들이 줄지어 있었다. 공기 중에는 닭튀김과 오래된 기름 냄새가 떠다녔다.

성매매업의 어둡고 은밀한 부분을 엿보았다는 것 외에 이 방문으로 안데르센의 성적 취향에 대해 알게 된 것은 무엇일까? 뭐, 잔드라가 거짓말할 이유는 없으니 그 말을 믿어보자면, 실제로 그저 한담을 나누기 위해 매춘부를 찾는 남자들도 소수지만 존재했다.

안데르센, 외모상의 단점과 광범위한 신경증에도 불구하고 용감했으며 끝까지 호기심을 놓지 않았던 이 남자가 '연구 목적'으로 한번 유곽을 찾는 모습은 머릿속에 그려볼 수 있었다. 하지만 일생 동안 그를 홍등가와 유곽으로 누차 돌아가게 만든 동기는 무엇이었까? 그것까지 한담 때문이라고는 생각하기 쉽지 않다. 자극적인 대화를 찾고 있었다면 자주 드나들던 코펜하겐이나 파리, 로마의 부르주아 살롱이 더 유익한 사냥터이지 않았을까? 나는 그 동기가 '부적절한' 금기의 장소를 찾는 데서 오는 흥분감 때문이었다고 생각하지 않는다. 알다시피 몇몇 점잖은 친구가 그에게 적극적으로 매춘을 권했다. 금단의 열매가 주는 전율은 실제로 아주 미미했을 것이다.

다른 한편으로는 안데르센의 성욕이 건강했다는 것을 알 수 있다. 자위를 할 때마다 빠짐없이 연감에 표시한 십자가는 자기 집착의 불안한 측면을 보여준다. 아마 그는 그런 행동이 건강에 미칠 악영향을 걱정했으며, 그래서 그렇게 주시했을 것이다. 어쩌면 이런 행동이 할아버지로부터 물려받았을지 모를 잠복된 광기를 자극할지도 모른다고 생각했을 수 있다. 비슷한 예로 살바도르 달리도 자위 행위를 꼼꼼하게 기록했는데, 이는 사정 행위를 매번 기록할 가치가 있다고 느낀 괴물 같은 자아를 암시한다. 어쩌면 안데르센의 병적인 자아도취도 이런 역할을 했을지 누가 알겠는가?

한 가지 잊지 말아야 할 사실은 안데르센이 일렬로 선 매춘부 중에서 자신의 상대를 골랐다는 것이다. 그러니 잔드라와 나의 경우와는 달리, 상대가 자신의 타입이었다고 봐야 한다.

안데르센이 자신과 다른 사람들의 성 정체성에 대해 느낀 극심한 공포는 욕망과 호기심을 넘어섰으며 안데르센이 사창가를 거듭 방문함으로써 그저 용기를 끌어모으고 있었던 것이라고 주장하는 학자가 많다. 'MD'와 'F'의 집에서는 정말 무슨 일이 있었던 것일까? 아무 일도 없었다면 방문하고 나서 바로 무슨 병에 걸렸을까봐 두려워한 일은 어떻게 설명할 수 있을까? 이 의문에 대해서는 누구 하나 감히 말하려는 사람이 없는 것 같다.

내 생각을 말하자면, 'MD'와 'F'가 해준 일이 단순한 마사지와 아로마세러피였다고 보기는 힘들 것 같다. 너무 기계적인 설명이 되지 않기를 바라지만, 안데르센은 성관계를 클린턴 전 대통령처럼 오로지 삽입이 포함된 것으로 정의했던 건 아닐까? 만약 그렇다면, 그리고 'MD'와 'F'가 손으로 그의 성기를 만져주기만 했다면 자신의 정조가 더렵혀지지 않았다고 떳떳하게 말할 수 있지 않았을까?

그게 아니라면 이런 방문의 진짜 목적은 자신의 성 정체성을 시험하는 것이었을까? 많은 사람의 추정처럼 자신이 동성애자일까봐 두려워 자신의 감각을 이해하기 위해 매춘부를 찾은 것일까?

물론 안데르센의 증손의 증손의 증손의 증손이 혈액 검사에서 양성 판정을 받지 않는 한(아, 양성 판정을 받는다면 완전 횡재할 텐데) 이는 안데르센의 성적 취향을 둘러싼 조각 퍼즐의 잃어버린 여러 조각 중 하나로 남을 것이다. 나는 당분간은 이 주제를 생각하지 않기로 다짐했지만, 남은 여행 동안 몇 번이고 이 생각이 머릿속을 비집고 들어올 것 같은 느낌이 들었다.

잔드라와 매우 화기애애한 분위기에서 30분 동안 이야기를 나눈 뒤 남은 저녁 시간은 도시 여기저기를 구경하며 돌아다녔다. 훌륭한 함부르크 시민들이 부디 오해하지 않기를 바라지만, 나는 이곳이 내가 다녀본 도시 중 자카르타, 울란바토르, 셰필드와 함께 가장 우울하고 보잘것없고 멋없는 곳이라고 생각했다.

한 가게 걸러 한 가게마다 당혹스러울 만큼 다양하고 무시무시한 섹스토이와, 하이디 플라이스도 울고 갈 만큼 엄청난 포르노물이 창가에 진열되어 있었다. (지금쯤 나에 대한 이미지를 또 하나 상상했겠지만) 나는 세상 고상한 척하는 그런 사람이 아니다. 하지만 눈길이 닿는 곳마다 21인치 딜도와 여자 보스 느낌의 가죽 의상이 보이자 얼마 못 가 좀 싫증이 났다. 함부르크는 우유 1파인트를 사려고 나와도 새로운 삽입 방법을 한 가지는 알게 되는 곳이다. 이것이 성에 개방적이고 열려 있는 현지인들의 태도를 의미하는지, 아니면 종말 직전에 와 있는 병든 사회를 의미하는지 생각하고 싶지 않다. 나는 실컷 구경한 후 맥도널드에서 요기를 하고(맹세하는데 이번 여행 중 처음이자 마지막 맥도널드 방문이었으며, 적어도 엄밀히 따지면 현지식이었다) 서둘러 중앙역 근처의 한 지저분한 나이트클럽 위에 자리한 게스트하우스로 가서 잠을 청했다. '+(농담이다).'

*   *   *

오래된 팝 그룹은 절대 죽지 않는다. 지옥의 강행군 일정으로 독일을 순회한다. 이튿날 아침, 라이프치히행 기차를 기다리다가 리오 세이어, 쇼와디와디, 보니 엠이 곧 함부르크에 도착한다고 떠들썩하게 광고하는 역내 광고판을 읽고 문득 이 말이 떠올랐다. 안데르센은 이 도시에 머무는 동안 음악 공연을 선택하는 안목이 크게 높아졌고, 호텔 슈타트런던에서 열리는 프란츠 리스트의 연주회에도 참석했다.

『시인의 바자르』에서 안데르센은 사람들을 휘어잡는 이 헝가리 피아니스트의 재능을 보고 온몸이 찌릿했다고 고백한다. "마법의 손가락으로 이 시대의 음악적 한계를 정의하는 (…) 음색계의 제왕이자 (…) 근대의 오르페우스!●" 이렇게 그는 함부르크 장을 프란츠 리스트에게 헌정한다. 이 '마력의' 피아니스트가 관객, 특히 숙녀들에게 건 최면 효과에 대해 설명하고, 좀 믿기 어렵지만 리스트가 연주를 통해 혁명을 선동할 수 있다고 믿는 정치인들을 만났다고 주장한다.

리스트의 다음 공연은 런던이었고, 안데르센은 둘의 행선지가 정반대임을 알고 아쉬워한다. "그를 또다시 만날 수 있을까? 마지막에 이런 생각을 했다. 그런데 공교롭게도 우리는 여행 중에 다시 만난다. 나와 우리 독자님들이 적어도 상상할 수 있을 만한 곳에서 만나 친구가 되고 또다시 헤어진다." 그러고는 그 독자님들이 궁금증을 견디지 못할 것에 대비해 이렇게 덧붙인다. "하지만 그 만남은 이 도피 여행의 마지막 장에서 이루어진다." (사실

● 무생물까지도 감동시켰다는 하프의 명수.

리스트에 대한 안데르센의 솔직한 생각은 몇 주 뒤 한 친구에게 보내는 편지에서 드러난다. 여기에는 자신보다 여섯 살이나 어린데도 여자들에게 야수적인 힘을 발휘하는 한 남자에 대한 부러움이 분명하게 나타나 있다. 리스트의 연주는 "날 감동시키기보다는 흥미를 자아냈네. 그는 마치 고문대에 쇠사슬로 묶인 악마 같았지"라고 안데르센은 쓴다. 그리고 이 피아니스트에게 날아든 꽃다발들은 사실 호텔 주인이 준비한 것이라고 은근히 비웃으며 흡족해한다.)

기차가 도착할 무렵, 조지 W. 부시가 먹었으면 응급 의료진을 불러야 했을 특대형 프레첼*로 아침을 대충 때웠지만 뒤처리를 어떻게 해야 할지 몰라 당황했다. 독일인들은 덴마크인들보다 훨씬 더 재활용에 집착했고, 내 눈앞에는 '쓰레기' '종이' '포장재' '유리'라고 적힌 쓰레기통 네 개가 놓여 있었다. 결국 나는 내 손에 든 플라스틱과 종이, 포장재 더미를 모두 아우르는 최적의 용어는 '쓰레기'라고 판단하고 아무도 보지 않을 때 그 통에 쓰레기를 적당히 쑤셔넣었다.

해외에 나간 영국인이 시험에 들며 불편함을 느끼는 일이 바로 이런 것들이다. 독일의 열차 좌석 예약 시스템도 그중 하나인데, 빈자리를 찾아 큰 배낭을 짐칸에 넣고 좌석에 앉아 있으면 다른 승객이 와서 자신이 예약한 자리라며 어리둥절해한다. 이런 언짢은 상황을 몇 번이나 겪고 우선권이 없는 빈자리를 찾는데 30분은 족히 걸렸다.

* 조지 부시가 프레첼을 먹다 목에 걸려 잠시 졸도한 일을 빗대어 말함.

안데르센은 증기선을 타고 함부르크를 떠나 엘베강을 거슬러 올라갔다. 도중에 미국행 이민자들을 실은 하행선 배 한 척이 지나갔다. 배 안에서 그는 또 한 번 가슴 아픈 사연을 간직한 여자 승객을 만났는데, 이번에는 "키가 크고 통통한 여자로, 색이 바랜 친츠* 드레스와 어울리지 않게 자부심이 넘쳤다". 그녀는 한물간 배우였지만 여전히 품위가 몸에 배어 있었다. ("어떤 역을 맡으시죠?" 내가 묻자 그녀가 대답했다. "가련한 역이요.") 나중에 그녀는 「선셋 대로」의 글로리아 스완슨처럼 깃털 목도리를 어깨에 휙 두르며 배에서 내렸다. "우리 마차 기수가 흥겨운 곡조를 흥얼거렸지만, 나는 이륜 경마차에 탄 그 나이 든 배우, 「오를레앙의 처녀」**를 생각했다. (…) 그 미소를 떠올리니 서글퍼졌다."

분명 얼마간 비애감에 젖어 있던 안데르센은 증기기관차를 처음 타본다는 기대감에 갑자기 기운을 내며, 그때까지만 해도 완전히 신세계였던 운송 수단의 이모저모를 신나게 늘어놓는다.

1825년 영국에서 최초의 증기기관차 노선이 개통되었지만, 독일에 첫 노선이 생기기까지는 그로부터 10년이 더 걸렸고 바로 이 증기기관차를 안데르센이 타게 된 것이었다.

증기기관차를 타고 여행할 수 있다는 사실에 모두가 안데르센처럼 신바람을 낸 것은 아니었다. 낭만파들은 기술적 진보를 탐탁지 않게 여겼고 특히 증기기관을 이용한 여행을 혐오했다. 워즈워스는 윈드미어에 철도선이 들어서지 못하도록 반대운동을

• 평직면포에 작은 무늬를 화려하게 나염한 것.
•• 독일의 극작가 프리드리히 실러의 비극으로, 잔 다르크의 생애를 그림.

벌인 님비주의자였고, 아일랜드 소설가 찰스 레버는 기차의 기적 소리가 "삶의 모든 낭만에 종말을 고하는 유서"라고 썼다. 적어도 이 점에서 안데르센은 낭만주의자가 아니었다. 그는 (비록 다윈의 진화론은 끔찍하게 여겼지만) 물리학자 친구 한스 크리스티안 외르스테드의 영향을 부분적으로 받은 덕분에 굉장히 열린 자세로 새로운 발견들을 수용했고, 첫 열차를 탈 날이 다가오자 안달을 하며 흥분을 가라앉히지 못했다.

"독자 여러분 중 많은 분은 아직 철도를 본 적이 없으므로 먼저 이 신문물을 알리고자 노력할 것이다." 그는 가장 혁명적인 산업 발명품이라 할 수 있는 기차에 대한 값진 체험기를 이렇게 시작한다. "기관차는 일반 도로를 달리고, 대개는 직선으로 간다. 가끔 곡선길도 있는데 별 감흥은 없다. 하지만 길은 응접실 바닥처럼 편평한데, 이를 위해 앞을 가로막는 바위를 모조리 날려버렸다." 마차가 부둣가에서 대기하고 있는 곤돌라라면, 철도선은 "인간의 기술로 발명한 마법의 끈"처럼 교차로를 횡단한다고 안데르센은 쓴다. 또한 물 만난 물고기처럼 그날의 보도 기사를 소개하고, 이 여행으로 되찾게 될 영광을 한껏 즐긴다. (여행 직후 그가 맨 처음으로 한 일은 덴마크에 있는 친구들에게 편지를 써서 여행 이야기를 쉴새없이 풀어놓은 것이었다. 이 편지들이 신문에 실릴 것이라는 사실을 그는 알고 있었다.)

이상한 점은 안데르센이 증기선을 탈 때는 이만큼 흥분하지 않았다는 것인데, 아마 바람이 도울 때는 증기력이 항해 시간에 그다지 큰 영향력을 미치지 않았기 때문일 것이다. 반면 기차 여행을 앞둔 날에는 여학생처럼 들떠서는 '철도 열병' 상태에 빠졌다. "기차를 처음 타보는 사람들은 기차가 전복되거나 팔다리가 부러지거나 바람에 날아가거나 다른 기차에 깔려 죽을지도 모른다는 생각을 하지만, 그것도 다 처음뿐이다."

안데르센은 마그데부르크에서 세 시간 동안 110킬로미터를 달리는 라이프치히행 기차에 올랐고, 이윽고 기차가 출발했다.

첫 느낌은 객차가 매우 부드럽게 움직인다는 것이었다. (…) 그러다 어느샌가 속도를 내지만, 책을 읽고 지도를 보는 데는 무리가 없으며 그때까지도 기차가 얼마의 속도로 달리고 있는지 감을 잡지 못한다. 창밖을 보면 전속력으로 달리는 말처럼 질주하는 게 느껴지고 기차는 점점 더 빨라진다. 마치 하늘을 나는 기분이지만 여기에는 흔들림도, 질식할 것 같은 느낌도 없고, 그동안 걱정했던 불편함 중 그 어느 것도 느껴지지 않는다. (…) 우리는 지구 밖에서 지구가 도는 모습을 보는 느낌을 안다. (…) 또한 우리에게도 옛날 마법사들 같은 힘이 생겼음을 느낀다! 우리가 만든 마법의 말을 객차에 연결하고, 그러면 공간이 사라진다. 철새들이 하늘을 날듯 우리도 폭풍 속의 구름처럼 날아다닌다! 우리 야생마는 힝힝 소리와 함께 코를 쿵쿵거리고, 코에서 검은 증기가 뿜어져 나온다. 메피스토펠레스*도 파우스트 박사를 망토에 태워 이보다 빨리 날지는 못했을 것이다!

---

* 파우스트와 계약을 맺어 그 혼을 손에 넣었다고 알려진 중세 서양의 악마.

코펜하겐에서 겪은 모든 고통을 잊어버리기에 이보다 좋은 방법이 있었을까?

한번은 길동무가 코담배를 권했다. "나는 고개를 숙여 약간 들이마신 후 재채기를 하고 나서 물었다. '괴텐까지 얼마나 남았죠?' 그러자 남자가 대답했다. '거기라면 아까 재채기하실 때 지나갔는걸요!'" 오늘날에는 만성 고초열* 환자가 아니고서야 괴텐을 못 보고 지나칠 일이 없다. 라이프치히로 가는 도중에 지나치는 대부분의 크고 작은 도시들처럼, 괴텐 역시 수 킬로미터에 이르는 지역이 산업적 퇴락을 맞고 있었다. 이는 독일 재통일이 초래한 경기 침체의 신호일까, 아니면 단순히 서비스 기반 경제로 전환되고 있음을 나타내는 것일까? 어느 쪽인지는 알 수 없다. 안다고 한들, 그게 지금 나랑 무슨 상관이란 말인가! 하아! (미안하다. 그때 겪은 불편이 아직도 잊히지 않는다.)

사실 안데르센의 일기에는 기차가 괴텐에서 멈췄고 길동무의 코담배 권유를 받아들이기는커녕 그자가 자신을 공격할까봐 비이성적일 정도로 걱정이 됐다고 적혀 있다. "그자가 미치광이처럼 발작을 할지도 모른다는 생각이 문득 들었다. 나는 그 생각에 온 신경이 쏠렸다."

다음 정거장인 라이프치히 역은 경이로움 자체이자 기차 여행계의 대성당이다. 1915년에 지어진 이 역은 유럽에서 가장 큰 철도역인데, 그 위풍당당한 자태로 여행객을 따뜻하게 맞아주는

---

* 알레기성 비염.

곳이다. 빵 굽는 냄새가 풍기고 신문 가판대도 많으며(나는 시사에 굶주린 메뚜기처럼 신문 가판대로 뛰어갔다) 지하층에는 기름에 튀기고 버터를 듬뿍 발라 소화가 더딘 콜레스테롤 범벅의 음식들을 파는 테이크아웃 노점상이 가득하다. 나는 크림과 마늘, 베이컨을 곁들인 감자 튀김 한 접시를 게걸스럽게 먹고 벽돌 크기의 초콜릿 치즈케이크 한 조각을 먹은 후 안데르센이 경험한 라이프치히를 잠깐 둘러보러 떠났다.

그런데 문제가 있었다. 안데르센이 다녀간 라이프치히는 제2차 세계대전 당시 통째로 폭격을 당한 뒤 공산주의자들의 지시로 재건되었는데, 이 공산주의자들은 19세기에 어떤 반감 같은 것이 있었던 모양이다. 그래도 상점 진열장을 지나치면서 걸스카우트 단원처럼 얼굴을 붉힐 필요가 없는 도시에 있다는 것은 좋았다. 대부분 최고급 핸드백이나 최고급 초콜릿을 판매하는 가게처럼 보였다. 아니면 어마무시한 스와로브스키 크리스털이거나. (독일인들의 음악 선정을 보면 취향과 안목이 높은 것 같지만 이 브랜드를 보면 꼭 그렇지만도 않다는 것을 알 수 있다. 가령 바퀴 달린 조그만 크리스털 오리에 400유로를 쓴다니 말이다.) 1840년 당시 라이프치히는 작곡가이자 지휘자인 펠릭스 멘델스존의 고향이었고, 유명 인사와 교제할 기회를 절대 놓칠 사람이 아니었던 안데르센은 그를 만나기를 간절히 바랐다. 멘델스존은 열두 살 때 안데르센의 위대한 영웅 괴테(당시 72세)와 몇 주간 함께 지내며 작가에게 큰 감명을 주었다. 그는 1840년 무렵에 이미 문학 작품에 주로 영감을 받는 낭만주의 작곡가로서 이름을 알렸기 때문에 안데르센은 그를 만난다는 사실에 너무 기쁜 나머지 베토벤 7번 교향곡 리허설 중에 불쑥 들어가 자신을 소개했다. 멘델스존은 당시 권력의 정점에 있었고 1835년 스물여섯의 나이에 라이프치히 게반트하우스 관현악단과 성악원을 떠맡은 후 혹독하게 관리를 해오고 있었다. 1809년에 부유하고 교양 있는 유대인 집안에서 태어났고 피아노에 일찍 재능을 보이면서 어린 나이에 모차르트에 비견되기 시작했다. 열일곱 살에는 대표작 중 하나인 「한여름 밤의 꿈—서곡 작품번호 21번」을 작곡했다. 1843년에는 라이프치히 음악원을 설립했지만, 여느 신동들이 그렇게 요절하듯 서른여덟의 나이에 삶을 등졌다.

안데르센의 자서전에는 게반트하우스('피륙 진열소'라는 뜻)에서 두 사람이 처음 만난 일화와 이 위인이 그를 맞이하며 너무도 분명하게 드러낸 의기양양한 기쁨이 묘사되어 있다. "나는 이름을 말하지 않고 어떤 과객이 무척 만나고 싶어한다는 말만 전해달라고 했다. (…) '전 여기서 낯선 사람과 이야기나 나누고 있을 만큼 한가한 사람이 아닙니다.' 그의 말에 내가 받아쳤다. '날 초대한 사람은 당신이오. 당신을 보지 않고 라이프치히를 지나칠 생각은 말라고 하지 않았소!' '안데르센이군요!' 그가 그제야 소리쳤다. '진짜 당신이에요?' 그러고는 만면에 환한 웃음을 지었다."

나는 몇 시간 동안 이 도시를 돌아다니며 원래의 게반트하우스와 안데르센이 찾아가 낙서를 남겼다는 시인 크리스티안 겔레르트*의 무덤을 찾으려고 했지만, 지금은 둘 다 흔적을 찾기 힘든 것 같다. 승강장으로 돌아온 나는 기름에 절인 지방 덩어리 한 접시를 무릎에 놓고, 내 마음을 솔직하게 표현한 라이프치히 관광청 슬로건을 생각해보려고 애썼다. 낯선 도시에 가면 내가 종종 하는 일이다. 나는 덴마크 관광청에서 일하는 한 친구와 이야기를 나누다가 진실의 슬로건Truthful Slogan™이라는 게임을 개발한 바 있다. 더 좋은 대안이 없다면 '덴마크로 오세요. 주차 공간이 있어요'를 사용하면 된다고 제안했다. 농담으로 한 말이 었지만, 그녀는 내 말을 진지하게 받아들였고 그 후 수없이 부서별 미팅을 하며 그 주제를 다뤘던 것 같다. 겔레르트 무덤 찾기 가 허탕으로 끝나 우울한 것도 적잖이 영향을 주었지만, 그때 내 마음을 가장 잘 대변하는 슬로건은 '라이프치히에서는 무작정 움직이지 마세요'였다.

라이프치히부터는 경치가 점점 다채로워졌다. 남쪽으로 40분 쯤 갔을 때 처음으로 포도나무가 보였는데, 북유럽을 벗어나고 있다는 고무적인 신호였다. 나는 독일을 좋아하려고 무던히 애 썼지만, 덴마크를 떠올리게 하는 점이 너무 많았고 빨리 탈피하 고 싶은 것들뿐이었다. 바이에른주에 이르자 남부의 향기가 났 지만 구릉 위 눈에 반사되는 빛살은 다음에 들를 정거장인 뉘른 베르크가 많이 추울 수도 있다는 경고처럼 느껴졌다.

1840년 안데르센이 뉘른베르크에 도착했을 무렵 뉘른베르크 의 황금기는 이미 지난 지 오래였지만, 풍성한 문화의 도시답게

● 독일의 계몽주의 작가이자 민중 교육가(1715~1769).

여전히 낭만파 애호가들에게는 누릴 것이 많았다. 실제로『시인의 바자르』에 나오는 뉘른베르크 체험기에 따르면 안데르센은 이 도시의 중세풍 매력에 폭 빠져 성벽들을 오르며 다음과 같이 열변을 토했다. "너는 여전한 바이에른의 주도! 어쩔 수 없이 왕관을 뮌헨에 넘겨주었지만 고귀한 위엄과 비할 데 없는 웅대함은 여전하구나!"

그는 박식가이자 판화가인 알브레히트 뒤러, 일명 구두수선공 시인인 한스 작스, 유명한 청동 주조자 페터 피셔 등 이 도시가 배출한 위인을 모두 열거한다.

뒤러는 누군지 알고 있었지만, 작스(1494~1576)는 여행을 떠나기 전에 찾아봐야 했다. 알고 보니 그는 취미로 유머러스한 촌극(독일어로는 Schwank)을 쓴 대단한 익살꾼이었다. '취미로 썼다'는 말로는 부족하고, 사실 작스는 안데르센처럼 다작하는 작가의 기준으로도 타자기 수준이었다. 67세까지 "4275편의 가곡과 208편의 희곡, 1558편의 희극, 우화, 역사, 인물, 비유, 풍자, 꿈, 비전, 애가, 논쟁적 대담, 성가, 종교 관련 노래"를 썼다고 하는 것으로 보아 분명 해가 뜰 때부터 질 때까지 깃펜을 거의 쉬지 않고 움직였을 것이다. 이는 사흘 반나절에 한 편꼴로 썼다는 뜻으로, 사실상 그는 1인 길드와 같았다. 그래서 안데르센은 '질보다 양'을 중시하는 글쓰기 방식에도 불구하고 여전히 장로 격으로 평가되는 이 작가에게 경의를 표하고 싶었지만 작스의 집이 재개발된 것을 알고 무척 의기소침해지는데, 그 마음을 알 것도 같다.

시내에서 장이 열렸고 뉘른베르크의 중앙 광장에는 사격장과 회전목마, 크레이프 노점상 등이 가득 들어서 있었다. 해거름에 쇠너브루넨(아름다운 분수)까지 걸어가자니 팝콘과 도넛, 핫도그 냄새가 콧구멍을 자극했다. "내게 그림 그리는 재주가 있다면 시장에 가서 군중을 뚫고 저 분수를 스케치하련만, 나는 화가가 아니라 시인이다." 안데르센은 『시인의 바자르』에 썼다. 일종의 앨버트 기념비* 미니 버전이라 할 수 있는 이 분수는 유원지 놀이기구에 에워싸인 채 휘트니 휴스턴의 옛 노래와 불쾌하기 짝이 없는 유로팝을 요란하게 울려대고 있었다. 나중에는 루트비히 광장에서 훨씬 더 눈길을 끄는 공공미술 작품을 지나쳤는데, 청동으로 주조한 '결혼 회전목마 분수'라는 작품으로 작스의 시를 모티브로 해 만든 것이었다. 결혼의 트라우마를 괴기스럽게 표현한 이 거대한 조각품은 무엇보다 가슴이 풍만한 여인을 사슬로 묶고 있는 나체의 남자, 썩어가는 염소의 시체, 빈사 상태의 남자 위에 양다리를 벌리고 올라타 두 손으로 목을 조르는 여자의 부패해가는 시신(두 사람 다 도마뱀과 개구리와 물고기를 합쳐놓은 괴물에 올라타 있다) 등이 눈에 띄었는데, 이 모든 형상은 뉘른베르크 사람들에게 결혼 상담소가 절실히 필요함을 시사한다. 그게 아니면 함부르크에서 주말을 보내거나.

1840년처럼 오늘날에도 뉘른베르크의 대표 관광 코스에는 뒤러의 생가가 빠지지 않는데, 병의 바닥 부분으로 유리창을 만든

---

* 1861년 남편 앨버트 공이 세상을 떠나자 빅토리아 여왕이 그를 기리기 위해 세우도록 한 기념비.

3층짜리 목구조 건물이다. 안데르센은 집착이 심한 관광객이었지만 밖에서만 이 집을 구경했다. 이 집은 1876년에 박물관으로 개장되었기 때문에 나는 그 기회를 놓치지 않고 안으로 들어갔다. 폐장 시간이 가까웠지만 매표원에게 부탁해 안으로 들어갈 수 있었다(심지어 푯값까지 깎아줬다. 복 받으시길).

뒤러(1471~1528)는 루터가 95개조 반박문을 붙인 사건 이래 최초로 등장한 신교도파 거장 예술가로, 15세기 말과 16세기 초에 뉘른베르크를 유럽의 인쇄 중심지로 만드는 데 기여했다. 그는 예술적·과학적 탐구의 전성기를 이끌었으며, 자화상에도 나타나듯이 스스로를 유행을 선도하는 예술의 대가로 여겼다. 또한 안데르센과 마찬가지로 당대의 부유층 및 유명인과 친하게 지냈으며, 그중에서도 막시밀리안 1세 황제와 덴마크의 크리스티안 2세의 초상화를 그렸다.

뒤러의 생가에서 나는 그가 1527년에 알려지지 않은 건강상의 이유로 부엌에 화장실을 설치했다는 사실을 알게 되었다. 하지만 독일에서 법은 법이었기 때문에 즉시 건축물 규정 위반으로 벌금을 물었다. "아무리 유명한 화가라도 비밀의 방을 두면 다른 사람들처럼 처벌을 받을 수밖에 없다." 당시 마을 의회는 이렇게 기록했다. 여행 안내서에는 "인체의 해부상 구조를 빠짐없이 세세하게 포착해낸" 뒤러의 면모에 대해서도 적혀 있었는데, 실제로 그는 제도사로서도 손색이 없었다. 하지만 늘 컨디션이 좋을 수만은 없는 일이며, 이는 뒤러도 마찬가지였다. 한번은 코뿔소를 그려달라는 의뢰를 받았는데, 그의 그림 속 코뿔소는 꼭 문둥병에 걸린 듯한 모습이다.

그곳에서부터 나는 도시의 성곽을 올랐다. 눈을 가늘게 뜬 채, 제멋대로 뻗어나가는 교외 지역과 통상적인 송신탑, 유원지에서 선명하게 메아리쳐 들려오는 휘트니 휴스턴의 「I Will Always Love You」를 애써 무시하니 그리 어렵지 않게 19세기 중반 뉘른베르크의 모습을 상상할 수 있었다. 사암으로 지은 분홍빛 성, 포탑이 설치된 성곽, 자갈이 깔린 좁고 구불구불한 길들이 더해져 동화 속 요새 이상의 느낌을 자아냈다. 안데르센이 이곳에 홀딱 반해버린 이유가 이해되는 대목이었다.

늦은 오후 차가운 안개가 내려앉자 나는 도심을 벗어나 (그날 일찍이 시인 겔레르트의 무덤을 찾는 데 실패한 것에 이어) 또 다른 독일인의 무덤을 찾으러 교외로 향했다. 정확히는 무덤들이었다. 안데르센의 일기에는 성 요하네스 성당 묘지에 묻힌 뒤러와 작스의 묘지 번호(각각 649호, 503호)가 적혀 있지만, 내가 장난감처럼 아담한 이 붉은색과 분홍색의 성당에 도착했을 때는 대문이 잠겨 있었다. 나는 안데르센의 강박적인 시체 찾기 놀이를 저주했다. 나도 휴일에는 남들처럼 바에서 노닥거리며 쇼핑이나 즐기고 싶단 말이다! 그렇다고 이렇게 물러설 수는 없었다. 날이 어두워진 후 시행할 최선의 작전을 짜기 위해 주변 담을 재빨리 정찰한 뒤 저녁을 먹으러 시내로 돌아갔다.

어렸을 때 나는 상상도 할 수 없을 만큼 가학적인 심문을 받고 억지로 먹어야 하는 경우가 아니면 절대 자우어크라우트

Sauerkraut*를 먹지 않겠노라고 다짐했다. 그리고 실제로 먹을 생각이 없었는데도, 뉘른베르크의 맛집 브라트부어스트호이슬레에서 주니퍼베리를 곁들인 쭈글쭈글한 치폴라타소시지**와 쉰내 나는 양배추 무더기를 맛보고 나름 괜찮다고 생각했다(차량 진입 방지용 말뚝 크기의 맥주 한 잔을 겸한 것이 도움이 됐을 것이다).

마음을 가다듬고 음식을 먹으려는데, 배가 불룩한 현지 주민 한 명이 내 테이블로 와서 앉았다. 그는 우리 테이블로 신속하게 서빙된 커다란 접시에서 소시지를 집어 옆에 있는 작은 흰색 개에게 먹였다. 그와 작은 개는 단골손님인 게 분명했다. 우리는 테이블 하나를 같이 사용해야 하는 혼밥족의 관례에 따라 은밀하고도 어색한 침묵을 지키며 한동안 서로 시선을 피했다. (식당 테이블이든 기차 객실이나 엘리베이터 안이든 낯선 사람이 다가왔을 때 바로 인사를 하지 않으면, 시간이 흐를수록 상대를 알은척할 기회가 기하급수적으로 줄어든다. 분 단위를 지나고 나면 말을 트는 것은 사실상 생각할 수도 없다.) 젠장, 난 휴가를 온 거잖아. 관례 따위가 뭐가 중요해! 이렇게 생각한 나는 그에게 이곳에 얼마나 자주 오는지 물었다. "일주일에 한 번이요. 이 녀석이 좋아하거든요." 그가 개 쪽으로 고갯짓을 하더니 다시 유럽산 소시지 산맥을 먹어치우기 시작했다. 우리는 더 이상 한마디도 주고받지 않았고, 말없이 후루룩거리는 소리와 테이블 밑에서 헐떡이는 거친 숨소리만

• 잘게 썬 양배추를 발효시켜 버무린 독일 음식.
•• 작은 손가락이라고도 불리는 6센티미터 길이의 작고 거친 조직감이 있는 돼지고기 소시지.

이 침묵을 깼다.

어둠이 내려앉자 나는 다시 묘지로 가서 정문 옆 담에서 가장 낮은 지점을 찾아 꼴사납게 넘어갔다. 작스와 뒤러의 무덤을 찾아보려고 했지만, 날이 어두침침해 힘들었다. 무릎이 까이도록 찾고 또 찾기를 20분쯤 하고 나니, 담 위로 나온 경찰 모자를 보고도 안도감이 들 지경이었다. 염탐을 좋아하는 근처 아파트 주민이 묘지를 보고 있다가 경찰을 부른 모양이었다. 이것은 명백히 합법적인 체포였다.

경찰 두 명이 모두 무장을 하고 있는 모습을 보고 수많은 강제수용소 영화, 아마도 사격 장면을 떠올린 나는 담을 넘어가려면 묘지의 반대편 대문으로 돌아가야 한다고 몸짓으로 말했다(이게 퀴즈 프로그램 「내 활동 분야는?What's My Line?」의 한 에피소드였다면 패널들은 나를 탁구 라켓처럼 생긴 푯말 두 개를 들고 비행기를 유도하는 관제사로 추정했을 것이다). 나는 도망칠 생각이 없다는 확신을 주기 위해 걸어가면서 틈틈이 이 동작을 반복했다.

분당 약 200단어의 속도로 경찰들(둘 다 코밑수염을 기르고 있어 왠지 무서움이 덜했고 약간 마을 주민 같은 인상을 풍겼다)에게 해명을 시작하자 입김에서 술 냄새가 확 끼쳤다. 두 사람이 내가 늘어놓은 안데르센 이야기를 믿었는지는 잘 모르겠다. 이렇게 여행의 목적을 설명하다가 도중에 자기 회의감에 젖어드는 일은 앞으로도 계속 있을 것이므로, 다른 사람들이 날 진지하게 받아주리라고 기대할 순 없었다.

경찰들은 내 여권 번호를 받아 적고 묘지 관람 시간이 적힌 표지판까지 안내해준 뒤 나를 보내주었다. 시내로 돌아가면서 몇 번인가 어깨 뒤를 돌아봤는데, 경찰들은 내가 시야에서 사라질 때까지 경찰차 옆에 서서 나를 계속 지켜보고 있었다. 나는 소름끼치는 게스트하우스(독일의 숙박시설은 왜 하나같이 중고 물품 세일에서 건져낸 듯한 것들로 장식되어 있는 걸까)로 돌아와 잠을 청했다.

이튿날 아침 나는 뮌헨행 기차를 타기 전에 세 번째로 묘지를 다시 찾았고, 많은 슈미트, 풍크, 코흐라는 이름 사이에서 마침내 작스와 뒤러의 이름을 발견했다. 말 그대로 안데르센의 특대형 발자국을 밟았다고 느낀 것은 그때가 처음이었다. 고생한 보람이 있었다고까지 말할 수 있을 정도였다.

뮌헨에 가는 길에 잠시 들른 아우크스부르크에서 안데르센은 근대사회로 나아가는 전조 현상, 즉 이조이링이라는 예술가의 은판사진 전시회를 보게 되었다. "눈에도 단호함과 감정 표현이 담겨 있을 정도로 모든 부분이 매우 정확하게 나타나 있었다. 특히 여인들의 실크드레스 묘사가 절묘했다. 마치 옷감이 스치는 소리가 들리는 것 같았다." 최초의 은판사진은 1839년 1월 루이 다게르의 손에서 탄생했다. 이는 최초로 성공을 거둔 사진 공정으로, 동판을 요오드에 노출하는 방법을 사용했다. 일명 '기억이 담긴 거울'이라 불린 이 기술은 돌풍을 일으켰다. 초기 사진사 중 한 명인 카를 다우텐다이는 다음과 같이 기록했다. "사람들은 처음에는 오랫동안 보는 것을 두려워했다. (…) 이 피사체들의 또렷한 모습에 당황했으며 이 속에 담긴 자그마한 얼굴들이 자신들을 쳐다볼 수 있다고 믿었다." 나중에 밝혀진 것처럼 은판사진은 그 자체가 최종 결과물이었기 때문에 단 한 장의 사진만 얻을 수 있었고 촬영 대상이 반시간 동안 가만히 앉아 있어야 했던 데다 그 공정 과정에서 유해한 화학물질까지 사용되었다.

뮌헨행 기차에 올라탄 나는 여느 때처럼 좌석 번호로 한바탕 난리를 겪은 후 마침내 일반 신문을 읽고 있는, 외모가 부스스한 남자 옆에 자리를 잡았다. 그가 감기에 걸려 앞으로 30분간 가래를 끌어모아 시끄럽게 삼켜댈 줄 알았더라면 다른 객차로 갔을 것이다. 배낭을 내려놓고 코트를 벗은 뒤 자리에 앉았을 때는 이미 너무 늦어버렸다. 물론 그때 내가 취해야 했던 행동은 그 남자의 어깨를 정중하게 친 뒤 최대한 존 르 메슈리어처럼 이렇게 말하는 것이었다. "정말 죄송하지만 콧물로 가글하는 그 끔찍한 소리 좀 내지 말아주시겠어요? 도통 집중할 수가 없네요." 그 대신 나는 그 남자와 똑같이 가래 끓는 소리를 크게 내어 불쾌감을 드러내기로 결정했다. 하지만 그는 아랑곳하지 않고 계속 소리를 내며 신문에 심취해 있었다. 누가 보면 발정난 암퇘지 두 마리인 줄 알았을 것이다.

안데르센도 뮌헨으로 가는 일에 곤욕을 치렀다. 어떤 여자가 그의 우산을 자기 양산으로 착각해 가져간 것이었다. 몹시 당황한 안데르센은 급히 사람을 보내 도로 찾아오게 했다. 그래도 우산이 돌아오길 기다리며 양산을 들고 초조하게 서성이는 그의 이미지는 꽤 멋지지 않은가.

나와 동행해줄 뮌헨 전문가 디르크 하이서러는 즉시 내 기운을 북돋아주었다. 인터넷으로 알게 된 디르크는 말 그대로 뮌헨 여행 가이드 서비스를 제공했다. 게스트하우스 앞으로 픽업을 나온 그가 자동차 선루프 밖으로 힘차게 검정 베레모를 흔들었다. 그와 함께 뮌헨의 여러 곳을 방문하는 19세기 중반 투어를 하는 동안 디르크가 일반적인 투어 가이드 이상의 역할을 해주고 있음이 분명해졌다. 구글에서 금을 캐낸 격이었다.

"안데르센이 이곳에 왔을 때 뮌헨은 엄청나게 확장되고 있었어요." 낡은 흰색 오펠아스트라의 운전대를 잡은 디르크는 모든 문학 지성이 흔히 그러듯 교통 규칙을 가볍게 무시하며 말했다. "도시가 사방으로 팽창되고 있었고 루트비히 1세와 막시밀리안 2세는 예술가들에게 더없이 후했죠." 안데르센은 당시 뮌헨의 팽창을 꽃봉오리를 틔우려는 장미 덤불에 비유하며 "가지마다 새 길이 나고 잎마다 궁전이나 성당을 비롯한 건축물이 세워진다"고 표현했고, 이 도시의 역동적인 문화상에 마음이 끌린 듯 보였다. 뮌헨은 일평생 안데르센을 매료시킨 다섯 도시 중 한 곳이었다. 훗날 그는 막시밀리안 황제가 특히나 방문객에게 따뜻한 사람임을 알게 되었지만, 어찌된 일인지 두 번째 방문 때는 이에 대해 이상할 정도로 언짢아했다. 그의 일기장을 보면 신경질이 난 것 같은데, 그 이유는 곧 명확해진다.

그는 한스 페테르 홀스트라는 친구와 어울리게 되었는데, 별

볼 일 없는 시인이었지만 안데르센의 입장에서는 원통하게도 당시 덴마크에서는 훨씬 더 높은 평가를 받았다. 안데르센의 자서전에는 뮌헨의 덴마크 공동체에서 홀스트가 누린 인기에 대한 그의 분개감이 잘 드러나 있다. "이곳에서는 아무 즐거움도 느낄 수 없었다. 동포들 중에는 내 흥미를 끄는 사람이 한 명도 없었고, 십중팔구는 나를 코펜하겐 문단의 편애를 받는 홀스트보다 훨씬 더 뒤처진 시인으로 평가했을 것이다." 그는 리스트와 마찬가지로 홀스트가 여섯 살 연하였다는 사실도 못마땅해했으며, 홀스트를 가리켜 "때를 잘 만난 운 좋은 시인"이라면서 씁쓸한 마음을 숨기지 않았다.

원래는 두 사람이 함께 로마로 여행을 갈 계획이었지만 언쟁을 하게 되면서(질투심에 못 이겨 싸움을 거는 안데르센의 모습이 너무나 쉽게 그려진다) 결국 안데르센 혼자서 떠났다. 당시 뮌헨에서 엄청나게 즐거운 시간을 보내고 있던 홀스트는 자신의 초상화가 아직 완성되지 않았다는 핑계를 대고 안데르센을 뒤따라 이탈리아로 가겠다고 약속했다. 그는 약속을 지켰다. 종국에는.

『시인의 바자르』를 보면 안데르센이 침울한 기분으로 뮌헨을 돌아다녔을 것이라고 생각되겠지만, 그의 일기에는 평소처럼 극장을 찾고 외교관들과 철학자 셸링, 그리고 코르넬리우스와 스티글러(그의 엄청난 팬이었다고, 안데르센은 일기에 기쁜 마음으로 적어놓았다) 같은 예술가들과 무척 친하게 어울려 다녔다. 또한 고국으로 보내는 편지에는 어느 날 저녁 극장에서 유명 피아니스트인 지기스문트 탈베르크의 바로 옆옆 자리에 앉았고 뮌헨을 떠나기 전에 두 사람의 친분이 길거리에서 만나면 인사 정도는 할 수 있는 사이로까지 발전해 자랑스럽다고 매우 흥분하며 써놓았다.

그럼에도 9일째 되는 날 그는 "이곳에 있기가 지루하다"고 기록하고 이틀 후에는 "볼 것이 아무것도 없다"고 불평한다. 달리할 만한 것이 없자 그는 콧수염을 기른다. 요나스 콜린에게 편지를 쓰는 동안에는 눈물을 터트린다. "이곳에 있으니 불안하군요. 다시 떠나고 싶은 마음입니다. 뮌헨은 독일의 수많은 도시와 별반 다를 게 없습니다. 우체국은 빨갛게 칠한 벽과 높이 솟은 형태를 보니 폼페이 양식에서 따온 것이고, 새 궁전은 피렌체에 있는 토스카나 대공의 궁궐을 모방한 것입니다. (…) 아우 지구에 있는 성당은 (…) 빈에 있는 성 슈테판 성당을 떠올리게 합니다. 뮌헨에서 인상적이라 할 만한 것은 오직 하나, 루트비히 거리뿐입니다."

루트비히슈트라세는 오늘날처럼 덴마크인 누구에게나 놀라운 광경이었을 것이다. 코펜하겐에는 이 기념비적인 거리와 견줄 만한 곳이 전혀 없다. 이 거리에는 17세기와 18세기에 바이에른 왕가가 지은 화려한 이탈리아식 궁궐들이 즐비해 있다. 이곳의 대표 성당인 성 루트비히 성당에서 디르크가 나를 동쪽 벽으로 안내했는데, 벽 전체가 안데르센이 좋아한 뮌헨 그림 중 하나인 페터 폰 코르넬리우스의 「최후의 심판」으로 뒤덮여 있었다.

코르넬리우스(1783~1867)는 1830년대에 로마에서 활동한 독일 화가 단체인 일명 나사렛파 화가들 중 한 명이었다. 『시인의 바자르』에는 안데르센이 6년 전 로마에서 그를 처음 만난 일화가 적혀 있다. "아무도 나와 이야기를 나누고 있는 사람이 누구인지 말해주지 않았다. 나는 그자가 화가라고만 알고 있었고, 로마는 화가 천지였다. 그래서 그 신사분께 [작업실에] 초대해줘서 고맙지만 아쉽게도 갈 수 없다고 말했다. '당신은 꼭 올 거요!' 그는 내 어깨에 손을 올리며 웃더니 바삐 떠났다."

물론 그 사람이 누군지 알게 되자마자 안데르센은 그의 아틀리에로 부리나케 달려가 바로 이 작품의 밑그림을 보게 되었다. 1840년에 완성작을 본 안데르센은 "뮌헨이 자랑스러워할 만한 위대한 작품 중 하나"라고 밝혔다. 나로서는 그다지 확신이 없다. 높이 18미터에 너비 11미터로 거대한 그림이지만 내 눈에는 약간 '지옥불처럼' 보이는데, 이와 대조적으로 색깔은 얼마간 '손뼉 치며 노래하는' 복음파를 떠올리게 한다. 하지만 성당 자체는 오아시스다. "이곳에서는 1840년대의 고요함을 느낄 수 있답니다!" 디르크가 외쳤다. 정말 그랬다. 분주한 6차로 도로에 자리하고 있는데도 퍽 고요했다.

안데르센은 첫 뮌헨 방문 때 카를스 광장에 묵었고 실제로 광장의 모습을 그림으로 남겼다. 나는 지금의 카를스 광장과 비교하려고 그림 사본을 가져왔지만, 그림 속 어느 것도 이제 남아 있지 않았다. 오늘날 뮌헨 성문 중 하나를 바라보며 그림과 짝을 맞추고 있는데 경찰이 와서 우리에게 비켜달라고 했다. 디르크가 주차 금지선을 벗어나 주차 금지 표지판 앞에 도로 연석과 거의 직각으로 차를 대어두었기 때문이다. "이분께서 한스 크리스티안 안데르센에 관한 책을 쓰고 계셔서요!" 그가 설명했다. 좋게 해석하자면, 내 프로젝트의 중요성에 대해 진지한 열정을 보여주는 듯한 말이었다. 찬찬히 둘러보니 우리가 본 곳은 반대쪽이고 안데르센이 매료된 곳은 우리 뒤쪽 풍경임을 알 수 있었다. (사실 나만큼이나 안데르센의 여행에 집착하는 것처럼 보였던 디르크는 나중에 이메일로 이런 이야기를 해주었다. "하늘이 도왔어요! 카를스 광장에서 안데르센이 묵은 곳의 주소를 알아냈어요. 『내 인생 스토리』를 보면 안데르센이 '존경스러운 빗 제조공'에게 방을 얻었다고 나오잖아요." 그 빗 제조공의 이름은 에를이고, 그의 가족이 카를스 광장 10번지와 11번지에 살았으며, 안데르센의 드로잉 중 건물 꼭대기에 툭 튀어나온 재미있는 모양은 초기의 전신 안테나였을 것이라고 디르크가 설명해줬는데, 좀 흥미로웠다.)

뮌헨에서 안데르센의 좌절감은 계속되었다. 서점가를 방문한 그는 평소처럼 자신의 책을 찾았다.

1835년에 출판된 첫 소설 『즉흥시인The Improvisatore』의 독일어 번역본을 발견하고 기뻐했지만, 책에는 당황스럽게도 내용의 전반부만 실려 있었다.

"난 소설 전체를 보고 싶단 말이오!" 내가 말했다.

"그게 전체라니까요!" 그가 대답했다. "그게 끝이에요. 제가 직접 읽어봤습니다, 손님!"

"그럼 이야기가 결론을 내지 않은 채 갑자기 끝난다는 느낌을 못 받으셨나요?" 내가 물었다.

"아, 그렇긴 하죠!" 그가 대답했다. "하지만 프랑스 소설들도 그렇지 않나요? 작가는 결론에 대해 언질만 주고 나머지는 독자가 알아서 그림을 마무리하도록 남겨두잖아요."

"이건 그런 경우가 아니에요." 내가 소리쳤다. "여기엔 작품의 전반부만 담겨 있어요."

"이보세요." 그는 약간 화가 난 듯 말했다. "전 이걸 읽어본 사람입니다!"

"난 이걸 쓴 사람입니다!" 내가 대답했다.

남자가 나를 머리부터 발끝까지 훑었다. 내 말에 반박하지는 않았지만 얼굴에는 못 믿는 기색이 역력했다.

하루는 19세기 미술 컬렉션에 잠시 들러 안데르센이 열변을 토한 다른 그림들을 구경한 후 오후 느즈막하게 디르크가 나를 뮌헨 중심에 내려주었다. 이때부터 진짜 내 여행이 시작된 느낌이었다. (비록 베레모를 쓰긴 하지만) 제대로 된 전문 문학사가와 얼마간 시간을 보내고 나니, 함부르크에서 한 추잡한 행동과 뉘른베르크에서 벌인 무덤 잠입이 좀 아마추어스럽고 창피하게 느껴졌다.

그러고는 괜한 말로 분위기를 다 망쳐버렸다.

디르크가 내려주려고 할 때 나는 그에게 함부르크에서 잔드라를 찾아간 일에 대해 이야기했다. 그는 혼란스러운 듯 보였다.

"매춘부를 보러 갔다고요?" 그가 당혹스러운 듯 물었다. "이해가 안 되네요."

"아시겠지만 안데르센은 매춘부를 만나러 갔는데 실제로는 아무 짓도 하지 않았다고 했어요. 그래서 제가 직접……." 내 목소리는 점점 기어들어갔다.

디르크는 여전히 웃고 있었지만 굳은 미소였고 눈에는 당황한 기색이 역력했다. 우리는 정중하게 작별 인사를 나누었다. 디르크는 (일요일 오후를 통째로 쓰고도) 가이드 비용을 받지 않으려고 했다. 아마도 자신이 잔드라와 같이 유급 조사원으로 분류되기를 원치 않는 듯했다. 우리는 곧 헤어졌다.

거짓말처럼 들리겠지만, 비오는 일요일 저녁의 뮌헨이 곧 내 기운을 북돋아주었다. 카니발 기간이라, 히틀러가 민중 선동 기술을 연마한 마리엔 광장을 걷는 동안 설탕을 입힌 아몬드와 소시지 볶음 냄새가 코끝을 간질였다. 색종이 조각을 뿌리는 마녀, 닭 분장을 한 노부부, 무시무시한 광대 등 현실성 없는 관중의 관심을 끌기 위해 북 치는 악대, 독일 소프트메탈 밴드, 시끌벅적한 취주 악대가 경쟁을 벌이고 있었다. 닭 차림의 노부부 중 한 분이 내게 왈츠를 권했다. 나는 재킷 안에 머리를 묻고 재빨리 달아났다.

뮌헨의 안데르센을 기리는 의미에서 맥주와 무가 주재료인 저녁을 먹은 뒤 나는 역 근처에 있는 게스트하우스로 돌아가 불안하고도 격정적인 밤을 보냈다.

* * *

이튿날 아침에 깨어보니 창밖으로 눈이 펑펑 내리고 있었고 더 내릴 것으로 예상되었다. 기차 대신 렌터카를 타고 하루 만에 알프스산맥을 횡단할 것이라는 사실만 아니면 나름 괜찮고

심지어는 그림 같은 풍경이었다.

안데르센은 뮌헨에 도착했을 때보다 더 비참한 심정으로 이곳을 떠났다. 전날 밤 루이세 콜린의 결혼식이 있었는데, 『시인의 바자르』에는 "내가 그 집 아들과 형제 대우를 받던 데서" 결혼식이 열린다는 정도로만 언급되어 있다. 그는 원래의 계획대로 홀스트를 두고 혼자서 뮌헨을 떠나 브렌네르 고개* 너머의 이탈리아로 발길을 재촉했다.

뮌헨 역에 있는 렌터카 사무소에서 나는 직원에게 브렌네르 고개 통행이 가능할지 물었다. "제가 알 리 있나요? 이 안에 있어서 얼마나 행복한데." 그가 대답했다.

눈 카펫이 깔린 뮌헨은 무척 낯설었다. 방향감각이 뛰어난 나였지만 뮌헨 교외로 나가니 한심하게도 얼마 못 가 엉뚱한 곳에 있었다. 이런 상황에서는 늘 그렇듯 남자들의 운전 수칙을 고수했다. 그 수칙은 다음과 같다.

a) 자신이 길을 잃었다는 사실을 절대 인정하지 않는다. 자기 자신에게조차.

b) 절대 차를 돌리지 않는다. 잘못된 방향으로 가고 있다는 게 아무리 확실하더라도.

c) 절대 차를 세우고 방향을 묻지 않는다. 조만간 단서가 나올 것이므로.

*이탈리아와 오스트리아 국경에 있는 알프스산맥의 고개.

d) 혹시라도 지도가 있을지 모르니 트렁크를 뒤진다.

e) 위 방법으로도 해결되지 않으면 앞차를 따라간다.

40분 후 나는 다시 뮌헨 역에 와 있었다.

지도와 약도를 새로 챙긴 나는 잘못된 방향으로 계속 갔더라면 다음 목적지인 인스브루크*행 표지판을 보지 못했을 수도 있다는 사실을 깨달았다. 곧 나는 뮌헨 교외의 중력에서 벗어나 농지와 구릉, 산의 적막한 설경에 들어섰다. 유럽에서 손꼽히는 경치를 자랑하는 곳이었지만 절망스럽게도 앞 유리에 코를 박은 채 클린트 이스트우드처럼 최대한 눈을 가늘게 뜨고 가느라 보닛 너머로는 아무것도 보이지 않았다. 미스터 마구**가 된 기분이었다. 자동차는 고장난 슈퍼마켓 카트처럼 제멋대로 달렸다. 핸들은 종종 페리에 비치된 산소마스크처럼 내 운명에서 눈을 돌리게 하려는 것 외에는 아무 기능도 하지 못하는 듯했다.

이 작은 양철 상자에 음식도 물도 없이, 결국에는 연료나 난방마저 떨어져 며칠 동안 갇혀 있는 상상을 했다. 세인트버나드***가 여전히 코를 찌르는 게스트하우스의 싸구려 비누 냄새를 맡고 날 찾아낼 때쯤 나는 고기 맛이 나는 아이스캔디가 되어 있을 것이다. 신문지상에는 내 생전 마지막 모습을 본 남자의 인터

* 오스트리아의 관광 도시.
** 키가 작은 갑부 할아버지 퀸시 마구의 심한 근시와 고집스러움 때문에 벌어지는 에피소드를 담은 애니메이션.
*** 몸집이 크고 튼튼한 개. 스위스가 원산지로 원래 눈 속에서 실종된 사람들을 찾는 데 이용되었다.

뷰가 실릴 터였다. "'전 가지 말라고 했어요.' 렌터카 회사 뮌헨 지점에서 일하는 헬무트 코흐 씨의 말이다. '그런데도 그냥 웃더라고요. 자기가 스칸디나비아반도에 산다면서 이런 것도 눈이냐고 하던걸요.'"

이런 생각에 잠겨 세 시간쯤 달렸는데도 하얀 장막 너머로는 인스브루크가 나타날 기미조차 보이지 않았고, 방광은 터질 것 같았다. 나는 차를 아무렇게나 세우고 시동을 끈 후 운전대에서 손을 떼고 엉덩이에서 힘을 뺐다. 밖은 하얀 적막이었다. 안데르센은 이 얼어붙은 풍경을 보고 "죽음과도 같은 깊은 정적"이라고 묘사했다. 눈의 여왕이 내 뒤편 숲에서 나타나 날 썰매에 묶고 자신의 궁전으로 데려간다고 해도 전혀 놀랍지 않을 것 같았다.

「눈의 여왕」(1844)은 많은 독자에게 안데르센의 명작으로 여겨진다. 그는 단 이틀 만에 이 이야기를 썼다. "글이 종이 위에서 춤을 추었다." 훗날 그는 이렇게 주장했다. 이 동화는 카이라는 한 소년이 악마의 거울 조각이 심장에 박혀 심술궂고 냉소적인 아이로 변한다는 무시무시하고도 묵직한 이야기다. 그 정도 불행으로는 충분하지 않다는 듯 카이는 무섭지만 매력적인 눈의 여왕에게 납치된다. "'너는 이제 더 이상 키스를 받지 못할 거야.' 눈의 여왕이 말했다. '아니면 내가 네게 키스를 해서 죽게 만들 테니까.'" 눈의 여왕은 카이에게 자유를 얻고 싶으면 조각 퍼즐을 맞춰야 한다고 말한다. 결국 어릴 적 친구인 게르다가 길고 고된 모험 끝에 그를 구출해내는데, 이 과정에서 우리는 소름끼치는 노파, 게르다와 한 침대를 쓰는 산도적 소녀, 말하는 꽃들과 친절한 까마귀를 만나고 힌두교 장례식에 대해 알게 된다. 이는 발군의 동화작가로서 안데르센의 명성을 굳힌, 진정으로 비범한 작품이다.

하지만 차 옆에 섰을 때 들리는 것이라고는 김이 모락모락 나는 소변 줄기 소리와 엔진이 식는 소리뿐이었다. 그 순간 차가 눈보라에 가려 사라지려 했다. 나는 다시 차 안으로 뛰어들어가 온몸의 근육과 힘줄을 긴장시킨 뒤 인스브루크를 향해 시속 약 5킬로미터로 차를 몰았다.

적어도 날씨는 딱 들어맞고 있었다. 안데르센은 밤중에 마차를 타고 인스브루크에서 브렌네르 고개를 넘어갈 것에 대비해 아이슬란드식 긴 양말을 신었다. 그때도 사방에 눈이 높이 쌓여 있었던 것이다. 마차의 창문이 '얼음꽃'으로 가득했기 때문에 그를 비롯한 승객들은 건초를 감싸 발을 보온했다. 머리 위로는 맑은 하늘에 별들이 떠 있었는데, "마치 사산아, 비참하게 죽은 거지 등 저마다 묘비가 있는 아담의 모든 후손을 위해 마련된 커다란 공동 묘지에 와 있는 느낌이었다". 밤하늘이 더없이 비참한 사람들에게조차 죽음의 편안함을 가져다준다는 것은 탁월한 직유다. 침울하고 우울하지만 한편으로 구천을 떠도는 영혼들에게도 영원한 구원의 희망이 있다는 생각은 당시 안데르센의 기분을 잘 말해주는 암시다.

안데르센은 1834년 이탈리아로 가는 길에 인스브루크를 지나간 바 있었다. "마치 이곳에 온 이후 단 몇 시간만이 흐른 것처럼 느껴졌다." 안데르센은 『시인의 바자르』에 이렇게 쓴다. "게다가 생각이 깊어졌는데 거기에는 이유가 있었다. 우리의 마음속에는 얼마나 많은 회상이 잠들어 있으며 우리는 얼마나 기꺼이 그것을 잊고 살아갈까? 내 생각에 마음은 아무것도 잊지 않으며 모든 기억은 언제든 그 일이 일어난 순간처럼 생생하게 다시 깨어날 수 있다." 그는 얼마 후 이탈리아 만토바에서 이런 감상을 반복한다. "사람들은 슬픔이 한 인간의 이면에서 일어나 그와 동고동락한다고 말한다. 나도 그렇게 믿는다. 기억도 똑같이 그러한데, 더 빨리 둥지를 튼다. 기억들이 눈앞에서 실컷 어른거리다 내 가슴에 머리를 뉘었다."

안데르센은 큰 위안을 주지 못하는 자신의 기억, 그리고 닥쳐올 슬픔을 피하기 위해 평생토록 여행을 했다.

여행객들이 인스브루크 한가운데에 있는 (안데르센의 묘사에 따르면 '튼튼하게 지어진') 열주회랑에 비바람을 맞은 양들처럼 모여 비싸 보이는 케이크 가게와 스와로브스키 전문 매장의 유리창을 유심히 보고 있었다. 건축 양식으로 보건대, 200여 년 전 인스브루크 시의회가 시기와 취향을 고려하지 않고 당과점 주인들에게 궁전과 대다수 성당 등 주요 건물들의 설계와 건축을 맡긴 것처럼 보였다. 현지의 자허토르테*처럼, 그 효과는 꽤 만족스럽다. 조금씩 떼어 볼 때는.

메인 보행 구역 위쪽에는 영화 제작진이 상주 중이었다. 늘 그

---

*진한 초콜릿케이크에 살구잼과 초콜릿을 입혀 만든 오스트리아의 대표적인 디저트.

렇듯 가구 운반차들과 용품이 주변을 에워싸고 있어서, 큰 맘 먹고 밖으로 나온 몇몇 여행객은 달리 트랙과 조명 장치, 케이블을 밟고 가야 했다. 야외 촬영 제작진은 내가 질색하는 부류 중 하나였다. 말단 스태프(내 딴에는 제2조감독쯤 된다고 착각했다. 내가 가장 가까이에서 감독을 보조한 일은 그에게 소시지 샌드위치를 가져다주는 일이었다)로 여러 촬영팀에서 일한 바 있는 나는 '민간인들'(저들이 우리를 부르는 이름)을 가볍게 무시하는 저들의 태도를 너무 잘 알고 있다. 나이절 하버스가 도로를 건너는 결정적인 장면을 카메라에 담아내는 일이 다른 무엇보다 우선시된다. 그것 때문에 인버네스에 교통 체증이 일어나든, 유모차를 끄는 어머니들이 4차로 고속도로를 건너야 하든, 생명을 살리는 장기 수송차가 늦어지든 괘념치 않으며 그 영화가 얼마나 변변찮고 쓰레기 같은지는 중요하지 않다. 「더 빌The Bill」이라는 드라마에서 잠시 일한 적이 있어 잘 알고 하는 말이다. 나는 '더 빌'이 새겨진 야구모자에 담긴 모든 권력을 이용해 정기적으로 교통을 방해하며 도로 보수원들에게 작업을 중지하라고 따지고 아무 죄 없는 구경꾼들에게 비키라고 했다. 그럴 권한이 쥐뿔도 없으면서.

이 제작진은 차보다 조금 넓은 보행로를 따라 시트로앵 2CV를 모는 장면을 촬영 중이었다. 알고 보니 캐나다에서 온 촬영팀이었고 1970년대 전설의 활강 스키 선수들에 대한 텔레비전 영화 「크레이지 커넉스The Crazy Canucks」를 찍고 있었다. 텔레비전을 보거든 그 영화가 아닌지 잘 살펴보시라!

3장

피렌체

Firenze

입안에 자허토르테를 우겨넣은 후 나는 설인 같은 몰골로 가공할 눈보라를 뚫고 자동차로 되돌아갔다. 이탈리아 국경 쪽으로 나아가자 음악의 정령이 지시라도 하는 듯 라디오 채널이 자동으로 종말을 떠올리게 하는 선율에 맞춰졌다. 닉 케이브와 톰 웨이츠의 노래가 한 시간 넘게 연달아 나왔다.

슬프게도, 내가 이탈리아에 도착했다는 징조는 낮 시간대에 나올 법하지 않은 곡들이 차츰 줄어들고 그 자리를 말 많은 디제이가 대신하면서 나타났다. 목소리는 딱 테리 워건이었지만 이탈리아어로 말했다. 오스트리아를 벗어났다는 두 번째 징조는 수녀들을 잔뜩 실은 란차 한 대가 고속도로에서 내 앞으로 불쑥 끼어드는 바람에 방향을 획 틀어야 했을 때 감지했다.

이탈리아에서는 늘 있는 일이지만, 도로가 다원식 아케이드 게임판으로 변신해 플레이어들이 질주하거나 죽거나 둘 중 하나였다. 적어도 트렌티노에서는 눈발이 잦아들었고 대신 노아의 대홍수를 보는 듯했다.

"이탈리아를 떠나온 지 6년이 흘렀는데, 지금 다시 이곳에 왔다."『시인의 바자르』에서 안데르센은 생애 두 번째로 알프스산맥을 횡단하며 이렇게 쓴다. 그런데 그때도 그를 맞이한 것은 억

수 같은 비였다. "나는 이탈리아 땅을 밟고 처음 눈에 띄는 술집에서 환영의 잔을 비우기로 마음먹었지만, 안내원이 자는 바람에 승합마차는 첫 번째, 두 번째, 세 번째 술집까지 그냥 지나쳤다." 나중에 알고 보니 그 안내원이 나폴리에 도착할 때까지 쭉 잤더라면 더 좋았을 뻔했다.

안데르센의 두 번째 이탈리아 방문은 힘든 여정이었다. 어떤 휴가지든 두 번째 방문에도 좋기는 어려운 법인데(마게이트*는 예외다. 기대치만 낮추면 언제 가도 환상적이다), 안데르센이 1840년 이탈리아에 도착했을 때가 딱 그랬다. 이번 이탈리아 여행에서는 날씨부터 건강, 재정 상태와 작가로서의 운, 심지어 동승객들까지 모든 것이 기분을 망쳤다.

이와 대조적으로 안데르센은 1833~1834년 겨울의 이탈리아 첫 방문을 언제나 복숭아빛 렌즈를 통해 회상했다. 당시 그는 다음과 같이 썼다. "프랑스가 이성의 나라라면 이탈리아는 상상력의 나라다. (…) 이곳에는 우리가 바라는 모든 것이 하나의 풍경에 담겨 있다. (…) 모든 것이 그림 같다." 이 첫 방문은 그야말로 영적 각성이었고, 그는 "마치 내 눈앞에서 눈이 스르르 녹고 새로운 예술의 세계가 펼쳐치는 것 같았다"라고 썼다. 그는 이탈리아에 홀딱 빠져들었다. (대부분 처음 보는 것이었던) 르네상스 예술, 태양, 그곳만의 혼동과 활기, 심지어 여자들까지. "이곳에는 아름다운 여인들도 있다네." 그는 한 친구에게 전했다.

• 남아프리카 공화국 동부, 콰줄루나탈주 남부의 해안 휴양지.

하지만 눈 덮인 알프스를 두 번째 횡단할 때 그의 기분은 침울했다. 마차에 동승한 베커 교수라는 사람은 쉴 새 없이 떠들었고(게다가 비용도 자신보다 적게 냈다), 첫날 밤을 보낸 베로나의 호텔 방은 춥고 별 특징이 없었으며, 만토바에서는 여권을 잃어버릴까봐 걱정되었던 데다 방 값이 18츠반치거*라는 사실에 '풀이 죽고' 적잖은 피해망상에 시달렸다. "회랑을 걷는데 왠지 낯설었고 사람들이 날 모르거나 내게 불쾌감을 드러낼 것 같았다." 그날 밤 그가 적은 일기였다.

베로나에서 아침을 맞은 그는 성당, 성, 새롭게 복원된 로마 원형경기장 등 관광 명소를 샅샅이 훑었다. 오늘날 이 원형경기장은 세월에 닳고 닳은 부석으로 만든 것처럼 보이지만, 음향 효과는 여전히 훌륭해서 저쪽에서 칭얼거리다시피 하는 영국인 아이의 불평 소리가 들릴 정도였다("우리 언제 가요? 아이스크림은 언제 먹어요? 네, 제발요"). 불빛이 어둑하고 건물이 허름해서 오히려 좋았다. 이 관광지가 스칸디나비아에 있었다면 그 원형이 거의 남아 있지 않을 때까지 복원되어 금빛 목재 판을 끼우고 대화형 관광안내소가 빼곡하게 들어찼을 것이다. 하지만 이곳에서는 판자로 대충 막아두고 최근에 폭동이라도 일어난 양 철책 부분이 아무렇게나 누워 있었으며 외벽 대부분이 신발 광고로 가려져 있었다.

거기서부터 나는 중세 거리를 따라 베로나에서 가장 인기 있

---

* 옛 독일과 오스트리아에서 사용되던 은화.

는 관광 명소인 줄리엣의 집Casa di Giulietta과 줄리엣이 서서 "어찌하여 당신은 로미오인가요?"라고 묻던 그 유명한 발코니까지 걸어갔다. 흔히 있는 일이듯, 이 이야기는 사실이 아니었다.

물론 16세기에 원수지간이었던 몬테키 가문과 카풀레티 가문 사이에 연인이 있었다는 이야기는 사실상 알려진 바가 없다. 하지만 베로나 사람들은 이에 아랑곳하지 않고 로미오와 줄리엣 이야기를 철석같이 믿는 관광객들을 이 특별한 명소로 안내하기에 여념이 없다. 그래도 줄리엣의 집에는 한 가지 눈에 띄는 특징이 있는데, 안뜰의 벽뿐만 아니라 안뜰과 바깥 거리를 연결하는 아치 천장형 복도의 돌벽도 사랑의 메시지로 도배되어 있다는 것이다. 사랑을 염원하는 종이 쪽지들이 사람 키를 훨씬 넘는 높이까지 껌으로 붙어 있는데, 마치 100만 개의 면도칼 상처에 휴지를 쑤셔놓은 것 같다. 메시지를 조금 읽어봤는데, '데이비드 켐프와 소피 헌트, 2003년 3월 23일 첫 휴가를 함께 보냄, 항상 사랑해 X' '밥과 아넷, 마음을 나누다, 1999년 7월' '사랑해요, 저스틴 팀버레이크' 등등 대부분 일상적인 이야기였지만 이상하게 감동적이었다.

안으로 들어가니 가상의 인물이 살던 가상의 집답게 '줄리엣의 책상'을 빼고는 전시품이랄 것이 크게 없었다. 이 책상은 '관광객이 컴퓨터 기술을 통해 셰익스피어의 여주인공과 대화를 나눌 수 있도록 줄리엣의 집에 맞게 특별 설계된' 쌍방향 디스플레이였는데, 고장난 상태였다. 관광객은 가짜 발코니에 서보는 체험도 할 수 있는데, 그러고 나면 여지없이 웃음이 터진다.

나는 안데르센이 줄리엣의 집을 보고 그린 그림의 사본을 움켜쥐고 다시 밖으로 나갔다. 이상하게도 지금의 카풀레티 저택은 그의 그림과 관련된 부분이 하나도 없었다. 두어 시간 동안 도심부를 돌아다니며 점점 너덜너덜해지는 A4 종이를 들고 눈앞에 나타나는 모든 건물 옆에 대봤지만 닮은 건물이 전혀 보이지 않았다. 문득 내 손에 든 것이 줄리엣의 집의 실제 모델을 찾을 완전히 새로운 증거일지도 모르겠다는 생각이 들었다. 시장에게 이 사실을 이야기하면 내 몸무게만큼의 피스타치오 아이스크림을 받을지도 몰랐다. 나는 이 일련의 사건에 시동을 걸기 위해 관광청을 찾으려고 애썼지만, 이보다 훨씬 더 적합한 곳을 찾아냈다. 바로 역사지구Centro Storico였다.

역사지구의 사서들에게 한동안 말도 안 되는 설명을 늘어놓으며 열띤 토론을 한 끝에 그들은 안데르센이 그린 건물을 아는 사람이 아무도 없음을 인정했다. 한 사서는 헛되이 인터넷 검색을 시작했고, 또 다른 사서는 전화기를 들었다가 아무데도 전화할 곳이 없음을 깨닫고는 조용히 내려놓았다. 결국 여자 직원 한 명이 동료들의 기대를 저버리고 솔직하게 고백했다. "그건 진짜가 아니에요. 지은 지 40년 된 거예요."

이런 상황에서 할 수 있는 일은 단 하나, 점심을 먹는 것이다. 골목에 있는 한 트라토리아trattoria*에 온 나는 불가해한 다양한 메뉴 옵션을 두고 머뭇거렸다. 결국 주문해서 나온 음식은 유난

---

* 간단한 음식을 제공하는 이탈리아 식당.

히 두꺼운 스파게티 면 위에 기름지고 강한 허브로 조미한 다진 말고기를 올린 요리였다. 말고기를 맛본 적이 한 번도 없었는데, 실제로 말 같은 맛(약간 눅눅한 소고기 맛이다)이 난다는 것을 알고 이상하게 흡족했다. 생각만큼 맛있지는 않지만, 그래도 내 테이블 옆에서 로베르토 베니니*를 닮은 남자가 게걸스럽게 먹어 치우던 감자튀김 토핑 피자(현지 별미)보다는 먹음직스러웠다.

여기서 걸어서 베로나 대성당에 갔는데, 맨 처음으로 내가 입고 있는 바지를 신경 쓰게 된 곳이었다.

이 바지로 말할 것 같으면 특별히 이번 여행을 위해 구매한 것으로 당시에는 의도치 않게 아주 저렴하게 샀다고 생각했다. 옷가게에 내 사이즈가 없었고, 외국에 나가면 케이크점을 그냥 지나치는 법이 없는 자신을 생각해 너무 작은 사이즈보다는 큰 사이즈를 사는 편이 안전하겠다고 생각했다. 게다가 약간 헐렁한 핏(당시 생각으로는 '스트리트' 패션)인 데다 굉장히 질긴 코르덴 옷감으로 만든 바지였다. '좋은데. 남성용 코르덴 바지는 가랑이 바로 밑 천조각이 당황스러울 만큼 부드러워서 수명이 확 줄어드는데 이건 꽤 오래 입을 수 있겠어.' 나는 속으로 생각했다. 무엇보다 호주머니가 자그마치 열 개나 되었다.

이번 여정, 특히 이탈리아 여행에서 틀림없이 만나게 될 소매치기들이 호주머니가 너무 많은 데 당황한 나머지 내 물건에 손대지 않고 인파 속으로 놀라 도망칠 것이라는 것도 구매 결정에

---

* 이탈리아의 영화배우.

도움을 주었다. 또한 중증 신경증 환자였던 안데르센처럼 여행 내내 재킷 안감에 돈을 꿰매넣을 필요도 없었다. 하지만 단점도 있다는 것을 나중에 깨달았는데, 불상사가 생길 경우 경찰이 (신경증적 증상이 아닌 순전히 상식적인 예방 차원에서 오른 발목 쪽 호주머니에 보관해놓은) 여권을 찾느라 내 시신이 몇 달째 신원 미확인 상태로 방치될 수 있다는 점이었다. 이 바지를 사왔을 때 리센은 내가 말한 수많은 이점 때문에 오히려 생선가게의 쓰레기통으로 몰려가는 떠돌이 고양이들처럼 좀도둑들을 유인할 수도 있다는 유익한 지적을 해주었다. 나중에야 나는 상점 주인들이 가끔씩 보내는 의심의 눈길이 어디서 기인했는지 분명히 깨달았다. 물건을 훔칠 생각이라면 이 바지만큼 완벽한 수단도 없었던 것이다.

이리하여 나는 베로나 대성당 문이 내 뒤에서 쿵 하고 닫히고 내가 미사 중간에 들어온 것을 깨닫기 훨씬 전부터 이 바지를 산 것을 후회하고 있었다. 그때, 성찬식의 침묵 속에서 성당 안을 가로질러 가는데 이 질기고 질긴 코르덴 바지가 진가를 발휘했다. 양 허벅지의 천이 서로 마찰하면서 빨래판에 골무 긁는 소리가 나는 것이었다. 나는 걸어다니는 1인 스키플* 그룹이었고, 이 합주에는 젖은 운동화의 끼익 소리까지 합세했다.

다행히 신도 중 절반만이 고개를 돌려 악기 의상을 입은 흠뻑 젖은 이 불쌍한 배낭여행객을 노려봤지만, 꼴사납고 몰상식한

● 1950년대 후반에 유행한 재즈와 포크가 섞인 음악.

최악의 관광객, 즉 헨리 제임스가 이름 붙인 '무리 지어 걷는 야만인'이 된 기분을 느끼기에는 충분했다. 나는 허벅지 마찰을 최소화해볼 요량으로 존 웨인처럼 오다리로 걸으며 천천히 빠져나왔다.

차로 돌아온 나는 당혹감을 달래기 위해 페이스트리가 들어있는 가방을 열고 리코타치즈가 가득 든 호화로운 카놀리,* 진한 황금빛 커스터드타르트, 잔뜩 부풀어오른 크루아상을 먹어치웠다. 만찬을 끝낸 후 빵 조각과 설탕 가루, 초콜릿 칩을 잔뜩 묻힌 채 테리 워건의 라디오 방송을 들으며 편히 앉아 있는데, 꼭 미스터키플링** 패거리에게 실컷 능욕당한 듯한 기분이 들었다.

베로나를 벗어나자 나는 곧바로 길을 잃었다. 한 시간 동안 기어를 1단에 놓은 채 올리브나무 숲과 점점 굵어지는 눈발을 뚫고 가파른 급커브길을 구불구불 올라갔지만 갔던 길을 되돌아온 것을 알고는 어찌할 바를 몰랐다. 이 말인즉슨, 안데르센이 거쳐갔던 만토바와 모데나, 볼로냐 방문을 모두 생략할 수도 있다는 이야기였다. 실제로 모데나는 완전히 건너뛰었다. 안데르센도 동트기 전 이곳에 들러 커피만 마셨을 뿐이며 이곳이 "사람이 살지 않는 완전히 죽은 도시"라고 공언했는데 그 시간대를 볼 때 그리 놀라운 이야기는 아니다. 볼로냐에서는 하룻밤을 묵었지만, 배불리 저녁을 먹고 집으로 편지를 쓴 것 외에는 특별한 일을 했던 것 같지 않다. 그런데도 힘들게 볼로냐 도심부까지 들

●귤·초콜릿과 달콤한 치즈 등을 파이 껍질로 싸서 튀긴 것.
●●영국의 케이크 및 파이 브랜드.

어간 나는 차를 주차하고 관광안내소까지 걸어가, 자가용은 도심 출입이 제한되며 내가 실제로 차를 두고 온 곳은 경찰서 밖임을 알게 되었다.

심상치 않은 가슴의 통증과 싸우며 뛰어가 보니 여자 주차단속원 두 명이 갓 침을 묻힌 볼펜으로 내 재정에 큰 손실을 입힐 청구서를 발행할 태세를 취하고 있었다. 나는 짐짓 자비를 구걸하듯 두 사람 앞에 넙죽 엎드리고는 가까스로 진짜 눈물을 그렁거리며 선처가 내려지길 바랐다(하늘에 맹세컨대 이 아이러니한 행동은 갑자기 떠오른 것이었다). 단속원들의 표정은 변함없었다. 나중에 생각해보니 내가 분신을 하거나 바지를 집어먹어도 모자랄 만큼 이탈리아 남자들은 과장된 제스처의 달인들이었으므로 두 사람이 딱지를 끊지 못하게 방해할 방법은 없었을 것이다.

벌금 부과도 그리 기분 좋은 일은 아니었지만, 안데르센이 이곳에서 느낀 바에 비하면 내 기분은 아무것도 아니었다. 그날 밤, 산허리에 위치한 로야노라는 도시(피렌체로 가는 길에 다음으로 들른 곳)에서 숙소에 앉아 펜을 끼적일 때 그의 외로움은 분명하게 드러난다. "여기까지 전해지는 산골짜기의 고독. 이것은 비애감 같은 게 아닐 것이다. 그보다는 정적이라고 하는 편이 맞을 것이다. (…) [나는] 덴마크의 내 작은 방에 홀로 있는 것이 더는 외롭지 않겠다고 느꼈다. 고향에 집이 있는 자는 향수병을 느낄 수 있지만, 그렇지 않은 사람은 어디에 있든 자신이 집에 있다고 느낀다."

외로움을 잊으려 애쓰는 사람을 나무랄 수는 없는 법이다. 사실 그는 종종 '여행병'(즉, 여행 충동)에 시달린다고 주장했지만, 우리만큼이나 향수병에 취약했다. 로야노에 머물기 몇 주 전 뮌헨에서는 요나스 콜린에게 향수병 비슷한 것에 대해 토로하는 편지를 보냈다. "제게 '집' 하면 떠오르는 곳은 선생님 댁뿐입니다. 그 집은 저를 향수병에 젖게 하는 유일한 곳이며, 그곳이 아니라면 덴마크를 다시 보고 싶은 마음도 없습니다."

『시인의 바자르』에 적힌 설명에 따르면 안데르센이 로야노에서 밤을 보낸 여관에는 '브론테'스러운 어두운 비밀이 숨어 있다. 그는 두 개의 음이 계속해서 반복되는 플루트 소리를 듣고 그 소리를 따라 방의 작은 문을 나와 좁은 복도를 따라간다. 어떤 문에 이르자 그 문이 획 열리고 반 벌거숭이 상태의 긴 백발 노인이 보인다. 나중에 알고 보니 그 늙은이는 주인장의 미친 삼촌이다. "노인이 죽으면 이 집 식구들은 밤의 정적 속에서 내가 지금 실제로 들은 이 소리를 귀신 소리라고 생각할 것이다." 안데르센은 거들먹거리며 이렇게 썼다. 그런데 그의 일기에는 그날 밤이 아무 일 없이 지나갔다고 적혀 있다. 아마도 콘라드 란차우 백작의 정신이상자 형에게 영감을 받아 이런 이야기를 지어낸 것은 아닌지 의심스럽다.

몇 시간 뒤 피렌체가 가까워지자 빛 한 줄기가 눈앞에 나타났다. 기운을 차린 나는 강렬한 살굿빛 저녁놀에 휩싸인 올리브나무 숲 틈으로 도시의 모습이 보일 듯 말 듯 하자 이내 기분이 날아갈 듯 좋아졌다. 피렌체 북쪽에는 지저분한 교외도 없어서 이 황홀한 도시에 온 기쁨을 앗아갈 일도 없다. 그런데 내 형편없는 방향감각이 그 어려운 일을 해냈다.

나는 렌터카를 반납했다. 아주 간단하지 않은가? 하지만 사실 아무 악의 없는 이 말에는 성인이 된 후 가장 힘들었던 경험이 담겨 있다. 아마 그로부터 한 시간 반 동안 점점 짜증이 섞여가는 내 전화를 참을성 있게, 하지만 무력하게 처리했던 렌터카 사무소의 딱한 여자에게도 유쾌한 시간은 아니었을 것이다.

처음에는 모든 것이 순조로웠다. 도심부를 빙빙 돌며 여러 번 차 반납 장소에 근접하기도 했다. 하지만 그러다가도 어느새 도심에서 휩쓸려 나와 러시아워 차량 행렬에 끼여 공항으로 향하고 있었다. 피렌체 도심은 일방통행로의 연속이라서 도로를 따라가다보면 어느새 방향이 바뀌어 있었다.

렌터카 사무소가 문을 닫기 4분 전(이때를 놓치면 하루 치 비용이 더 발생한다), 나는 진지하게 그냥 다 포기하고 이 망할 차를 길가에 버려두고 올까 생각했는데, 다섯 번째 통화를 하던 그때(렌터카 사무소 직원에게 서로 얼굴을 볼 때까지 전화를 끊지 말아달라고 우겼다) 순전히 요행으로 사무소 앞에 기진맥진한 채 도착했다. 눈물겹도록 감사하면서도 엄청나게 굴욕적이었다.

피렌체는 곧 내 기운을 북돋아주었다. 지난 며칠 동안 궁전과 광장, 성당, 고대 경기장이라면 실컷 봤는데도 이 도시의 아름다움은 어디를 가나 내 말문을 막히게 했다. 복숭아빛, 상아빛, 에메랄드빛, 흑단빛 보석 상자 같은 두오모부터 산 조반니 세례당의 전설적인 청동 문과 베키오 다리까지, 피렌체에는 찬란한 건축물이 무수하며 그 하나하나는 사실상 세계 어느 도시에서든 대표적인 관광지가 되었을 것이다.

피렌체를 처음 찾은 안데르센도 르네상스 예술에 눈을 뜨게 해준 이 도시를 사랑했다. 1840년 피렌체에서 보낸 사흘 밤은 그가 피렌체에서 비교적 잘 알려지지 않았지만 여느 것 못지않은 카리스마를 자랑하는 조각상에 대해 쓴 이야기로 가장 잘 기억된다. 「청동 멧돼지상」이라는 이 이야기는 꽤 유용한 피렌체 관광 안내서가 될 수 있도록 안데르센이 교묘하게 지어낸 쾌활한 악당 소설이다. 『시인의 바자르』의 피렌체 장으로 처음 소개되어, 현재 이 책의 하이라이트 중 하나를 이루고 있다.

이야기의 주인공은 "반나체의 미소년으로 (…) 무척 예쁘고 명랑하면서도 역경의 시간을 보내는 이탈리아의 이미지를 대변한다". 소년은 어느 날 밖에서 구걸을 하던 중 야생 멧돼지 형상으로 만든 청동 분수의 주둥이에서 흘러나오는 물을 마신다. 그러자 멧돼지가 잠에서 깨어나더니(멧돼지는 티없이 맑은 아이가 등에 타야만 살아 움직일 수 있다), 소년을 태우고 피렌체 곳곳을 돌아다니며 투어를 한다. 이튿날 아침 소년이 매춘부인 어머니에게 빈손으로 돌아가자 어머니가 가마솥으로 공격을 한다. 도망쳐 나온 소년은 장갑 장수의 아내에게 입양되고 이웃에 사는 젊은 화가의 격려로 그림을 그리기 시작한다. 그림 소재 중 하나는 장갑 장수의 아내가 키우는 작은 개인데, 소년은 개가 움직이지 못하도록 두 다리를 묶는다. 이 모습을 본 개의 주인은 소년을 다시 길바닥에 내다 버리려고 하는데, 그때 젊은 화가가 소년을 돌보겠다고 나선다. 이 이야기는 안데르센이 1834년에 방문했다고 주장하는 미술원Acadamia della Arte의 한 전시회에서 끝나는데(하지만 당시 그의 일기에는 이 방문에 대한 언급이 없다), 그곳에서 그는 마침내 훌륭한 화가가 된 소년의 그림 두 점을 발견한다. 한 점은 그 개를 모델로 한 그림이고, 또 한 점은 청동 멧돼지상을 그린 그림이다.

하지만 이야기는 해피엔딩이 아니다. 마지막 순간에 소년 화가는 안데르센이 스스로 자주 소원했던 일 중 하나를 성취하는데, 즉 예술적 성취가 절정에 달했을 때 죽는 것이다. 주인공의 죽음은 1832년 이탈리아 비첸차에서 스물여덟의 나이에 세상을 떠난 오덴세 출신의 화가 빌헬름 벤츠에게 영감을 받은 것으로 여겨진다.

참으로 감명 깊은 그림으로 커다란 금장 액자에 담겨 있고 액자 모서리에 월계관이 걸려 있었지만, 초록빛 잎사귀 사이에 검은 리본이 비비 꼬여 있고 거기서부터 긴 크레이프 베일이 휘늘어지고 있었다.

그때 젊은 화가가 눈을 감았다!

야생 멧돼지상은 오늘날까지도 시뇨리아 광장 근처에 자리 잡은 메르카토누오보(신시장)의 로지아° 바로 아래쪽에 서 있다. 이 멧돼지상은 코를 만지고, 아래에 있는 쇠살대 틈으로 동전을 던지면(이 돈은 어린이 자선사업에 쓰인다) 피렌체에 다시 돌아오게 된다는 속설이 전해지는 행운의 마스코트다. 현지 사람들 또한 안데르센의 이 조각상을 사랑해 이를 기리기 위해 '일 포르첼리노il Porcellino', 즉 새끼 돼지라는 별명을 붙였다.

적어도 나는 그것이 안데르센의 조각상이라고 추측했지만, 피렌체의 미술품들을 파고들자 국제 미술과 마약 거래의 어두운 세계에서 펼쳐지는 음모와 사기, 수수께끼의 믿기지 않는 이야기가 펼쳐지기 시작했다.

좋다, 솔직히 고백하자면 이야기를 좀더 그럴듯하게 꾸미려고 한 것은 사실이지만(이를테면 마약 거래 부분은 순 거짓말이다), 나는 이 청동 멧돼지, 아니 더 정확히 말하면 멧돼지들에 얽힌 진실을 밝혀낸 최초의 안데르센 팬이 된 것이 여전히 자랑스럽다.

이 이야기를 안데르센이 의도한 대로 일종의 피렌체 안내서로 보고 일일 관광에 활용하기로 한 나는 물기를 머금은 이른 아침 햇살을 받으며 호텔을 나섰다. 내가 머문 호텔은 이탈리아 작곡가 조아키노 로시니가 1851년부터 1855년까지 살았던 저택으로, 안데르센이 훗날 1866년 파리에서 로시니를 만나 '다소 추잡한' 사람이라고 표현하며 그의 콘서트 초청을 거절한 사연이 있어서 선택한 곳이었다. 호텔에서 나온 나는 이야기의 주인공인 소년이 저녁 모험을 시작하는 피티 궁전의 정원으로 향했다.

도시는 하루를 맞이하기 위해 분주히 움직이고 있었다. 생선

● 한쪽에 벽이 없는 이탈리아 건축 특유의 공간.

가게에서는 빛에 일렁이는 재고품을 진열했고 청과물 가게에서는 중력을 거스르는 피라미드 모양으로 오렌지를 정리하고 있었다. (이탈리아 도시치고 독특하게도) 교통이 원활한 편이지만 피렌체 중심부는 여전히 끔찍할 정도로 시끄럽다. 정도의 차이는 있을지 몰라도 이따금씩 발전기가 돌아가는 소리, 자전거 벨 소리, 망치로 돌을 두드리는 소리, 톱으로 나무를 자르는 소리, 털이 덥수룩한 장인들이 만들어내는 다른 잡다한 쿵쾅 소리가 안데르센이 방문했던 당시에도 배경 음악이 되었을 것이다. 빵 굽는 냄새, 갓 내린 커피 향과 가죽 냄새(1840년처럼 가죽 제조는 여전히 이곳의 주요 산업이다) 등 냄새도 별반 다르지 않다.

좁은 골목길에서 나는 등교하는 아이들의 긴 행렬에 완전히 둘러싸였고, 얼마 지나지 않아 다시 폭우가 내리기 시작했다. 나는 벽에 바짝 붙어 걸었지만, 곧 줄줄이 이어진 낡은 배수관, 물이 뚝뚝 떨어지는 발코니와 마주쳤고, 다른 행인들은 하나같이 우산으로 물을 쏟아내며 나를 쫄딱 적셨다. 꼭 「사랑은 비를 타고」 패러디 극에 등장하는 코미디언 에릭 모어컴이 된 기분이었다.

그때는 피티 궁전이 내 '진짜' 돼지 사냥에 중추적인 역할을 하게 되리라는 것을 알지 못했기 때문에 잠시나마 고인돌 가족에 나올 법한 기념비적 건축물에 감탄하며 공룡을 묶어두는 데 썼을 법한 거대한 쇠고리가 벽마다 걸려 있는 모습을 실컷 구경한 후 베키오 다리로 발걸음을 옮겼다.

다리 바로 앞에는 안데르센의 이야기와 같은 시대를 풍미했을 만큼 오래되어 보이는 건물에 장갑 가게가 들어서 있었는데, 그에게 영감을 준 그 장갑 가게일지도 모를 일이었다. 가게 주인은 알고 보니 영국인 여자였다. 나는 그녀에게 이곳이 언제부터 장갑 가게였는지 물었다. "아, 계속 장갑 가게였어요." 그녀의 대답을 들은 나는 흥분했다. "음, 1966년부터 계속이요." 1966년이라면 당시 잉글랜드 월드컵 우승의 주역인 보비 찰턴 경의 가족에게는 기념비적인 해일지 모르나, 슬프게도 아주 오래전이라고 하기는 좀 어려울 것 같다.

1840년 12월처럼 아르노강은 물이 불어나 빠르게 흐르고 있어서, 펄펄 끓는 차처럼 보였다. 나는 안데르센이 걸어간 방향대로 메르카토 누오보 광장으로 갔다. 노점상들은 장사 준비를 마치고 입을 벌린 채, 그날의 관광객 플랑크톤이 핸드백과 장갑, 짝퉁 베르사체 스카프에 달려들기를, 어느 낙천적인 노점상은 두툼한 회색 양곱창 덩어리에 달려들길 기다리고 있었다. 장갑은 요빌Yeovil에서 제작된 것이었다. 나는 장갑 부분은 포기했다.

안데르센은 처음 그 조각상을 봤을 때 자신의 일기에 지나가는 말로 다음과 같이 언급했다. "금속으로 만든 생동감 넘치는 야생 돼지로, 입에서 물이 흘러나와 사람들이 물을 마시려고 하면 마치 돼지와 입 맞추는 것 같은 재미있는 모습이 연출되고, 주둥이와 양쪽 귀는 완전히 닳아 있다(1834년 4월 7일)". 이 조각상은 오늘날에도 시장 남쪽에 서 있으며, 실물 크기의 비스듬히 앉은 자세로 주조되어 로마 황제처럼 위풍당당하고 멋스러운 짐승이다. 돼지가 벌떡 일어나 도시를 휘젓고 다니는 모습이 그려질 것 같았다.

물이 흐른다기보다는 뚝뚝 떨어지는 주둥이는 수많은 방문객의 손에 광이 날 정도로 문질러진 상태였으며, 이번에는 속상하게도 에어로졸로 뿌린 가짜 눈으로 덮여 있었다(나는 소매로 가짜 눈을 닦아냈다). 조각상 기단 주변에는 개구리와 게, 도롱뇽, 달팽이, 거북이, 뱀이 역시나 청동으로 주조되어 있었다.

『시인의 바자르』 최신판에 붙은 각주에 따르면 이 조각상의 원작은 우피치 미술관에 있는데, 운 좋게도 이곳은 안데르센의 동화가 우리를 다음으로 안내하는 곳이기도 하다.

소년과 멧돼지는 오늘날 시뇨리아 광장인 그란두카 광장을 거쳐 세계 유수의 르네상스 미술 컬렉션에 도착한다. "공작의 조각상을 떠받치고 있는 청동 말이 힝힝 울었고, 오래된 의회 홀을 채운 여러 종류의 팔들이 투명한 그림처럼 빛났으며, 미켈란젤로의 '다비드상'이 새총을 획 당겼다. 그것은 살아 움직이는 이상한 생명체였다! '페르세우스'와 '사비니 여인들의 납치'를 비롯한 청동 조각들도 살아 있었다. 이들이 내지르는 죽음의 비명이 그 장엄하고 고독한 장소를 흘러갔다." 안데르센은 『시인의 바자르』에 이렇게 썼다. 매일 아침 흔히 있는 일인데, 우피치 미술관 밖에선 일본인 관광객들이 긴 줄을 이루고 있었다. 독자들이여, 내가 그 속으로 뛰어들었다.

멧돼지가 소년을 태우고 계단을 올라(우피치 미술관은 이런 목적으로라도 돼지 떼를 고용하는 것이 어떨까 싶다. 계단을 오르는 게 등산하는 기분이니까) 향한 곳에는 "아름다운 나체의 여인이 있었다. 자연만큼 아름다웠고 대리석 조각의 거장 중 거장만이 그런 여인을 만들 수 있었다. 여인은 고운 팔다리를 움직였다. 여인의 발 주변에서는 돌고래가 뛰놀았고 눈에서는 불멸이 빛났다." 바로 '메디치의 비너스'다. 안데르센은 피렌체를 처음 여행하는 동안 자주 우피치 미술관을 방문했고 하루는 180년 전 하드리아누스 황제의 별장인 빌라 아드리아나의 폐허에서 발굴된 이 상징적인 조각상을 꼬박 한 시간 넘게 넋을 잃고 바라보았다(논점 회피의 오류를 범하자면, 애초에 이런 유물이 어떻게 땅에 묻히게 됐을까?). 내가 그랬듯 비너스 앞에 단 몇 분이라도 앉아 있어보라. 분명 더러운 부랑자라도 되는 것처럼 양 팔꿈치를 붙들린 채 다른 평범한 관람객들과 함께 트리부나(비너스가 전시된 팔각형 방)의 바깥 가장자리를 따라 인도될 것이다.

동화에서도 언급되듯이, 지금도 비너스 옆에는 '나체의 건장한 남자' 아로티노Arrotino(칼 가는 남자)와 서로 힘을 겨루는 검투사들이 나란히 전시되어 있다. 보건안전기관에서 시찰이라도 나오면 알몸 상태로 칼을 가는 것부터 칼을 갈면서 딴 곳을 보고 있는 것까지(내가 볼 때는 굉장히 무모해 보인다) 신나게 까댈 일 투성이다.

나는 원작인 로마의 '새끼 돼지상'을 찾아냈다. 돼지상은 대리석으로 만들어졌고 제3복도 끝에 처박힌 채 잊히고 있었다. 화장실 옆, 비참할 만큼 관리를 못 받은 남자 조각상 무리 뒤에 배치되어 있었고, 실제로 앞서 보았던 청동 복제판보다도 약간 수준이 떨어졌다.

다시 동화로 돌아가서, 청동 멧돼지는 여전히 소년을 등에 매단 채 산타 크로체 성당으로 날아간다. 여기서 소년은 미켈란젤로, 비토리오 알피에리,[*] 마키아벨리, 단테의 기념비를 구경한다. 바깥 광장에 세워진 몹시 화난 듯 보이는 단테와, 역시나 화난 표정이지만 동시에 약간 나긋나긋한 네 마리 사자 조각상을 지나 성당 안으로 들어가니, 정말로 이야기에 묘사된 것처럼 갈릴레오의 무덤과 함께 그 기념비들이 있었다. 일기에 따르면 안데르센은 6년 앞서 이 갈릴레오의 무덤 앞에서 무릎을 꿇었다고 한다. 소년이 이 시점에 의식을 잃고 다시 깨어났을 때는 비행이 시작된 시장 광장에 있었고 멧돼지도 다시 조각상이 되어 있었다.

전에는 이 이야기가 아동기에서 청소년기로 넘어가는 과정을 묘사한 것으로 해석되었다. 멧돼지의 주둥이에서 흘러나오는 물을 마시는 행위는 일종의 동정의 상실 또는 적어도 성에 대한 자각을 의미했다. 한 평론가는 한발 더 나아가 '페르세우스'와 '사비니 여인들의 납치'에 대한 안데르센의 언급이 자신의 성 정체성과의 싸움에 대한 잠재의식적인, 어쩌면 고의적이기까지 한 언급이라고 생각했으며, 프로이트학파는 여러 층계참의 계단이 등장하는 것을 성행위의 상징으로 해석한다. 안데르센의 단편 소설에서 흔히 있는 일이듯, 이야기의 단순성과 작가의 삶에 대한 우리의 해박한 지식은 이런 식의 해석을 자초하는 경향이 있지만, 적어도 내게 이 동화는 도시 안내서 대용품으로서 충분한 역할을 했다고 할 수 있다.

● 이탈리아의 극작가 · 시인(1749~1803).

그러나 멧돼지가 안내하는 내 여정은 여기서 끝나지 않았다. 이튿날 오후, 나는 안데르센의 눈길을 끌었던 다른 피렌체 걸작들을 찾아내기 위해 다시 피티 궁전을 찾았다. 그런데 갤러리를 나설 때 방금 전에 본 클레오파트라의 가슴골에 관한 그림(안데르센의 일기에 언급되어 있다) 생각에 몰두하느라 '살라 델레 니키에Sala delle Nicchie' 방에서 예사롭지 않은 무언가를 그냥 지나칠 뻔했다. 아차 싶어 다시 보니 또 다른 야생 멧돼지상이었다. 내가 피렌체에서 세 번째로 보는 것이었고 역시나 청동으로 만들어져 있었다. 가까이 다가가자 주둥이가 몹시 닳아 거의 떨어져 나갈 것 같았고, 등 역시 아이들이 올라타 황금빛으로 반들반들 해져 있었다. 이 돼지가 오랫동안 바깥에 세워져 있었음에 틀림없다고 추론하는 데에는 나의 초보적인 문학 탐정 기술의 극히 일부분만을 사용하는 걸로 충분했다. 이것이 원본, 즉 안데르센이 일기에 묘사한 멧돼지이고 현재 메르카토 누오보에 서 있는 멧돼지상은 복제본인 것일까?

나는 더 자세히 알아보기 위해 미술관 행정실로 달려갔다. 행정 업무를 담당하는 남자는 처음에는 이 조각상에 대해 아무것도 알려줄 수 없다고 철벽을 치더니 이내 누군가를 부르듯 팔을 흔들었다. 그러자 작고 통통한 대머리 남자가 이 조각상의 전체 이력이 적힌 카탈로그를 들고 다가왔다. 알고 보니 코시모 메디치*가 1642년에 청동 전문 조각가 피에트로 타카(1577~1644)에게 원본,

* 이탈리아 르네상스 시대 피렌체 공화국의 은행가, 정치 지도자, 문화예술 후원자.

즉 방금 내가 본 작품을 의뢰했고, 이 조각가는 우피치 미술관의 멧돼지 석상을 모델로 삼은 것이었다. 하지만 이 석상 역시 그리스 원본, 다시 말해 그리스 신화에서 헤라클레스가 열두 노역 중 네 번째 노역으로 생포했던 에리만토스의 멧돼지를 대리석으로 복제한 로마의 작품이다. 현재 광장에 서 있는 세 번째 멧돼지상은 1999년에 주조된 것이고, 내가 방금 피티 궁전에서 감상한 원본은 무기한 보관을 위해 안으로 들여놓게 되었다.

코펜하겐 항구에 앉아 있는 초라한 인어공주상과 달리, 이 조각상은 안데르센이 단지 감상만 한 것이 아니라 자신의 동화와 독창적인 여행기를 쓸 영감의 원천으로 삼은 예술작품이었다. 이런 사실을 고려할 때 이것은 대대적인 발견이 아닐 수 없다고 느꼈다. 미술관 직원들에게 이 이야기를 하자 직원들이 곧장 이 조각상을 놓을 최고 영예의 자리를 찾기 시작했다. 내게는 때마침 개입해줘서 무척 고맙다며 미술관 위원회의 간부직을 제안했다. 아니지, 그저 어깨를 으쓱하며 문 쪽으로 의미심장한 눈짓을 했던가?

어쨌든 나는 이 뻔뻔한 셜록 홈스 놀이에 탄력을 받아, 이튿날 안데르센이 1840년 이 도시를 방문했을 때 묵었던 호텔을 추적하러 나섰다. 이 여행 중에 안데르센이 머무른 장소를 적어도 한 곳 이상 찾기로 결심한 나는 피렌체처럼 보존이 잘되어 있고 상세한 기록이 남아 있는 도시에서는 그것이 충분히 가능함을 직감했다.

지금 생각해보면 정신이상에 가까운 집착처럼 보일 뿐 아니라, 고백하건대 리센이 내 강박증을 알아차릴까봐 통화 중에 조금씩 거짓말을 하기 시작했지만, 그 무렵 안데르센은 나를 완전히 지배하고 있었다. 그가 머물렀던 정확한 장소를 찾아내고 그가 서 있던 자리에 서며 그가 보았던 것(그게 경관이든, 예술작품이든, 사회 형태든, 아니면 나중에 알고 보니 선인장류였든)을 감상함으로써 실제로 그에게 근접해가고 있다고 느꼈다.

안데르센과 가까워지고 싶은 마음도 분명해졌다. 코펜하겐에서 이 모든 것이 시작됐을 때 나는 안데르센의 동화와 『시인의 바자르』에는 재미를 느끼고 매혹되었지만, 작가에 대해서는 뭐랄까 자기 집착에 사로잡히고 지나치게 신경증적인 비호감 이미지, 다시 말해 자신의 명성에 완전히 사로잡힌 병적인 자아도취자의 이미지를 갖고 있었다. 만약 안데르센을 실제로 만났다면 무진장 짜증이 났을 것이라는 생각이 들었다. 그가 내 못난 구석의 일부를 비추는 거울 역할을 했기 때문에 특히 그랬다.

우선 그는 허영심이 엄청났다. 아무리 사소하더라도 대중의 인정보다 안데르센을 기쁘게 하는 것은 없었다. 일례로 그는 아직 소개도 받지 않은 사람들에게 다가가 이런 말을 하는 데 전혀 부끄러움을 느끼지 않았다. "신문에서 제 눈이 무척 사려 깊다고 하던데, 정말 그렇게 보이나요?" 안데르센은 경력이 날개를 펴기 시작했을 때 정치인이 여론조사를 검토하듯이 자신의 성공을 모니터링했고, 비판 하나하나를 생칼날처럼 느끼며 숨을 거둘 때까지 어린아이같이 칭찬을 갈구했다. "나는 상냥한 표정을 기대했는데 시큰둥한 얼굴을 마주하면 하루 종일 비참한 기분에 젖어들 수 있는 사람이었다." 언젠가 그는 이렇게 고백했다.

노르웨이 극작가 헨리크 입센은 말년에 안데르센을 방문한 일을 회상했다. 안데르센이 방에서 내려오지 않자 입센은 그를 보러 올라갔다. 어떻게 안데르센을 설득해 파티에 참석하게 했느냐는 질문을 받았을 때 그는 다음과 같이 말했다. "그분을 껴안고 무심하게 칭찬을 해줬습니다. 그러자 감동받고 나를 껴안더니 '그럼 자네도 나를 좋아하는 건가?'라고 묻더군요."(안데르센이 파티 참석을 꺼렸던 것은 젊은 라이벌 친구에 대한 질투심 때문이었을 수 있다. 입센의 첫 작품이 출판된 후 어느 날 안데르센은 저녁 식사 자리에서 그 작품을 읽어봤느냐는 질문을 받았다. 그러자 안데르센은 극도로 불쾌해하며 이렇게 답했다. "한스 크리스티안 안데르센이라는 덴마크 시인에 대해 들어보셨습니까, 부인?")

또한 그는 귀족들에게 알랑거리는 엄청난 속물이었고, 만년에는 왕족 중에 독자가 있다고 생각되면 주저하지 않고 유럽을 횡단했다. 그의 자서전은 비겁한 알랑거림으로 점철되어 있고, 이 백작 저 공작에 대한 과장된 찬사로 가득 차 있다. "프로이센의 왕녀를 여러 번 방문하는 행복을 누렸다. (…) 퓌클러 무스카우 왕자도 함께 있었다." "그럼에도 나는 이 도시를 떠나기 전 저녁에 프로이센 국왕으로부터 호의와 우정의 증표를 하나 이상 받았다. 내게 3등급 붉은 독수리 훈장이 수여되었다. (…) 솔직히 고백하자면 크나큰 영광을 누린 기분이었다."

디킨스, 멘델스존, 헨리 제임스, 발자크, 브라우닝, 그림 형제, 빅토르 위고, 알렉상드르 뒤마 등 명사들의 이름도 네이팜처럼 우수수 쏟아진다. 한때 안데르센은 단순히 자신이 만난 유명 인사를 목록으로 만드는 일에 심취하기도 했다.

다음으로는 심기증이 있었다. 그는 죽을 때까지 외풍, 두통, 치통, 자초한 음경 타박상을 걱정하며 불안해했고, 심기증 환자 대부분이 그렇듯 이런 증상을 친구들에게 이야기하면 큰 공감을 살 수 있을 거라고 생각했다. 한 친구는 안데르센 사후에 다음과 같이 썼다. "그에게는 물리적 고통을 견딜 힘도, 스스로를 한탄하는 것이 채신없는 행동이라는 개념도 없었다. 그는 친구들에게 애처로울 정도로 자신의 증상과 느낌을 빠짐없이 이야기했고 배를 천천히 꾹꾹 문지르며 이렇게 설명하곤 했다. '밤새 상태가 안 좋았네. 선하신 하느님께 날 데려가달라고 간구했을 정도로 통증이 심했지만, 통증이 가시고 나니 또 살고 싶다는 생각이 들더군.'" 다음은 이 여행 중에 그의 일기에 기록된 건강 염려증 관련 내용을 무작위로 추출한 것이다.

함부르크: "음경통 때문에 걱정이다."

로마: "엄지발가락이 퉁퉁 부어 아프다. (…) 엄지발가락에 큰 물집이 잡혔다." 이튿날 기록, "발은 나아졌지만 인후염은 여전히 그대로다."

그리스행 배: "목이 아프다."

아테네: "음경이 말썽이다. 이게 내 잘못이 아니란 것은 하늘이 안다." "음경 상태가 여전히 좋지 않다. 배 안 화장실에서 뭔가에 감염된 것이 아니길 간절히 빈다." "배탈이 나는 바람에 피레에푸스

의 한 약국에 가서 쓰디쓴 네덜란드 진을 마셔야 했다." "무릎과 고환 통증[둘 다 재발]." "열병 비슷한 것에 걸렸다. 콘스탄티노플에 가야 할까, 말아야 할까?"

신체적 병증이 없는 날에는 늘 '여권 걱정'에 시달렸다.

몰타: "여권이 배에 없을까봐 걱정이다. 점심을 먹은 뒤 내 손에 들어왔다."
콘스탄티노플: "여권이 잘못되면 어쩌나 걱정이다. 아, 나는 걱정거리를 찾는 데 얼마나 천부적인가!" "여권 때문에 불안하다. 제대로 된 비자가 찍히지 않았으면 어쩌지?"

그것도 아니면 개에 대한 두려움을 호소한다.

아테네: "덩치가 큰 그리스 개들이 나를 지켜보고 있었다."

위의 증상들이 없을 때는 그냥 막연한 불안감에 사로잡혔다. 배가 흑해로 나아갈 때 그는 다음과 같이 쓴다. "이상한 불안감에 시달리고 있다."

그는 곁에 두기에 심히 피곤한 사람이었음에 틀림없다. 일생을 신경증적 히스테리의 경계를 왔다 갔다 하며 보낸 듯하다. 한번은 주인집 개를 피해 계단 세 개 참을 뛰어올라간 뒤 뒤돌아보며 꽥 소리를 질렀다. "개한테 물렸나? 개한테 물렸으면 어쩌지."

만년에는 피해망상이 더 심해졌다. 한번은 멀리 떨어진 어느 덴마크 식민지에서 잼 한 상자를 받았는데, 독이 들었다고 확신하고는 친구에게 보내 먼저 시식해보게 했다. 그러고는 일주일 후친구를 방문해 물었다. "내가 보낸 잼은 먹어봤어요?" 먹었다는 대답이 돌아오자 그가 이렇게 대꾸했다. "오, 정말 기쁘군요. 독이 든 게 아닐까 걱정했거든요. 그래서 제일 용감한 친구에게 견본을 보내보자고 생각했지요. 바라던 대로 아무 이상이 없다는 것을 알게 돼서 무척 기뻐요."

바라던 대로라!

이런 단점에도 불구하고 안데르센을 향한 내 애정은 생명력 질긴 데이지처럼 포장도로를 뚫을 만큼 점점 커져, 그의 많은 약점을 용서하거나 적어도 덮어 감춰버렸다.

무엇보다 그는 유년 시절 비범했다. 자신이 지은 소설만큼 파란만장한 생애를 보낸 작가는 거의 없지만(설령 그렇다 해도 그 소설에는 대개 이상한 점이 있다), 한스 크리스티안 안데르센은 인생의 멱살을 잡아 벽으로 밀친 뒤 주머니에 든 것을 다 꺼내놓으라고 한 사람이었다. 그는 100퍼센트 자기 의지로 행동한 인물로서, 유년 시절의 가난과 (제독과 국왕들의 전유물이었던) 국제적 명성이라는 눈부신 상 사이에 놓인, 극복이 불가능해 보이는 장애물들을 차례차례 해체해나갔다.

이 남자에게는 배짱이 있었다. 많은 사람이 상상한 이미지와 달리, 연약한 난초가 아니었다. 꼭두각시 극장과 인형에 집착하며 비교적 응석받이로 자란 이 바보 같고 내성적인 아이가 열넷의 나이에 혼자서 세상 밖으로 나오는 데 필요했을 용기를 상상할 수 있는가? 그는 100파운드에 맞먹는 돈과 쓸모없는 소개서를 들고 죽은 아버지의 옷을 급하게 고쳐 입고는 대도시로 떠났다. 여러분은 어떤지 모르겠지만, 열네 살 때 나는 미용실 가기에도 있는 용기를 죄다 끌어모아야 했다.

이는 안데르센이 만년에 느낀 피해망상과 속물근성의 많은 부분을 설명해주며 어느 정도는 변명해준다. 10대 시절, 그는 그 규칙과 관습을 전혀 알지 못했지만 그럼에도 자신의 생존을 전적으로 의지했던 사회 계층에 편입되기 위해 필사적으로 노력했다. 그 대가로 그들은 때때로 그를 무시하듯이 대했다. 콜린 가족은 그가 받아 마땅하거나 갈망했던 작가로서의 존경을 한 번도 표한 적이 없었고, 덴마크 평론가들은 안데르센에게 그렇게 부정적일 이유가 없는데도 무자비하게 그를 조롱했다. 그들은 세상이 다 인정한다고 해도 적어도 안데르센의 살아생전에는 그를 혁명적인 예술가로 평가하지 못했을 것이다(그가 무탈하게 죽고 난 후의 일은 또 다른 문제였다). 앞서 언급했듯이, 코펜하겐의 문학평론계는 그 주도자들 대부분이 안데르센과 일면식이 있을 정도로 바닥이 좁아서 그에게 도움이 되지 않았다.

그러나 안데르센에 관한 이야기를 읽을수록 나는 멋 부리고 자존감 높은 이 예술가의 공적인 인격이 편안한 친구들과 함께 있을 때는 눈에 띄게 누그러진다는 사실을 깨달았다. 여기서 또 다른 안데르센의 면모가 드러나는데, 별난 것도 맞고 자존감이 높은 것도 변함없지만 한편으로는 겸손하고 불안해하며 인정을 받는 데 필사적이다. 저명한 안데르센 학자인 엘리아스 브레스도르프는 다음과 같이 썼다. "그의 허영심은 누구나 볼 수 있었지만, 그의 겸손은 그를 아는 사람들만 알고 있었다." 친한 친구들 틈에서(그가 꽤 많은 교우관계를 쌓았다는 것은 주목할 만한 가치가 있다), 그는 경계를 풀고 스스로에게 조소를 날릴 수 있다고 느꼈고, 종종 스스로를 조롱의 대상으로 삼곤 했다. "안데르센의 유머감각과 장난기는 스스로가 흥밋거리가 될 때 즐거움을 느낄 정도로 자기 본위성을 능가했다." 에드바르는 시인의 사후에 출간된, 안데르센에 관한 회고록에서 이렇게 썼다. "이런 점은 잉에보르(콜린의 장녀)와 있을 때 특히, 예를 들어 그가 선의의 거짓말을 하는 것을 그녀에게 들켰을 때 분명하게 나타났다. (…) 그는 들켰다는 사실에 신이 나 소리를 질렀다."

거짓말이 발각된 게 기뻐서 소리를 내지르는 성인 남자가 바로 호감형이 되긴 어렵지만, 이런 점은 적어도 안데르센이 자조自嘲에 재능이 있었음을 설명해준다. 또한 그 외 분별 있고 진지한 많은 사람, 예를 들어 한스 크리스티안 외르스테드, 불프 제독, 덴마크 조각가 베르텔 토르발센, 그리고 만년에 사귄 부유한 멜시오르 가문과 헨리크 가문 사람들이 어째서 안데르센의 허영심을 참았는지 잘 설명해준다. 그들은 이런 기벽을, 하자는 좀 있지만 매력적이고 충실하며 품위 있는 한 남자의 무해한 결과물로 받아주었다.

안데르센은 소설에서도 스스로를 비웃을 줄 알았다. 일찍이 1829년에는 자신을 '홀쭉이'로 묘사하는 짧은 시를 지었다. "대포처럼 큰 코에 (…) 눈은 완두콩만큼이나 작지." 그러고는 다음 행으로 마무리 짓는다. "그는 미치광이이거나 사랑꾼이거나 시인이라네." 「딱정벌레」에서 그는 자신이 받아 마땅하다고 느낀 황금 신발을 받지 못하고 성공의 길을 찾아 긴 여정을 떠나는 동명의 심통 사납고 망상에 사로잡힌 곤충이다. "내가 황금 신발을 받았다면 마구간의 자랑이 되었어야 했어. 이제 마구간은 나를 잃고 세상도 나를 잃었어. 다 끝난 거야!" (이 동화가 쓰인 무렵 그는 기사 작위를 노리고 있었다.)

그는 진정으로 열려 있고 솔직했으며 다정하고 쉽게 적을 용서하는 사람이었던 듯 보인다. 또한 여자와 있을 때만큼이나 남자들과 어울릴 때 즐거워했고, 물론 아이들에게도 강한 매력을 발휘했다. 한번은 다음과 같이 썼다. "나는 어디에 있든 집처럼 편안하고 사람들에게 붙임성이 있다. 그 답례로 사람들은 내게 자신감과 따뜻한 우정을 되돌려준다." 이는 존경스러운 삶의 방식이지만, 낯가죽이 코뿔소처럼 두꺼운 사람에게만 진정으로 효과가 있다. 안데르센처럼 섬세한 사람은 쓰디쓴 실망에 무방비 상태로 만들 뿐이다. 그럼에도 불구하고 그의 성격은 일생 동안 기본적으로 변함이 없었다.

그렇다고 안데르센이 자신의 어린애 같은 성격을 알지도 못했다거나 자기 목적에 부합할 때 눈 하나 깜짝 않고 이런 성격을 과장한 적이 없었다는 이야기는 아니다. 안데르센은 젊은 시절에 있었던 한 사건에 대해 다음과 같이 썼다. "만년에 사귄 친구 중 하나는 어느 부유한 상인의 응접실에서 (…) 나를 처음 봤는데, 그때 내가 사람들과 웃고 떠들고 있었다고 한다. 하지만 사람들이 내게 시 하나를 읊어달라고 재차 졸랐고, 내가 무척 기쁘게 청대로 하자 떠들썩한 분위기가 나에 대한 호감으로 변했다." 순진무구한 청춘의 낭만적 신화에 사로잡힌 관객에게 자신이 미치는 힘을 어린 시절부터 잘 알고 있던 그였으니, 이를 이용했기로서니 누가 그를 비난할 수 있을까? (특히 영국인들은 그의 외관상 순진함에 완전히 속아 넘어갔다.)

사람들의 이야기에 따르면 그는 가장 재미있는 만찬 손님으로, 일주일 내내 저녁마다 코펜하겐의 대저택에 초대를 받았다. 실제로 그가 주변에 있으면 어느 누구도 끼어들지 못했다. 그도 그럴 것이, 오스카 와일드급 재치와 끝없이 이어지는 기발한 이야기, 사회적 가식의 부조리를 날카롭게 꿰뚫어보는 눈을 지닌 남자가 옆에 있는데 언짢아할 사람이 어디 있겠는가?

저녁 식사가 끝난 후 안데르센은 종종 자신이 지은 이야기들을 낭독했다. 이쯤 되면 그를 받아들이지 않은 것은 연극계에 큰 손실이 아닐 수 없지 않을까? 낭독의 대가이자 라이벌인 안데르센과 찰스 디킨스에 대해 전해 들은 미국 외교관 조지 그리핀은 각각 다른 때에 두 사람의 작품 낭독을 듣고서는 전자의 손을 들어주었다. "실제로 디킨스는 대단히 훌륭한 낭독자였다. 하지만 나는 안데르센의 태도가 훨씬 더 인상적이며 사람의 마음을 움직인다고 생각한다. (…) 디킨스의 목소리는 아마 독서대보다는 무대에 더 적합한 것 같았다. 안데르센의 목소리보다 더 강렬하고 컸지만, 그윽하고 음악적인 면은 전혀 없었다. 디킨스가 뉴욕에서 어린 넬의 임종 장면을 낭독하는 것을 들었을 때 나도 감동해 눈물을 흘렸지만, 이야기를 낭독하는 작가의 존재감이 느껴졌다. 반면 안데르센이 성냥팔이 소녀의 이야기를 낭독할 때는 작가의 존재가 전혀 느껴지지 않았고, 주변의 모든 것을 잊은 채 어린아이처럼 울 수 있었다."

또 다른 목격자는 이렇게 썼다. "그는 사람들이 넋을 잃은 채 자신 외에는 아무것도 보거나 듣지 못하게 했고, 그의 동화 구연은 훨씬 더 매혹적이었다. 일반적인 대화를 전혀 하지 않는데도 어떤 주제가 나오든 결국 이야기의 중심은 그가 되었다."

안데르센의 또 다른 파티 기술은 종이를 오려 정교한 작품을 만드는 것이었다. 그가 손에 쥐기 힘들 만큼 커다란 가위(사실상 전단기)를 들고 몇 분 동안 빠르게 손을 움직이다보면 어느새 멋진 정교함의 세계가 펼쳐졌으며 종종 어떤 이야기가 뒤따랐다. 한 목격자는 어떻게 "그 크고 못생긴 유인원 같은 손, 다시 말해 만지는 족족 뭐든 훼손하거나 망가뜨릴 것처럼 생긴 손이 종이를 재료 삼아 이토록 진기한 디자인을 놀랄 만한 속도와 섬세함으로 이야기를 하면서 오려내는지"에 대해 묘사했다. "동화 속 장면, 춤, 나무 아래 앉아 있는 연인, 꽃과 식물의 무리 등 무수한 대상이 그의 구불거리고 비틀거리며 싹둑거리는 가위질에서 모습을 드러냈다." 이렇게 종이를 오려 만든 여러 작품을 오덴세의 안데르센 박물관에서 만나볼 수 있다. 오늘날에도 덴마크에서는 거실, 치과 응접실의 천장, 교실 등 어디서나 종이 오리기 작품을 볼 수 있으며, 이런 작품은 대개 안데르센 덕분에 오롯

이 예술의 한 형태로 여겨진다.

무엇보다 나는 이 남자에게 엄청난 연민을 느끼게 되었다. 그의 유년 시절과 외모, 고통스러운 섹슈얼리티, 예민함, 평생의 고독까지 다 안쓰러웠다. 친구를 사귀는 데에는 능했지만, 어머니가 돌아가신 후 살아 있는 일가친척은 한 명도 없었다(사생아로 태어난 이부 여동생과 다소 저급한 고모가 있긴 했지만, 그는 어느 쪽과도 얽히고 싶어하지 않았다). 그는 평생을 함께할 배우자를 얻기를 바랐지만, 한 명도 찾지 못했다. 나는 이 외로운 발자취를 따라가고 있었다. 그리고 이 동행을 그가 반겨주기를 바랐다.

안데르센이 피렌체에서 머문 호텔을 찾기 위해 먼저 덴마크 영사관에 연락해봤다. 덴마크 영사관이라면 내 조사를 반기며 흔쾌히 기록보관소 문을 열어줄 줄 알았다. 안타깝게도 비서관은 덴마크어를 하지 못하는 데다 영어도 내 이탈리아어보다 조금 나은 정도였다. 그녀는 안데르센 이야기는 금시초문이었고, 어찌된 일인지 (어떤 시점에 우리가 서로의 말을 오해하게 됐는지도 모르겠지만) 결국 나는 교외에 있는 싸구려 학생 호스텔의 전화번호와 사과 하나를 들고 떠났다.

국립도서관에서는 상황이 훨씬 더 좋지 않았다. 나는 태연한 척 느긋하게 걸으며 출입증 없이 보안대를 통과하려다가 외양으로나 기질로나 자바 더 헛*을 닮은 여자에게 붙들려 말 그대로

---

* 「스타워즈」의 등장인물.

문밖으로 쫓겨났다. 호텔리어협회Associazione de Hoteliers의 기록물마저 1966년 홍수에 소실되면서 남은 희망은 하나뿐이었다. 내가 알고 지낸 한 덴마크 교수가 시립대학에서 일하고 있었던 것이다. 하지만 그곳의 접수원에게 교수의 이름을 대자 그는 생전본 적 없는 요란한 눈알 굴리기와 팔 흔들기를 시전했다. 그러고는 갑자기 찌르는 듯한 통증이 찾아온 것처럼 얼굴을 잔뜩 찌푸리더니 보조에게 그 이름을 다시 말해달라고 부탁했다(그는 내가 했던 그대로 발음하며 이름을 말했다). "그 사람은 여기 없어요. 코펜하겐에 있어요."

이젠 나 혼자였고, 기댈 데라곤 굽히지 않는 내 결심뿐이었다.

그래서 포기했다.

그런데 그때 기적과도 같은 뜻밖의 행운이 찾아왔다. 시립미술관 가는 길에 아르키보 스토리코Archivo Storico라고 쓰인 간판을 발견했는데, 이곳에서 내 데이터베이스 천사가 되어준 사람들을 만난 것이었다. 그 주인공은 마리아와 바바라로, 기록보관소의 건축 공사와 대규모 개편 작업이 한창인데도 안데르센이 머문 호텔 듀럽Hotel d'Europe의 위치를 추적할 수 있게 한 시간 동안이나 기꺼이 나를 도와주었다. 두 사람은 1840년에 그 주인장의 이름이 마담 옴베르트였고 그 건물이 옛 페로니 궁전이었다는 사실을 곧 알게 되었다. 문제는 정확한 주소가 없고 피렌체는 페로니 궁전이 두 곳으로, 하나는 산타 트리니타 광장에, 다른하나는 그 반대편에 있다는 것이었다.

나는 뭔가에 집중하는 표정을 지으며, 지금 이 중요한 사실을 내 기억 장치에 쌓인 산더미 같은 역사적 데이터와 비교 참조하고 있다는 신호를 보냈다. 사실 마리아와 바바라도 그렇게 하는 중이었다. 알고 보니 우리 세 사람은 산타 트리니타 페로니가 현재 패션 브랜드 페라가모의 본사라는 것을 동시에 깨달았다. 우연의 일치로, 나는 전날 광장 중앙에 서 있는 기둥 하나를 보려고 그곳에 갔다 왔다.

그 기둥은 청동 멧돼지상 이야기 속 소년이 새롭게 눈뜬 자신의 예술적 재능을 발휘해 그린 대상 중 하나다. 1834년에 안데르센 또한 이 기둥과 그 뒤의 집을 미켈란젤로가 소유했던 것으로 오해해 스케치했다. (바르톨리니-살림베니 궁전이 바로 그 집이다.)

안데르센의 일기에 따르면 그는 첫 피렌체 방문 때 이 근방의 호텔에 묵었으므로, 1840년에 단 사흘을 머물 호텔도 익숙한 도심에서 그리 멀지 않은 곳에 정했을 것이다. 그러므로 나는 이곳이 호텔 듀럽이 맞다고 확신했다.

마리아와 바바라에게 수없이 사의를 표하고 종종걸음으로 도심을 지나 트리니타 광장에 있는 13세기에 지어진 스피니 포이 페로니 궁전으로 갔다. 이곳은 오늘날 살바토레 페라가모 박물관의 보금자리다. 광장은 피렌체에서 가장 호화로운 부티크 거리의 아르노강 쪽 끝에 자리하고 있고, 이 거리는 스트로치 궁전(또 다른 고인돌식 석조 건물)과 멀지 않다. 페로니 궁전은 (실제로는 삼각형에 가까운) 광장 남쪽 대부분을 차지하고 있으며, 1층은 페라가모 본점이다. 나는 엘리베이터를 타고 그 위에 자리 잡은 박물관으로 갔다.

안데르센의 사랑하는 아버지가 구두장이였으므로 안데르센이 스타들(그중에서도 메릴린 먼로, 그레타 가르보, 오드리 헵번)의 구두를 제작하는 나폴리 출신의 구두수선공 페라가모를 환영했으리라고 생각하고 싶다. 하지만 엄밀히 따져서 정작 안데르센 본인은 검정 가죽 남성 워킹화만 신었으므로 더 맵시 있는 페라가모의 스틸레토 힐 작품을 봤다면 눈썹을 치켜올렸을지도 모르겠다.

아버지는 안데르센의 삶과 작품에 오래도록 영향을 끼쳤다. 아들은 늘 아버지의 직업을 존경했으며, 신발은 「빨간 구두」부터 「빵 덩이를 밟은 소녀」, 환상문학 「행운의 덧신」, 심지어 「인어공주」(그녀의 소원은 왕자에게 갈 수 있는 발을 갖는 것이다)에 이르기까지 그의 동화에서 반복적으로 등장하는 모티프다.

안데르센의 사후에 그의 서류 틈에서 덴마크 구두장이 길드에 바치는 독특한 송가 「어느 길드가 제일 유명할까?」가 발견되었다. 아버지가 세상을 떠난 지 거의 60년 만에 안데르센은 이렇게 썼다. "나는 구두장이의 아들이므로 구두장이 길드가 제일 유명하다고 주장하는 바다."

그의 아버지는 꿈이 좌절된 우울한 사람이었다. 안데르센은 이렇게 회상했다. "아버지가 동년배와 어울리는 일은 거의 없었다. 일요일에는 나를 데리고 숲으로 나갔으며, 밖에서는 많은 말을 하는 대신 조용히 앉아 깊은 생각에 빠져들었다. 반면 나는 주변을 뛰어다니며 딸기를 따거나 화환을 엮었다." 여러모로 한스 크리스티안 안데르센은 아버지가 꿈꾸던 삶을 살았다. 다시 말해, 라틴어 교육을 받고 책을 많이 읽었다. 향학열과 아버지가 즐겨 읽던 이야기(볼테르와 덴마크 극작가 루드비 홀베르의 작품, 라 퐁텐의 우화와 아라비안 나이트)에 대한 사랑 외에도, 안데르센은 기성 종교에 대한 회의적인 태도, 과학의 발전에 대한 열린 자세, 그리고 침울한 내성적 성향까지 아버지에게 물려받았다. 한스의 유일한 즐거움은 아들에게 책을 읽어주는 것이었다. "평생 행복 을 느껴보지 못한 아버지가 정말 즐거워 보였던 적은 그런 순간 뿐이었다."

한스는 특이하게도 아들에게 많은 자유를 허락했다. 가장 최 근에 활동한 덴마크의 안데르센 전기작가인 옌스 아네르센이 지 적한 것처럼, 한스는 아들에게 자신을 사회에 억지로 맞추기보 다는 자신답게 살도록 허용했다. 아들이 극적 공상에 빠져 상상 력을 폭발시킬 수 있도록 인형 극장을 지어주었고, 여행의 중요 성과 놀라움을 서서히 주입시키며 이렇게 말했다. "여행을 하면 도움이 된단다! 멀리 떠날 수 있을지는 하느님이 알지만, 그래도 그렇게 해야 돼!"

아버지가 더 오래 살았더라면 안데르센도 굉장히 다른 사람 이 됐을 거라는 생각을 떨칠 수가 없다. 꼭 그의 천재성이 꽃피 우지 못했을 것이라는 이야기는 아니다. 오히려 한스의 문학 사 랑을 고려했을 때 그것을 더 일찍 꽃피웠을지도 모른다. 하지만 어쩌면 아랫도리의 활동에 대한 '불안 증세'는 좀 덜했을지도 모 를 일이다. 하지만 그는 불행히도 남자 역할 모델이 하나도 없는 상태로 여성성의 불쾌한 측면에 노출되는 일련의 불행한 사건을 겪으면서 불가피하게 우리가 알고 있는 모습의 안데르센이 되었던 것 같다.

일례로, 사랑하는 할머니가 정원 가꾸기 일을 하는 현지 정신병원에 방문한 일이 있었다. "하루는 간병인들이 없을 때 바닥에 누워 문틈으로 이런 병실 중 하나를 엿보았다." 『진실한 내 인생 이야기』에서 그는 이렇게 회상했다. "안에서는 한 여자가 거의 알몸 상태로 지푸라기 침대에 누워 무척 아름다운 목소리로 노래를 불렀다. 그녀는 돌연 벌떡 일어나더니 내가 누워 있는 문에 몸을 부딪쳤다. 그러자 음식을 받는 작은 문짝이 벌컥 열렸다. 그녀가 빤히 내려다보고는 나를 향해 긴 팔을 뻗었다. 나는 공포에 사로잡혀 비명을 질렀다. 그녀의 손끝이 내 옷에 닿는 것이 느껴졌다. 간병인이 왔을 때 나는 반쯤 죽은 상태였는데, 시간이 훌쩍 흐른 후에도 그 광경과 느낌은 여전히 내 영혼 안에 남아 있었다."

또 한번은, 안데르센이 무서워했던 교장의 천박한 아내 잉에르 카트리네 메이슬링이 헬싱외르에 있는 그의 방에 들어와 그를 유혹하려 했던 일이 있었다. "어느 날 그녀가 내 방에 들어오더니 요즘 살이 빠져서 드레스가 좀 헐렁해졌다며 나더러 직접 몸을 만져보라고 했다. (…) 나는 안절부절못했고, 내가 틀렸을지도 모르지만 그녀가 좋게 보이지 않아서, 최대한 빨리 도망쳐 나왔다." 안데르센과 눈이 맞고 싶어 얼마나 안달이었을지는 말할 것도 없고, 황갈색 가발과 상당한 허리둘레 등 이 여인이 얼마나 노쇠한 상태였을지는 상상에 맡길 일이다.

그 후에는 안데르센이 연못에 빠져 옷이 마르는 동안 여자 치마를 입고 있어야 했던 일이 있었다. "나는 다 큰 여자애, 또는 약 열두 살 넘는 여자애들에 대해 이상한 혐오감을 느꼈다. 생각만 해도 진저리가 났고, 심지어는 내가 싫어하는 것은 무엇에나 '여자애 같다'는 표현을 썼다." 그는 자서전 중 하나에 이렇게 썼다.

몇십 년 후 요나스 콜린 2세와 프랑스 남부를 여행할 당시 안데르센은 네 살 때 일어난 또 다른 충격적인 사건을 회상했다. 어머니가 안데르센을 집 안의 한 탁자에 앉혔을 때 크리스티안 코고르라는 이웃 소년(이 문장이 끝나기도 전에 안데르센이 어째서 그의 이름을 이토록 생생하게 기억하는지 알게 될 것이다)이 들어와 그의 옷을 걷어올리더니 남근을 아주 세게 깨물었다. 안데르센은 비명을 질렀고 의사가 왕진했다. 안데르센은 하루 동안 소변을 보지 못하던 자신에게 어머니가 애원하던 모습을 생생하게 기억했다. "쉬를 하렴, 아가. 쉬를 해!" 10년 뒤 안데르센은 자신의 포피가 수축되지 않는다는 사실을 알고 이것이 크리스티안의 무모한 깨물기가 불러온 참사임을 확신하게 되었다.

가여운 한스 크리스티안. 그토록 변화무쌍한 강박증이 생긴 것도 전혀 놀랄 일이 아니다.

페라가모 박물관에서 나오는 길에 나는 박물관 보조원에게 내가 알아낸 사실들을 말하지 않을 수 없었다. 그는 자신이 들어본 적 없는 덴마크의 유명 작가가 164년 전 이 건물이 호텔이었을 때 이곳에 묵었다는 이야기에 전혀 감동하지 않는 듯 보였다. 그는 이 광장의 역사에 대한 책자를 보여주었다. 안데르센에 대한 언급은 전혀 없었지만, 오스카 와일드(앨프리드 더글러스 경의 손님으로 머물렀다), 조지 엘리엇, 오스트리아 정치가 메테르니히 공 같은 명사들 또한 1834년 파니 옴베르트의 호텔 뒤럽이 문을 연 후 이곳에 묵었다고 적혀 있었다.

나는 이튿날 안데르센이 밟은 똑같은 도로를 타고 피렌체를 떠났다. 도로를 둘러싼 산들이 비현실적일 만큼 그림 같아서 마치 다빈치가 배열해놓은 듯했다. 손목 스냅으로 붓질을 한 번 할 때마다 사이프러스가 한 그루씩 배치된 듯했다.

안데르센이 기억에 남을 여행 길동무 중 한 명을 만난 곳도 로마로 가는 이 도로였다. 그는 자존심과 기질, 이기심이 무척 괴물 같은 남자여서 『시인의 바자르』에서 그 묘사를 처음 읽었을 때 나는 그가 가공의 인물일 것이라고 추측했다. 그러나 안데르센의 일기들은 익명의 그 남자(부끄럽게도 영국인이다. 영국인들이 좀 그런 면이 있다)가 책에 묘사된 그대로 견디기 힘든 인물이었음을 증명해준다.

안데르센은 시엔나를 통하는 빠른 길보다 테르니의 폭포를 지나가는 예쁜 길로 가기로 결정하고 '베투라vettura'로 여행한다. 말이 끄는 전세 마차의 이탈리아 버전인 이 교통수단은 그때까지 이탈리아를 여행하는 가장 저렴한 방법이었지만, 승객들의 운명은 마차꾼, 즉 '베투리노vetturino'의 손에 맡겨졌다. 음식과 숙박이 요금에 포함됐지만, 베투리노가 도중에 더 높은 요금을 내는 손님을 만나면 약간의 경제적 보상만 받은 채 길거리에 내동댕이쳐질 위험이 있었다. 한술 더 떠서 이 여정에서는 군인들이 노상강도로부터 보호해준다는 명목으로 추가 요금까지 발생했다.

또 다른 애로 사항은 베투라가 예외없이 늘 이른 새벽에 떠난다는 것이었다. 늘 그렇듯, 안데르센은 출발 예정 시각보다 한 시간 먼저 일어나, 다른 사람들이 자신을 기다리는 일이 없도록 새벽 2시에 짐을 들고 아래층으로 내려가 산타 트리니타 광장에 옮겨놓았다. 그곳에 앉아 있는 동안 마차 몇 대가 지나가지만, 그가 탈 마차는 새벽 6시가 되어서야 도착한다. 마차가 이렇게 늦어진 것은 같은 마차로 여행하는 어느 퉁퉁한 영국인 때문으로, 베투리노가 부를 때까지 잠을 자고 있었다고 안데르센은 약간 짜증스럽게 기록한다.

마차에는 노부부('귀부인'과 그녀의 남편)가 타고 있고, 역시나 영국인인 카말돌리 수도회의 젊은 수사가 피렌체를 떠나자마자 마차에 합류한다. 수사는 애당초 말을 섞을 수 없는 사람 같긴 하지만 "마치 자신은 나무, 산, 태양과 아무 관련이 없다는 듯, 그리고 나 같은 이단자와는 더더욱 상관이 없다는 듯" 기도서를 읽고 가슴을 치는 데 열중하고 있다.

다행히 퉁퉁한 영국인은 훨씬 더 상대할 가치가 있는 사람이다. 안데르센에 따르면 그는 "여성용 털신을 신고 큰 파란색 망토를 걸치고 있으며, 가늘고 붉은 구렛나루 주위에 두꺼운 모직 네커치프를 두르고 있다". 알고 보니 그는 안데르센만큼이나 남의 이름을 팔고 다니는 데 뛰어난 사람이었다. 자신이 방문한 왕족의 살롱에서 들은 이야기로 동승자들을 즐겁게 해주고 최근 피렌체에서 자신이 앓아누웠을 때 두 왕자가 밤새 병상을 지켰다고 자랑했다. 그는 수행원을 대동하지 않고 베투리노와 여행을 하는 것은 자신이 검소하다는 표시라고 말했다. "하인을 즐겁게 해주려고 이탈리아에 오는 것은 아니므로!" 또한 다른 승객보다 요금을 덜 냈다고 자랑하고도 자신의 짐을 마차에 가득 싣는다. 저녁 식사 자리에서는 최상의 고기 부위로 달려들고, 여관 객실에서는 시트로 불 주변에 가림막을 해 불을 독차지한다. 마차 안에서는 밤에 좋은 볼거리를 지나가게 되면 자신을 깨워달라고 안데르센에게 요구한다. 침실을 같이 쓸 때는 그가 먼저 침실에 도착해 안데르센의 베개와 이불을 가져간다. "그에게서 그것들을 [도로] 빼앗아왔다. 그는 몹시 놀란 눈치였다. 그자만큼 같은 침실을 쓰기가 고역인 사람도 없었다. 시중을 얼마나 들어야 했던지, 말도 못 붙이게 억지로 잠자리에 들어야 했다. 자는 척도 했다." 안데르센의 하소연이다.

카스틸리오네에서는 그 영국인이 앞으로 수없이 이어질 짜증의 첫 테이프를 끊는다. 음식 불평은 기본이고, 여관 직원들이 그를 왕족으로 믿을 만큼 고함을 지른다. 하지만 이튿날 잠시 동안 마땅한 벌을 받는다. "오버코트를 입은 우리 과묵한 영국인 양반께서 정체를 알 수 없는 무언가를 밟아 계단 꼭대기부터 맨 아래까지 한 층 한 층 매우 우아하게 굴러떨어졌다. 그런데도 기분이 나아지지 않는 모양이었다." 안데르센은 이렇게 썼다. (사실 그의 일기에 따르면 굴러떨어진 것은 영국인이 아닌 자신이었고, 그 일이 당시 이탈리아에서 쓴 희극 소설 전집에 아이디어를 주었다고 언급한다.)

영국인의 행동은 남쪽으로 향할수록 더욱더 지독해졌다. 아시시에서는 가이드 투어가 끝난 후 수사들에게 팁을 주지 않은 일로 귀부인이 그를 책망하자 그가 이렇게 대답한다. "그자들은 달리 하는 일도 없는걸요." 그날 밤 안데르센이 그와 같은 방을 쓰지 않겠다고 선언하면서 또 다른 대립이 뒤따른다. "'이 강도 소굴에 날 혼자 내버려둘 거요?' 그가 말했다. (…) '여기서 나 혼자 이렇게 살해를 당하란 말입니까! (…) 앞으로 남은 여행 동안 당신과는 말도 섞지 않을 거요!' 나는 그렇게 해줘서 고맙다고 말했다."

종국에는 심한 독설도 튀어나온다. 영국인은 귀부인이 말이 너무 많고 그 남편은 바보 같다고 욕한다. 귀부인의 남편이 교육 증서를 꺼내 보이자 영국인이 일어나 팔로 날갯짓을 하며 칠면조 흉내를 내는 것으로 호응한다(여러분도 알겠지만 이는 꽤 효과적인 응수다). 여관 주인이 영국인의 머리에 콜리플라워 한 사발을 쏟으면서 상황이 수습되고, 나머지 여행은 침묵 속에서 끝난다.

당시 헨리테 불프에게 보내는 편지에 안데르센은 다음과 같이 썼다. "일행 중에 영국인이 있는데 무척 상스럽고 인내심을 시험하는 사람이라 그자를 생각하는 것만으로도 혈압이 오르는 것 같아. 하지만 생각이 무척 기발한 친구이기도 해서 실제로는 완전히 골칫덩어리지만 소설 속이라면 독자를 참 즐겁게 해줄 인물이지. (…) 첫 이틀 동안은 그자에게 친절했는데 그때 이후로는 쌀쌀맞게 대했어." (아이러니한 사실은 만년에 안데르센도 자신이 개탄했던 그 영국인의 일부 습관을 그대로 답습했다는 것이다. 한 지인은 이를 다음과 같이 회상했다. "많은 천재처럼 안데르센은 (…) 먼저 대접받기를 좋아하며, 고국에서 너무 큰 존경을 받기 때문에 사생활에서도 절대 이런 욕망을 버리려 하지 않는 데다 심지어 여인들조차 자신들의 유서 깊은 권리까지 희생해가며 그의 비위를 맞춘다." 이렇게 하지 않으면 부루퉁해져서 먹기를 거부했을 게 눈에 선하다.)

나는 로마로 향하는 길에 '젖꼭지 비틀기 디스코바Titty Twister Disco Bar'라는 간판을 지나치다가, 아시시로 갈 수 있는 갈림길을 발견했다. 나는 안데르센의 일기에 이곳이 시공간 여행 판타지 「행운의 덧신」에 묘사된 도시라고 언급된 사실에 강한 호기심을 느꼈다. 그는 이곳을 묘사할 때 영국인도 똑같이 사용한 '강도 소굴'이라는 단어를 쓰는데, 왠지 좀 수상하다.

「행운의 덧신」의 한 구절에서, 여행에 굶주린 서기는 소원을 들어주는 행운의 덧신을 신고 자신이 상상하던 탁 트인 도로와 전혀 다른 현실을 맞닥뜨린다. "그는 머리가 아프고 목에 경련이 일었으며, 너무 오래 앉아 있는 바람에 다리가 퉁퉁 부어 부츠가 꽉 끼었다. 그야말로 비몽 상태였다. 오른쪽 호주머니에는 신용장이 들어 있었고, 왼쪽 주머니에는 여권이 들어 있었다. 그리고 가슴 쪽 주머니에 꿰매넣은 작은 가죽 지갑에는 프랑스 금화가 얼마간 들어 있었다. 그는 깜빡 잠이 들 때마다 이 중 하나를 잃어버리는 꿈을 꾸고는 소스라쳐 일어나곤 했다. 그러고는 곧장 손으로 오른쪽 주머니에서 왼쪽 주머니로, 왼쪽 주머니에서 가슴 쪽 주머니로 삼각형을 그리며 그 물건들이 제자리에 있는지 확인했다. 머리 위에서는 우산, 지팡이, 모자가 들어 있는 그 물망이 흔들거려 극적일 만큼 웅장한 바깥 경치를 가렸다." 서기는 이어서 '독성이 있는 각다귀, 앉은뱅이 거지'와 '후추와 산패한 기름으로 맛을 낸 물 수프'에 대해 한탄하는데, 그 어조는 이탈리아 여행에서 느낀 안데르센 자신의 상반된 감정을 반영하고 있다.

실제로 와서 보니, 호숫가에 위치한 이 현대식 휴양지는 비수기인 데다 비까지 세차게 퍼부으면서 그저 유령이 나올 것만 같았다. 혹시라도 강도 소굴이 어떤 곳인지 제대로 보고 싶다면 어두컴컴한 골짜기 사이에서 거대한 대리석 욕실처럼 빛나는 아시시로 우회해볼 것을 추천한다. 어느 식당에서는 한 조각에 15유로씩 하는 지저분한 피자도 판다.

아시시에서 출발한 나는 오랫동안 영국 중산층이 꿈꾸는 부동산 판타지에서 빠지지 않는 그림 같은 산꼭대기 소도시들을 지나쳤다. 그중 한 곳인 바스타르도는 무척 좋은 곳처럼 보였지만 전화로 물건을 주문할 때만큼은 주민들에게 지옥일 것임이 분명했다. 나는 특히 테르니에 있는 유명한 폭포를 빨리 보고 싶어 서둘러 페달을 밟았다. 당시 유럽 대륙 순회 여행의 주요 방문지로, 영국인이 여행 동무들의 바람을 무시하고 보러 가야 한다고 요구했던 곳이다.

폭포에 무슨 일이라도 있었던 것일까? 내 어린 시절을 되돌아보면 주말이면 어김없이 엄마와 아빠, 형, 누나, 그리고 나는 우리 차였던 오스틴 1100에 끼여 탄 뒤 다섯 시간을 달려 산비탈을 따라 폭포수를 보러 갔다. 하지만 요즘은 그런 사람들을 그리 자주 볼 수 없는 듯하다. 나만 못 보는 것이거나. 하지만 곰곰이 생각해보면 이는 어쩌면 그저 내가 더는 고속으로 흘러내리는 수 톤의 물줄기, 그리고 뒤이어지는 과일맛 아이스크림과 '체더치즈 너무 좋아요I love Cheddar'라고 적힌 배지에 쉽게 즐거워하는 어린아이가 아니기 때문일지도 모른다. 잠시 옆으로 빠진 것 같은데 미안하다. 다시 여행으로 돌아가자.

내가 로마행 도로를 타고 테르니에 도착하는 데 차로 한 시간가량 걸렸으니, 안데르센과 각양각색의 동승자들이 얼마나 걸렸을지는 하늘만이 알 것이다. 그의 일기에 따르면 이들이 도착한 때는 어두워진 뒤였지만, 영국인은 횃불을 들고 폭포까지 올라가야 한다고 우겼고 결국 폭포가 '별로 시원치 않다'고 결론 지었다. 나는 여기에 동의하는 쪽이다. 폭포는 높이가 제법 되지만, 최근에 내린 그 많은 비와 눈에도 불구하고 나이아가라보다는 오히려 전립선 문제를 겪는 노인을 연상시켰다.

한편 그 12월 18일 저녁에 코펜하겐에서는 안데르센의 새 희극인 『무어인 소녀』의 개막 공연이 열렸다. 다음 여행지인 나폴리부터 그리스까지, 그리고 대망의 터키까지 여행할 경비를 마련하려면 이 연극의 판매 수익이 있어야 했다. 『시인의 바자르』에서 그는 그날 저녁에 겪은 불편함을 코펜하겐 관객들이 이 초연을 보고 느낄 감정과 비교하며 다소 솔직하지 못한 발언을 한다. "그날 저녁, 대중은 분명 원작자보다 훨씬 더 흡족한 시간을 보냈을 것이다." 하지만 실상은 그렇지 않았다. 관객들도 그날 저녁이 불만스럽긴 마찬가지였다. 연극은 망작이었고 공연은 단 세 번만 이뤄졌다. 안데르센은 로마로 향하는 길에서 하룻밤을 더 보내느라 이 사실을 전혀 모르고 있었지만, 『무어인 소녀』라는 시한폭탄은 막 째깍째깍거리는 중이었다. 이 연극이 얼마나 처참했는지는 이로부터 3주 동안 비참하고 외로운 로마의 겨울을 온몸으로 받아내던 그의 귀에 들어가지 않았다.

4장

로마

Roma

여행이 몹시 고되었기 때문에 안데르센은 6년 만에 처음으로 사랑하는 로마를 다시 찾은 기쁨을 분명하게 드러낸다. "성 베드로 대성당의 둥근 지붕이 보였다. 아! 로마를 다시 본다고 생각하니 가슴이 어찌나 뛰던지……."

안데르센은 비아 베네토 아래쪽에서 약간 떨어진 비아 푸리피카치오네Via Purificazione(죄를 씻는 거리)에 사는 '마음씨 고운' 마르가레타 부부에게서 월세 5스쿠도*에 크고 추운 방 세 개를 빌린다. 그는 가방을 내려놓자마자 포룸과 카피톨리움, 산타 마리아 마조레 대성당이 아직 그 자리에 있는지 재빨리 확인한 후 오랜 로마 친구인 알베르트 퀴클레르와 점심을 먹고 익숙한 로마의 일상을 재개한다. 땅거미가 내린 핀초 언덕(스페인 계단 옆에 있는 언덕)을 산책하며 변함없는 성 베드로 대성당과 포주와 창녀 무리들을 내려다본다. 그런 뒤 '문에 빗장을 잘 걸어둔 채 바깥주인처럼 방에 앉아' 그날 하루를 마무리한다. 마치 지난 6년은 없던 일인 것처럼.

"로마는 나를 아름다움에 눈뜨게 해준 곳이다." 안데르센은

---

* 19세기까지의 이탈리아 은화.

1833~1834년 겨울, 감수성이 예민한 스물여덟의 나이에 이 도시를 처음 방문했을 때 이렇게 썼다. "도시 중의 도시답게 [도착한 후] 얼마 지나지 않아 이곳에서 태어난 것 같은 기분이 들었다." 4개월 동안 그곳에 머물면서 새 친구들을 사귀고 훌륭한 미술관들을 걸신들린 듯 찾았으며 가톨릭 성당의 신비로운 예배식을 눈과 마음에 담았고 첫 소설을 쓰기 위한 영감을 얻었다. 물론 이곳에서도 그의 성적 충동을 핀볼처럼 튀어나오게 만든 매춘부들과의 격정적인 만남이 있었다.

당시 로마는 오늘날의 극히 일부분에 해당되는 크기였고 아직은 이탈리아의 수도도 아니었다. 교황이 여전히 최고 총독이었고, 실제로 1870년이 되어서야 비로소 공식적으로 이탈리아 왕국의 일부가 되었다. 도시는 아우렐리우스 황제의 성곽에 한정되었고 그 너머는 들판이었지만, 한 세기가 넘도록 유럽 대륙 순회여행의 중심지였으며 1840년 무렵에는 시선이 닿는 곳마다 크리놀린*을 입은 헬레나 보넘 카터들과 처진 머리로 멋을 낸 바이런 워너비들이 키츠 전집을 움켜잡고 손때 묻은 베데커 여행 안내서에 코를 묻은 채 유적지를 서성거리고 있었다.

1833년에 안데르센도 이런 문화적 메뚜기 중 한 사람으로서 스칸디나비아 이주자 및 여행객 무리와 어울렸다. 이들은 낮에는 서로의 작업실과 도시 명소를 방문했고, 밤에는 늦게까지 흥청망청 술을 마시며 음담패설을 나누고 복권 놀이를 즐겼으며

---

* 과거 여성들이 치마를 불룩하게 보이게 하려고 안에 받쳐 입던 버팀대.

훗날 퀴클레르의 회상으로 판단하자면 성 경험이 적은 안데르센을 놀려댔다.

한번 희생양은 영원한 희생양이었다. 오덴세에서, 10대 때 다닌 공장에서, 슬라겔세의 학교에서 그랬던 것처럼 안데르센은 남자 동년배들의 상스러운 놀림 앞에서는 여전히 날지 못하는 오리 새끼였다. 안데르센에게 연민을 품어주길 바란다. 성 경험이 풍부한 사람들 사이에서 딱한 처녀 총각 취급을 한 번쯤 받아보지 않은 사람이 어디 있겠는가? (당연히 나는 빼고 말이다.)

이 보헤미안 무리에서 군림했던 사람은 신체적으로나 평판으로나 걸출한 인물인 베르텔 토르발센이었다. 그는 유럽에서 가장 유명한 신고전주의 조각가로 1797년부터 로마의 주민이었다. 별명이 토르였던 토르발센은 손대지 않은 회색 베토벤 머리와 상냥하고 살집 있는 얼굴 덕분에 어느 모로 보나 이 노르딕계 패거리의 신 같았다. 안데르센은 로마를 처음 찾았을 때 그와 절친한 친구가 되었다. 1833년 로마에서 고국으로 보낸 시 「아그네트와 남자 인어」가 콜린 가족의 혹평을 받고 출판을 거절당했을 때 안데르센이 울 수 있도록 어깨를 빌려준 이도 토르발센이었다. "난 그런 사람들을 알아." 그가 안데르센에게 말했다. "내가 그곳에 계속 살았더라면 별로 좋을 일이 없었을 걸세. (…) 천만다행히 난 저들이 필요 없었지. 저들은 고통을 안겨주고 사람을 괴롭히는 데 일가견이 있거든."

그러나 1840년은 토르발센이 영웅 대접을 받으며 고국으로 돌아간 뒤였고, 그를 중심으로 형성된 노르딕 패거리도 뿔뿔이 흩어진 상태였다. 홀스트 역시 여전히 뮌헨에서 즐거운 시간을 보내는지 연락이 끊긴 상태였기 때문에 안데르센은 더없이 짜증 스럽게도 비아 푸리피카치오네에 있는 휑뎅그렁하고 추운 아파 트에 홀로 덩그러니 남겨졌다.

"문틈으로 바람이 휘파람 소리를 내며 쌩하고 불어왔다."『시 인의 바자르』에서 그는 이렇게 쓴다. "난로에서 장작 몇 개가 활 활 타올랐지만 방에는 열기가 전혀 전달되지 않았다. 차가운 돌 바닥과 벽돌이 훤히 드러나는 벽, 높은 천장은 여름철에만 적합 해 보였다." 그는 몸을 따뜻하게 해보려 안에 털가죽을 댄 부츠 를 신고 프록코트˚ 같은 남성용 외투와 망토를 걸쳤고, 보잘것없 는 불꽃으로 양쪽을 데워보기 위해 털모자를 '해바라기처럼' 돌 려가며 썼다.

20년 전 로마에서 가난하고 핼쑥한 존 키츠를 고생하게 만든 그런 날씨였고, 성인이 되고부터 내내 안데르센을 괴롭혔던 치통 까지 도지면서 상황은 나아질 기미가 보이지 않았다.

"치아가 신경을 자극하며 요란한 콘서트를 벌이기 시작했다. (…) 실제 덴마크발 치통은 이탈리아발 치통에 비교도 안 된다. 통증이 마치 프란츠 리스트 또는 지기스문트 탈베르크라도 되 는 양 치아 건반을 연주했다." 안데르센은 이렇게 썼다. 통증에 정신이 혼미해지다시피 한 그는 『시인의 바자르』에서 펜이 벌떡 일어나 부츠가 구술한 이야기를 적어내려가기 시작했다고 주장

˚ 서양식 남성 예복의 하나. 길이가 보통 무릎까지 내려온다.

한다. 부츠의 관점에서는 지금까지의 여행 스토리를 읊은 자서전이라 할 수 있는데, 가장 흥미로운 대목은 뮌헨에서 새로운 밑창을 맞이한 일과 호텔에서 다른 신발을 만난 일이다. 비극적이게도, 이튿날 아침 눈을 뜬 안데르센은 부츠가 불의 열기에 쪼그라든 한편 펜이 부츠 이야기를 압지에 적는 바람에 종이가 온통 잉크 얼룩으로 덮여 있었다고 전한다.

『무어인 소녀』 소식이 무척 듣고 싶었던 그는 매일 불안으로 떨리는 심장을 부여잡고 우체국을 방문하지만, 콜린 가족이 보낸 편지는 한 통도 없다. 12월 21일에 그는 한 친구로부터 반갑지 않은 소식을 듣는데, 이 연극이 12월 5일에 계획된 초연을 하지 않았다는 이야기였다. 그날 저녁에 쓴 일기에는 자신이 왕에게 편지를 썼다고 적혀 있다. 연감은 이 편지가 또 다른 여행 수당 신청서임을 확인해주는데, 이는 그가 이미 연극이 성공할 것이라는 희망을 접다시피 했음을 암시한다.

그때까지 그는 여행 경비로 266리그스달레르*를 썼지만, 정신은 아직 굳건했다. "내가 다시 이곳에 온 것이 꿈만 같다. 집처럼 무척 편안하게 느껴진다."

피렌체에서 낭패를 맛본 후 나는 나름 넉넉하게 두 시간을 잡고 로마 중심에 있는 렌터카 사무소를 찾아봤지만, 또다시 소용돌이치는 피아트의 바다 한복판에서 길을 잃고 두려움과 혼란

---

* 옛날의 덴마크 은화.

을 느꼈다.

지금까지도 나는 피렌체 사무소에서 조르조(방향을 물어보려고 렌터카 업체 로마 사무소에 연락했을 때 전화를 받은 남자)에게 나에 대한 경고를 했으리라는 강한 의심을 품고 있다. 내가 처한 곤경을 설명하려고 하자마자 그가 전화를 그냥 끊어버렸기 때문이다. 아마도 손이 수화기에서 미끄러졌을 것이라 생각하고 다시 전화를 걸었다.

"안녕하세요, 방금 전화드렸던 사람인데요. 제가 지금……" 나는 다시 설명을 시작했다.

"죄송하지만 도와드릴 수가 없습니다." 조르조가 다시 전화를 끊었다.

다시 전화번호를 누르는데 내 안에서 분노와 절망이 들끓었다. 조르조가 세 번째로 전화를 받자 나는 욕을 한 바가지 퍼부었는데, 어느 시점에선 불멸의 명언도 내뱉었던 것 같다. "내가 누군지 알아? 난 당신에게 이런 일을 하라고 일자리를 주는 사람이야!" 그리고 확실하진 않지만 쌍욕도 했던 것 같다. 이번에는 그가 대답을 하기도 전에 내가 끊어버렸다. 하! 이제 좀 깨닫는 바가 있겠지, 생각하며 차에 기어를 넣고 또다시 완전히 틀린 방향으로 차를 몰았다.

마침내 차를 댈 지하 주차장에 도착했을 때 비굴한 사과가 나를 기다리고 있을 거라고 생각했지만, 한 시간이 지난 뒤였음에도 조르조는 나만큼이나 노골적인 분노를 드러내고 있었다. 꼴사나운 마지막 결전이 이어졌다. 최대로 끌어올린 소프라노 손짓이 빠르게 오갔고(심지어 그는 검지와 중지로 'V' 자를 만들어 상대의 눈알을 찌르는 시늉까지 했다), 내 가족에 대한 욕까지 나왔다. 그런 상황에서 남자들이 종종 그러듯이, 우리는 고도로 연출된 팔 동작과 턱 내밀기를 통해, 자신이 곧 폭발해 치명적이고 능수능란한 폭력을 행사할 것이라는 뜻을 넌지시 내비쳤다. 하지만 둘 다 그렇게 할 생각은 전혀 없었다. (주차장에 사람이 없었기 때문에 나는 조르조가 나보다 덩치도 훨씬 크고 털도 더 많이 났다는 사실을 유념하면서 이 사실에 매우 감사했다).

결국 나는 이 폭주하는 얼간이가 내 양도 계약서에 서명한 뒤 자동차 차체의 패널을 전혀 걷어차지 않고 스테레오를 떼어낸 다음 내게 고지서를 보내도록 설득할 방법은 하나뿐임을 깨닫고, 사과했다.

"심한 욕을 해서 미안해요." 내가 말했다. 그는 처음에는 무척 당황한 듯 보였다.

"아, 미안하시다. 지금 미안하다 하신 건가." 그가 의심스러운 듯 턱을 홱 움직여 시선을 내리깔며 말했다.

"그래요." 내가 답했다. "그런 말 해서 미안해요. 진심은 아니었어요. 화가 좀 났거든요. 사무소 위치를 말해주지 않았잖아요."

기적적으로, 이 말에 조르조는 전의를 완전히 상실했다. 그는 어떻게 반응해야 할지 모르는 눈치였다. 사실 지금껏 그에게 미안하다고 한 사람은 아무도 없었을 것이다. 햇빛도 신선한 공기도, 말할 동무도 전혀 없는 지하 동굴에서 일하는 그에게 필요한 것은 약간의 이해였다. 그는 득의양양한 표정과 무솔리니 같은 과장된 몸짓으로 내 서류에 서명했고 나는 그의 동굴에서 완전히 빠져나왔다.

나는 비아 베네토 맨 위쪽에 있는 해리스 바Harry's Bar 옆에서 로마에서의 첫 저녁을 맞았다. 바르베리니 광장까지 구불구불 이어지는 이 넓은 대로는 언제까지고 머리 스카프를 한 쾌활한 여자들과 함께 람브레타*를 타고 파파라치를 피해 달아나는 멋진 선글라스 차림의 남자들을 떠올리게 하겠지만, 사실 오늘날에는 비싼 미국 호텔들이 줄지어 서 있는 적막한 곳이다. 나는 실베스터 스탤론, 마이클 케인, 내 가까운 지인 로저 무어 등 전 세계 연예계 단골손님들의 사진이 걸려 있는 해리스 바의 창가를 잠시 서성거렸다. 화려하게 빛나는 이 세계를 엿보고 있자니 크리스마스 전야의 성냥팔이 소녀가 된 듯한 기분이 들었다(좀 더 부스스했을 뿐이다). 손님들의 표준 옷차림(남자들은 금색 더블버튼이 달린 감청색 블레이저와 빳빳하게 풀을 먹인 데님 바지에 술 장식이 있는 로퍼를 신었고, 여자들은 어깨에 패드가 들어간 옷을 입었다)에서 보건대, 후줄근한 배낭객에게는 지배인이 싱긋 미소로 열렬히 환영하며 화려한 칵테일을 손에 쥐여줄 것 같지 않았다. 그래서 나는 허리를 곧게 펴고 배낭을 바로잡은 뒤 로마 중심지를 지나 내 호텔로 방향을 잡고 자기 연민을 의식하지 못한 채, 앞으로 2주 동안 돌아다니게 될 안데르센 관련 장소를 사실상 모두 지나쳤다.

●이탈리아제 스쿠터.

형편없기 짝이 없었던 로마에서의 첫 몇 시간은 내가 예약해 둔 괴기 영화에 나올 법한 호텔과, 이탈리아 수도에서 처음으로 경험한 외식 때문에 더 악화되었다. '레스토랑 그로테'라는 적당한 이름의 식당에 들어가 음식을 주문했는데, 미끄러운 젖은 마분지와 검은 물질 몇 개 위에 아무렇게나 얹어놓은 멸치 한 마리가 나왔다. 그 물질은 올리브일 수도 있지만 어쩌면 셰프의 발가락 사이에서 채취한 때일지도 몰랐다. 이것을 께지럭거리는 동안 내 옆에 있는 냉장 보관함이 눈에 들어왔다. 맨 처음에는 걱정스럽게도 15도를 가리키고 있는 온도계가 보였고, 그다음으로는 크고 검은 바닷가재가 보였다. 얼린 것인 줄 알았는데, 잘 보니 기진맥진한 듯 더듬이를 씰룩거리고 있었다. 바닷가재는 죽어가고 있었다.

물론 몸에 좀더 좋은 것을 먹을 수도 있었지만(안데르센은 친구들과 함께 현지 레스토랑에서 식사를 하거나 자기 방에서 혼밥을 했다), 혼자 여행을 다니는 나로서는 저녁 먹을 레스토랑을 고를 때 고상한 사람들이 가는 품위 있고 인기 많은 근사한 곳은 피했다. 그러니 나 자신이 더더욱 바보처럼 느껴졌다. 나의 레스토랑 선택 기준은 너무 한산하지 않으면서도 북적거리지 않는 곳이었다. 유일한 손님으로 모든 종업원의 관심을 한몸에 받고 그날 저녁 레스토랑의 유일한 수입원이 되는 것보다 더 끔찍한 일은 없다. 종업원들은 포크로 마지막 한 점을 집기가 무섭게 접시를 가져가고 디저트를 먹도록 꼬드길 것이다. 또한 식사 내내 고마움과 즐거움을 표현해야 한다는 압박감도 견디기 힘들 것이다. 유일한 손님이 되는 것보다 더 끔찍한 일이 하나 있다면, 서로 꽁냥꽁냥 하며 당신을 파리 떼가 꼬이는 성병에 걸린 나환자라도 되는 양 쳐다보는 커플과 단체 손님이 가득한 레스토랑에 혼자 앉아 있는 것이다. 그러니 손님이 많지 않은 식당의 어두운 한구석에, 가능하면 기둥 뒤에 몰래 숨어 중요한 메모를 읽거나 작성하고 갑각류가 죽어가는 모습을 지켜보는 편이 차라리 낫다.

호텔로 돌아온 나는 주변에서 들려오는 다른 투숙객의 화장실 트럼펫 소음(이는 다른 투숙객들도 내 소리를 들을 수 있다는 뜻인데, 그게 훨씬 더 신경 쓰였다)과 영문을 알 수 없는 비명들을 뒤로하고 잠을 청하려고 애썼다. 이튿날 아침, 체크아웃을 하고 침을 꿀꺽 삼킨 뒤 근처에 있는, 내 예산을 뛰어넘을 만큼 웅장한 호텔 로카르노에 체크인했다. 앞으로는 눅눅한 피자가 주식이 되고, 말고기와 카놀리*도 맛보기 힘들어지겠지.

로마와 나는 시작이 그리 좋지 않았고, 이런 불만이 자기 연민의 근간을 눈앞에서 없애는 데 너무 골몰한 나머지 자신이 세계 최고의 도시에서 고삐가 풀리고 있음을 인식하지 못하는 누군가의 짜증스러운 징징거림으로 보일 것 같다는 생각이 들었다. (그리고 나는 안데르센의 일기를 통해 그걸 듣는 기분이 어떤 것인지 잘 알고 있다.) 본격적인 로마 체험을 위해 나는 스페인 계단을 내려가면 바로 나오는 비아 콘도티에 자리한 카페 그레코로 향했다. 이곳은 안데르센이 다섯 번의 로마 방문에서 찾았던 단골

• 귤, 초콜릿과 달콤한 치즈 등을 파이 껍질로 싸서 튀긴 것.

집으로, 한번은 이곳에 있는 방들을 빌리기까지 했다. 그래서인지 내가 지금까지 한 번도 해보지 못한 일, 즉 커피 한잔 음미하기를 시도해볼 적당한 장소처럼 보였다.

다른 사람들은 당연하게 여기는 일을 자신은 한 번도 경험하지 못했을 때 누구나 그 사실을 비밀로 한다는 이론을 나는 진지하게 믿는다. 예를 들어 내 친구 하나는 코카콜라를 마셔본 적이 없고, 또 다른 친구는 다른 면에서는 꽤나 평범한데 라이브 밴드 콘서트에 가본 적이 없다. 리센은 「SOS 해상 구조대」를 단 한 편도 본 적이 없고, 또 어떤 사람들은 렌터카를 아무 어려움 없이 반납한다. 무슨 말인지 알 것이다.

물론 나는 그 냄새와 어린 시절에 했던 레블스룰렛*(모양이 같은 오렌지 맛과 커피 맛 초콜릿 중 커피 맛을 골랐을 때의 그 공포감이란!)을 통해 커피 맛을 잘 알고 있었지만, 내 절제 습관을 나만의 특별한 자질로서 소중히 간직하는 인생의 단계에 도달한 상태였다(이 말이 얼마나 설득력 없는지 알고 있다).

받침에 설탕 두 개가 함께 놓인 작은 잔이 내 테이블에 놓였다. 나는 제법 괜찮게 보이는 끈적한 초콜릿 같은 갈색 액체가 잔에 겨우 4분의 1 채워져 있는 것을 보고 용기를 얻었다. 설탕은 생략하고(나란 남자는 모 아니면 도다) 세련된 어른의 위험함을 훅 끼치는 그 자극적인 향기를 코로 깊이 들이마신 후 두 번에 걸쳐 들이켰다.

● 레블스 초콜릿 봉지에서 초콜릿을 하나 꺼낸 뒤 무슨 맛인지 알아맞히는 게임.

다시는 그렇게 급하게 마시지 않을 것이다. 맛은 불에 탄 토스트 같았고 흙의 뒷맛이 오랫동안 고약하게 남아 있었다. 반대편에 있는 거울로 보니, 내 표정은 영락없이 어느 성탄절 날 브라이언 삼촌이 카펫에 쏟은 위스키를 오렌지 스쿼시인 줄 알고 쭉쭉 빨아마시던 우리 집 개의 표정이었다.

지금 무슨 생각을 하고 있을지 안다. 앞으로 두번 다시는, 심지어 의학적 발전을 위한 것이라도 이런 일은 없을 것이다.

공교롭게도 안데르센은 다른 곳의 커피를 더 좋아했다고 『시인의 바자르』의 한 각주에 적혀 있다. "그리스와 동방의 커피는 무척 훌륭하다. 실제로 맛이 너무 좋아서 이곳에서 온 여행객들은 처음에는 일반 유럽식으로 만든 커피를 마시면 아무 맛도 못 느낀다. 이들은 커피를 '진하게' 마신다. 갈지 않고 초콜릿처럼 빻아서 가루로 만든 매우 부드러운 커피다." 내 말이 그 말이다.

안티코 카페 그레코로 이름이 바뀐 것 외에는, 오랫동안 안데르센의 단골집은 거의 변한 게 없는 것 같다. 붉은색 양털 무늬 벽지, 먼지가 자욱한 유화, 연미복에 나비 넥타이를 매고 대리석을 붙인 테이블 사이사이를 종종걸음으로 이동하는 종업원들 덕분에 이곳에서 오랜 시간을 보낸 19세기 중반 어느 여행자를 어렵지 않게 상상할 수 있다. 심지어 교양 있는 커피 살롱 분위기를 완벽하게 재현하기 위해, 구석에 앉아 포럼의 한 유화에 마지막 손질을 하고 있는 툴루즈 로트레크˙의 대역 배우도 있었다.

˙ 19세기 프랑스의 화가(1864~1901).

이후 며칠 동안 나는 대부분의 시간을 이 카페 주변에 있는 거리들, 즉 지금은 구치와 프라다와 베르사체 구역이 된 트리덴테 지구를 배회하며 보냈다. 안데르센은 로마를 방문할 때마다 스페인 계단을 중심으로 조성된 이 지구 안에 머물렀다. 처음에는 비아 시스티나(당시에는 비아 펠리체였음) 104번지에 있는 방들을 빌렸고, 두 번째 방문인 1840년에는 비아 푸리피카치오네에서 묵었다. 로마의 이 지구는 안데르센의 첫 소설이자 역작인 『즉흥시인』의 시발점이 됐다는 점에서도 중요하다. 그는 1834년 첫 방문 때 이 소설을 쓰기 시작해 이듬해 가을에 탈고했다.

『즉흥시인』은 놀라울 정도로 성공적인 데뷔작으로, 스토리 전개가 빠르고 독창적이며 극적인 데다 이탈리아인의 삶에 대한 생생한 묘사로 가득했다. 덴마크를 비롯한 북유럽 독자들은 이를 열렬히 받아들였다. 「죽어가는 아이」와 첫 독일 여행 회고록이 안데르센에게 어느 정도 명성을 가져다주었다면, 이 책은 같은 해 그의 첫 동화집이 출간되기에 앞서 최초의 의미 있는 문학적 돌파구가 될 터였다.

안데르센의 소설이 대개 그러하듯, 『즉흥시인』은 예술적 재능이 있지만 사회적으로 불우하고 성에 대해 순진무구한 어린 소년(여기서는 안토니오라는 소년)에 대한 속이 빤히 들여다보이는 자서전이다. 안토니오는 바르베리니 광장에 있는 찢어지게 가난한 집에서 태어나 어머니가 금지옥엽처럼 키운다. 하지만 그에게는 아버지가 없고 페포라는 미치광이 삼촌(안데르센이 스페인 계단에서 매일 마주친 동명의 거지를 모델로 함)이 있다. 안토니오는 소설

제목이 말해주듯 즉흥적으로 노래하는 재능을 지닌 '즉흥시인'
이다. 즉흥연주는 당시 흔치 않은 예술 형식이었지만, 1970년대
에 이르러 「오페라의 유령」의 작사가 리처드 스틸고의 등장으로
사실상 완성되었다. 어머니가 비극적으로 죽임을 당한 뒤 안토니
오는 보르게세 가족의 교육비 지원으로 학교에 다니는데, 포악
한 교장이 있는 학교다(어째 익숙하지 않은가). 훗날 안토니오는 오
페라 가수 안눈치아타를 사랑하게 되지만, 그녀가 그의 친구 베
르나르도를 사랑한다고 오해한다. 한편 안토니오와 베르나르도
가 보여주는 우정은 당시 안데르센이 에드바르 콜린에게서 갈망
한 동성애적 모습과 분명히 닮아 있다. 또한 한 유부녀가 (몇 해
전 메이슬링 부인이 했던 똑같은 작업 멘트로) 그를 유혹하려고 한
다. 뿐만 아니라 플라미니아라는 친구를 사귀는데, 여동생에 가
까운 관계다(헨리에 불프인가?). 결국 그는 마리아라는 여자와 결
혼하는데, 당연하게도 이 지점부터 예술가의 삶에서 멀어진다.

"등장인물 하나하나는 실제 모델이 있다. (…) 나는 이 인물들
을 잘 알고 있다." 안데르센은 『즉흥시인』에 대해 이렇게 말했다.
이런 직접적인 경험은 소설에 의심의 여지 없이 큰 생동감을 더
해주었다. "이 책에는 이탈리아가 풍성하게 담겨 있다. 따라서 이
책을 읽은 독자는 코네티컷에 있든 어디에 있든 그 먼 나라로
날아가게 된다." 1875년 이 소설이 미국에서 출간됐을 때 『하퍼
스먼슬리』지에 실린 글이다. (이탈리아에서는 1959년에야 출간됐지
만, 이탈리아 사람들이 굳이 자국인의 삶에 대한 생생한 묘사를 읽을
필요가 있었을까 싶다.)

나는 로마에 있는 동안 읽으려고 이 책을 가져왔다. 안데르센의 소설이 덴마크 밖에서는 대부분 잊혔지만 적어도 이 소설만큼은 재고해볼 가치가 있다. 줄거리가 좀 장황하고 터무니없는 우연의 일치도 있는 데다 등장인물들이 조잡하게 급조되거나 속이 빤히 들여다보일 만큼 자서전 같긴 하지만, 이탈리아의 풍경이 속도감 있게 펼쳐져 독자의 흥미를 계속 붙들어둔다.

그렇다면 안데르센이 로마를 방문했다는 유일한 물증은 '덴마크 저술가 한스 크리스티안 안데르센의' 첫 이탈리아 방문과 『즉흥시인』 저술을 기념하고 있는 명판뿐이라고 보는 게 적절하다(이는 엄밀히 말해 사실이 아니다. 카푸친 수도원 밖에서, '작품에서 이 수도원을 언급한 유명 인사'로 프랑스 소설가 마르키 드 사드와 함께 안데르센을 언급한 작은 명판을 발견했는데, 분명 두 작가가 한곳에 나란히 활자화된 유일한 예일 것이다).

이 명판은 비아 시스티나 104번지 벽 정면에 높이 걸려 있는데, 현재 이곳은 개인 소유의 아파트 건물이다. 어느 날 지나가는 길에 문이 열려 있기에 들어가서 좁은 대리석 계단을 올라가봤는데, 안데르센 시절 이후 많은 변화가 생겨 지금은 시대적 특징을 말해주는 매력적인 요소가 남아 있지 않았다. 건물에 들어섰을 때의 흥분은 문을 하나하나 노크하며 집에 있는 사람이 아무도 없다는 것을 깨닫고는 크게 누그러졌다. 집에 사람이 있었다 한들 내가 무슨 말을 할 수 있었을지 모르겠다. 그저 안데르센이 첫 이탈리아 방문 때 서 있었던 바로 그 자리에서 그에게 그토록 깊은 인상을 남겼던 거리를 내다보면 좋겠다는 생각이었다. (지금 생각해보니 만일 이런 이야기를 파티 같은 데서 말한다면 사람들이 슬슬 눈치를 보면서 내게서 멀어질 것 같다.) 나는 메모지에 전화번호와 간단한 용건을 적어 현관 로비의 여러 우편함에 남겨놓았지만 아무도 전화를 주지 않았다.

나는 좀더 걸어 안데르센이 로마를 재방문했을 때 묵었던 비아 푸리피카치오네까지 갔다. 코펜하겐을 떠나기 전 그가 묵은 곳의 정확한 주소를 알아내려고 했다. 책으로 나온 안데르센의 연감에는 원본을 옮겨 쓴 사람이 글씨를 잘 알아볼 수 없었던 모양인지 이 주소가 점 세 개로 나타나 있다. 좀 주제 넘는 생각이지만, 나라면 더 잘 알아볼 수 있을 것이란 생각에 왕립도서관에 가서 그 연감을 직접 볼 수 있는지 물었다. 안데르센이 펜을 직직 그어가며 알아볼 수 없게 갈겨쓴 실제 종이를 넘기고 있자니 말할 수 없이 황홀했지만, 해당 페이지로 가서 푸리피카치오네 주소가 점 세 개로만 되어 있다는 것을 확인하자 기운이 빠졌다. 아마도 안데르센 자신이 나중에 번지수를 채워 넣을 생각이었던 것 같다.

1840년 크리스마스가 다가오자 안데르센은 목소리가 울리는 이 작고 컴컴한 다락방(주소가 어딘든)에 점점 더 고립되었다.『시인의 바자르』에서 그는 다음과 같이 쓴다. "아무도 크리스마스를 준비할 생각을 하지 않았다. 모두가 집에 앉아 있었다. 추운 겨울이었고 난롯불은 내 방을 따뜻하게 해주지 않았다. 생각이 저 멀리 북쪽으로 날아갔다. 지금쯤 크리스마스트리에는 백 가지 형형색색의 불이 반짝이고 아이들은 행복에 겨워 기뻐하리라는 속삭임이 들렸다! (…) 아, 북쪽에서는 크리스마스가 얼마나 즐거운 시간이던가."

안데르센의 일기에는 그날 일이 사실 그대로 적혀 있다. 그는 자신의 아파트를 파티 장소로 사용하려는 친구들과 말씨름을 하고 결국 치즈와 빵, 포도, 와인으로 혼자 저녁을 때웠다. 물론 안데르센 팬들은 인정하기 싫겠지만 로마에 있던 스칸디나비아인들이 안데르센을 따돌리고 다른 곳에서 즐거운 크리스마스를 보내고 있었을 가능성도 배제할 수 없다.

어쩌면 이 사실은 안데르센이 로마에 도착하고 고작 일주일이 지난 12월 28일에 다음 여행지를 생각하고 있었던 이유를 설명해주는지도 모른다. "그리스와 콘스탄티노플을 보고 싶은 열망이 크다." 새해 전날에도 상황은 나아지지 않았다. 그날 밤 온 도시가 파티를 벌일 때 그는 한밤중에 목이 아픈 채로 잠자리에 들었다.

이튿날 아침 그는 성 베드로 대성당을 방문해 거대한 돔 아래서서 다음과 같이 기도를 드린다. "하느님, 저에게 불멸의 시인이라는 명성을 내려주시고 건강과 평안을 허락하소서." 명료한 주문이었지만, 세 가지 소원 모두 그 어느 때보다 요원해 보였다. 티베르강의 둑이 넘치고 그의 감정도 불안감으로 펄펄 끓어오르던 무렵, 마침내 코펜하겐에서 『무어인 소녀』의 참패 소식이 들려왔기 때문이다. 이는 개인적으로나 직업적으로나 평생 그의 마음에 상처를 남긴 재앙이었다.

"『무어인 소녀』가 혹평을 받았다고 자네가 영원히 관객들의 눈 밖에 났다고 생각한다면 오산일세. 그 작품은 이미 잊혔으니까." 몇 주 뒤 에드바르 콜린이 평소처럼 재치 있는 편지를 보내왔다. "또 다른 중요한 문학 작품이 출간돼 그 자리를 대신하고 있네. 헤이베르의 『신작 시선New Poems』 말일세. 그 탁월한 형식으로 볼 때 시선 중에서도 가장 주목할 만한 작품이지."

공개적이었다는 점을 제외하면 이번 굴욕은 「아그네트와 남자 인어」의 재현이라고 할 수 있었다.

『무어인 소녀』는 안데르센이 전작 『물라토』를 둘러싼 표절 혐의에 상심해 홧김에 쓴 작품이었다. 그는 자신도 완전히 독창적인 작품을 쓸 수 있다는 것을 증명하고 싶었지만, 헤이베르의 아내 요하네 루이세가 그 주연 자리를 거절한 데 이어 대중의 외면까지 받았다. 뿐만 아니라 헤이베르는 안데르센 자신이 받아 마땅하다고 여긴 찬사를 누리는 것으로도 모자라, 『신작 시선』의 어느 시에서 안데르센을 겨냥하며 『무어인 소녀』가 지옥에 떨어진 자들을 형벌하기 위해 공연된다는 우스갯소리를 했다. 안데르센은 여행을 계속하려면 이 연극의 수익금이 필요했다. 이제 예정보다 일찍 귀국해야 하는 것은 물론 공개적인 망신에 재정적 파산까지 합세해 부둣가에서 그를 기다리고 있을 것처럼 느껴졌다.

몇 년 후 자서전에서 안데르센은 두 페이지를 할애해 이 연극을 향한 비판을 곱씹는다. "내 신작은 헤이베르를 만족시키지 못했다. (…) 이때부터 헤이베르는 내 적수가 되었다." 하지만 이 논쟁에서 누구의 편을 들어야 할지 모르겠다. 안데르센은 요하네 루이세가 주연 자리를 거절했을 때 반항아처럼 유치하게 굴었고, 그녀의 남편 헤이베르는 안데르센이 쓰러져 넘어질 때까지 걷어차는 비열한 행동을 보였다. 헤이베르는 안데르센이 갖지 못한 모든 것을 누렸다. 문학계와 연극계의 기둥이었고 잘생겼을 뿐만 아니라 교양 있고 학식이 높은 데다 덴마크를 대표하는 배우와 결혼했다. 게다가 헤이베르 부부는 콜린 가족의 정식 게스트였고, 콜린 가족이 가장 좋아하는 작가 또한 안데르센이 아닌 요한 루드비 헤이베르였다. 『시인의 바자르』 여행을 떠나기 직전, 안데르센은 연감에 자신의 둥지에 날아든 이 까치 부부에 대한 분노의 글을 남겼다.

3단계: 어제 헤이베르 부부가 콜린 가족과 저녁 식사를 했다. 저들에게는 무척 유쾌한 자리였다. (…) 절망스럽다. (강조는 안데르센이 한 것이다.)
4단계: 아프다. 친구가 하나도 없다. 콜린씨 댁에 [가지 않았다].+

그러나 사실 한때 '코펜하겐 지식인 계층의 문학적 취향을 결정하는 자'였던 헤이베르는 안데르센의 명예욕과 끝없는 자기 홍보에 오랫동안 분개했다. 처음에는 코펜하겐의 많은 사람처럼 이 젊은이의 시를 옹호했지만, 나중에는 유난히 자부심이 강한 이 겉멋 든 아첨꾼에게 분통을 터뜨렸다. 한번은 안데르센에게 그의 작품 논평이 독일에서만 실리는 이유는 안데르센의 출판업자가 그 논평가들에게 돈을 줬기 때문이라고 이야기했다. 이에 안데르센은 어쩔 수 없이 다음과 같이 응수했다. "아, 정말요? 근데 우리 두 사람의 출판업자가 같다는 사실은 알고 계시죠?" 이 말인즉슨 출판업자 레이첼이 헤이베르의 작품에는 돈을 들일 가치를 느끼지 못했다는 뜻이었다.

한편 1840년 봄에 안데르센은 스웨덴의 한 대학에서 영웅 대접을 받았다. 그가 코펜하겐으로 돌아왔을 때 헤이베르는 스웨덴에서 자신에게도 그렇게 '경의를 표할' 테니 나중에 스웨덴에 갈 때 동행하기를 바란다고 비아냥거렸다.

이에 안데르센은 풍자작가 도러시 파커식의 미사여구로 다음과 같이 응수했다. "아내분도 데려가셔야겠습니다. 그래야 찬사를 받기가 한결 수월할 테니까요."

안데르센은 헤이베르의 『무어인 소녀』에 대한 비판을 잊지 않고 『시인의 바자르』에서 유치한 복수를 감행했다. "나는 헤이베르판 지옥에 수감되는 꿈을 꾸었는데, 말할 것도 없이 그가 이야기한 모습과 똑같았다. 정말로 내 작품만 공연되었고 나는 무척 기뻤다. (…) 또한 저 밑에서 우연히 들은 이야기로는, 어느 날 저녁 내 두 작품 외에도 헤이베르의 『파타 모르가나』가 마무리 작품으로 공연될 예정이었는데 지옥에 떨어진 사람들이 항의했다고 한다. 지옥조차 배겨내지 못하는 것이 있으니 모든 것에는 적정선이 있는 법이다!"

로마에서 전해 들은 이 참담한 소식으로, 안데르센의 희망찬 새해 기도는 이내 주체할 수 없는 허무주의로 무너져내린다. 『무어인 소녀』 이후의 일기는 그야말로 어느 순교자의 선언문을 연상시킨다.

1월 8일 금요일: 『무어인 소녀』가 흥행에 실패해 단 2회만 상연되었다[실제로는 3회다]. 다른 덴마크 친구들이 편지 내용을 물어봐서 말해줄 수밖에 없었다. 온종일 목과 이가 아프다. 아버지[요나스]께 편지를 썼다. (…) 콘스탄티노플과 그리스 여행을 포기했다! 향수병에 젖은 채 잉에만의 『오토 왕자』를 읽었다.

그런 뒤에는 인후염, 두통, 피할 길 없는 치통 등 지병이 본격적으로 시작된다. 열이 나자 물에 소금과 식초를 풀어 족욕을 하고 잠자리에 든다. 치통에는 귀 뒤에 겨자를 문지르는 방법을 썼는데, 어쩐 일인지 이 처방법으로도 통증이 가라앉지 않았다. 홀스트에게서는 아직도 연통이 없고, (당시) 안데르센이 애정을 품고 있던 에드바르에게서도 소식이 없어 기분은 좀처럼 나아질 기미를 보이지 않는다. 고독감이 걷잡을 수 없이 밀려온다.

1월 15일 금요일: 반시간 동안 창밖으로 쓸쓸한 거리를 내다봤다. 허름한 트라토리아 외에는 불빛이 거의 꺼져 있었다.

이튿날에는 기분이 바닥을 찍었다.

1월 16일 토요일: 공격을 받는 것은 두렵지 않다. 가끔은 죽임을 당하는 것도 좋을 것 같다는 생각이 든다. 내게 살아갈 이유가 하나도 남아 있지 않음을 잘 알고 있다. 예술은 미지의 것이고, 사람들의 입에 오르내리고 싶다는 갈망은 한없이 높아서 차라리 허망하게 죽어버리는 것도 재미있겠다는 생각이 든다. 그렇다. 나는 내 약점을 인정하고 내 실수를 바라본다! 아, 하느님께서 하루빨리 내게 큰 생각 내지는 큰 행복을 허락하시기를, 아니면 죽음을 주시기를!

고국 사람들이나 홀스트로부터 소식을 듣고 싶은 마음이 커진 그는 하루에도 일곱 번씩 우체국을 찾아가고, 야심찬 서사시 『아하스베루스』* 집필에 몰두하며 관심을 딴 곳으로 돌리려 애쓴다. 그래도 효과가 없자 콧수염도 민다. 며칠 뒤 그는 발진티푸스로 죽은 어린 소년의 장례식 행렬을 보고 부러운 운명이라고 생각한다. "죽고 싶다. 살아갈 이유가 없다."

그러던 2월 7일, 홀스트가 갑자기 안데르센 앞에 나타나 길거리에서 입맞춤을 하며 반가워한다. 안데르센의 반응이 쌀쌀맞자 홀스트는 뮌헨에서 베네치아로 우회해 오느라 2주가 소요되었다고 설명하고, 이내 안데르센은 다 용서한다. 홀스트와 여행 동무 겸 신학자 콘라드 로테(일기를 보면 무척 편안한 사람이라는 인상을 풍긴다)는 『무어인 소녀』의 참패 소식(야유하는 관객도 분명 있었다)과 왕실 여행 보조금 신청 결과가 아직 나오지 않았다는 소식을 듣고는 안데르센의 기분을 북돋워주려고 최선을 다한다.

<hr>

● 형장으로 가는 예수를 자기 집 앞에서 쉬지 못하게 하고 쫓아낸 죄로 그리스도의 재림 때까지 지상을 유랑해야 한다는 구두장이 이야기를 모티브로 쓴 서사시.

하지만 홀스트가 헤이베르를 지지하는 발언을 하면서 모두 수포로 돌아간다. 이는 언쟁으로 번진다. "처음에는 가볍게 투닥거렸지만 결국 홀스트는 자신이 도착한 순간부터 내 태도가 매정하고 이상했다고 따졌다." 안데르센은 그러지 않겠다고 약속하지만 그날 밤 홀스트가 '여자를 만나러' 가버리면서 자신을 비아 푸리피카치오네의 방에서 '고독한 행복을 만끽하게' 했다고 일기에 적는다.

푸리피카치오네는 바르베리니 광장에서 끝난다. 나는 이 광장에 서서 다른 눅눅한 사진 복사본을 움켜쥐고 안데르센이 어디에 서서 광장 중심에 있는 트리톤 분수의 생동감 넘치는 모습을 스케치했는지 알아내려고 애썼다. 그는 광장에 대해 다음과 같이 썼다. "긴 뿔을 자랑하는 늠름한 흰 소들이 마차에서 떨어져 나와 여기에 누워 있고, 뾰족 모자에 얼룩덜룩한 리본을 두른 소작농 무리가 선 채로 모라mora*를 하며, 건강해 보이고 매력적인 소녀들이 황금 빗으로 윤기가 흐르는 검은 머리카락을 빗으며 춤추는 남녀 한 쌍을 쳐다보고 있다. 탬버린 소리도 들려와 눈과 귀가 즐겁다."

광장은 오늘날 사람들이 분주하게 움직이는 번화가로, 안데르센 시절에 있던 건물은 거의 사라지고 없다. 그래도 고금을 막론하고 마을에 한 명씩 있는 바보는 여기에도 있다.

이 사람은 요즘 시대에 무척 보기 힘들 정도의 올림픽급 괴짜

---

* 이탈리아의 손가락 수 맞히기 놀이.

였다. 양말 속에 바지를 쑤셔넣고 빨간색 허리띠를 찬 데다 머리에 담뱃갑으로 만든 가짜 헤드폰을 쓰는 등 자기 상태를 티 내려 안간힘을 썼다. 그에게는 정해진 일상의 틀이 있는 듯했다. 교통 체증에 막힌 차에 다가가 운전석 또는 승객석의 창문에 얼굴을 들이밀고 진심이 담긴 야유를 길게 보내거나 엄지손가락을 콧등에 대고 시끄럽게 닭 울음소리를 냈다. 아무 문제 될 것 없는 순수하고 건전한 놀이였으며, 실제로 어렸을 때 어린이 TV 프로그램에서 몇 시간이고 보여주던 행동이다.

적어도 안데르센의 1841년 카니발 묘사로 판단하자면, 로마 사람들은 이런 식으로 사회적 눈치를 보지 않고 거리낌 없이 행동하는 게 일상적이었다. 지금의 절제된 방식과 달리, 안데르센의 시절에는 일주일 내내 대중적인 볼거리가 많았다. (이상하게도, 경건함의 상징인 교황이 로마를 다스리던 때에는 카니발이 생동감 넘치는 쾌락의 집합소였지만, 1848년 혁명 이후에는 대중적 행사로서의 카니발이 자취를 감추었다.) 『시인의 바자르』에는 그때의 풍경이 다음과 같이 생생하게 묘사되어 있다. "여인들은 누구든 남자 옷을 입고 자유롭게 밖을 나다닐 수 있다. (⋯) 가난한 사람들은 어렵사리 카니발 드레스를 만들어낸다. 옷 곳곳에 상춧잎을 꿰매넣고 (⋯) 남편과 아내, 때로는 아이들도 상추 옷을 입고 있다. 오렌지 껍질을 잘라 꿰맨 옷도 좋은 구경거리다." 또한 "전형적인 이탈리아 남자 골상을 한 늙은 마부들이 여자 옷을 입고 발바리개가 배냇저고리를 입은 젖먹이나 젊은 아가씨로 변신해 그 옆에 앉아 있는 광경"도 눈에 들어온다. 긴 통에 낀 고양이들의 꼬리를 밧줄로 묶어 세상에 다시없을 악기를 만든 남자도 있다. "남자가 밧줄을 당길 때마다 고양이들이 시끄럽게 울고, 남자는 그 소리로 어떻게든 선율을 구성해낸다."(라디오헤드도 최근 앨범에서 이런 식의 실험적인 음악을 선보였다.)

일 코르소를 따라 기수 없는 경마가 열렸고, 유대인 노인들이 강제로 케이크를 먹고 거리를 달리는 행사도 있었으며 모든 사람, 심지어 멍하니 지내는 시인들조차 이날만큼은 광대가 되었다. 어릿광대 의상(금색과 검은색 깃털 장식이 달린 삼각형의 흰색 모자와 붉은색 실크 가면)을 빌려 입은 안데르센은 사람들의 반응에 기뻐한다. "마차에 탄 여인들로부터 많은 꽃다발을 받았다. 다들 가면이 멋지다고 했다. 한 여인은 손을 흔들며 내게 영국인이냐고, 프랑스인이냐고, 스페인 사람이냐고 물었고, 내가 매번 그렇다고 하자 보답으로 큰 케이크를 주었다. 그런데 다른 두 어릿광대가 이를 훔쳐갔다. (…) 이렇게 재미있을 수가!" 안데르센의 기분은 그제야 나아지는 듯했다.

안데르센이 다녀간 로마를 탐험하면서 (그가 묘사한 로마를 많이 볼 수 있어 무척 신났다) 나는 이 도시가 아주 강력한 자성이 작용하는 단층선 위에 선들이 교차하는 십자형 패턴으로 지어져 있다는 사실을 곧 알게 되었다. 내가 로마에 머문 동안 몇 미터가 멀다 하고 대책 없이 길을 잃고 갈피를 잡지 못한 일을 설명할 길은 이것밖에 없다. 여행 가이드북과 지도들이 내 눈앞에서 변형되며 모호한 시각적 환상을 불러일으키는 것 같았다. 결코 실수가 없던 평소의 방향감각이 완전히 무너졌다. 이는 안데르센의 '1일 최다 성당 방문 횟수'를 넘어서려던 내 도전이 생각보다 더 어려워졌음을 의미했다.

예술 공간으로도 쓰일 만큼 상당히 검소한 예배 장소에 익숙했던 덴마크 루터교도에게는 처음 본 로마의 화려하고 박진감 넘치는 성당들이 적잖은 충격이었음에 틀림없다. 이때 안데르센은 무려 328곳이나 되는 성당을 방문했다. 하지만 1840년 방문때도 이 성당들을 다시 방문하겠다는 욕망이 여전히 강했고, 나는 이에 약간의 의구심을 품었다.

성당을 방문하는 일은 당대의 문화 관광객들이 새 여행 가이드북에 따라 아무 의심 없이 했던 일이지만, 안데르센처럼 열정적이고 헌신적으로 이를 따른 사람은 거의 없었다. 특히 이상한 점은 그가 고국에 있을 때는 정기적으로 성당을 다니거나 하지 않았다는 사실이다. 안데르센은 영성이 깊은 사람이었고 이런 종교적 신앙은 중요성이 떨어지는 일부 작품의 경우 작가의 경건함(위스턴 휴 오든*을 특히 짜증나게 했던 특성)에 짓눌려 있을 만큼 그의 작품에서 끊임없이 되풀이된 주제였지만, 그 역시 아버지처럼 기존 종교의 구속적인 신조를 꺼리는 경향이 있었다.

실제로 그는 교회의 이데올로기를 해석하는 데 있어 뉴에이지라고도 말할 수 있을 만큼 진보적이었기 때문에 때때로 덴마크 귀족사회의 일부 독실한 신자들과 사이가 틀어지기도 했다. 예

---

* 이른바 '오든 그룹'의 지도자로, 실험적인 시활동을 이어간 영국계 미국 시인(1907~1973).

를 들어 원죄 없는 잉태*를 믿을 수 없다는 주장으로 경외할 만한 어느 미망인을 깜짝 놀라게 하는가 하면, 악마나 기적, 부활 개념도 그다지 믿지 않았다. 나는 안데르센이 루터교를 삶 속으로 받아들인 것이 학창 시절이고, 여기에는 덴마크 사회에서 성공하려면 가톨릭교도 집단에 들어가야 한다는 특유의 실용주의가 작용한 것이 아닐까 싶다.

안데르센의 신념 체계는 베투리노를 타고 여행하던 『시인의 바자르』의 한 장면에서 더 잘 드러난다. 이때 그는 열성적으로 복음을 전하는 수사를 만났을 때 자신의 성서는 자연이라고 주장한다. 이런 정서는 여행 후반부에 다뉴브강을 따라 귀국하면서 반복된다. 동승객들이 안식일을 지키며 미사곡을 열창하고 성서를 읽을 때 그의 생각은 "전능하신 하느님이 언제나 우리 곁에 함께하는 자연으로" 날아간다.

자연의 신성에 대한 믿음을 볼 때 안데르센은 루터 교도보다는 범신론자와 공통점이 더 많았지만, 그의 동화에 등장하는 말하는 동물과 사물을 보면 애니미즘 또한 강한 영향을 끼친 것으로 보인다. 다른 신념에 대한 존중은 그가 범신론자들과 공유한 또 다른 신조다. "난 유대교 회당과 터키의 모스크를 찾을 때에도 가톨릭 성당에서처럼 엄숙함을 지키네." 언젠가 그는 외르스테드에게 말했다. 콘스탄티노플의 한 모스크에서 적대적인 반응을 경험한 후 그는 다음과 같이 쓴다. "그렇게 화난 얼굴로 보지

* 성모 마리아가 잉태를 한 순간 원죄가 사해졌다는 가톨릭의 믿음.

마시길, 늙은 사제여. 그대의 하느님이 곧 우리 하느님이니! 자연의 사원은 우리 모두의 하느님이 거처하는 공동의 공간이며, 그대가 메카를 향해 무릎을 꿇을 때 우리는 동쪽을 향해 무릎을 꿇나니! '하느님은 천상과 지상의 빛이라!' 그분이 모든 정신과 마음을 일깨우신다!"

전능하신 하느님과의 관계에 대해 말하자면, 하느님은 그의 소원을 들어주고 그를 지켜보며 결국 모든 일이 최선의 상황으로 흘러가도록 보증한 요정 대부에 더 가까웠던 것으로 보인다. 그는 일기에서 종종 하느님께 직접 말을 걸었다. 초창기의 일기에는 학창 시절에 하느님께 도와달라고 애원하는 글이 적혀 있다. "나의 하느님! 나의 하느님! 정말 거기 계신가요? (⋯) 하느님께 찬양을 드리세! (⋯) 오, 주님! 주님께서 모든 것의 주인이라는 희망을 제가 잃지 않게 하소서! (⋯) 하느님! 전 다른 사람들의 존경을 받는 위대한 사람이 되어 행복을 찾아가고 싶습니다. (⋯) 오, 주님! 절망에 빠진 이 사람의 운명을 결정할 수 있는 분은 주님뿐입니다!" 그는 나이가 들어서도 이런 애원을 그치지 않았다.

따라서 그런 배경을 지닌 덴마크인치고는 다른 신념에 대해 이례적일 정도로 생각이 열려 있고 포용적이었지만, 그럼에도 가톨릭 성당을 찾아가려는 그의 그칠 줄 모르는 욕구를 충분히 설명해주진 못한다.

안데르센이 로마에서 쓴 글에 언급된 여러 성당을 방문하고 그가 묘사한 수많은 종교화와 조각을 감상하는 동안, 종교적 호기심 외의 다른 요소가 안데르센의 철두철미한 성당 탐방을 자극했을지도 모른다는 사실이 분명해졌다. 나는 가톨릭에 대한 그의 관심을 부채질한 것이 영적 갈망보다는 관능적 갈망이 아니었을까 하는 궁금증이 생겼다. 그를 이런 장소로 유인한 것은 정신적 욕구보다는 육체적 욕구가 아니었을까? 단도직입적으로 말해서 적어도 어느 정도는 남자의 형체에 대한 관심이 아니었을까? 내가 터무니없는 추측을 하고 있는 거라면 그 상스러움을 용서해주길 바란다.

르네상스 이후에 창작된 종교 미술품 중 상당수에 관능적, 동성애적 의미가 함축되어 있다는 것은 새삼스러운 사실이 아니지만, 나처럼 매우 짧은 기간에 많은 작품을 보노라면 그 함의가 본래의 종교적 색채를 지워버리게 된다.

요컨대 나는 로마에 있을 때만큼 많은 무기력한 사내가 한 장소에 모여 있는 것을 본 적이 없었다. (함부르크에서 본 남자들은 무기력과는 거리가 멀었다.) 프레스코화는 하나 걸러 하나씩 돈을 새김이 있고, 조각은 하나 건너 하나씩 벌거벗은 남자가 주인공이다. 그리스도 외에는 엉덩이를 드러낸 아기 천사, 옷을 걸친 듯만 듯한 성자, 이단적이고 불운하며 극심한 고통에 시달리고 구원받는 온갖 방관자가 그 모델이다.

로마에서는 공원, 광장, 성당, 박물관 등 어디를 가든 자기나 회반죽으로 만든 남자 생식기를 볼 수 있으며, 모두 예외 없이 칵테일소시지보다 작다. (이런 예술품이 어떤 식으로든 이탈리아 남자들을 정확하게 묘사한 것이라면, 왜 이탈리아 남자들이 거대한 후추

분쇄기와 으리으리한 빨간색 스포츠카, 여자들의 엉덩이를 꼬집는 행위에 집착하는지 다 설명이 되는 셈이다.)

내가 임계점에 도달한 곳은 다름 아닌 바티칸 박물관으로, 수많은 남근이 실제로 나를 압도하기 시작했다. 교황의 뒷마당인 이곳에는 주교와 수사, 수녀, 신도들의 교화를 위해 말 그대로 수백 개의 헐벗은 녀석들이 왼쪽이나 오른쪽, 대개는 (통계적 정확도는 부족하지만) 중앙에 달랑거리고 있었다. 나만 그렇게 느끼는 것인지 모르겠지만, 시스티나 성당 천장화의 한 패널에는 이브가 몸을 돌려 아담에게 구강성교를 해줬거나 해줄 것처럼 보이는 장면도 묘사되어 있다.

그리고 사람들은 가톨릭 수사들이 그토록 정도를 벗어나 있는 이유를 궁금해한다.

같은 말을 자꾸 반복하고 싶지는 않지만, 이런 묘사의 대상이 대부분 낚시 미끼로 사용해도 될 만큼 작은 남근일지언정(일어나라, 미켈란젤로의 다비드여. 아, 미안. 이미 일어나 있지) 안데르센처럼 화초 같은 삶을 영위한 남자에게는 일종의 놀라운 경험이었을 것이다. 더군다나 나체를 묘사한 대다수의 고전주의 및 신고전주의 작품은 종종 성과 무관하거나 중성적이다. 세월이 한참 지난 일이긴 하지만, 1984년경 「톱오브더팝스」에 여자 옷을 입고 출연한 보이 조지의 예에서 알 수 있듯이 많은 경우 생식기를 빼고 여자와 남자를 구분해 말하기는 불가능하다. 자신의 성적 충동을 두려워하고 다른 사람들의 동물적 습성에 깜짝 놀라던 남자에게 인간 신체에 대한 덜 노골적이고 위화감 없는 묘사는 큰 매력으로 다가왔을 것이라 생각된다. 성당만큼 나체 형상을 봐도 부끄럽지 않은 장소가 어디 있겠는가? 이는 분명 외설물 전문 서점을 찾는 것보다 사회적으로 훨씬 더 용인되는 일이다.

안데르센이 이탈리아에서 겪은 '관능성'의 빈번한 발작은 저녁에 홍등가 주변을 돌아다니다 만나는 유혹적인 아가씨들만큼이나 해가 뜰 때부터 질 때까지 흡입하던 예술과 많은 관련이 있었을까? 한 가지 확실한 것은 많은 이가 사실로 상정하는 것처럼 안데르센이 동성애자였다면 눈요기 장소를 제대로 찾은 것이라는 사실이었다.

그런데 그는 정말 동성애자였을까? 사실 나는 이 민감한 주제를 되도록 피하고 싶지만, 호기심을 놓지 못할 독자들을 위해 진상을 파헤치는 것이 좋을 것 같다.

안데르센이 동성애자였다고 믿는 사람은 많지만, 대개 연배가 높은 덴마크의 남성 안데르센 연구자들은 이에 못지않은 확신을 갖고 이런 주장에 반박한다.

대담한 발언이 될 줄 알지만, 나는 안데르센의 성 정체성을 둘러싼 복잡한 퍼즐을 풀 수 있으리라고 생각한다. 하지만 한 세기 반에 걸친 지나친 억측들을 종식시키기 전에 먼저 심한 정서적 장애를 안고 있던 한 시인의 [성별 구분 없는] 성적 모험을 빠르게 훑어보자.

1830년에 리보르 보이그트에게 가차 없이 퇴짜를 맞은 안데르센은 그녀의 오빠인 크리스티안에게 눈을 돌리며 다음과 같이 털어놓는다. "그는 내가 그 누구보다 애착을 느끼는 사람이다. (…) 마치 그가 내게 마법을 거는 것 같다. 어떻게 그를 이렇게 좋아할 수 있는지 모르겠다." 두 사람은 유별날 만큼 가까운 사이였지만 분명 성적인 관계는 아니었던 듯하며 평생 연락하며 지냈다. (안데르센은 훗날 크리스티안이 낳은 장남의 대부가 되었다.)

그런 뒤에는 후원자 요나스 콜린의 아들인 에드바르 콜린에게 자신의 욕망을 노골적으로 드러내는 무수한 편지를 썼지만 결국 그 사랑의 편지는 바위 위에 떨어진 씨앗처럼 아무 결실도 맺지 못했다. 그 길이 비관적일 게 뻔했으므로, 그는 다음으로 루드비 뮐레르라는 서른두 살의 예쁜 곱슬머리 신학생과 사랑에 빠진다. 시골 저택들을 정기적으로 방문하던 중 만난 남자였다.

"아마 당신은 날 비웃겠지만 당신이 미치도록 보고 싶습니다." 안데르센은 두 사람이 처음 헤어지고 난 후 이렇게 썼다. "당신이 내 형제처럼 좋습니다. (…) 어젯밤 내 작은 방이 어찌나 텅비어 보이던지! 당신의 침대를 보려고 들어갔다가 혼자 서성거리고는 비참한 기분에 빠져 한숨도 자지 못했습니다. 오! 이리 와요, 친애하는 나의 루드비. 당신은 내게 애정이 전혀 없겠죠. 그건 당신이 가장 좋아하는 것이죠! 그럼 이제 오실 건가요? (…) 내가 이상하다고 생각되면 기억해요. 당신 말처럼 난 괴짜라는 사실을."

뮐러가 안데르센의 강아지 같은 애착을 에둘러 떨쳐내려고 애썼으리라는 것은 안 봐도 뻔하다. 그러던 중 기적적인 일이 일어났으니, 바로 뮐러에게서 답장이 온 것이었다. "이 괴짜 친구 같으니! 당신은 내게 무척 소중한 사람이랍니다. (…) 나도 자주 당신 생각을 하며 우리가 다시 만날 날을 어린아이처럼 손꼽아 기다리지요."

안데르센은 기쁨에 들뜬 채 다음과 같이 답장했다. "오, 당신을 좋아하는 내 마음은 어떤 말로도 다할 수 없을 만큼 큽니다. (…) 당신은 내게 말할 수 없이 가까운 존재랍니다. (…) 기회만 된다면 두어 시간 만에 당신에게 달려갈 텐데 지금은 여력이 안 되는군요. 당신이 몹시 그립습니다." 하지만 이 답신을 보내려는 순간 그 편지가 한 여자 친구가 쓴 장난질임을 알게 되었다. 놀랍게도 안데르센은 장난 편지 사본, 그리고 "이걸 직접 쓴 것이 맞느냐"고 묻는 또 다른 편지와 함께 이 답신 편지를 그대로 보냈다.

실제로 돌아온 대답은 확실한 거절이었다.

리보르와 루드비, 에드바르에게 퇴짜를 맞은 안데르센은 사랑의 열추적 미사일처럼 에드바르의 막내 여동생인 열여덟 살 루이세에게 연정을 돌렸다. 이번 역시 가망 없는 사랑임을 알았다. 애초에 그녀의 가족이 허락할 리 없는 일이었다. 안데르센은 「미운 오리 새끼」에서 이를 언급하고 있는 듯하다. "'정말 못생겼구나! 하지만 네가 우리 가족과 결혼하지 않는다면 큰 상관은 없지!' 들오리들이 말했다. 가여운 오리! 미운 오리 새끼는 결혼 같은 건 생각하지도 않았다. 그저 갈대에 누워 늪지의 물을 좀 마실 수 있다면 그것으로 충분했다."

그는 1837년에도 '미성년과의 열병'에 빠졌다. 이번 상대는 외르스테드의 딸인 소피 외르스테드로, 당시 겨우 열여섯 살이었고 안데르센에게 손톱만큼도 관심을 보이지 않았지만, 불운한 사랑 전문이었던 안데르센이 이 기회를 놓칠 리 없었다. 소피의 약혼 소식을 들은 그는 다음과 같이 썼다. "나는 절대 결혼하지 않을 것이다! 날 위해 예정된 소녀는 더 이상 없다!" 그래서 그는 한 번 더 남자에게 관심을 돌렸다.

1년 뒤 안데르센은 토르발센을 방문했다가 당시 자기 나이의 절반밖에 안 되었던 헨리크 스탐페를 처음 만났다. 그때 토르발센은 니쇠에 있는 헨리크의 아버지 바론 스탐페의 시골 저택에서 작업을 하던 중이었다. 헨리크는 다부지고 예쁘장하게 생겼지만 꽤나 망나니였다. 그와 안데르센은 몇 년 동안 가까워졌지만, 헨리크는 그저 안데르센을 이용해 요나 드레브센이라는 소녀에게 접근하는 데에만 관심이 있었던 듯하다. 요나가 요나스 콜린의 손녀라는 사실이 신경에 거슬리긴 했지만, 안데르센의 연감에 기록된 십자가와 자주 '음경통'을 호소하던 것으로 판단해볼 때 안데르센은 이 시기에 꽤 많이 자위를 했던 것 같다.

안데르센은 헨리크를 마음에 몰래 품고 있던 때와 비슷한 시기에 마틸다 바르크라는 열아홉 살 숙녀에게 공개적 구애를 하고 있었다. 그렇다고 그녀가 '연막'용 상대였던 것은 아니고 실제로 그는 그녀에게 푹 빠져 있었던 듯 보인다. 1840년 『시인의 바자르』 여행을 떠나기 전, 그는 마틸다에게 굉장히 멜로드라마 같은 연애편지를 썼다. "저는 슬픈 기분으로 떠납니다. 따뜻한 날씨와 장엄한 풍경이 기다리는 남쪽도 내 영혼에 햇살을 불러오진 못할 겁니다. (⋯) 부디 제가 타국에서 죽거나 아니면 고국으로 돌아와 제 자신과 덴마크에 영광을 가져다줄 작품을 쓸 수 있기를 간절히 기도합니다." 그러고는 다음과 같이 끝맺었다. "11월 초에 편지를 써서 뮌헨 우체국에 '우편물 유치로' 보내면 제가 알프스를 넘어가기 전에 받을 수 있을 겁니다."

그런데 예상치 않게도 마틸다의 꽤 고무적인 답장이 3년 늦게 안데르센의 손에 전해졌다. 한 친구가 편지를 둔 곳을 잊어버리면서 생긴 일인데, 아마도 안데르센의 다른 애정생활이 그렇게 비극적이지 않았다면 재미있는 사건이 되었을 것이다. 그 무렵 양쪽은 다른 구혼자에게, 즉 안데르센은 제니 린드에게, 마틸다는 벨기에 대사에게 마음이 옮겨간 후였다.

『시인의 바자르』 여행으로 안데르센의 구애활동은 한동안 중단되었지만, 여행에서 돌아오자마자 애정생활도 그의 글처럼 새로운 에너지와 자신감을 발판으로 폭발했다. 동방 여행 직후 몇 년 동안 안데르센은 두 차례 큰 열병을 앓았는데, 한 번은 스웨덴 가수 제니 린드에게 공공연하게 애정을 드러냈고 또 한 번은 작센-바이마르-아이제나흐 대공국의 카를 알렉산더 대공세자와 훨씬 더 깊고 친밀한 관계를 이어나갔다.

대공은 안데르센에게 가장 '성공적인' 인맥이었고, 주인공들의 기벽만 없었다면 관례적이라고 할 법한 관계였다. 카를 알렉산더를 처음 만난 직후 안데르센은 대공에 대해 다음과 같이 썼다. "젊은 대공을 정말 사랑한다. 왕자에게 매력을 느낀 것은 이번이 처음이다. 그래서 차라리 그가 왕자가 아니기를, 아니면 나 자신이 왕자이기를 바라게 된다."

최근에 대공이 결혼했지만, 그럼에도 두 사람은 오래지 않아 끈 끈한 사이가 되었다. 안데르센은 적어도 자신의 유난스러운 감정을 표현할 상대를 찾았다. 카를 알렉산더는 스물여섯밖에 되지 않았지만, 어린 나이부터 낭만주의적 과잉이라는 샘물을 마셔온 사람이었고 안데르센처럼 영원한 감정의 고양 상태에서 사는 것처럼 보였다. 안데르센에게 그는 손을 맞잡고 감정이 용솟음치는 편지를 쓰고 평생 동안 사랑을 맹세할 수 있는 영혼의 단짝이었다. 이는 어느 기준에 비춰보더라도 친밀하고 흔치 않은 관계였다. 일기 속 안데르센은 마치 자신의 동화 속 여주인공이 되어 마침내 왕자님과 맺어진 듯 보인다. "대공세자와 팔짱을 낀 채 성의 뜰을 가로질러 내 방까지 왔다. 그는 내게 부드럽게 키스를 하고는 자신이 평범한 사람일지라도 자신을 늘 사랑해달라고 간청했으며 이번 겨울 동안 자기 곁에 있어달라고 부탁했다. (…) 나는 이 이상한 왕자의 성에 초대된 손님으로 그의 사랑을 받고 있다는 울적하고 행복한 기분에 젖어 잠이 들었다. (…) 마치 동화 같다."

안데르센은 지금껏 이런 식으로 사랑을 보답받은 적이 없었다. 그러니 "당신의 편지는 이제 나의 가장 신성한 보물에 속한다"고 적힌 왕족의 편지는 이 골수 왕정주의자에게 하늘에서 내려온 만나*와 같았음에 틀림없다.

1846년 바이마르를 답방했을 때 카를 알렉산더와 한스 크리

---

* 모세의 지도로 애굽을 탈출한 이스라엘 백성이 광야에 이르러 굶주릴 때 하느님이 내려준 신비로운 양식.

스티안은 사랑을 공고히 했다. "그는 우리가 영원히 친구로 남아야 하며, 언젠가는 바이마르에서 영원히 자신과 함께 살게 될 것이라고 말했다. (…) 그가 [내] 손을 꽉 잡으며 사랑한다고 말하고는 내 뺨에 자신의 뺨을 댔다." 친밀감은 진짜로 잔 것은 아니지만 잠자리로 발전했다고 안데르센은 일기에 적었다. "아침 8시에 대공세자를 보러 갔다. 그는 셔츠에 가운만 걸친 채로 나를 맞았다. '난 그것까진 할 수 없네. 우리는 서로를 알아.' 그가 나를 꽉 끌어안았고 우리는 키스를 나누었다. '이 시간을 어제의 일로 생각하게. 우리는 영원히 친구라네.' 우리는 둘 다 울었다."

물론 이 사랑은 불운한 결말을 맞았고, 그렇지 않았더라도 안데르센이 그렇게 할 방법을 고안해냈을 것이다. 대공은 안데르센에게 바이마르에 살면서 '자신을 영원히 사랑해달라'고 간청했지만, 슐레스비히홀슈타인 영토를 둘러싼 프로이센과 덴마크 사이의 전쟁이 1848년부터 1864년까지 계속되었다. (이 전쟁은 개인적으로 끝없이 되풀이할 수 있는 파머스턴 경의 명언을 상기시킨다. "슐레스비히홀슈타인 문제를 이해할 수 있는 사람은 딱 세 명입니다. 한 명은 고 앨버트 공이고, 또 한 명은 미치광이 독일 교수이며, 내가 세 번째인데 난 그 문제를 잊어버렸지요.") 이 전쟁에서 결국 덴마크가 지면서 둘의 관계는 지지를 얻지 못하게 되었다. 안데르센은 상황이 정리된 후 바이마르를 다시 찾았고, 카를은 전과 다름없이 상냥했지만 그의 궁정은 이 덴마크 문호에게 노골적인 적대감을 드러냈다. 안데르센은 그에게 다시는 같은 감정을 느끼지 못했다.

한편 또 다른 상대인 제니 린드는 당대 유럽 전역에서 가장 사랑받은 가수였다. 안데르센은 사람들이 그 전설적인 목소리를 듣기 위해 극장 밖에서 야영을 하며 표를 샀다고 자서전에 적었다. 1840년 동방으로 떠나기 직전 처음으로 그녀를 잠깐 봤을 때는, 그리 큰 인상을 받지 못했다. "머릿속에서 금방 잊힐 아주 평범한 사람"처럼 보였다고 훗날 그는 썼다. 하지만 린드는 1843년 코펜하겐을 다시 찾았고, 이번에는 자신이 사랑에 빠졌다고 확신했다.

안데르센과 린드는 놀랄 만큼 닮은 점이 있었다. 둘 다 혼외 임신으로 태어났고 찢어지게 가난한 유년 시절을 극복해 악착같이 출세한 이들이었다. "하느님은 우리에게 견과를 주시지만 대신 깨주시지는 않는다"라는 안데르센의 반복적인 '모토'는 자신의 재능을 살려 출세하겠다는 린드의 대쪽 같은 결심에도 동일하게 적용될 수 있었을 것이다. 안데르센은 심지어 스스로를 여자 린드로 묘사하기까지 했다. 이 말이 린드를 향한 아첨이었을리 없지만, 꽤 정확한 표현이었다.

안데르센에게는 안된 일이지만, 린드는 그를 친오빠처럼 여겼다. 정신적 지지가 필요할 때 안데르센의 감정을 이용한 후에야자신의 감정이 플라토닉한 사랑임을 확실히 밝혔다.

린드 이후에 안데르센의 양성애 취향은 더 안전한 영역, 다시 말해 남자들을 향해 마지막으로 흔들렸다. 그는 1857년 파리에서 처음 만난 젊고 섹시한 발레리노인 하랄 샤르프에게 홀딱 빠져 정신을 못 차렸다. 안데르센은 50대 초반, 샤르프는 20대 초반이었다.

안데르센의 일기를 보면 샤르프가 그의 성 정체성을 되살렸고 요나스 콜린이 최근에 세상을 떠난 후 그가 이런 관계에 더 열린 자세를 갖게 되었다는 것을 알 수 있다. 두 사람은 친구들이 사람들 입방아에 오르고 있다고 경고할 정도로 자신들의 사랑을 공개적으로 드러냈다. "나는 매일 그를 갈망한다." 안데르센은 두 사람의 불꽃 같은 연애가 절정에 달했을 무렵 이렇게 썼다. 그럼에도 전기작가 재키 울슐래거가 지적하듯이, 여전히 "우리는 [그들이 나눈] 관계의 육체적 수위를 짐작만 할 수 있을 뿐이다". 혈기 왕성한 젊은 샤르프가 안데르센에게 육체적 흥분을 느꼈다는 것은 상상하기 어렵지만, 둘 다 연극계 사람이었고 샤르프가 결국 더 젊은 상대를 찾아가긴 했지만 둘의 관계는 몇 년은 족히 지속되었다. 하지만 나는 안데르센이 자신의 마지막 강렬한 사랑이었던 샤르프로부터 일종의 정신적 만족을 얻었다고 생각하고 싶다. (슬프게도 샤르프는 알코올의존증 환자로 생을 마감했는데, 아이러니하게도 안데르센의 동화를 바탕으로 한 발레 리허설을 하던 중 입은 부상으로 일찍 은퇴하게 되었고 1912년 정신병원에서 숨을 거두었다.)

따라서 안데르센의 '파트너들'은 소위 잡동사니였다. 통계상 남자 쪽으로 약간 더 기울어 있지만, 덴마크 학자들은 샐 틈이 전혀 없는 견고한 성벽을 쌓아 그의 이성애를 옹호했다. 그 이유는 단순하다. 당시에는 동성애가 남부끄러운 성향이었기 때문에 그 성벽을 넘어 덴마크의 신성한 문호를 커밍아웃시키려는 사람은 누구든지 아이슬란드로 보내졌을 것이다. 덴마크인들이 바이킹족임을 잊지 말자. 바이킹은 유럽 전역을 난폭하게 휩쓴 민족이었다. 이런 민족의 국민 시인이 '남색'을 한다니 가당키나 한 이야기이겠는가?

초창기 안데르센 기록 관리 전문가이자 할리우드 배우인 진 허숄트는 다음과 같이 주장했다. "안데르센이 왜 결혼을 하지 않았는지는 쉽게 알 수 있다. 앙상한 안면 골격이 못생긴 얼굴을 더욱 두드러지게 했고, 초년에는 안정된 결혼생활을 꾸릴 만한 수단도 없었다." 비슷한 맥락으로, 또 다른 안데르센 전문가는 다음과 같이 썼다. "애정 면에서 안데르센이 겪은 불행은 필요 이상으로 기발한 설명을 낳았다. 수포로 돌아간 세 차례의 구애는 누가 봐도 그의 악명 높은 못생긴 얼굴 때문이었다." 안데르센의 성 정체성에 관해 영향력 있는 장편 논문을 쓴 학자 빌헬름 폰 로젠은 다음과 같이 결론 내렸다. "안데르센은 동성애자가 아니었다. 그는 남자와도, 여자와도 사랑에 빠졌으며 누구보다 에드바르 콜린을 사랑했다."

안데르센의 성 정체성을 다룬 설명 중 가장 완곡한 표현은 그가 '한시도 가만있지 못하는 노총각'이었다는 것이지만(이 표현은 나와 한 번 작업한 적 있는 유명 코미디 배우의 은밀한 취향에 대해 『라디오타임스』에서 '스쿼시를 즐기는 혈기 왕성한 총각'이라고 한 것과 묘할 만큼 비슷하다), 나는 『에클렉틱Eclectic』 1851년 3월호에 실린 표현("그는 결혼 이력이 없으며 코펜하겐 가십에 따르면 앞으로도 그럴 일은 없을 것이라고 한다")이 무척 마음에 든다.

기존의 문학평론가들이 안데르센의 동성애를 부정하는 데 담긴 속뜻을 들여다보면 동성애는 부정적인 것이자 성격적 결함이므로 안데르센 같은 천재와는 절대적으로 무관한 일이라는 것이다. 안데르센이 동성애자였다는 (적어도 인쇄돼 나온) 최초의 주장은 카를 알베르트 한센 팔베르(그 자신도 동성애자로 엄청난 박해를 받았다)의 1901년 논문이었지만, 최근에 나온 안데르센 관련 박사학위 논문에서조차 (안데르센이 철저히 이성애자였다는) 20세기 초 덴마크 심리학자 얄마르 헬베그 교수의 주장을 확정적 진단으로 인용한다. 한편 안데르센 탄생 200주년 기념 행사의 주최를 맡은 단체인 HCA 2005는 안데르센의 자서전에서 남자와의 교우관계가 조금이라도 드러나면 그 부분을 삭제했다.

그렇다면 안데르센이 남자들에게 쓴 그 모든 연애편지는 뭐란 말인가? 이 점은 확실히 해명하기가 어렵지 않은가? '전통파'에 속하는 저명한 전기작가 엘리아스 브레스도르프는 "안데르센의 편지 중 일부는 거의 사랑의 공표에 가깝다"고 인정한다(내가 강조하고 싶은 부분이다). 또한 안데르센이 1835년 에드바르에게 마치 자신이 "사랑스러운 칼라브리아 숙녀"라도 된 것처럼 그를 갈망한다고 쓴 편지 역시 사실상 '사랑 편지'라고 수긍한다. 브레스도르프는 안데르센이 "육체적으로 그 반대 성에 끌렸다"고 인정하지만 궁극적으로는 헬베그 교수의 다음과 같은 의견을 따른다. "사회 분위기가 우호적일 때 안데르센이 젊은 동성애 남자를 만나 호감을 품었다면 어떤 결과가 초래되었을지 단언하기 어렵다. 어쩌면 그는 실제로 동성애자가 되었을지도 모른다."

물론 그가 젊은 동성애 남자를 많이 만났다는 것은 사실이다.

또 다른 일반적인 변론(취할 점이 없는 것은 아니다)은 안데르센이 남자들에게 보인 애정 표현을 당대에 유행한 낭만주의 사조의 맥락에서 설명할 수 있다는 것이다. 오늘날 흑인 랩 스타 흉내를 내는 중산층 백인 남자아이들처럼, 19세기 초반 특정 유형의 이성애 청년들은 자신들이 좋아하는 소설 속 주인공을 즐겨 모방했다. 이런 주인공들은 '약간 동성애적' 성향을 띨 때가 종종 있었는데, 가장 유명한 예로는 괴테의 베르테르가 있다. 부모들과 어떻게든 개입했을 교사들은 이런 남남 간의 감정을 하나의 통과의례로 묵살했다.

1926년에 나온 안데르센 자서전 영어판의 서문에서는 안데르센이 그저 이런 부류 중 한 명이었다고 순화한다. "안데르센이 보이는 많은 눈물(당시 남자들 사이에서 유행한 것)과 일명 '감수성' 넘치는 표현은 독자의 인내심을 시험할 수 있다." 하지만 사실 그가 남자 동료들에게 쓴 편지에는 당시 유행하던 눈물 이상의 감정이 담겨 있었다.

"아, 그래도 역사적 인물을 이야기할 때는 '동성애' 같은 현대의 꼬리표를 사용해선 안 되죠." 안데르센이 동성애자가 아니었다는 편에 서는 사람들은 이렇게 말한다.

폰 로젠은 다음과 같이 쓴다. "그동안 안데르센이 동성애자였는지에 대한 논의가 있었다. 하지만 이 문제를 제시하는 방식은 역사적이지 않다. '동성애'라는 말과 개념, 현상은 안데르센 시대에 존재하지 않았다. 사실 '동성애'라는 용어는 (헝가리 작가이자 최초의 동성애자 인권운동가인 카를 케르트베니에 의해) 1868년에야

생겨났다. (미셸 푸코가 주도적으로 전파한) 이 주장인즉슨, 이 시대 이전의 사람을 동성애자로 규정하는 것은 엄밀히 말해 불가능하다는 것이다.

이것은 내 전문 분야도 아닌 데다 다른 사람의 흰색 패트릭 콕스 로퍼를 발로 밟고 싶은 생각은 추호도 없지만, 실제로 동성애가 19세기 후반(오스카 와일드가 동성애로 일종의 마녀 사냥을 당하며 재판을 받은 때)에야 공론화되었다고 해서, 케르트베니가 동성애 행위를 생각해냈다고 주장하는 것은 분명 터무니없다. (빅토르 위고, 발자크, 랭보의) 저명한 전기작가인 그레이엄 로브가 이 주제에 관한 저서 『이방인: 19세기의 동성 간 사랑』에서 설명하듯이, 19세기 초는 사실 동성애에 꽤 관대한 시절이었고 주변에서 동성애자들을 흔히 볼 수 있었다. (다만 덴마크에서는 안데르센과 동시대인이자 친분이 있는 라우리스 크루세가 동성애자라는 소문 탓에 나라에서 추방된 후 파리에서 죽은 사례가 있다.)

그럼에도 기존의 덴마크 학자들은 안데르센이 동성애자가 아니었다는 결정적인 증거로 다음의 두 가지 사실을 내세운다. 만약 안데르센에게 그런 성향이 있었다면 첫째, 어느 누구보다 가까웠던 콜린 가족이 이 사실을 잘 알았을 것이고, 둘째, 그랬다면 안데르센이 만년에 콜린의 손자들과 여행을 하도록 허락하지 않았을 것이다.

"안데르센이 동성애자라는 일말의 의심이라도 있었다면 [에드바르] 콜린이 어린 아들로 하여금 안데르센과 단둘이 유럽 여행을 하도록 놔두었을 리 없었다." 헬베그는 이렇게 쓴다. 오늘날에도 여전히 나오는 이 헛된 주장에는 안데르센이 동성애자였다면 아무 남자하고나 성적 탐닉을 즐겼으리라는 함의가 담겨 있는 것 같다. 당연한 이야기지만, 남자 동성애자들에게도 다른 사람들처럼 성적 선호도가 있으며 따라서 그 시기에는 이런 남자들이 안데르센의 취향이 아니었을 수 있다. 공교롭게도 그의 취향은 어린 남자였고 그때는 세상 물정을 잘 알 만큼 나이도 먹었지만(그는 60대였고 상대들은 20대 초반이었다), 그와 이 젊은 남자들, 특히 에드바르의 아들 요나스 2세와의 관계에는 어떤 갈망, 심지어 질투의 감정까지도 강하게 깔려 있다.

불행히도 안데르센은 콜린가 남자들이 워런 비티*만큼이나 동성애와 거리가 멀다는 사실을 잘 알았으며(예를 들어 잉에보르의 아들 에이나르는 안데르센과 함께 찾은 파리의 사창가에서 훨씬 더 적극적인 태도를 취했다), 유럽을 여행하는 동안 콜린가 아이들을 보살피는 것이 자기 책임이라는 것 또한 잘 알았기 때문에 대단히 신뢰할 만했다. 말하자면 그는 콜린 가족과의 관계를 망칠 생각이 전혀 없었다.

그리고 결정적으로 콜린 가족은 안데르센이 남자들에게 유별날 만큼 강한 감정적 애착을 느낀다는 사실을 아주 잘 알고 있었다. 안데르센은 테오도르 콜린이 자신에게 하랄 샤르프와의 관계를 더 신중하게 생각하라고 경고했다며 당시 일기에 신경질적으로 썼다. "테오도르 때문에 기분이 몹시 상했다. (…) 그는 내

---

* 여성 편력으로 유명한 할리우드 배우.

가 S에 대한 사랑을 너무 공공연히 드러낸다고 경고하면서 사람들이 이를 눈치 채고 비웃는다고 말했다." 오랫동안 안데르센의 달갑지 않은 열정의 대상이 되었던 에드바르 또한 카를 알렉산더와의 관계가 부적절하다고 경고했다. 안데르센 사후에 에드바르는 그가 쓴 편지들을 옛 남자 '연인'들에게 돌려주어 원하면 파기할 수 있도록 했다. 그리고 이미 이야기한 것처럼, 테오도르는 안데르센의 욕망을 더 정상적인 대상으로 돌리겠다는 희망으로 그에게 매춘부를 만나보라고 설득했던 친구 중 한 명이었다.

안데르센에게 동성애적 성향이 있었다는 사실을 거부하는 이들은 그가 여자들에게 보인 구애를 증거로 대며 입장을 고수한다. 그가 여자들에게 성적 흥분을 느꼈다는 것은 의심할 여지 없는 사실이지만, 이런 연애 감정은 남자들과 벌인 치정과는 성격이 크게 다르다. 그가 목표로 삼은 여자들은 거의 예외 없이 그가 넘을 수 없는 벽이었기 때문에 불운한 결말은 이미 예고된 것이었다. 문제의 여자들은 (보이그트, 루이세 콜린, 제니 린드처럼) 이미 더 좋은 구혼자들이 줄을 섰거나 (소피 외르스테드와 루이세처럼) 그 가족들이 과장된 펜팔 단계 이상으로 관계가 진전되도록 허락하지 않았을 것이다. 소피와 루이세, 로테 욀렌슐래게르(당대 덴마크의 일류 시인 아담 욀렌슐래게르의 딸)에 대해서는 안데르센이 궁극적으로 원한 것이 그녀들의 애정이라기보다 그 아버지들의 애정은 아니었는지도 따져보아야 한다.

여자들, 특히 린드에 대한 안데르센의 구애는 매우 공개적으로 이루어졌다. 그는 이런 사냥이 가져다주는 고조된 감정을 즐겼으며 이 관계들이 파국을 맞은 후의 여파에 흠뻑 젖어들었다. 여자들의 퇴짜는 그의 자존심을 지키는 순수한 산소와도 같은 관심과 동정뿐 아니라 낭만주의 작가의 성장에 유용하게 사용된 일종의 실제 경험담까지 그에게 가져다주었다. 결국 연애가 주는 깊은 절망감을 이해하지 않고서는 사랑 이야기를 쓸 수 없는 법이니까. 그렇다고 안데르센이 물질적 필요라는 자신의 이익만을 생각해 여자들과 관계를 맺으려 했다는 이야기는 아니지만, 분명 그런 관계에는 뭔가 겉치레 같은 느낌이 있었다.

궁극적으로, 대단히 자기중심적이었던 남자(에드바르에게 보내는 편지에 종종 자신의 '여성스러운' 면을 언급하고 한번은 자신이 '반은 여자'라고 인정했던 남자) 안데르센은 인생을 함께할 여자를 영원히 찾지 못할지 모른다는 생각에 체념하다 못해 안심하기까지 했다. "내가 결혼을 약속할 일은 절대 없을 것이다." 그는 소피가 근방 약국집 아들에게 시집간 뒤 이렇게 썼다. "설령 그런 일이 일어나더라도 그것은 크나큰 불행일 것이다. (…) 지금 나는 집에 홀로 있고, 앞으로도 늘 혼자일 것이다." 루이세 콜린의 은혼식에 참석한 후에는 다음과 같이 썼다. "루이세의 남편이 되지 않은 것을 하느님께 감사드린다. 만일 그랬다면 나는 시인으로서 완전히 다른 길을 걸었을 것이다(어떤 길인지는 하느님만이 아시리라)."

여성들에 대한 그의 공공연한 가식적 태도와 달리, 안데르센의 남자 관계는 더 통절하고 어째서인지 여자들과의 관계보다 더 진정성 있는 것 같다. 예를 들어 안데르센은 헨리크 스탐페가 자신을 차고 어떤 여자에게 가버린 뒤에도 오랫동안 일기에서 이 일을 지겹도록 곱씹었는가 하면, 에드바르에 대한 집착을 버리는 데는 몇십 년이 걸렸다.

아마도 그 이유는 이것이 아닐까. 비록 마음 깊은 곳에서는 언젠가 한 여자와 평생 동반자로 살아야 한다는 생각에 괴로워하면서도(루이세의 남편이 되지 않은 데 대해 안도한 일에서 잘 드러난다), 자신의 괴물 같은 자아가 그런 유대를 가로막으리라는 사실을 알았던 것이 아닐까. 안데르센은 결혼이 불가능한 사람이었고, 그 사실을 자신도 잘 알고 있었다. 그는 자신의 예술세계에 요구되는 충동과 헌신이 에트바르와 그의 아내 헨리테가 나누는 사랑처럼 지속적이고 친밀하며 서로 주고받는 사랑을 방해하리라는 것을 잘 알았다.

덴마크 평론가 게오르그 브라네스가 지적한 것처럼, "젊은 시절 그를 매혹시켰던 여자들은 그에게 어떤 애정도 돌려주지 않았다. (…) 하지만 그에게는 지구상 어떤 생명체보다 더 오랫동안 열렬히 사랑했던 존재, 어느 누구보다 더 아름다운 불멸의 존재가 있었다. 그녀의 이름은 바로 영광이었다".

그는 대부분의 사람이 자식을 낳은 데서 찾는 불멸을 이것으로부터 얻을 수 있었다. 작품활동을 통해 얻는 인정과 사랑은 신체적인 매력이 아닌 재능에 바탕을 두었다. 나이가 들면서 유럽 전역으로 입지를 넓혀감에 따라 귀족들의 집이나 프랑스와 영국, 독일의 동료 작가들 사이에서 받은 따뜻한 환영은 적어도 그의 형편없는 연애 전적을 얼마간 보상해주었다.

그래서 안데르센은 자신이 절대 차지하지 못할 여자를 선택하는, 고도의 자기방어 형태를 취했다. 간혹 친구들이 결혼을 밀어붙여보라며 권유할 때도 대개는 경제적 상황을 들먹이며 청혼하지 않았다. 한번은 자신이 너무 가난해서 소피 외르스테드와 결혼할 수 없다고 친구 헨리테 한크에게 말한 적이 있는데, 실제로 그녀를 정식 아내로 맞으려면 1년에 2000리그스달레르의 수입이 필요했다. 시인 베른하르 세베린 잉에만에게는 자신이 너무 늙었다는 핑계를 댔다. "사랑하는 소피, 내게 그런 돈이 있었다면 당신과 함께 얼마나 행복하게 살았을지요!" 그는 이 '연애 사건'이 일단락된 직후 짧게 소회를 적었다. 그러다 재산이 늘어나자 결혼 자금의 액수를 높여버렸고, 더는 돈이 없다는 핑계를 댈 수 없을 만큼 부유해진 뒤에는 자신이 청혼하기에는 너무 늙었거나 못생겼다고 둘러댔다.

자신의 동화 「나비」에 나오는 동명의 주인공처럼 "그는 너무 오랫동안 지켜보기만 했다. 그렇게 해서는 안 될 일인데 말이다. 결국 나비는 노총각이 되었다."

남자 동료들과 어울릴 때는 자존심을 다칠 일도, 예술세계에 금이 갈 위험도 없었고, 헨리크 스탐페나 하랄 샤르프 등에게 청혼을 해야 한다는 사회 관습상의 압박도 없었다. 그래서 그는 자유롭게 그런 관계에 깊이 천착했고 진실한 감정을 드러내며 진정으로 사랑에 빠졌다.

나는 사람들이 안데르센을 논할 때 마이클 잭슨의 '난 다른 남자들과 달라' 같은 식의 방어를 이용하는 것을 들은 적이 있다. 혹자는 그가 동성애자두 이성애자도 아닌 '특별한 사람', 다시 말해 범주를 뛰어넘는 성적 취향을 가진 독창적인 천재라고 말한다. 내 생각은 다르다. 덴마크의 전기작가 옌스 안데르센은 진실에 한 걸음 더 다가가며 특유의 우아한 필체로 다음과 같이 쓴다. "안데르센은 여러 충동이 결합된 희귀한 결과물이었다. 우리는 '동성애자' '이성애자' '양성애자' '무성애자'라는 꼬리표가 붙은 상자에 그를 넣음으로써 그의 원기왕성한 천성이나, 남자의 실질적인 역할에 대한 당대의 미묘하고 광범위한 인식을 잘 보지 못한다."

하지만 나는 위험을 무릅쓸 생각이다. 내가 볼 때 안데르센의 성적 성향은 꽤 간단하다. 그는 관음증 성향을 지닌 잠재적 양성애자였다. 이는 간단하다면 간단하고 복잡하다면 복잡한 문제다. 그는 남자와 여자에게 모두 흥분을 느꼈지만, 매춘부들과의 짧은 만남과 여성스러운 남자들과의 가벼운 연애, 에드바르 콜린을 향한 평생의 외사랑으로 그럭저럭 만족했다. 그리고 연감에 언급된 'MD'가 무엇을 의미하는지는 영원히 수수께끼로 남겠지만, 만약 안데르센이 더 자유분방한 시대에 살았더라면 아마도 엄청난 이목을 끄는 인물이 되었을 것이고 훨씬 더 행복했을 거라고 확신한다.

나는 다시 내 임무로 돌아가 매우 인상적인 성당 아홉 곳을 하루 동안 방문해 안데르센의 기록보다 두 곳 차로 앞질렀다. 하지만 공정을 기하기 위해 말하자면, 안데르센이 성당을 음미하며 그 안의 작품들을 몇 시간씩 세세하게 들여다본 반면, 나는 성당 안의 흐릿한 빛에 눈을 적응해가다가 출입구에 꼭 한 명씩 웅크리고 앉아 있는 구걸하는 노파에 발이 걸려 넘어지는 것부터 시작해 성당에 오면 누구나 그러듯이 발뒤꿈치부터 착지하는 걸음걸이로 (워시보드 반주에 맞춰) 부속 예배당을 한 바퀴 돈 뒤 흥미로운 대상(이를테면 마술 묘기를 하다가 일이 틀어지기라도 한 것처럼 모든 각도에서 열댓 개의 화살이 삐죽 튀어나오는 성 세바스찬의 조각상)을 발견하고는 실례가 되지 않도록 새어나오는 웃음을 억누르고, 그러다 죄책감을 느끼고는 다른 사람의 눈을 피해 출입구로 전력 질주하는 것이 다였다. 솔직하게 고백하면 그날은 아이스크림 가게도 성당 못지않게 드나들었다.

하지만 안데르센과 관련된 내 로마 임무에 기념비와 대리석만 있는 것은 아니었다. 이 여행을 떠나기 전 나는 안데르센이 소속되었던 스칸디나비아협회Scandinavian Society의 오늘날 계승 기관들에 연락해 이탈리아 최고의 안데르센 학자 겸 번역가를 만나기로 약속하고 덴마크 대사관에서 안데르센식의 사다리 타기를 하기 위한 시간을 미리 잡아두었다. 이외에도 교황과 선인장이 관련된 무모한 계획도 세웠다. (교황과 선인장이란 단어가 이 순서로 나란히 인쇄물에 찍힌 예는 없을 것이라는 말도 덧붙이고 싶다.)

먼저 선인장이다. 안데르센은 로마에 처음 방문했을 때 퀴리날레 정원에서 아주 큰 선인장을 발견하고는 매료되었다. 그래서 그림도 그리고 일기에도 언급했다. 분명 인상 깊은 식물이었을 테니 지금도 그 자리에 있는지 얼른 알고 싶었다. 아직 그 자리에 있다면 1840년과 현재를 이어주는 살아 있는 유일무이한 연결 고리가 될 터였다.

퀴리날레는 교황의 관저로 지어졌지만 오늘날에는 대통령궁으로 쓰인다. 로마에서 하나 걸러 보이는 공공건물들과 마찬가지로, 퀴리날레는 깜짝 놀랄 만한 예술적 자산으로 가득하다. 유별날 정도로 키가 큰 경찰관 중 한 명에게 식물의 소재지를 차마 물을 수 없어서, 얼마간 정갈한 회양목 울타리와 레몬 밭, 야자수, 대리석 조각상이 있는 호화로운 정형식 정원을 이리저리 헤매고 다녔다. 그때는 선인장이 160년을 살 수 있는지조차 몰랐다(실제로는 200세를 넘기는 것으로 알려져 있다). 그러다 정원의 맨 끝쪽에서 기념비적인 선인장 두 그루를 발견했는데, 한 그루는 안데르센이 그린 것과 눈에 띄게 닮은 부채선인장이었다.

분명 나이가 많은 선인장이었고 퀴리날레 정원의 한 벽에 기대어 자라고 있었다. 안데르센이 보고 그림으로 남긴 늙은 선인장도 퀴리날레 정원의 벽 한쪽에 기대어 있었다. 내 눈에는 안데르센의 선인장이 확실해 보였고, 이럴 때 아주 유용해지는 강철 같은 자기 망상 덕분에 두 벽이 완전히 다르다는 사실 또한 간과할 수 있었다. 나는 흡족한 마음으로 사진을 찍고 그곳을 나왔다.

퀴리날레는 일요일에만 문을 열고, 일요일은 당연히 로마의 인기 스타 중 한 명이 일주일에 한 번 모습을 드러내는 날이므로 나는 서둘러 시내를 가로질러 페인트가 벗겨지고 있는 성종聖鐘들의 반주에 맞춰 성 베드로 대성당으로 향했다.

아무리 훌륭한 건축물을 보고 온 사람이라도 엄청난 졸작과 압도적인 위풍당당함이 한데 섞인 성 베드로 대성당을 보면 넋을 잃기 마련이다. 『시인의 바자르』 중 이 대성당을 묘사한 「실재하는 동화 속 궁전」 장을 보면 안데르센도 똑같이 느꼈던 듯하다. "로마의 교황청과 성 베드로 대성당은 방대하고 장려할 뿐 아니라, 동방의 고전 천일야화에 나오는 환상적인 궁전들과 외양이 흡사하다." 건물의 어마어마한 규모에 관객들은 '소인족'이 되고 성당 안 화랑에는 "세상에서 가장 풍부하고 눈부시게 아름다운 보물들"이 소장되어 있다고 그는 적는다.

나는 가톨릭교도로 자랐지만 요즘에는 신앙을 잃고 이에 대해 아무 죄책감도 느끼지 않을 정도가 되어서인지 다음에 일어난 일이 더욱더 놀라웠다. 유명한 성 베드로 조각상을 막 지나쳐 신도들 뒤에 서 있는데, 그 순간 명치 쪽에서 어떤 감정의 해일이 일어나는 게 느껴졌다. 나는 줄곧 부모님 생각을 하고 있었다. 1950년대에 가톨릭으로 개종한 아버지와 1960년대에 로마에 다녀온 후 역시나 가톨릭으로 개종한 어머니가 떠올랐다. 예배 참석, 교황의 악행, 가톨릭 교회의 재물과 파괴주의적 신조를 두고 부모님과 벌였던 논쟁들이 생각났다. 밖으로 나가 어머니께 전화를 드려(아버지는 더 이상 세상에 계시지 않는다) 내가 있는 곳을 알려드릴지 말지 고심했다. 이 사실을 알면 어머니가 감격하리라는 것을 알았다. 하지만 동시에 어머니가 울 것이고 어머니 목소리를 들으면 나 또한 울게 되리라는 사실도 알았다.

그때였다. 내 눈에 눈물이 흐르기 시작했다. 꽉 잠긴 병뚜껑을 열려고 안간힘이라도 쓰는 것처럼 입술을 깨물고 배에 힘을 주며 참아보려고 애썼지만, 감정은 파도처럼 날 집어삼켰다. 그것은 무엇이었을까? 슬픔이었을까? 실존주의적 불안이었을까? 안데르센식의 서사적 자기 연민이었을까?

아주 작은 자극(99퍼센트만 호의적이었다는 논평, 개 짖는 소리, 솜씨 좋은 꽃꽂이)에도 금방 눈물을 터뜨렸던 우리 시인과 달리, 나는 눈물을 잘 쏟지 않는 편이다. 고백하건대 특정 일류 스포츠 행사 때, 이를테면 대장애물 경마 전 감동적인 음악이 흘러나오거나 지미 화이트 선수가 세계 스누커 챔피언십 결승전에서 석패를 할 때는 울었지만, 가족이나 신앙, 연민 등 감정을 노골적으로 보여주는 것들에는 절대 울지 않았다. 따라서 이번 일은 완전히 이례적이었다.

나는 「대부 3」의 마이클 콜레오네와 마피아의 관계처럼 가톨릭교회에서 벗어났다 싶으면 교회가 다시 나를 그리로 끌어들이는 것이라고 결론지었다. 아무리 무신론을 주장해도 결국 우리는 수녀들에게 설득당하고 말 것이다.

나는 성당을 나와 성 베드로 광장에 들어섰다. 감정의 해일이 잦아들었다. 몇 분 후 광장 주위에 배치된 확성기에서 탁탁 소리가 들렸다. 군중 사이에서 함성이 터져나오며 교황이 창가로 나왔음을 알렸다. 바보같이 나는 성 베드로 대성당 입구 위쪽의 발코니를 올려다보고 있었다. 교황은 줄곧 내 오른편에 있는 고층 건물의 창문을 통해 내가 있는 쪽으로 살그머니 다가오도록 동선을 짰는데 말이다. 몸을 돌리자 광장을 가득 메운 사람들이 위를 올려다보고 있었다. 꼭 「라이프 오브 브라이언」•의 한 장면을 보고 있는 기분이었다. 배너와 TV 카메라가 보였고 갈매기 한 마리가 군중 위를 선회했다. 높이 떠 있는 헬리콥터 소리와 분수가 솟구치는 소리만 빼면 사방이 조용했다. 아이들은 아빠 어깨 위에 올라앉았고 할머니들은 눈을 부릅떴으며 수천 대의 휴대전화가 라이터처럼 위로 높이 떠올라 U2 콘서트를 방불케 했다. 내 옆에 있던 미국 10대 여자아이들은 흥분해 감탄사를 내질렀다. "어떡해, 어떡해!"

저 멀리서 귀에 익은 우렁찬 콧소리가 들리기 시작했다. 그 주인공은 흰옷 차림에 가슴 위쪽으로만 몸이 보였으며 할리우드 최고의 인형극 작가 짐 헨슨이 창조해낸 것 같은 인물이었다. (실망스럽게도 이번 교황은 안데르센이 본 교황처럼 '공작 깃털에 가려져' 있지 않았다.) 군중에게 힘을 얻은 듯 교황의 목소리가 점점 더 커졌다. 물론 이탈리아어로 말하고 있어서 옆에 있는 커플에게 영어를 할 수 있는지 물었다. 영어는 했지만 뉴델리에서 온 힌두교도라서 나만큼이나 이탈리아어가 형편없었다.

15분간의 연설이 끝난 후 교황 요한 바오로 2세는 잠깐 동안 군중에 섞여 있는 여러 버스 여행단 중 일부에게 나이트클럽 개그맨 스타일로 인사했고(위치타에서 오신 분 계신가요?), 인사를 받은 사람들이 기쁨의 함성으로 이에 화답했다. 이런 인사의 마지막에 교황이 "멕시코 만세!"를 외치자 이에 화답하듯 마리아치••

• 종교적 풍자가 담긴 영국 코미디 영화.
•• 멕시코 전통 음악을 연주히 는 유령 악사.

밴드가 팡파르를 울렸다. 이 모습을 보니 시내트라의 살아생전 마지막 콘서트에서 그를 보았던 때가 떠올랐다. 이는 황혼기에 이른 많은 문화 아이콘이 공개 석상에 모습을 드러낼 때 나타나는 집단 광란 상태 같은 것으로(경외감에 모두가 숨을 죽이고 있다), 말로 표현하지만 않을 뿐 사람들의 머릿속에서는 이것이 그 사람의 생전 마지막 모습일지도 모른다는 생각이 흘러가고 있다.

마지막으로 교황이 손을 흔들며 작별 인사를 하자 우리도 모두 손을 흔들었고, 흰 커튼을 나풀거리며 교황은 사라졌다.

바티칸 박물관에서 나는 일본인 관광객 행렬에 떠밀려 시스티나 대성당에 갔다. 안데르센이 예언자들을 관찰하기 위해 교황좌로 가는 계단에 등을 대고 누웠던 곳이다. 시스티나 대성당만큼이나 상징적인 예술작품을 글로 나타내는 일은 '건축을 춤으로 나타내는 것'만큼 부질없는 일이지만, 두 가지 사실만은 짚고 넘어가려 한다. 첫째, 이곳에도 역시나 많은 남근이 전시되어 있다. 하지만 내가 집착한다고 생각할까봐 더 곱씹지 않을 생각이다. 둘째, 바닥이 무척 예쁜 모자이크 무늬로 되어 있다. 하지만 미켈란젤로가 뒤로 누워 로마를 생각하던 시절 이후로 5세기가 흐르는 동안 이 방에 들어서자마자 바닥을 내려다보는 사람이 과연 있었을지 의심스럽다.

태양을 바라보는 튤립처럼 목을 쭉 빼고 있는 군중 속에서 나는 수많은 콧구멍을 마주쳤다. 혹시라도 교황청에 수입원이 더 필요하다면 접골사 팀을 꾸린 뒤 관광객들의 등과 목 장애를 해결해주고 쏠쏠한 부수입을 챙기는 것은 어떨까? 까칠한 경호원

단을 훈련시켜 사람들을 조용히 시키고 예의 없는 10대들의 머리에서 야구모자를 벗길 수도 있을 것이다(어쨌거나 이곳은 교황의 개인 예배당이니까).

교황청의 풍성한 예술작품에 압도된 안데르센은 "만화경 안의 다채로운 패턴을 보는 것 같다"고 말한다. 그는 자신이 본 그림 중에서 이탈리아 화가 도메니키노가 죽어가는 성 예로니모를 그린 작품과, 라파엘로 산치오의 매혹적인 「그리스도의 변용」, 그리고 「폴리뇨의 성모」(1511)를 손꼽는다. 「폴리뇨의 성모」에서는 성모와 아기 예수가 구름 위에 앉아 있고 그 밑에 나이 많은 히피 사내가 '이게 다 뭔 일이람?' 하는 표정으로 서 있다. 그러나 내 눈은 차 얼룩이 묻은 다빈치의 미완성작에 이끌렸다. 이 남자는 한 번이라도 무언가를 완성해본 적이 있을까? 그러니까, 여백에 헬리콥터에 대해 끼적이는 것도 좋지만 헬리콥터를 만들어 직접 비행을 해보는 것과는 별개의 문제이지 않을까?

예전과 달라진 것, 적어도 더 분명해진 것이 있다면 바로 교황청의 만족할 줄 모르는 탐욕이다. 입장료는 로마에 있는 다른 박물관들보다 두 배 비쌌고, 45미터에 하나꼴로 기념품을 파는 매점이 있었다. 이곳의 보물이 대부분 하느님의 영광을 위해 기부된 것이고 나머지도 대체로 기만적인 교황들이 잇따라 슬쩍한 것임을 고려하면 좀 어이가 없다.

나는 교황청에서 시내를 가로질러 콜로세움과 포룸으로 갔다. 1840년 크리스마스 전야에 안데르센은 시용 이휘가 한정된 듯 보이는 화가 카를 뢰플레르와 함께 이 위대한 고대 유적지를 찾았다. 안데르센은 한 친구에게 격노의 편지를 보냈다. "그자는 마리아 마조레 대성당을 보든, 라테란 궁전을 보든, 분수를 보든 마지막에 '너무 아름답지 않아요?'라고 말한다네. 콜로세움을 보고도 '너무 아름답죠!'라고 말하는데 정말 미쳐버리는 줄 알았네!"

마빈 게이°가 세상은 '그저 크나큰 양파일 뿐'이라고 노래했을 때 그 말의 뜻을 아는 사람은 거의 없었다. 혹시 아는가, 어쩌면 절친한 친구들이 그를 입원시켜 정신 감정을 받게 하려고 했을지. 하지만 타불라리움°°부터 반쯤 먹은 컵케이크 실루엣처럼 보이는 익숙한 콜로세움까지, 제멋대로 뻗어나가는 역사의 현장인 로마 포룸을 조사하며 서 있다보니 마빈 게이가 무슨 이야기를 하려고 했는지 문득 깨달음이 왔다. 조지 엘리엇이 '야심찬 이상들의 거대한 난파선'이라고 묘사한 이곳은 유럽의 어느 지역보다 더 서구 문명사의 층을 켜켜이 드러내고 있으며, 특히 황혼 무렵에 보고 있노라면 정신이 아득해진다. 나는 산산이 부서진 이 대리석과 벽돌 풍경, 그러니까 코린트식 기둥과 조각품, 폐허가 된 신전이 점점이 흩어져 있고 얕은 돋을새김 파편과 다른 조각품의 파편들, 돌로 포장된 넓은 도로, 헐벗은 주춧돌이 바스러진 채 도처에 흩어져 있는 이 풍경을 이해하려고 부단히 애썼다. 마치 거대한 에어픽스°°° 키트 같은 모습을 한 이곳의 맨 끝

° 미국의 소울 가수.
°° 로마의 카피톨리노 언덕에 기원전 78년에 세운 공문서 보존관.
°°° 영국의 유명 모형 제작 브랜드.

쪽에는 무엇보다 인상적인 폐허지인 콜로세움이 있다. 오랜 세월을 견디며 격감하긴 했지만(안데르센 시대에만 해도 여전히 주민들이 그 돌을 가져다 썼다), 여전히 깜짝 놀랄 만한 힘을 간직하고 있는 몇 안 되는 진부한 관람거리 중 하나다.

안데르센은 콜로세움을 (둘 다 본 적은 없지만) 피라미드와 인도의 석굴사원에 비유했으며, 놀랍게도 매머드의 사체에 견주며 '로마의 옛 위대함을 여느 책보다 더 분명히 보여주는 돌 뼈대'라고 썼다. 베로나 원형경기장은 비교적 '난쟁이 같다'고 적은 뒤에 다음과 같이 쓴다. "콜로세움은 우리에게 세상의 체계에 대해, 인류의 위대함과 무력함에 대해 설파하는 까닭에 마음이 의기양양했다가 이내 겸허해진다."

이탈리아의 다른 고대 유적지와 마찬가지로 어디에나 골격이 남아 있으며, 짜증스럽게도 경기장의 상단은 닫혀 있었다. 나는 안내원에게 그 이유를 물었다.

"올라가시면 안 됩니다." 그가 으르렁거리듯 말했다.

"알겠습니다." 내가 웃으며 대답했다. "그런데 이유가 뭐죠?"

"닫혀 있으니까요." 그가 대답을 하고는 자리를 박차고 나가더니, 숨을 쉬었다는 이유로 어린애 몇 명을 혼냈다.

콜로세움을 방문하면 누구나 그렇듯이, 나도 사자가 코끼리를 가볍게 먹어치우는 장면부터 여자들이 난쟁이들과 다투는 장면, 개들의 수난에 이르기까지 민중을 달래기 위해 이곳에서 펼쳐졌던 세속의 잔혹한 풍경을 머릿속에 그려보려고 노력했다. 그런 쇼가 오늘날 상연된다면 어떨까? 2000년의 문명에 우리의 열의도 누그러졌을까? 아니면 충격적이게도 도의를 저버리고 일제히 외면할까? 아마 이곳은 지금은 사라진 서까래까지 복싱과 포뮬러원, 리들리 스콧*의 팬들로 가득 메워졌으리라. 그러나 안데르센은 찬성하지 않았을 것이다. 그는 대체로 유혈 스포츠에 몸서리를 쳤으며, 실제로 동물 애호가에 가까웠다. 『시인의 바자르』에는 그가 '회중시계보다 작은' 거북을 길에서 구조해 집에 데려가려고 한 일화가 적혀 있다. "하지만 앞으로 더 멀리 여행을 떠날 텐데 그사이 거북이 허기와 갈증에 시달릴 수 있으므로 일광이 한없이 쏟아지는 협죽도 숲으로 데려다놓았다. 그러자 풀려난 거북은 즉시 기뻐했다!"(수년 뒤 스페인을 여행하는 동안 그는 투우 경기를 보고 혐오감을 느끼며 '잔인하고 끔찍한 형태의 오락'이라고 일컬었다.)

콜로세움에서 포리임페리알리 거리를 따라 걸어서 안데르센이 그림으로 그렸을 가능성이 큰 베네치아 궁전으로 갔다. 내 계산에 따르면, 분명 안데르센은 오늘날의 베네통 출입구에 서서 스케치를 했을 것이다. 조용한 곳은 절대 아니어서, 안데르센 시대에도 분주한 교차로였을 것이다. 그가 내쫓기지 않았다는 것도 놀라운 일이다. 그는 여행을 하는 동안 종종 외양 때문에 사제로 오해를 받았는데(일례로 나폴리에서 승선했던 배의 승객 명단에는 '안데르센 신부'로 기재되었다), 아마 그래서 아무도 감히 그를 방해하지 못했을 것이다. 일반적으로 그는 검정 옷만 입고 얼굴

●「글래디에이터」를 연출한 영국의 영화 감독.

이 근엄하고 창백하며 얼굴이 말상인 데다 턱수염 다듬는 방식도 이상해서 수염이 자석에 매달린 쇠 줄밥처럼 턱 아랫면에 매달려 있었다. 미국과 영국에서 인기를 끈 이 스타일은 턱밑 수염 Newgate frill이라 불렸는데, 안데르센은 스물다섯 살 때까지 수염을 기를 생각조차 하지 않았기 때문에 그 정도가 자신이 끌어모을 수 있는 전부였을 것이다. 아마 어디서부터 잘못된 건지 감이 올 것이다.

코펜하겐 사람들은 안데르센의 모습에 익숙했지만 해외에서는 그의 기이한 얼굴 생김새가 종종 소란을 일으켰다. 스페인에서는 거리에서 사람들이 대놓고 그를 비웃었으니, 기분이 좋았을 리 만무했다. "젊은 군인 두 명과 발코니에 있던 여인 몇 명도 내 길쭉한 얼굴을 보고는 웃었다. 나는 수치스럽고 당혹스러워 샛길로 들어갔다." 그는 1863년 여행에서 일기에 이렇게 썼다.

그의 무수한 사진과 초상화, 그리고 외모(사실 멋을 잘 부리는 남자였다) 때문에 받은 지대한 관심으로 판단하건대, 안데르센은 그럼에도 자부심이 남다른 사람이었다. 에드바르 콜린은 그가 거울을 그냥 지나치는 법이 없었다고 주장했지만, 안데르센은 버스에서 보면 옆자리에 앉을지 말지 고민이 될 법한 사람이었다. 그의 친구이자 훗날 여행 길동무가 된 윌리엄 블로흐에 따르면, 안데르센은 "이동 중이나 마차 안에서 볼 때 이상하고 특이했다. 팔다리는 지나치게 길고 얇았으며 손은 넓적한 데다 평평했고 발은 거인처럼 커서 상식적으로 그의 부츠를 훔칠 생각을 하는 사람은 없을 것 같았다. 코는 소위 로마 스타일이었지만, 비율상 너무 커서 얼굴 전체를 지배하는 것처럼 보였다. 사람들이 그와 헤어지고 가장 또렷하게 기억하는 부위도 단연 코였다. 그에 반해 눈은 작고 생기가 없었으며 안와 깊숙이 들어간 채 거대한 눈꺼풀에 반쯤 가려져 있어 어떤 인상도 남기지 못했다".

블로흐는 친절하게도 다음과 같이 덧붙인다. "반면 높고 탁 트인 이마와 유달리 잘 자리잡은 입에서는 생기와 아름다움이 느껴졌다." 하지만 이 정도로는 동시대의 다른 글들에 묘사된 안데르센의 인상을 거의 누그러뜨리지 못한다. 나는 안데르센의 외모를 평가한 글을 읽을 때마다 무척 안쓰러운 마음이 든다. 그런 그가 자신을 노트르담 성벽에서 떨어진 뭣 보듯 쳐다보는 사람들이 가득한 방에 걸어 들어가는 것이 쉬웠을 리 없다. 이런 묘사 중 다수는 안데르센의 독특한 카리스마와 개인적 매력에 대해 언급하고 있지만, 불행히도 그런 자질은 사진과 초상화에는 거의 나타나지 않는다.

* * *

나는 저녁에 로마에서 가장 오래된 문화 협회인 스칸디나비아 협회에 가서 19세기 북유럽 대여행가들의 21세기 계승자들을 만날 예정이었다. 그곳으로 가기 위해 고대 로마의 베벌리힐스라고 할 수 있는 팔라티노 언덕, 현대 로마인들이 여전히 죽어라 경주를 벌이는 고대 로마의 전차 경기장 키르쿠스 막시무스를 지나 마침내 조용한 교외에 자리한 아무 특색 없는 현대식 아파트 건물 안에서 인터컴 버저 옆에 '스칸디나비아협회 문화의 밤'이라고 적힌 작은 쪽지가 붙어 있는 것을 발견했다.

스칸디나비아협회는 1833년에 도서관(실제로는 에드바르 콜린이 로마에 설립한 덴마크 도서관에서 발전한 것이다) 겸 북유럽 예술가와 건축가, 작가, 과학자, 화가들의 모임 장소로 설립되었다. 노르웨이 작곡가 에드바르 그리그, 덴마크 화가 빌헬름 니콜라이 마르스트란과 요한 토마스 룬뷔에, 여성에게도 기회를 주자는 운동을 벌인 노르웨이 극작가 헨리크 입센 등 수없이 많은 명사가 이곳의 방명록에 이름을 남겼다. 협회는 1년 전에 비아 가리발디에서 아벤티노 지구에 있는 현재의 주소로 이전했다.

나는 산발머리를 한 퇴폐적 화가들이 섹시한 젊은 모델들과 주접을 떨고, 브래지어를 하지 않은 보헤미안 여성 시인들이 육체적 쾌락을 찾아 당당하게 방 안을 휘젓고 다니는 일종의 예술인 파티를 기대했다. 실존주의적 불안에 시달리는 노르웨이인들과 보드카 한 병을 나눠 마시며 밤 늦게까지 심오한 철학적 논쟁을 벌이다가, 하드코어한 핀란드 스래시메탈thrash metal•에 맞춰 (잠든 남자와 통정한다는) 스웨덴 몽마들과 춤출 꿈에 부풀어 있었다. 하지만 막상 가서 보니 내가 유일한 방문자였다. (걱정 마시라. 스웨덴 몽마는 좀 과하게 말해본 것이었다, 아마도.)

스웨덴 사람인 협회 총무 헬레네가 나를 반갑게 맞으며 아파트로 들이더니 구경을 시켜주었다. 19세기 초의 가구와 미술품

• 매우 빠르고 불협화음을 내는 헤비메탈의 일종.

다수는 아직도 협회에서 사용하고 있었는데, 이 중에는 알베르트 퀴클레르가 1834년 로마에서 그린 안데르센의 작은 초상화도 포함되어 있었다. 나는 안데르센을 괴물 석상에 비유한 바 있는데, 이 초상화에 묘사된 그는 오므린 입술, 높은 모피 깃, 광활한 이마가 돋보이는 유난히 정중한 모습으로, 어느 모로 보나 로마 영웅 같았다.

헬레네는 협회 도서관의 선반 하나가 통째로 안데르센이 기증한 값진 초고들로 진열되어 있다고 알려주었다. 또한 도서관에서 내가 흥미를 느낄 만한 책 몇 권을 골라 가져왔다. 여기에는 1833년 1월 28일 첫 모임의 회의록과 함께 끄트머리에 서명이 된 참석자 명단이 포함되었다. 맨 위에 토르발센의 이름이 있고 뒤이어 퀴클레르, 덴마크 화가 크리스토퍼 빌헬름 에케르스베르와 콘스탄틴 한센, 콘라드 로테 등이 나왔다. 나는 명단 저 아래쪽에서 익숙한 안데르센의 서명을 발견했다. 그는 이 문서가 작성된 때에 로마에 없었기 때문에 그의 이름이 있는 것이 뜻밖이었지만, 헬레네는 그가 로마에 왔을 때 서명을 추가했다고 설명했다. 이런 일에 빠질 안데르센이 아니었다.

프라스카티* 병에서 코르크를 뽑는 소리에 현재 거주인들이 모여들었다. 두부 원푸드 다이어트와 야외 음악 축제 마니아임을 보여주는 많은 수염의 노르웨이 사진가 토마스, 작고 호빗 같은 노르웨이 작곡가 올레, 어둡고 (좋은 의미로) 약간 마녀 같은

---

* 풍미가 강한 로마산 백포도주.

핀란드 작가 크리스티나, 핀란드 인테리어 디자이너 마그데였다. 처음에는 낯을 가리던 사람들은 첫 병을 비우자 곧 활기를 띠었고, 우리는 안데르센과 그의 로마 여행을 주제로 이야기꽃을 피우며 비록 핀란드 스래시메탈은 없었지만 유쾌한 저녁 시간을 보냈다.

나는 그들이 왜 로마로 왔는지 궁금했다. 내가 볼 때 과거에 단단히 뿌리 박힌 로마에는 현대의 예술가들이 관심 가질 만한 것이 그다지 없는 듯 보였다. 적어도 예술가라면 탈린* 같은 곳에 가서 예술적 한계를 시험해야 하지 않을까? 가장 먼저 입을 연 사람은 올레였다. 그는 바로 그날 자신이 작곡을 시작한 곡에 영감을 준 것이 이 도시라고 수줍게 말했다. "전 켜켜이 쌓인 과거에 관심이 많거든요." 그가 알 수 없는 소리를 했다. (나중에 헬레네를 통해 들은 바로는, 그날 일찍 사무실에서 일하고 있는데 올레의 방문이 열리더니 그가 피아노로 걸어가 한 음을 연주하고는 다시 자기 방으로 들어갔다고 한다. 하루 내내 그를 본 것은 그때뿐이었다.) 토마스는 최근에 열린 라치오와 AS 로마의 더비매치** 중 '상세 장면'을 촬영하다가 영감을 얻었고, 처음에는 단순히 소속감을 위해서 협회에 머물게 되었다고 했다. 한편 크리스티나는 5000년 전 로마를 배경으로 극본을 쓰고 있었고, 꽤나 괴짜 같은 인상을 주었던 마그데는 숨 돌릴 틈도 없이 10분 동안 머리빗 이야기를 했다.

* 에스토니아 공화국의 수도.
** 같은 도시나 지역을 연고로 하는 팀끼리의 경기.

유쾌하긴 했지만 내 기대에는 훨씬 못 미쳤던 밤이 끝나갈 무렵, 나는 떠돌이 고양이들에 둘러싸인 채 그 늦은 시간까지 카메라 플래시 조명을 받는 콜로세움을 바라보며 호텔까지 걸어갔다.

호텔 로카르노는 내가 지금까지 여행하면서 묵은 곳들에 비하면 궁전이나 다름없었다. 이곳을 고른 이유는 영화감독 피터 그리너웨이가 가끔 이 호텔에 묵는다는 정보를 가이드북에서 접했기 때문이다(사실 그리너웨이 감독이 연출한 몇몇 영화의 내용을 고려하면 그렇게까지 추천할 만한 곳은 아니다). 아르데코 스타일의 디테일, 호화로운 나무 벽널, 포도나무와 감귤나무가 자라는 탁트인 마당, 무엇보다 개방형 난로와 위스키 사워 제조 솜씨가 일품인 바텐더가 있는 바까지 그리너웨이 감독이 왜 이곳을 좋아하는지 이해가 간다.

사실 바는 두 번째로 좋은 점이다. 호텔 로카르노는 알아주는 비장의 무기가 하나 더 있는데, 나는 이튿날 밤 옆방에서 열리는 꽤나 시끄러운 파티가 언제 끝날 것 같은지 물으려고 리셉션에 전화했다가 이 사실을 알게 되었다.

"배우의 사진 촬영 때문에 그렇습니다." 리셉션 직원의 대답이었다.

"오, 누구요?" 내가 물었다.

"이탈리아 배우 그레타 스카치요. 새 영화 홍보차 인터뷰를 하고 있죠."

스카치가 이탈리아인이라는 사실은 금시초문이었다. 언젠가 치과 대기실에 놓인 『헬로!Hello!』*지에서 분명 그녀가 미드서식스에 산다고 본 것 같은데. 그리고 그 뭐냐 해리슨 포드와 출연한 영화에서도 대사에 이탈리아 억양이 전혀 묻어나지 않았다. 하지만 문 열쇠 구멍 앞까지 후다닥 이동하느라 직원에게 더는 묻지 못했다. (실제로 여행에서 돌아와 조사해보니 그녀는 밀라노 출생으로 이탈리아인 아버지와 영국인 어머니 사이에서 태어났다. 이걸 보면 나는 이 방면에서 믿을 만한 정보통이 못 되는 것이 확실하다.)

두 방(한 방은 분명 스카치의 분장실이고 다른 한 방은 임시 스튜디오일 것이다) 사이를 바쁘게 오가는 사진작가와 스타일리스트, 메이크업 전문가들을 몇 번 감질나게 엿본 후 나는 플랜 A를 생각해냈다.

안데르센은 유명한 작가, 작곡가, 화가, 배우들에게 자신을 소개할 기회를 절대 놓치지 않았다. 어쩌면 이번이 내가 여행 중에 그렇게 할 수 있는 유일한 기회일지도 몰랐다. 나는 마지막 남은 깨끗한 셔츠, 즉 대사를 만날 때 입으려고 아껴둔 막스앤스펜서 줄무늬 셔츠로 갈아입고 구취 제거용 박하사탕을 얼른 입에 넣은 뒤 다시 열쇠 구멍 감시에 들어갔다. 다소 불편한 상태로 10분을 기다리자 분장실 문이 열렸고, 나는 '우연한' 만남을 가장하기 위해 허둥지둥 내 방문을 열었다.

그런데 복병이 있었다. 나는 호텔에 혼자 묵을 때 문만 아니라 체인도 걸어두는 습관이 있는데, 너무 흥분한 나머지 이걸 까먹었던 것이다. 원래 계획은 그레타 쪽으로 태연한 척 느긋하게 걸

●1998년에 창간된 영국의 주간지.

어가 의례적인 인사를 잠시 나눈 뒤 미드서식스(내가 태어난 곳이다)라는 공통분모를 발견하고 자연스럽게 저녁 식사 초대로 이어가는 것이었다(누가 누구를 초대하는지는 중요하지 않았다). 하지만 자물쇠에 열쇠를 꽂고 철컥 돌리자 아뿔싸 문 손잡이가 덜컹하더니 문틀에 걸린 금속 체인이 당겨지며 쨍그랑 소리를 냈다. 마침내 성난 술꾼처럼 휘청거리며 복도에 나갔을 때는 근사한 헤어스타일을 한 그레타의 뒷모습이 옆방으로 유유히 사라지고 있었다.

그녀를 뒤따라가던 연예 관계자 한 사람이 이 안타까운 장면을 모두 목격하고는 경멸의 눈빛을 보내며 사람 기를 죽이기에, 내가 그런 광적인 스토커가 아니라는 것을 증명하려고 어쩔 수 없이 복도를 계속 따라가다가 계단으로 바까지 내려왔다. 결국 나는 스카치를 완전히 놓쳐버렸다. 그날 밤 그녀는 바 근처를 한 번도 지나가지 않았다. 아마도 성도착자로 보이는 14번 방의 줄무늬 셔츠 남자를 피하기 위해 뒷문으로 나갔다고 추측만 할 뿐이다.

이튿날 내 셔츠는 앞부분에 영문을 알 수 없는 위스키 비스무레한 얼룩이 묻어 있어 더러운 행주처럼 보였고 실패감은 더 짙어졌다. 더욱 유감스러운 건 이 옷을 입고 다음 출세 기회를 만들 자리에 가야 한다는 사실이었다. 그 첫 단계는 자니콜로의 한 공원에 자리한 쾌적한 분홍색 치장벽토 빌라에 입주해 있는 독일 문화원German Institute 미팅이었다.

미팅은 키가 작고 말쑥한 이탈리아 인문학자 브루노 베르니와 잡혀 있었다. 그는 새발 격자무늬 스포츠 재킷과 치노 바지를 입고 거울처럼 광택 나는 브로그 구두를 신고 있었다. 베르니는 안데르센의 동화와 『시인의 바자르』를 이탈리아어로 번역했는데, 이는 슈납스*를 키안티**로 바꾸는 것과 같은 대업이었다. "안데르센 동화집을 번역하는 데 1년이 걸렸답니다." 빌라 1층에 위치한, 바람이 잘 들고 널찍한 사무실에서 그가 말했다. "아시겠지만 덴마크어는 무척 '간결한' 언어인 데 반해 이탈리아어는 굉장히 '거창하고' 표현이 풍부해요. 그래서 그렇게 긴 시간이 걸린 거죠."

빅토리아 시대 번역가들도 그렇게 많은 수고를 들였다면 좋았을 텐데. 하지만 1840년대부터 메리 호윗과 찰스 보너 같은 기회주의자들은 그때까지 큰 인기를 끈 안데르센의 동화들을 가장 먼저 시장에 내놓기 위해 허겁지겁 동시대판 번역에 착수했다. 안데르센 작품의 초기 영문판 중 다수는 독일어판을 번역 저본으로 삼은 반면, 일부는 덴마크어-영어 사전을 이용해 옮긴 것이었는데, 이는 버트 위든의 『독학하기 기타 편TeachYourself Guitar』 제1부만 읽고 베토벤 9번 교향곡의 악보를 이해하려는 것과 비슷하다. 한 번역본의 오역과 누락은 그다음에 나온 번역본에서 더 심해졌고, 이런 언어적 프리즘을 거치면서 안데르센 동화의 가장 기본적인 요소들까지 왜곡돼버렸다.

한 예로 「Den Grimme ÆLing」(미운 오리 새끼)는 독일어판

• 독일, 오스트리아, 스위스에서 흔히 마시는 증류주.
•• 이탈리아 투스카니 지방의 적포도주.

에서 제목이 「녹색 오리 새끼」로 바뀌었다('Grimme'를 녹색을 뜻하는 'Grün'으로 착각한 것이다). 이 같은 오류가 영어판에도 그대로 반영되면서 이야기의 전체 주제를 놓치게 되었다. 또한 「완두콩 위의 공주」의 독일어 번역본(과 이를 옮긴 영어 번역본)은 공주가 겪은 불편이 더 현실적으로 다가오도록 공주의 침대 밑에 완두콩이 한 개가 아닌 세 개가 놓인 것으로 해석해버렸다. 심지어 「성냥팔이 소녀」의 한 영어판은 소녀가 성탄절 전야의 매서운 추위를 이기고 살아남았다고 보았다.

번역가들 편에서 변명을 좀 하자면, 덴마크어의 일반 관용구와 구어 표현(굳이 말하자면, 틱 증상을 연상시키는 언어 같다고 해야 하나)은 직역하기가 거의 불가능하다. 직접적으로 대응하는 영어 표현이 없는 단어와 어구가 많다. 특별한 형태의 유쾌한 분위기를 뜻하는 덴마크어 '휘게hygge'가 그 좋은 예로, '안락함'만으로 표현할 수 없는 많은 의미를 품고 있다. '번역할 수 없는' 미묘한 어휘, 즉 안데르센이 동화에서 탁월한 효과를 내는 데 사용한 구어 형태의 전치사와 부사 수식어구는 이 외에도 무수하다. 이를테면 '음?' '어?' '허!'를 의미하는 jo, vel, dog 같은 단어들이 그렇다. (하지만 내 말이 아예 틀릴 수도 있으니, 덴마크 친구들과 이야기할 때 이 단어들을 사용할 생각이라면 꼭 어른들의 지도를 받기 바란다.) 덴마크 평론가 에리크 달이 썼듯이, 안데르센이 구사하는 덴마크어는 "우리 언어가 전달하는 의미의 가장 친숙한 층위로 이루어져 있는데, 이 층위가 매우 미묘해서 베테랑 번역가들조차 모든 함축적 의미의 조합을 또렷한 소라고둥 소리처럼 이해하려다, 또는 만들어내려다 포기했다". (그런 예가 바로 여기에 있다. 도대체 '소라고둥 소리'가 무슨 뜻이란 말인가?)

원문 훼손은 여기서 끝이 아니었다. 깐깐하고 점잔 떠는 빅토리아인들은 안데르센의 글에 숨어 있는 성적 의미에 대한 언급을 피했고, 그의 유머와 풍자를 거의 이해하지 못했다. 무엇보다, 안데르센은 재미있는 작가였고 그의 희극작품들은 수준이 다양한데, 빅토리아인들은 그중 어느 것도 알아채지 못한 듯했다.

브루노와 나는 덴마크어로 대화했다. 그는 로마에 있는 대학에서 덴마크어를 공부했고, 이 때문에 20대에 덴마크로 건너가 몇 년간 살았다. "날씨만 그렇게 나쁘지 않았더라면 지금도 그곳에 살고 있을 겁니다!" 덴마크를 제2의 조국으로 생각한다는 그가 말했다.

나는 이탈리아인들이 안데르센을 어떻게 이해하고 있는지 궁금했다. 안데르센의 작품이 다른 유럽어보다 이탈리아어로 번역되는 데 더 오랜 시간이 걸린 사실을 알고 있기에(1865년에 첫 번역본이 나왔다) 작가가 영국만큼이나 이곳에서도 잘 알려져 있는지 궁금했다.

"그럼요. 이탈리아인 중에 '안데르센의 동화'를 모르는 사람은 없어요. 「미운 오리 새끼」 「인어공주」 등이 잘 알려져 있죠. 사실 제가 안데르센이 이탈리아에 끼친 영향을 주제로 책을 쓰고 있는데, 유럽의 다른 나라들과 마찬가지로 그 영향이 실로 대단했더군요. 안데르센은 대다수 사회에서 나타나는 심층적 면모를 이야기로 엮어냈는데, 그 대표적인 예가 「벌거벗은 임금님」이라고 할 수 있죠. 우리 중 이런 사실을 모르는 사람은 없습니다." 브루노는 이탈리아에서 가장 큰 사랑을 받는 어린이 작가 잔니도 안데르센의 영향을 크게 받았다고 이야기해주었다.

나는 그에게 『시인의 바자르』에 그려진 이탈리아를 어떻게 봤는지 물었다. 어쨌거나 안데르센의 이탈리아인 묘사에는 좀 거슬릴 수 있는 표현이 섞여 있었다. "『시인의 바자르』는 재미있고 독특한 책이에요. 제목도 참 적절하고요. 안데르센에게 여행은 글감들이 진열된 바자르를 방문하는 것과 같았거든요. 안데르센은 글의 소재를 사러 간 거예요. 바자르에는 무척 다양한 것들이 있고 어떤 것은 다른 것보다 흥미가 떨어지죠. 제가 생각할 때 안데르센은 이탈리아에 와본 경험이 있기 때문에 새로운 소재가 그렇게 많지 않았던 것 같아요. 『즉흥시인』에서 이미 그 소재를 다 사용했기 때문에 그리스나 다른 나라들만큼 새롭지는 않았던 거죠. 제가 꼽은 최고의 여행지는 이스탄불이에요. 실제로 안데르센이 이스탄불 편에 더 많은 공을 들인 게 느껴지죠."

마지막으로 나는 브루노에게 안데르센을 정말로 좋아하는지 물었다. "용기 있는 사람이었어요." 연 6만 크로네 상금의 한스 크리스티안 안데르센상을 수상할 사람(다른 수상자로는 마르그레테 2세 여왕이 있다)다운 외교적 수완으로 브루노가 신중하게 대답했다. "안데르센은 이방인이자 자기중심주의자였지만, 어디 안 그런 사람이 있나요? 저는 우리가 갖고 있는 안데르센의 이미지가 좀 잘못됐다고 생각해요. 안데르센 자신도 스스로를 순진무구한 이

미지로 생각하고 싶어했지만 실제로는 그렇지 않았습니다. 그는 야심만만하고 강인한 사람이었으며, 자신이 덴마크 지성인 집단에서 불합리한 대우를 받고 있다고 느꼈습니다. 오늘날에는 이걸 얀테의 법칙으로 설명하죠. 그래서 자신의 한계에 도전하고 스스로의 가능성을 시험하기 위해 덴마크를 떠나야 했고요."

딴 길로 새서 미안하지만, 로마에서 만난 마지막 약속 상대인 포울 스퀴테 크리스토페르센 이야기도 하고 싶다. 로마 주재 덴마크 대사인 그는 마침 코펜하겐에 사는 내 친구의 삼촌이기도 했는데, 친구는 친절하게도 이번 만남을 주선해주었다. 약속을 잡을 당시에는 아주 훌륭한 생각(일종의 안데르센식 사다리 타기를 할 또 다른 기회)처럼 보였는데, 막상 보르게세 공원을 가로질러 토르발센 광장을 내려가 대사관에 가려고 보니 도대체 대사와 어떤 이야기를 나누게 될지 심히 걱정되기 시작했다. 대사라는 직위에 있는 사람을 대면하는 것도 처음이었고 대사의 삶에 대해 아는 것이라봐야 대개 광고에서 얻은 사소한 지식밖에 없었으니까.

결국 덴마크 대사와 내가 나눈 대화는 폐기물 처리 문제였다.

로마의 덴마크 대사관은 파리올리라는 상류층 지역의 한 인상적인 붉은색 치장벽토 전당에 입주해 있다. 나는 웅장한 홀에서 몇 분간 기다린 후(이때까지는 나무랄 데 없었다) 대사의 사무실로 안내받았다. 1층에 있는 크고 밝은 방이었고 덴마크 미술품이 가득했다.

크리스토페르센 대사는 조용하고 머리가 센 가냘픈 남자로, 내가 예상한 모습과 전혀 달랐다. 막연하게 대사라고 하면 통통하고 당당하며 아마도 어깨띠 같은 것을 몸에 차고 있을 것이라고 생각했다. 방금까지 모험을 하는 기분이었는데 오즈의 마법사의 커튼이 걷히자 크리스토페르센 대사는 사무적으로 나를 맞아주었다. 이내 나는 공포감에 휩싸였다. 대사에게 물어볼 사무적인 용건이 조금도 없었기 때문이다. 솔직히 말해서 나는 이 일을 출세의 사다리 타기 이상으로는 진지하게 생각하지 않았기 때문에 우리의 만남은 얼굴을 마주하고 악수를 하는 것에서 한 발짝도 더 나가지 못했다.

나는 대사의 책상 반대편에 앉았다. 내 뒤 어디선가 시계가 큰 소리로 똑딱거렸다. 이마에 땀방울이 맺히기 시작했다. 나는 몇 분간 초조하게 메모지를 바스락거린 후 급조해낸, 그래서 절망적일 만큼 변변찮은 첫 번째 질문을 던졌다. "저, 대사는 실제로 어떤 일을 하나요?"

"일단, 여행을 많이 하죠." 그가 참을성 있게 대답했다. "무역을 통한 이익을 촉진하고, 현재는 폐기물 처리 문제를 해결하기 위해 힘쓰고 있습니다. 이탈리아의 도시 대표들을 덴마크로 초대해 시범 사례를 소개하고, 어떻게 덴마크 기업들을 활용할 수 있을지 보여줄 계획입니다. 이탈리아 쪽에서는 이것 외에도 덴마크 풍차에 관심이 무척 많죠."

자신이 영문도 모른 채 귀중한 시간을 낭비하고 있는 것은 아닌가 하는 생각이 번뜩 들었는지 그가 잠시 말을 멈추었다. "그런데 정확히 어떤 이유로 절 찾아오신 거죠?"

상황은 거기서부터 악화일로를 걸었다. 나는 대사관 차원에서 안데르센 탄생 200주년을 기념할 계획이 있는지에 대해 몇 가지 질문을 던졌고, 이내 밖으로 쫓겨나고 말았다. 크리스토페르센 대사는 외교관다운 능숙한 솜씨로 내 바지 뒷부분과 목덜미를 꽉 잡더니 반회전문을 통해 흙먼지 속으로 나를 내던졌다. 나는 그래도 할 말이 없는 처지였다. 사다리 타기란 사회적 맥락 안에서만 유효하며, 그 밖의 곳에서는 그저 번짓수를 잘못 찾은 스토킹에 불과할 뿐이다. 안데르센이 이런 사다리 타기에 그토록 능숙했던 이유는 제시할 무언가, 다시 말해 사람들을 즐겁게 해줄 종이 오리기 공예 기술이나 이야기, 노래가 있었기 때문이다. 엄밀히 말해 대사는 내게서 얻을 것이 하나도 없었다.

로마에서 보내는 마지막 저녁에 나는 『시인의 바자르』에 언급된 두 가지를 찾아내기 위해 다시 강을 건넜다. 첫 번째는 회전하는 나무통으로, 산토 스피리토 병원의 금속 창살 뒤에 있는 어떤 벽에 박혀 있다고 나와 있다. 나무통은 아직 그 자리에 있었다. 1950년대까지 산모들은 원치 않은 아기를 낳으면 이 나무통 한 면에 뚫린 네모난 구멍에 아기를 넣은 뒤 구멍이 병원 안쪽을 향하도록 나무통을 휙 돌렸다. 그런 뒤 수녀들이 알아차릴 수 있도록 벨을 누르고 아이 곁을 영원히 떠났는데, 일종의 아기 톰볼라*였다고 할 수 있었다.

•복권식 놀이의 일종으로 일부는 옆이 뚫린 통에서 번호가 적힌 종이나 공을 꺼내는 방식이다.

로마에서 내 마지막 임무는 성 베드로 광장 쪽으로 조금만 걸어가면 나오는 산타마리아 인 트란스폰티아 교회의 성 크누트 예배당에서 촛불을 켜는 것이었다. 안데르센 역시 성 크누트의 축일인 1월 19일에 의무감으로 이 예배당을 찾았다. 단 '두 개의 작은 촛불이 아주 흐릿하게 타고 있었는데 몹시 암담해 보이는 그 모습에' 크게 실망한 안데르센은 인접한 수도원에서 수사를 불러 이 덴마크 성인이 제대로 된 축전을 받지 못하는 이유를 설명해달라고 요구했다. "수사의 대답은 이러했다. '아, 우리 수도원은 로마 전체에서도 몹시 가난한 축에 속한답니다! 그래서 1년에 한 번만 큰 축전을 지낼 수 있지요. (…) 성 크누트는 북유럽 성인이라서 저희 수도원에서는 아무것도 받은 것이 없답니다.'"

"나는 내 어린 시절 성인[안데르센은 오덴세의 성 크누트 대성당에서 세례를 받고 견진성사를 치렀다]의 제단 앞에 홀로 서 있었다. 성 크누트 대성당은 내가 아버지의 관 앞에서 눈물을 흘리고 견진 성사도 받은 곳이었다. (…) 그대에게 가장 큰 축전은 그대의 동포가 그대의 무덤 옆에 서서 그대, 성 크누트를 기억하며 이 슬픈 그림을 스케치하는 것이리라."

나는 그 유명한 조류 조타기이자 한때 잉글랜드의 정복자이며 왕이었던 자(내 덴마크 친구들은 이 의미 없는 작은 역사적 변칙을 상기시켜주는 것을 좋아한다)에게 경의를 표하기로 했다. 내가 들어갔을 때 미사가 진행 중이어서 무릎 사이를 벌린 채 오른편에 있는 제2예배당까지 살금살금 걸어갔다. 이 예배당은 콩고 수녀들에 관한 설명 뒤에 숨어 있었다.

성 크누트 예배당은 1686년에 지어져 덴마크의 첫 순교자에게 헌정된다. 이곳은 어느 면으로 보나 1841년 안데르센이 방문했던 때만큼이나 방치되어 있었다. 봉헌 제단에 진짜 초를 사용하는 수고조차 들이지 않았다. 대신 1950년대 퀴즈쇼의 점수판처럼, 작은 전기 전구가 달린 가짜 초가 일렬로 세워져 있었다. 나는 상자에 몇 유로를 떨어뜨리고 전구 열아홉 개를 모두 밝힌 뒤(아마도 중대한 신성모독 행위였을 것이다), (안데르센에게 그의 성생활을 캐고 다닌 일을 용서해달라고) 기도 비슷한 걸 하고 나왔다.

밖으로 나와 화해의 길, 비아 델라 콘칠리아치오네에서 성 베드로 대성당 쪽을 돌아보자 말도 안 되게 아름다운 파란 네온 빛의 초저녁 하늘을 배경으로 밝게 빛나고 있었다. 로마는 뒤늦게 내 애정을 얻어보려고 사랑스러움을 뽐내고 있었지만, 지난 2주 동안 이 도시에서 만난 무례한 종업원과 바텐더들이 괘씸해 그날 밤 나는 스페인 레스토랑에서 저녁을 먹으며 오랜 친구 같은 대접을 받았다.

이튿날 나폴리행 기차에 오른 나는 로마에 대한 애증이 몹시 엇갈렸다. 나쁜 면을 먼저 이야기하자면, 로마 주민들에게서는 무뚝뚝하고 수동적인 공격 성향의 적대감(일부는 그리 수동적이지도 않았다)밖에 느끼지 못했고, 카페나 바, 가게에 들어갈 때면 혹시 내가 귀찮게 한 것은 아닌지 송구스런 마음까지 들 정도였다.

게다가 로마는 과격한 운전자들 때문에 공포에 떨어야 하는 것은 물론이고 심지어 겨울에는 관광객들로 오도 가도 못할 만큼 붐비는 곳이었다. 또한 과거의 영광에 갇혀 있으면서도 최신식 값을 부르는 도시였으며, 상거래 시 나타나는 주민들의 빤히 들여다보이는 탐욕스러운 이중성이 모든 관광객의 뿌리 깊은 혐오를 낳았다. 스페인 계단 옆에 자리한 어떤 가게는 이탈리아 소매업계답지 않게 '익스펜시브Expensive'라는 정직한 이름이었다. 다른 가게 주인들도 이렇게 솔직했다면 길모퉁이마다 '바가지폭탄' '눈 뜨고 코 베입니다' '이쪽이에요, 호구님들!' 같은 간판이 넘쳐났을 것이다.

이런 기만 행위에 대한 증거가 더 필요하다면 프로슈토●를 생각해봐라. 대체 연료를 찾거나 다른 행성에서 생명체를 찾는 일에 기여하지는 못할망정 이미 구입할 엄두를 못 낼 정도로 비싼 햄을 더욱 얇게 저미는 데 뼈를 깎는 노력을 하는 나라가 여기 있다.

한번은(맹세코 실제로 겪은 일이다) 카페 테이블에 앉아서 콜라잔을 비워내고 다음 목적지로 가는 길을 확인하기 위해 지도를 펼쳤다. 그때 종업원이 내 맞은편 의자를 카페에 새로 들어온 손님들에게 갖다주었다. 나한테 먼저 물어보고 가져가야 하지 않나 싶었지만, 그다지 신경 쓰지는 않았다. 그런데 그때 종업원이 내 테이블을 치워버렸고, 나는 무슨 설치 미술품처럼 카페 한가운데 덩그러니 앉아 있게 되었다. 마침내 정신을 차리고 항의를 하자 종업원은 그저 어깨를 으쓱하더니 내게 영수증을 건넸다. 영국식의 난해한 에티켓에 완전히 정통하지 못한 덴마크인들도 최

● 돼지고기를 소금과 향신료에 절여 오랫동안 숙성시켜 만드는 이탈리아의 생햄. 주로 얇게 저며서 먹는다.

소한 예의는 있다. 코펜하겐이었더라면 있을 수 없는 일이다. 나는 처음으로 그곳이 그리워졌다. (덧붙여 말하면, 이 카페는 비아 시스티나 140번지에 위치한 알 시파리오라는 곳으로, 안데르센이 묵었던 집 바로 위쪽에 있다. 혹시라도 이곳을 지나가게 되면 바 쪽으로 소변을 봐주시길 바란다. 그것이 그곳의 전통이라고 들었다.)

안데르센은 이탈리아 "여관에서 끊임없이 속임수가 일어난다"고 불평했지만, 이런 식의 대접을 받았다는 언급은 없다. 그의 취약한 자신감을 무너뜨리는 데에는 약간의 적대감이면 충분했으므로 로마 사람들의 경악스러운 무례함은 최근에 생겨난 것이 아닌가 하는 생각이 든다. 영국 저술가 바이얼릿 제이컵스는 1926년 안데르센 자서전에 쓴 해제에서 이렇게 말했다. "너무나도 분명한 사실은 안데르센이 침대 밑에 빈집털이범이 숨어 있는지 확인하는 노부인만큼이나 조마조마하게 멸시감에 신경을 곤두세웠고 비판의 목소리를 견디기 힘들어했으며 (…) 우리 같은 사람처럼 곰살맞은 척을 잘하지 못했다는 것이다." 그는 지금의 로마에서 단 5분도 버티지 못했을 것이며, 나도 이곳을 떠나게 되어 마음이 놓였다.

달리 생각할 면은 없다.

5장

나폴리

Napoli

이탈리아인들은 디카페인으로의 전향이 시급해 보이는데, 인도의 뉴델리가 영국의 길퍼드처럼 느껴질 만큼 혼란스럽고 지저분한 도시 나폴리가 바로 그 증거다. 나폴리인들은 세계에서 가장 활동이 과잉된 사람들임이 분명하다. 운전하고 먹고 이야기하고 어쩌면 사랑하는 일까지 모든 것을 초고속으로 해낸다. 로마발 기차에서 내렸을 때 이곳의 열광적인 에너지가 돌려지르기처럼 나를 때렸다.

혁명 직전의 바나나 공화국*의 수도에 온 듯한 느낌은 예약한 호텔을 찾으려고 구시가지로 걸어가면서 점점 더 강해졌다. 전화번호부가 가득 든 바퀴형 쓰레기통의 무게에 맞먹는 배낭을 메고 있던 나는 육중한 걸음걸이의 거대 초식 공룡만큼이나 민첩하게 움직였다. 금방이라도 도둑들이 면도날 같은 발톱을 가진 벨로키랍토르 무리처럼 내게 달려들 것 같은 기분이 들었다. 그들은 어리둥절한 표정으로 거북이걸음 이상을 못 걷는 이 이방인을 몇 초 만에 깨끗이 발라먹은 뒤 뼈를 뱉어낼 것이다. 건달들의 집중 공격을 어렵사리 견뎌냈다 하더라도 몸을 가누지 못

---

* 부패 등으로 인해 정국이 불안하고 대외 경제 의존도가 심한 국가를 경멸적으로 지칭하는 표현.

하고 비틀거리다 어느 정신이상자 택시 운전사의 차에 치일지도 몰랐다. 나폴리 자동차들은 말 그대로 남자와 여자, 육중한 배낭족을 가리지 않고 냅다 돌진하며, 미로 같은 자갈 도로에는 몸을 피할 인도조차 없다. 한마디로 피아트 자동차로 겨루는 팜플로나 불 런* 경기 같다.

나폴리는 1972년을 기점으로 발전의 희망을 단념한 듯 보였다. '보수를 위해 무기한 문을 닫은' 박물관, 성당, 기타 관광 명소가 셀 수 없이 많았다. (그러고 보니 이 점에 착안해 대안이 될 만한 나폴리 관광청 슬로건을 만들어봐도 될 것 같다.) 건물들은 무너져가고 거리에는 쓰레기가 산처럼 쌓였으며 교통 인프라는 10년이나 뒤처져 있다. 공공장소에 있는 시계도 하나같이 작동을 하지 않는다. 상황이 이렇다보니 이 부문의 설비 투자를 담당하는 사람들이 과연 베수비오산**의 향후 활동에 대해서는 우리 같은 일반인보다 더 잘 알고 있을지 궁금해진다.

안데르센이 처음 나폴리를 방문한 1834년 초에 베수비오산은 활동 중이었다. 이는 안데르센의 외국 여행을 특징짓는 요소인 '적절한 타이밍'의 한 예일 뿐이다. 당시 여행에서 그는 로마에 도착해 때마침 라파엘로 산치오***의 무덤 발굴과 재매장 현장을 보게 되었고(관이 무덤에 쉽게 들어갈 수 있도록 상여꾼들이 관을 기울일 때 모든 뼈가 한쪽으로 미끄러지는 소리가 들렸다고 기록한다),

---

● 스페인 나바라주 팜플로나에서 개최되는 산 페르민 축제의 일환으로 열리는 소몰이. 난폭한 소와 인간의 경주로 이따금 사상자가 발생하기도 한다.
●● 이탈리아 나폴리만에 면한 활화산.
●●● 이탈리아의 화가, 조각가, 건축가(1483~1520).

1841년『시인의 바자르』여행에서는 금성이 몰타섬 상공의 특별한 위치에 떠 있는 것을 목격했다. 한 친구가 안데르센의 이 여행담을 듣고 "거짓말, 새빨간 거짓말이야! 그런 일이 우리 같은 사람들에게 일어날 리 없잖아!"라고 격분했을 만큼 특별한 경험이었다.

"아래로 흐르는 불의 강으로 (…) 분화구가 모닥불처럼 불타오르고 있었다. 나는 세상의 거대한 고동 소리를 들었다." 안데르센은 베수비오산에 대해 이렇게 썼다. 그와 친구들은 용기를 끌어모아 '그 검은 가마솥'(눈의 여왕은 이렇게 부른다)에 최대한 가까이 가보기로 했다. 내내 당나귀를 타고 가다가 마지막에는 무릎까지 잠기는 잿더미를 헤치고 힘겹게 앞으로 나아갔다. "신발 바닥이 타버렸다. 지각이 갈라졌다면 우리는 불바다 속에 빠졌을 것이다. 그때 괴물 같은 불줄기가 걸쭉하고 시뻘건 죽처럼 천천히 산 밑으로 쏟아지는 광경이 보였다."

베수비오산은 안데르센이 당시 집필 중이던 소설『즉흥시인』에서 매우 중요한 역할을 한다. 순결한 남자 주인공 안토니오도 화산 분화 때 나폴리를 방문하는데, 연상의 여인이 그를 유혹하려고 한다. "그녀가 날 끌어당겼다. 그녀의 입술은 내 영혼을 관통해 흐르는 불과 같았다! 영원불변의 성모여! 그대의 신성한 자태가 그 순간 벽에서 쏟아져 내렸도다." 안토니오는 이를 신의 계시로 받아들이고 방에서 뛰쳐나온다. "모든 것이 불타고 있을 때 그것이 내 안에 들어왔다! 공기의 흐름을 타고 그 열기가 앞으로 나아갔다. 베수비오산이 맹렬하게 불타며 서 있었고, 분출물이 연거푸 쏟아지며 주변을 환하게 물들였다."

다른 어느 도시보다 나폴리가 안데르센을 자극했던 것은 분명하다. 1834년 첫 방문 때 거의 내내 몸이 단 상태였던 것 같지만, 그럼에도 자신은 고결함을 잃지 않았다고 주장한다. "날씨에 피가 들끓는 것이 느껴진다. 걷잡을 수 없는 욕정을 느꼈지만 저항했다." 그는 어느 날 밤 이렇게 적었다. 유난히 더웠던 어느 저녁 산책에서는 열세 살 처녀 매춘부의 유혹에 거의 굴복할 뻔했는데, 그러고 나서 다음과 같이 썼다. "집에 가서 말라가 와인한 잔과 함께 푸짐한 저녁을 먹었다. 루이세[콜린, 가장 최근의 짝사랑]와 고국에 있는 다른 사람들을 생각했다. 그들이 오늘 저녁 내 모습을 봤다면 분명 걱정했을 것이다. 나폴리는 파리보다 더 위험한 곳이다. 파리에서는 몸이 얼지만 여기서는 피가 끓는다. 하느님께서 이 육신을 가장 훌륭하고 분별 있는 것으로 인도해주시길."

당시 안데르센은 「아그네트와 남자 인어」의 참패와 어머니의 사망 소식을 듣고, 여느 때처럼 슬픔보다 한발 앞서 있기 위해 서둘러 로마를 떠났다. 1841년에는 병과 외로움, 혹독한 날씨, 그리고 『무어인 소녀』의 흥행 실패 소식을 견디지 못하고 로마에서 도망쳐 나온 것이었다. 그는 홀스트, 로테와 함께 떠났고 나폴리에 도착했을 때 휴면 중이던 베수비오산은 눈으로 막혀 있었다.

19세기 중반에 나폴리를 방문했던 유럽 대륙 순회 여행객의 대부분은 나폴리만의 서쪽 만곡부에 위치한 키아이아(해변) 지구에 이끌렸다. 괴테는 퍼시 셸리* 부부만큼이나 이곳을 사랑했다. 넬슨 제독은 1793년 툴롱 방어를 위한 증원병을 요청하고자 나폴리를 찾았을 때 이 지역에 머물렀고 나폴리 주재 대사인 해밀턴 경의 어린 요부 아내 에마 해밀턴과 산타마리아아비코에 있는 그녀의 집에서 눈이 맞았다. 다른 덴마크인들처럼 안데르센 역시 1801년 코펜하겐 포격 사건으로 넬슨을 혐오했기 때문에 이 이야기를 듣고 별로 탐탁지 않아 했을 것이다. 하지만 그와 친구들은 페라리 씨라는 남자가 소유한 근처의 집에 묵었고 이 집은 '로칸다 데이 피오리의 꽃 광장'에 있었다.

시립기록보관소에서 만난 친절한 남자의 말에 따르면 이곳은 필시 피오렌티나아키아이아였을 것이다. 내륙 쪽의 리비에라 디키아이아에서부터 이어지는 이 골목길은 자동차 한 대가 겨우 지나갈 정도로 좁다. 안데르센이 묘사한 성당은 1943년 폭격으로 완전히 무너지고 없고, 당시에 있던 구두수선집 열여섯 군데와 과일가게도 마찬가지다. 하지만 거리와 광장은 여전히 현지 말들을 고통스럽게 했던 널찍한 화산암으로 포장되어 있다. "발을 계속 디디고 있을 수 없는 불쌍한 말들이 결국 비명과 고함 속에서 두들겨 맞는다." 사실 나폴리 전역의 도로가 이런 화산암 포장도로이기 때문에 널찍한 화산암은 안데르센의 자취에 대한 증거 능력이 부족하다. (생애 첫 몇 년 동안 유모차에 탄 나폴리 갓난쟁이들에게는 삶이 완전히 흐린 형체로 보일 것이다.)

● 영국 낭만파 시인(1792~1822).

안데르센은 이어서 쓴다. "모든 집은 1층에 창문이 없는 대신 가게 문이 활짝 열려 있다." 또한 발코니와 창문마다 상당히 많은 세탁물(속옷 등등)이 걸려 있다고 언급한다. 사실 나폴리 사람들은 여전히 이렇게 생활한다. 나폴리의 뒷골목을 돌아다니다보면 처음에는 재고가 없는 캄캄한 상점처럼 보였던 곳이 누군가의 거실인 경우가 종종 있으며, 이 중 일부는 베이클라이트* 전화기, 지직거리는 TV, 벽에 의무적으로 거는 교황과 마라도나** 사진 등이 전시된 박물관 같기도 하다.

홀스트와 안데르센은 나폴리에 와서도 결혼한 부부처럼 티격태격한다. 안데르센의 일기에는 두 사람 사이의 '꼴사나운 일'이 몇 가지 적혀 있다. 이런 다툼의 원인을 파악하기는 쉽지 않다. 처음에는 안데르센이 동방 여행을 계속하게 해줄 왕실 여행 보조금 소식을 기다리느라 신경이 곤두서 있었기 때문일 거라고 추측했지만, 크리스티안 8세가 안데르센에게 700레이크스달더(약 7000파운드)를 보조하기로 결정했다는 기쁜 소식을 들은 3월 1일 이후에도 오랫동안 둘의 싸움은 계속되었다.

보조금 소식에 말할 수 없이 행복해진 안데르센은 그 자리에서 요나스 콜린에게 감사 편지를 쓴 뒤 축하를 위해 극장을 찾아 로테와 홀스트에게 카프리산 화이트와인으로 왕을 위해 축배를 들자고 청한다.

하지만 5일에 또다시 두 사람 사이가 틀어진다. "홀스트와 꼴

---

* 포르말린의 반응으로 생기는 합성수지로 플라스틱의 시초가 되었다.
** 나폴리의 축구 영웅.

사나운 일이 있었다! 그는 내게 자신이 전혀 알지 못했던 비정한 면, 무례한 면이 있다고 말했다." 8일의 일기에는 다음과 같이 적혀 있다. "홀스트는 몇 번이나 짜증을 내며 내 말에 화난 사람처럼 딱딱하게 대꾸했다. 다른 때에는 내가 그런 식이었다." 그 원인이 홀스트의 성공에 대한 안데르센의 오랜 시기심인지 아니면 다른 이유인지는 가늠할 수 없지만, 두 사람은 대개는 화해를 했던 것처럼 보이며 매일 함께 관광을 했다.

호텔에 배낭을 내려놓은 나는 나폴리만의 첫 전경을 보기 위해 해안으로 걸어갔다. 이제 무거운 짐도 없으니 (사실 한 번도 경험하지 못한) 소매치기 피라냐의 공격을 막아낼 최소한의 태세를 갖춘 셈이었다.

나는 부속 부품이 다 빠져 있어 변기와 놀랄 만큼 비슷해 보이는 버려진 람브레타에 앉아 바다 건너편의 베수비오산을 응시했다. 1841년처럼 눈에 덮여 있는데도 위화감이 느껴졌다. 물론 베수비오산은 안데르센이 마지막으로 본 이후 큰 변화를 겪었다. 1845년에 디킨스는 이 산에서 가벼운 우르르 소리를 직접 들었고, 20세기에 들어서는 1944년 미군이 상륙한 직후에 대규모 '플리니식'(기원후 79년 분화를 목격했던 로마 제국의 역사가 플리니우스의 이름을 딴 것) 분화가 일어났다.

바람이 거셌던 이날, 내 주변에는 한가로이 거니는 노신사와 비둘기 몇 마리, 그리고 내 아래쪽 바위 위에서 장담컨대 자신들의 푸파 재킷으로 몸을 가리고 사랑을 나누는 젊은 커플밖에 없었다.

나는 얼음장같이 차가운 날씨에 보여준 저들의 불굴의 용기를 감탄스럽게 바라보았다. 1841년 3월에도 날씨는 비슷했지만, 5년 뒤인 1846년에 안데르센은 여느 때와 달리 한여름에 나폴리를 여행하기로 했다. 참을 수 없이 더웠지만 그 강한 햇살에 영감을 받아 심리적 위협감을 주는 이야기 「그림자」를 썼다. 이 작품은 당시 이미 큰 인기를 끈 도플갱어 테마에 대한 안데르센의 해석 이라고 할 수 있다.

「그림자」는 어른을 위한 진지한 동화작가로서 안데르센의 성년 을 기념한 중추적인 작품이었다. 『그림 형제 주해서The Annotated Brothers Grimm』의 최신판 서문에서 A. S. 바이엇은 안데르센의 이 야기에 "독자의 영혼을 병적인 공포로 비트는" 힘이 있다면서 작 가를 '심리 테러리스트'로 묘사한다. 그의 이런 면모는 「그림자」에 서 가장 잘 드러난다. 아이 놀이방이 안데르센 동화를 놓을 자리 라고 믿는 사람이 있다면, 뇌리를 떠나지 않는 이 섬뜩한 이야기 를 자녀에게 읽어주고 반응을 지켜보기를 추천한다.

「그림자」는 태양이 작열하는 '더운 나라'에서 자신의 그림자에 게 맞은편 집에 사는 아름다운 여인을 염탐하라고 시켰다가 그 림자를 잃어버린 '추운 나라에서 온 학자'에 관한 이야기다. 다 른 그림자를 키워 고국으로 돌아온 그는 잃어버린 그림자를 까 맣게 잊어버린다. 그런데 몇 년 뒤 원래 그림자가 큰 벼락부자에 세상을 두루 경험해 완전히 성숙한 인간이 되어 나타난다. 알고 보니 그림자가 염탐했던 아름다운 여인은 시의 여신이었다. 그녀에게서 많은 것을 배운 그림자는 말한다. "마치 3000년을 살면서 세상에 나온 모든 글을 읽은 것 같습니다. (…) 저는 모든 것을 보았고 모든 것을 안답니다!" 그림자는 새로 얻은 자유를 이용해 세상 사람들을 염탐하다가 그들을 공포에 떨게 하고 공갈 협박하기에 이른다. "다른 사람이 보지 못하는 곳을 보았고 (…) 아무도 봐서는 안 되는 것을 봤습니다. 세상이 어찌나 추악하던지요!"

당연히 이 사실에 불안을 느낀 학자는 시름시름 앓다가 살이 빠진다. "'그림자라고 해도 믿겠어요!' 사람들이 그에게 말했다." '이제 진정한 주인이 된' 예전 그림자는 학자에게 온천에 가서 건강을 회복하라고 권하며, 자신도 그곳에 가서 수염이 자라지 않는 병을 고쳐야 한다고 말한다(안데르센도 그랬다. 그는 수염 기르기에 어려움을 겪었다). 그림자는 온천에서 만난 공주에게 구애를 하고 실제로 결혼 직전까지 가지만, 그때 질릴 대로 질린 학자가 그림자는 가짜라고 폭로하려고 한다. 공주의 약혼자라는 새로운 지위를 얻은 그림자는 자신의 영향력을 이용해 학자를 투옥시키고 그 남자가 자신의 그림자라고 주장한다. 이야기는 그림자와 공주의 결혼으로 끝난다. "학자는 아무 소식도 듣지 못했는데, 그때는 이미 처형을 당한 뒤였기 때문이다."

「그림자」에 담긴 근대적 풍자와 환상적 상징은 사키•나 카프카에 견주어도 손색없으며, 명실공히 안데르센의 걸작 중 하나

• 미얀마 태생인 영국의 단편 풍자작가(1870~1916).

다. 안데르센 팬이라면 이 두 주인공에게 투영된 작가의 모습을 해체 분석하고, 이 작품을 쓸 때 작가가 얼마나 고심했을지 헤아리는 일에 시간 가는 줄 모르고 몰두할 수 있을 것이다. 예를 들어 이 작품은 작가의 억압된 성적 욕망에 관한 우화일까? 아니면 '진정한' 예술가를 박해하고 한낱 그림자들을 우호했던 평론가들을 저격하고 있는 것일까? 재키 울슐래거는 안데르센이 최종 윤색판이자 일명 '사기용' 자서전인 『내 인생의 동화』를 이 작품과 동시에 썼다고 지적한다. "자서전에서 그림자가 없는 채로 젠체하고 있을 때 억눌렸던 내면의 공포가 「그림자」에서 완전하게 드러났다." (덧붙이자면, 좋은 각본을 알아볼 줄 아는 배우 로저 무어가 「그림자」를 대충 따서 만든 영화 「로저 무어의 이중생활」의 주인공 연기를 자신의 최고 명연기로 꼽은 것은 결코 우연이 아니다. 1970년에 나온 이 B급 영화는 수술대 위에서 시시각각 죽어가는 남자가 자신의 도플갱어를 세상 속으로 내보내는 이야기를 담고 있다. '그림자'는 남자의 신분을 가장하며 그를 정신이상자로 몰아간다.)

안데르센은 종종 '브리짓 존스' 스타일로 그날 어떤 술을 마셔야 했는지 언급하며 일기를 끝맺는다. 나폴리에서는 현지 와인인 라크리마 크리스티가 자주 등장한다. 나는 그날 밤 이 사실을 얄팍한 핑계로 삼아(나 같은 술고래가 이런 기회를 놓칠 리 만무하다) 베수비오산의 용암원에서 재배한 포도로 만든 선홍빛 와인을 한 병 사서 호텔 방으로 가져왔다.

안데르센이 아침마다 고생을 했다는 것도 놀랄 일이 아니었다! 나는 크림 크래커를 열 개쯤 먹은 것처럼 입안이 텁텁했다. 와인이 공기와 접촉할 새도 없이 단숨에 병을 비우며 (실제로는 마실 게 못 되는 와인이었다. 진짜 먹을 수 없다는 말은 아니지만) TV로 SSC 나폴리의 경기를 시청했다. 경기 방영권을 구입할 여력이 없었던 현지 텔레비전 방송국은 대신 관중과 해설팀 반응만을 촬영해 보여주었다. (기발한 방법이지만, 모든 스포츠에 적용하면 안 되겠다는 생각이 들었다. 스누커 경기장에서 뜨개질을 하는 여자들과 퀘이버스 치즈 스낵을 게걸스럽게 먹는 남자아이들은 별 감흥을 주지 못할 것이다.)

라크리마 크리스티 와인과 카파레차(에미넘의 이탈리아 버전. 멜로디만 없을 뿐이다)의 최근 히트곡을 울려대는 옆방의 춤 파티 때문에 그날 밤 잠은 종잡을 수 없는 연인과 같았다. 한번은 옆방에서 샤론 스톤이 사진 촬영을 하고 있다는 소식을 들을 수 있기를 바라며 프런트에 전화를 걸었다.

"저희도 어쩔 도리가 없네요." 프런트 직원이 말했다.

"경찰에 신고라도 하셔야죠." 내가 제안했다.

그녀는 조롱 섞인 코웃음을 치더니 전화를 끊어버렸다. 나폴리에서 소음 불평을 하는 것은 코펜하겐에서 추위 불평을 하는 것과 마찬가지로 헛된 일처럼 느껴졌다.

하지만 나는 어느새 잠이 들었고 마돈나와 테니스를 치기로 예정된 꿈을 꾸었다. 정기적인 약속인 것 같았는데, 코트에 도착해보니 당황스럽게도 내가 이중 예약을 한 모양이었다. 재닛 잭슨이 수행단과 함께 1번 코트장에서 나를 기다리고 있었다. 마

돈나는 2번 코트장에 혼자 있었고, 재닛에게 마돈나와 테니스를
다 칠 때까지 기다려야겠다고 설명하는 어색한 장면이 이어졌
다. 상황은 재닛이 가슴 양쪽을 내게 보여주면서 최고조에 이르
렀다. 마침내 2번 코트에 도착하자 매지*가 딸아이 얼굴에 털이
나서 걱정이라는 말만 했다.

어쩌면 나도 안데르센을 나락으로 떨어뜨린 나폴리인들의 음
탕함에 감염되고 있는지 몰랐다. 나폴리를 돌아다닐수록 이곳
이 놀랄 만큼 섹시한 도시라는, 약간 일그러진 『리더스와이브스
Readers' Wives』** 같은 면이 있다는 사실이 실감되었다. 현지인이
하나같이 젊은 시절의 지나 롤로브리지다 또는 알 파치노를 닮
은 것도 닮은 것이지만 관광객이 상대적으로 적은 것도 그런 분
위기를 돋운다. 배낭과 가이드북은 섹시함과 한참 거리가 멀지
않은가? 하지만 이것으로 나폴리 고유의 억제되지 않는 육감적
매력을 모두 설명하기에는 역부족이다.

더 적절한 설명은 기본적으로 살아 있는 박물관이라 할 수 있
는 베로나와 달리 나폴리는 진정으로 살아 있는 도시라는 사실
일 것이다. 하지만 진정으로 살아 있는 (그러면서도 치질만큼 섹
시한) 도시 허더즈필드***와 달리 나폴리인들은 어느 날 갑자기
멸망할 수 있다는 영원한 위협 속에서 살아간다. 바로 이 점이

* 마돈나의 애칭.
** 영국 성인 잡지.
*** 잉글랜드 북부에 소재한 공업 도시.

나폴리의 에로틱한 자극을 설명할 열쇠라고 생각한다. 베수비오 산은 언제든 폭발해 백열 상태의 잿더미로 사람들을 덮어버릴 수 있으며, 그게 아니라면 이곳에 원한을 품고 있는 것 같은 하느님이 어느 날 갑자기 홍수나 지진을 선사할 가능성도 있다. 두 재앙 모두 지난 25년 사이 나폴리에서 벌어졌다. 그래서인지 나폴리 사람들은 하루하루를 마지막 날처럼 살아간다. 스스로에게 물어보자. 살아갈 날이 하루뿐이라면 무엇을 할 것인가? 거리를 청소할까? 교통 정리를 할까? 그러지 않을 것이다.

1841년에 베수비오산과 안데르센의 성욕은 어느 정도 잠잠했다. 새롭게 발족한 베수비오 관측소에서 (그의 성욕이 아닌 산을) 감시하고 있었지만, 그 파괴적인 힘(계속 베수비오산 이야기다)을 상기시키는 심상치 않은 기운이 가까이서 느껴졌다. 3월 18일에 안데르센은 로테와 홀스트를 대동해 나폴리만 주변을 순회하는 이탈리아 최초의 기차를 타고 폼페이로 당일치기 여행을 떠났다. 400도의 증기 구름으로 도시를 질식시킨 기원후 79년 폭발의 발굴 작업은 임시적이긴 했지만 18세기 중반에 시작되었다. 더 체계적인 연구는 18세기 후반에 진행되었고 거의 매달 새로운 사실이 발견되었다. 안데르센은 새로 발굴된 감옥이 있다고 언급하지만, 그곳을 떠나자마자 목이 살짝 따끔거리기 시작한다. 『시인의 바자르』에 묘사된 첫 병 증세다. "핏속에 열이 뻗쳤다. 아마도 죽을 때가 가까워졌나보다. 음울한 폭군이 문을 관통해 나를 노려본 것 같지만, 아직은 때가 아니다. 폭군은 가버리고 건강의 여신이 그 자리에 서 있었다."

그렇다면 안데르센은 어느 정도로 아팠던 걸까? 나는 이 병증을 설명한 일기 내용의 사본을 덴마크인 의사 친구에게 보냈다. 진단 결과, 그 증상은 편도염이었다.

그런데도 안데르센은 즉시 피를 뽑아야 한다는 여관 주인 페라리의 설득에 넘어갔고, 홀스트와 로테가 서둘러 이발사를 데리러 갔다. 당시에는 이발사가 간단한 시술을 하는 것이 일반적이었던 것 같다. ("안녕하세요, 손님. 피를 뽑으시겠다고요? 당연히 그러셔야죠. 하는 김에 뿌리 염색도 할까요? 좋은 구경은 많이 하셨어요?")

"페라리가 날 안아주었다. 손에서 혈관 하나가 절개되었고, 손을 따뜻한 물에 담갔다." 안데르센이 일기에 썼다. "나는 기절할 것 같았고, 드레싱이 끝나자 발열이 멈추었다. 나는 두어 번 정도 토를 했다. 힘없이 방으로 돌아갔고 그날 밤에는 잠도 대체로 잘 잤다."

이틀 뒤 병이 다시 도진다. '음울한 폭군'은 이번에는 그렇게 오래 머물지 않았다.

나는 초등학교 때 폼페이 이야기를 처음 듣고 큰 충격을 받아 폼페이를 보는 꿈을 꾼 적이 있어서(당시 부모님은 우리가 사는 지역이 화산 지형이 아님을 알려주기 위해 나를 사우스다운스*까지 데려가야 했다), 이튿날 사철역Stazione Circumvesuviana으로 이동했다.

"소렌토행 기차가 곧 출발합니다"라는 안내 방송이 나온 뒤

---

* 잉글랜드 동남부에서 동서로 뻗은 구릉지.

바로 소렌토(와 폼페이)행 기차가 출발했다. 기차는 불길한 컨테이너 야적장들과 무질서하게 얽혀 있는 싸구려 집들, 난초와 토마토가 한가득 자라는 빛에 일렁이는 커다란 온실들을 통과했고, 아코디언과 탬버린으로 레드 제플린의 곡들을 연주하는 거리 악사들을 지나갈 때는 감미로운 세레나데도 들려왔다.

폐허가 된 도시 입구에서 나는 가이드 오디오를 샀다. 처음에는 작동법을 잘 몰라 한 시간 동안 철책 안을 유심히 살펴보며 가이드의 설명과 눈앞의 광경을 조화시켜보려고 애썼다. "지금 보시는 것은 2만 석이 구비된 원형경기장입니다." 하수관처럼 생긴 것을 보고 있을 때 오디오에서 이런 말이 흘러나왔다. 명판의 숫자를 잘못 읽었다는 사실을 깨닫고 나서부터는 죽은 사람의 형체를 찾아내려 애쓰며 대단히 흥미롭고 유익한 시간을 보냈다.

안데르센이 폼페이를 '죽은 자들의 도시'라고 칭해서, 불타는 고통으로 온몸이 뒤틀린 석화된 시체들이 여기저기 흩어져 있을 거라 예상했지만 그렇지 않았다. 결국 고대 로마의 구름다리처럼 보이는 곳 뒤쪽에서 철책과 돌무더기 뒤에 숨은 시체 몇 구를 발견했는데, 일반에 공개 전시할 의도 없이 그저 그곳에 보관해둔 것이 분명했다. 가대식 탁자 위에 펼쳐놓은 접질린 사지의 잔혹한 실루엣을 금방 알아볼 수 있었는데, 굉장히 초현실적이었다.

몇 발짝 뒤에서는 미국인 10대 여학생 무리가 따라오고 있었다. 앞서 한 여학생이 내게 물었다. "베수비오산이 어떤 거예요?"

나는 저 위쪽 눈 덮인 개울들과 함께 어렴풋이 보이는 커다란 산을 가리켰다. "아, 그렇구나. 감사합니다."

다음에 또다시 여학생들을 마주치자 나는 시체 쪽으로 고갯 짓을 하며 말했다. "봐요! 시체예요!" 여학생들은 내 옆에서 어둠 속을 응시하며 내가 도대체 뭘 두고 하는 말인가 분간하려다가 흠칫 놀라며 겁에 질린 비명을 꽥 질렀다. 그러더니 재빨리 나를 앞질러가며 내가 시체와 무슨 관련이 있기라도 한 양 이따금씩 날 경계하듯 뒤돌아보았다.

안데르센보다 몇 년 앞서 이곳을 방문한 괴테는 폼페이인들의 거처를 '인형의 집'으로 묘사했는데, 실제로 집들이 놀랄 만큼 조그맣다. 하지만 좁은 길과 비좁은 주택, 스포츠를 향한 광적 인 집착을 보면 고대 폼페이 사람들은 오늘날의 나폴리 사람들 과 놀랄 정도로 닮은 것 같다. 단, 폼페이의 유지 보수 상태가 약 간 더 좋다는 것만 빼면.

오디오 가이드의 설명에 따르면 놀랍게도 고대 로마인들은 옷 을 다림질했는가 하면(예전에는 전혀 생각해보지 못한 일이다) 로 마 시대에는 소변이 귀하게 여겨졌다. 암모니아가 세척에 사용되 었기 때문에 공중 화장실에서 매일 소변이 수거되었다. 이 말인 즉슨, 다른 이들의 오줌을 수거하는 일을 전업으로 삼은 사람이 있었다는 뜻이다. 사실 우리 같은 저널리스트들은 이런 이야기 소재를 만나면 마음이 저 밑바닥까지 동한다.

오디오 가이드에서는 고대 폼페이인들에게 "화장이 통상적인 장례 방식이었다"는 설명도 나왔는데, 다소 절제된 표현이 아닌가 싶었다. 농담이 아니다.

오디오 가이드가 마지막으로 나를 안내한 곳은 프리아포스* 신이 어마무시하게 큰 자신의 남근을 저울질하는 모습이 그려진 프레스코화로, 한 저택의 벽을 장식하고 있었다. 인상적인 광경이 긴 했지만, 이튿날 외설물의 방Cabinet of Obscene Objects에서 보게 될 음란과 퇴폐물의 집중 포화에 비하면 애교 수준이었다.

하지만 그 전에 오페라의 밤이 있었다(건너뛰기 금지).

안데르센은 열렬한 오페라 애호가였고 1840년 동방을 오가는 여행에서도 몇몇 공연을 관람하고 견해를 남겼다. 6년 전 나폴리 첫 방문 때 그는 산 카를로 오페라 극장에서 만난 적이 있는 전설적인 콘트랄토 성악가 마리아 말리브란의 공연을 보고 완전히 넋을 잃었다. 하지만 그녀는 1836년에 유명을 달리했다.

『시인의 바자르』에서 안데르센은 이제 그녀를 볼 수 없다는 사실과 산 카를로 극장의 임시 폐쇄를 자신의 두 번째 이탈리아 여행에 어두운 그림자를 드리우는 우울함의 은유로 사용한다. "말리브란이 나폴리에 왔다고 들은 것이 이맘때였다. 당시 모든 것에선 새것의 향기가 났다. 남부의 따뜻한 공기와 빛이 어딜 가나 드리웠는데, 이 얼마나 변했는가! (…) 그때와 반대로 지금은 이 중 많은 그림이 짙은 그림자로 그린 것이었고 (…) 신선함과 새것의 향기는 사라졌다."

다행히 내가 갔을 때 산 카를로 극장은 열려 있어서 「라트라

• 그리스 신화에서 기형적으로 큰 성기를 가진 번식과 풍요의 신.

비아타」티켓을 구입했다. 로마의 라 스칼라 오페라 극장의 뒤를 이어 이탈리아에서 두 번째로 중요한 이 오페라 극장은 얇게 벗겨지는 치장벽토, 무너져내리는 석조, 검은 때가 묻은 대리석 등 퇴색의 흔적이 역력했지만 여전히 형언할 수 없이 웅장하다. 불타는 금요일 밤에 헐렁한 코르덴 바지에 파카를 걸쳐입은 내 복장은 딱 봐도 NG였다. 웅장한 천장 프레스코화가 손에 닿을 듯한 6층 발코니석까지 올라가자 모피와 스틸레토, 양복과 넥타이, 반짝거리는 가죽 신발로 치장한 오페라 애호가들이 얼큰하게 취한 부랑자 보듯 나를 쳐다보았다.

내 경험상 오페라는 얼마나 전문적인 공연이었든 또 보고 싶어지는 예술 형식은 아니다. 이 작품은 정식 교육을 받지 않은 내 눈에도 훌륭했지만, 이내 배우들의 허리둘레를 눈여겨보는 재미에 빠져 연기는 보는 둥 마는 둥 했다. 내가 판단하기에 이 공연은 웨이트워처스Weight Watchers* 클럽 회원들이「제국의 종말」에 나오는 의상을 입고 고전적인 삼각관계를 연기하는 것 같았다. 재미있긴 했지만 금새 카파레차의 쿵쾅 소리가 그리워졌다.

이튿날 아침 나는 베수비오산을 등반했다. 말이 '등반'이지 정상 근처에 있는 큰 주차장까지 버스를 타고 가서 남은 800미터 정도를 잘 정비된 오솔길을 따라 걸었다. 눈이 녹으면서 빠져나온 골프공만 한 화산 돌멩이들이 내 옆으로 굴러가고 있어 제때

---

* 다이어트 제품과 프로그램을 서비스하는 미국 기업.

잘 피해야 했다. 돌멩이는 「블레어 위치」에 나오는 돌들처럼 불길한 딱딱 소리를 내며 정적을 깼다. 기차 안에서 베수비오산이 현재 역사상 가장 긴 휴지기에 있다는 글을 읽었는데, 이 불길한 용암 덩어리들은 언제가 될지는 모르지만 조만간 닥쳐올 본편의 시작을 예고하는 것일지도 몰랐다.

이윽고 해발 1281미터 높이의 분화구 둘레에 이르자 내 이름이나 하느님의 존재에 대한 의심과 함께 이 모든 것이 싹 잊혔다. 분화구가 연출하는 장관이 어찌나 아름답고 내 자신이 한없이 작고 보잘것없게 느껴지는지, 이 순간 (「2001: 스페이스 오디세이」 오프닝 주제곡으로 더 잘 알려진) 슈트라우스의 「차라투스트라는 이렇게 말했다」를 창자가 헐거워지는 데시벨 수준으로 연주해 숨은 스피커를 통해 흘려보내면 딱 어울리겠다 싶었다. 분화구 안을 들여다보는 것은 죽음이라는 운명의 구덩이를 들여다보는 것 같고, 존재의 덧없음, 모든 인간적 노력의 헛됨, 그리고 오전 내내 아이스크림을 먹지 못했다는 사실(고깔 모양, 눈과 관련이 있는 것 같다)이 문득 떠오른다.

분화구의 내벽에서 약한 증기가 뿜어져 나오고 있었지만 유황 냄새는 아주 희미하게만 느껴졌다. 뒤를 돌아보자 저 아래 안개 속에서 나폴리 교외와, 거대한 태양전지판처럼 햇빛에 반짝이는 방울토마토 온실들이 소렌토반도에 조각조각 모여 있는 모습이 눈에 들어왔다. 이스키아섬은 빛을 받아 일렁거리는 환상이었다. 분화구 둘레를 걷다보니 어느 지점에서 계단과 함께 철책이 사라졌다. 나는 용감하게 등반을 계속했다. 길 끝에 있는 기념품점 때문에 용감무쌍한 분위기가 한층 누그러졌지만.

그날 오후 늦게 도시로 돌아온 나는 또다시 안데르센과 관련된 예술품 추적을 시작했는데, 우선 도시를 내려다보고 있는 낡고 거대한 궁전인 카포디몬테 박물관(저속하지만 수집 가치가 있는 모든 작은 입상, 즉 할머니의 포케몬이 모여 있는 안식처)을 구경한 뒤, 시내로 돌아와 인상적인 국립고고학박물관을 방문했다. 이곳은 그날 저녁 몰타행 페리를 타기 전에 나폴리에서 마지막으로 들른 장소였다.

유럽 3대 고고학 박물관에 손꼽히는 나폴리 국립고고학박물관은 18세기 초 부르봉 왕가의 샤를 2세가 건립했다. 안데르센의 일기에 기록된 예술품 목록 중 내가 이곳에서 찾아낸 것은 파르네세의 웅장한 헤라클레스상(눈이 휘둥그레진 안데르센이 "근육질에 생동감이 있다"고 묘사한 최초의 보디빌더. 하지만 역시나 음부는 얼룩다람쥐만 하다)과, 디르케*의 신화를 묘사한 대리석 조각품 '황소'였다.

이런 규모의 대리석 조각상을 만나면 언제나 작품의 엄청난 무게가 어떻게 지탱되는지 알아내고 싶어진다. 자세히 살펴보면 예외없이 전혀 예상치 못한 신체 부위에서 나무 기둥이 튀어나와 있는데, 디르케의 황소 친구도 배에서 나무 하나가 나와 있다. 그래도 황소는 뿔을 잡고 있는 남성보단 봐줄 만하다. 남자는 엉덩이 쪽에서 나무가 튀어나온다.

• 그리스 신화에 나오는 테베의 섭정 리코스의 아내. 시기와 질투, 학대를 상징한다.

하지만 이 고고학박물관에서 모두(최소한 나처럼 외설적인 것을 좋아하는 사람들)가 보고 싶어하는 곳은 전설적인 '외설물의 방'이 있는 전시관이다. 이 방은 노골적이고 변태적인 성 묘사 때문에 몇 세기 동안 일반에 공개되지 않은 예술품들이 소장된 곳으로, 유럽 전역의 살롱에 떠도는 충격적인 소문과 억측의 근원지였다.

'외설물의 방'(오늘날에는 '비밀의 방'으로 불림)은 사람들의 기대에 한껏 부응한다. 고대 폼페이와 헤르쿨라네움* 사람들이 즐겨 감상했던 그림, 프레스코화, 조각상, 양각 세공품(이중적인 의미)이 주를 이루는 이 102점의 작품은 너무 외설적이어서, 가리발디 장군이 한동안 이탈리아 왕국의 경계를 풀었을 때 잠깐 공개된 것 빼고는 한 세기가 넘도록 내무부로부터 특별 방문 허가를 받은 사람만 관람할 수 있었다. 2000년이 되어서야 이 소장품들이 공개 전시되었고, 뒤이어 이탈리아 미디어의 자아 탐구가 쏟아져 나왔다.

물론 함부르크의 밑바닥을 경험한 나처럼 세상 물정에 밝은 사람에게는 평범하기 짝이 없었다. 가슴이 깊게 파인 토가**와 끈팬티 정도로는 나를 흥분시킬 수…… 아니, 잠깐! 맙소사! 실오라기 하나 걸치지 않은 저건 뭐지? 손으로 잡고 있는 저건 또 뭐고? 곤봉 같은 건가? 닭들이 저런 걸 할 수 있다고! 저 여자

• 폼페이와 함께 사라진 고대 로마의 도시로 지금의 에르콜라노(폼페이 서북쪽의 도시) 자리에 위치했다.
•• 고대 로마 시민이 입던 낙낙하고 긴 겉옷.

몸에서 뭐가 튀어나오는 거지? 맙소사! 간호사인가?

고대세계에서는 남자, 당나귀, 사자, 검투사, 새, 사티로스, 님프, 자웅동체 등 어떤 성별이나 종, 신화 속 동물도 육욕의 회전목마에서 제외되지 않았던 듯하다. 예를 들어 헤르쿨라네움에서 발견된 한 조각상은 자신의 거대한 페니스와 힘겨루기를 하는 글래디에이터를 묘사하고 있고, 폼페이에서 발견된 조각상들은 염소에게 성적 쾌감을 선물하는 판*을 보여준다(염소의 표정은 행복해 보인다). 이런 증거를 고려할 때 고대 폼페이가 로마의 소돔이라는 명성을 얻은 것도 그리 놀랄 일은 아니다. 폼페이 사람들은 이런 것을 좋아했음에 틀림없다.

필기와 스케치, 사진 촬영(조사용이니 이해해주시길)을 하던 중 나는 수염을 기른 한 중년 남자가 거친 숨을 몰아쉬며 비디오 카메라로 전시품을 하나하나 열심히 찍고 있는 것을 알아차렸다. 하기야 사람은 누구나 취미가 있기 마련이니까. 나는 안데르센이 이 방을 관람하지 않아서 정말 다행이라고 생각했다. 만일 관람했다면 다시는 회복하지 못할 망상의 발작을 일으켰을 것이다.

그런데 내가 한참 잘못 알고 있었다. 집으로 돌아와 좀더 조사를 해보니, 가장 근래에 나온 덴마크어 안데르센 전기(옌스 아네르센 지음)에 안데르센이 1834년 2월 나폴리 방문 때 이 소장품을 감상했다는 믿기 어려운 사실이 적혀 있었다. 그는 '그리스인들의 방탕함을 묘사한 그림들'이 전시된 일명 '음란한 방'의 열

---

* 염소의 뿔과 다리를 가진, 음악을 좋아하는 숲·목양의 신.

쇠를 박물관장에게서 빌렸다(당시에는 이 소장품들이 지하의 어느 방에 숨어 있었다). 뿐만 아니라 이 이교도 포르노물에 분개하기 는커녕 '마음을 움직이는 그림' '사랑스럽다' 따위의 표현을 했 는데, 정말 칭찬할 만하다. 이 모습은 6년 전 파리에서 한 여성 의 안내로 비밀의 방Cabinet Mysterieux에 갔을 때와 꽤 대조적이 다. 그는 크게 경악하며 일기에 적었다. "무척 끔찍했다! 모든 생 식기가 소름끼치는 질병으로 묘사되어 있었고, 손끝에서 식은땀 이 솟아올랐다." 하지만 1846년에 이 방을 두 번째 방문했을 때 는 가장 마음에 드는 작품을 골라내기까지 했다. "비밀의 방을 구경했는데 성교 중인 사티로스와 염소[내가 봐도 압권이다]는 표 현 면에서 대가의 작품 같다.+"

그렇게 놀랄 일은 아니었다. 옌스 아네르센의 평처럼, 비밀의 방은 어떻게 이탈리아가 한스 크리스티안 안데르센에게 하나의 거대한 에로틱 디오라마관이 되었는지를 그대로 보여준 것에 지 나지 않았다.

이 사실을 알고 나는 안데르센의 당혹스러운 성향을 다시 한 번 생각하게 되었다. 안데르센이 보여준 이상행동은 잠재된 양성 애라기보다 그저 비밀의 방과 사창가에서도 드러난 관음증 때문 이었을까? 안데르센은 그냥 보는 것을 좋아했는지도 모른다. 어 쩌면 또래 친구가 음경을 깨문 사건, 유년 시절 여자들과의 불운 한 만남, 외모에 대한 불안 때문에 평생 동안 그저 시각적 정보 를 즐기는 데서 만족을 얻게 된 것일 수도 있다. 아마도 안데르 센은 쌍방이 즐기는 관계를 선호하지 않았던 것은 아닐까?

안데르센은 1834년 첫 유럽 여행의 막바지에 나폴리에 도착했고, 그 무렵 경비가 바닥났기 때문에 우울한 기분으로 뮌헨과 빈을 거쳐 코펜하겐으로 돌아갈 수밖에 없었다. 하지만 이번에는 슬픔이 찾아오는 것을 피해 몇 달 더 여행할 수 있었고, 목적지인 미지의 동방을 향해 몰타행 배에 올랐다.

홀스트는 달가워하지 않았다(분명 이때쯤 안데르센에게 신물이 났을 것이다). "자신의 시간을 어이없기 짝이 없는 방식으로 보내는 그 친구가 그리스와 콘스탄티노플에서 무엇을 할지는 하늘만이 알리라. 그는 아무것도 보지 않고 아무것도 즐기지 않으며 그 어느 것에도 기뻐하지 않는다. 글을 쓰는 것 말고는 아무것도 하지 않는다. 박물관에 가면 조각상과 그림을 보고 그 아름다움을 감상하기보다는 시종일관 연필을 들고 관리인의 설명을 받아적기 바쁘다. 그를 보면 뭣 하나라도 잊어버릴까봐 끊임없이 두려워하며 고인의 재산을 검토하고 하나하나 세심하게 항목별로 기록하는 유언 집행자가 떠오른다."

반면 1841년 3월의 그 열렬한 여행자는 자신이 모험을 하게 되리라고 꿈에도 생각지 못했던 미지의 세계로, 자신을 영원히 바꾸어놓을 환상과 위험이 가득한 땅으로 깊숙이 발을 들이고 있었다.

언제든 연필을 들 태세를 갖추고.

6장

몰타

Repubblika ta' Malta

"매 순간을 소비하고 모든 것을 보려고 애쓰며 항상 쉬지 않고 움직인다." 안데르센은 한때 여행자로서 자신의 모습을 이렇게 묘사한다. 아테네로 가는 길에 몰타에서 보낸 하루는 이런 불꽃 같은 정신을 다른 무엇보다 더 잘 보여준다. 육지에 머문 열 시간 남짓 동안 안데르센은 평범한 관광객의 일주일 치 일정을 소화했다. 실제로 그는 이 섬에서 볼 만한 것은 다 봤다고 할 수 있으며, 예정에 없던 일정이었기 때문에 평소에 이용하던 가이드북 없이 이 모든 것을 해냈다.

몰타섬에서 보낸 하루는 동방 여정의 중심점이었고, 이는 『시인의 바자르』에서 몰타를 묘사한 장도 마찬가지였다. 책은 이 환상의 섬이 선사하는 새로움과 이국적 분위기에 작가가 원기를 회복하면서 속도를 올리는 듯 보인다. 그때까지 본 것은 이미 경험한 것들이었다. 독일과 이탈리아는 이미 가본 곳이었고 알 만큼 다 알았다. 하지만 몰타를 시작으로 동방을 거쳐 빈으로 가는 내내 희한한 광경과 처음 보는 인종, 낯선 관습들이 안데르센의 정신을 강타했다. 게다가 이때부터는 혼자 여행했기 때문에 홀스트와 함께 다닌 나폴리나 로마에서처럼 익숙한 관광지에 억지로 끌려다닐 필요 없이 마음 가는 대로 가고 싶은 곳을 갈 수 있었다.

나는 이탈리아를 떠날 생각에 마음이 들떴다. 게다가 바다를 건너는 것만큼 제대로 여행을 한다는 느낌을 주는 것도 없다. 나는 독립기념일 행사에 맞춰 아테네에 도착하고 싶은 마음에 안데르센처럼 하루만 몰타에 머물기로 했다. 따라서 안데르센과 나는 야망의 당일치기 여행이라는 도전으로 승부를 겨루게 되었다.

사실 이건 애초부터 불공평한 시합이었다.

몰타섬은 도착 전부터 내게 문제를 안겨주었다. 안데르센은 프랑스 증기선 레오니다스 호를 타고 나폴리에서 곧장 몰타의 수도 발레타로 갔지만 이 노선은 이제 존재하지 않는다. 그래서 나는 티레니아 해운의 라파엘레라바티나 호(친츠 장식이 된 9층짜리 호화 페리로, 양단 옷을 입은 세련된 젊은 남녀가 탑승한다)를 타고 시칠리아섬의 팔레르모까지 간 뒤 거기서 버스를 타고 섬을 횡단해 몰타행 페리를 타야 했다. 나는 일요일 밤에 이 여행의 전반부에 속하는 나폴리를 떠났고, 월요일 새벽 5시에 팔레르모에 도착할 예정이었다.

배가 항구를 떠나자 나는 나폴리만을 마지막으로 보기 위해 갑판에 올랐다. 안타깝게도 나폴리만은 안개에 싸여 있었는데, 그 모습이 마치 누군가 베수비오산에 방화막을 내린 것 같았다. 비록 2000년이나 늦긴 했지만.

자신이 탄 배에 감명을 받은 안데르센은 『시인의 바자르』에서 네 페이지를 할애해 '예쁜 선장실'부터 '잘생긴 거울' '윤기 나는 대리석 기둥' '와인 저장고', 심지어 남자 승무원들이 여자 역을 연기하는 극장까지 매우 상세하게 묘사했다. "편안할 뿐만 아니라 품격이 있었다." 그는 흡족한 듯이 이렇게 논평한다. 훗날 자서전에서도 그는 1841년의 항해에서 느낀 기쁨을 상기했다. "미국인, 이탈리아인, 아시아인, 주교와 수사, 장교, 여행객 할 것 없이 우리는 즐겁게 뛰놀며 노래 부르고 춤을 추고 카드를 치고 수다를 떨었다. (…) 바다 위에서 며칠을 같이 생활하다보면 자연스럽게 관계가 친밀해진다."

나폴리에 작별을 고할 때는 느낌표가 많아진다. "나폴리, 그대는 햇빛에 둘러싸인 하얀 도시!" 베수비오처럼 "내 마음에서 (…) 불이 타오른다. 모든 것이 화산과 같다!" 배는 밤중에 악마같이 빛을 내는 카프리섬과 스트롬볼리섬을 지나간다. 배가 시칠리아섬("깊고 투명하며 공기로 뒤덮인 바다 한가운데 자리한 웅장한 삼각대, 그대를 환영하리!")에 가까워질 때 안데르센은 『오디세이』에 메시나 해협 양편을 각각 지킨다고 나와 있는, 머리 여섯 달린 괴물 스킬라와 소용돌이를 일으키는 괴물 카리브디스가 나타나는지 감시한다. "하지만 파도는 어떤 특별한 움직임도 보이지 않았다."

시라쿠사 해안에서 종소리가 들려오면서부터 느낌표가 사라지고 안데르센의 기분은 다시 어두워진다. 여행 내내 그에게 붙어다닌 슬픔이 되살아나는 것처럼 보인다. "그 쨍하는 소리가 너무 음울해서, 마치 죽어가는 백조 한 마리가 고개를 숙이고 큰 날개를 편 채 공중에서 짙푸르고 잔잔한 바다로 떨어지며 내는 마지막 발신음 같았다."

새벽 5시에 배에서 내린 나는 두어 시간 동안 팔레르모를 돌아다니며 가게들이 문을 열기를 기다리면서 다른 방문객들처럼 마피아 활동의 흔적을 찾았다. 다시 침대에 누우려면 최소 스무 시간을 기다려야 한다는 사실을 깨달은 나는 힘을 아끼기 위해 중앙 광장에 앉아 취학 전 남자아이 몇 명이 즉흥적으로 축구 시합을 하는 모습을 구경했다. 어릴 적부터 축구공을 옆에 끼고 사는 이탈리아 남자들에게 축구 기술이 없다는 것은 악몽일 게 틀림없었다. 내가 뚱뚱한 천식 환자였던 벨기에 교환학생과 함께 벤치나 지키는 신세였던 것처럼. 심지어 나는 어느 한 팀을 응원하는 것도 무척 싫어한다. 내가 응원해야 할 게 팀인지 선수인지 알 수 없기 때문이다. 선수들을 응원해야 할까? 그런데 선수들은 축구 에이전트들의 코카인 중독과 정비례할 만큼 자주 소속 클럽을 바꾸고, 이는 감독들도 별반 다르지 않다. 팀 전체가 무대를 옮기는 것도 알려질 만큼 알려진 사실이므로, 굳이 지역 연고에 따른 충성도를 보일 필요가 없다. 팀 유니폼은 시즌마다 새로 디자인되기 때문에 그때마다 팬들은 새 셔츠 구입비로 50파운드를 토해내야 한다. 한 코미디언이 지적한 것처럼, 이 모든 건 2주에 한 번 국토 거리를 여행하고 위성 구독권과 정기 입장권에 상당한 돈을 쏟아부으며 고대비 색상의 유니폼에 정신적 건강과 행복을 건다는 의미였다.

이런 생각에 빠져 있을 때 축구공이 내 옆머리를 쳤다. 내가 골대 중 하나로 이용되고 있었던 모양이다. 이제 가야 할 때였다.

탈 예정이던 고속 쌍동선은 섬 반대쪽에 있는 포찰로 항구에서 밤 늦게나 몰타로 떠날 예정이었지만, 나는 만일에 대비해 일찌감치 팔레르모 역에서 버스를 타고 출발했다. 버스는 안데르센이 레오니다스 호에서 구경한 해안을 따라 이동했다.

해안선은 창고 개발 업체, 브리즈블록* 주택, 겉만 번지르르한 빌라, 고층 아파트 단지에 경관이 크게 훼손되었지만, 시칠리아 도시계획 당국은 보나 마나 이를 저지할 만큼 의지가 강하지 않았다. 비극적일 정도로 흉물스러운 모습을 보고 있자니, 한때 유럽에서 손꼽힐 만큼 아름다웠던 해안선을 파괴할 정도로 근시안적인 이탈리아인들의 안목이 당혹스러울 따름이었다.

잎보다 더 많은 열매를 주렁주렁 매단 레몬나무, 거대한 선인장, 분홍색 꽃을 피운 아몬드나무 숲이 그 인위적인 천박함을 얼마간 누그러뜨렸다. 하지만 버스에서 본 커다란 전력발전소에서는 유독 눈을 떼기가 힘들었는데, 생김새가 꼭 세상에 나온 냉장고의 뒷판을 모두 모아다가 만든 것처럼 보였다. 그리고 안데르센이 "지체 높은 신들을 위한 원형 경기장"이라고 부른 에트나산은 한순간도 보지 못했다. (그도 그럴 것이, 도자기 공장 터를 마련하기 위해 이 산을 깎았을 가능성도 배제할 수 없었다.)

나는 시간에 딱 맞게 포찰로에 도착했고, 네 시간 반 정도 여유 시간이 있었다. 이 작은 항구 도시는 나른한 대서부 느낌을 풍겼다. 눈에 띄는 점은 유사 군복을 입은 주차 단속원이 많다

● 모래, 석탄재를 시멘트와 섞어 만든 가벼운 블록.

는 것인데, 교통량이 거의 없다는 걸 감안할 때 희한한 일이었다. 시에스타 시간인가보다 생각했지만, 포찰로는 언제 봐도 변함없이 시에스타 상태라는 게 곧 분명해졌다.

그런데 시내 중심가를 걸어갈 때 바로 앞쪽에서 웬일로 시끄러운 소리가 났다. 가까이 다가가자 소리는 은수저 100만 개를 거대한 금속 양동이에 넣고 흔드는 것처럼 귀청이 터질 듯한 백색소음으로 변했다. 아마도 아프리카에서 겨울을 나고 돌아오는 대규모 핀치 떼의 소리인 듯했다. 내가 이탈리아에서 들은 첫 새소리였으니, 하늘을 나는 날개 달린 것이라면 무엇이든 후려치고 봐야 하는 이탈리아 남자들의 병적인 습성을 증명해주는 대목이다. 저 새들이 이탈리아 본토까지 무사히 가게 된다면 오히려 놀라운 일일 것이다.

안데르센에게 유럽 대륙을 떠나는 일은 여정을 처음부터 다시 시작하는 것과 같았다. "마치 새로운 삶이 열린 기분이었다." 몇 년 후 그는 자서전에 이렇게 썼다. "고향 땅 유럽이 저 멀리 뒤로 보이자 마치 망각의 시내가 쓰라리고 사무친 추억을 모두 흘려보내는 듯했다. 피와 생각이 건강해지는 게 느껴졌고, 나는 용기를 내어 새로운 마음으로 다시 고개를 들었다. 레오니다스호가 새벽 3시에 몰타의 수도 발레타 항구에 닻을 내리고 안데르센이 갑판 위로 올라가 처음 몰타를 본 순간은 진정 주현절처럼 느껴진다. "이토록 빛나는 창공은 여태 처음이다. 이탈리아의 맑은 하늘에서도, 심지어 내가 사는 북유럽의 겨울밤에도 본 적이 없다. 금성은 태양처럼 보였다. 점으로 보일 만큼 어마어마하게 멀리 떨어져 있었지만 그래도 태양의 점이었다. (…) 나도 모르게 박수가 터져나왔고 하느님을 생각하며 그분의 위대함에 넋을 잃었다." 안데르센은 또다시 자신만의 방식으로 야외에서 예배를 드린다.

『시인의 바자르』에도 언급되어 있듯이, 한때 성전기사단의 난공불락 요새였던 몰타섬은 그때까지 잉글랜드 해군의 지중해 기지였고 1814년 파리 조약 이후 잉글랜드의 보호를 받았다. 또한 증기선이 출현한 이후 북아프리카와 레반트* 지역을 여행하는 모험심 강한 유럽 순회객들이 도중에 들르는 단기 체류지로서 번영을 누렸다.

몇백 년에 걸친 여러 부족과 민족의 타가수분으로 형성된 바로크 양식의 웅장한 발레타 요새는 인생의 골치 아픈 현실을 몇번이고 여행이나 판타지 소설 같은 기분 전환거리로 대체하고자 했던 안데르센 같은 사람을 전율시킬 만큼 아름다운 조망 경관을 자랑했다. 발레타의 대항구는 '터키인, 베두인족, 수사, 몰타인'의 총집합소였을 뿐 아니라 다시 한번 아라비안 나이트에 비견된다.

해가 발레타의 총안 흉벽 위로 떠오르자 마음이 동한 안데르센은 크리스토포로프라는 젊은 러시아 장교(독일어를 했을 테니

---

* 동부 지중해 연안의 여러 나라를 이르는 말.

다른 나라 출신보다 더 우선적으로 승선했을 것이다)와 함께 뭍에 오른다. 두 사람은 무어인 가이드를 고용한다.

안데르센은 다음과 같이 쓴다. "이곳이 바로 호메로스가 노래하고 페니키아인들이 손에 넣었던 섬이다. 율리시스*가 수년의 세월을 보낸 칼립소의 섬[엄밀히 말하면 사실이 아니지만 그냥 넘어가자], 그리스인과 카르타고인의 멜리타.** 반달족과 고트족과 아랍인이 정복했던 섬."

마치 자신의 동화 중 하나에 발을 들인 것 같았다. 이로써 이야기는 자연스럽게(내가 이를 의도했음을 알 수 있을 만큼 교묘하게) 1840년 여행의 서곡이 되는 안데르센의 인생 시기로 흘러간다. 아직 내가 하지 않은 이야기다.

1834년, 첫 이탈리아 여행을 마치고 코펜하겐으로 돌아와 대실패작 「아그네트와 남자 인어」를 향한 비난을 마주한 안데르센은 『즉흥시인』을 발표함으로써 손쓸 수도 없이 바닥에 떨어진 경력을 기적적으로 다시 일으켜 세웠다. 하지만 완전히 다른 장르의 후속 작품이 가져다줄 명성과 영광, 부와 찬사에 비하면 이 성공은 아무것도 아니었다. 『즉흥시인』이 여전히 인쇄되고 있을 때 안데르센은 다음 프로젝트를 시작한다. "이제 아이들을 위한 동화를 써보려 하네." 그는 한 친구에게 이렇게 쓴다. 그러고는 다음과 같은 예견을 덧붙이는데, 절반은 들어맞는 얘기였다.

* 『오디세이』의 주인공인 오디세우스의 라틴어 이름.
** 몰타의 옛 이름.

"이 작품은 내 불후의 명작이 될 걸세! 하지만 이번 생에서는 힘들겠지." 실제로 이 동화들은 안데르센이 늘 갈망하던 불멸을 가져다주었고, 그의 예상과 달리 생전에 이 명성과 성공을 거둬들인다.

『즉흥시인』이 출간된 지 겨우 몇 달 만에 첫 동화집 『어린이를 위한 동화 제1권』이 거의 생각지도 못하게 세상에 나왔다. 이 책에는 「부싯깃통」 「키다리 클라우스와 난쟁이 클라우스」 「완두콩 위의 공주」 「꽃들의 무도회」 등 네 편의 동화가 포함되었다.

「부싯깃통」은 도덕관념이 없는 한 병사의 이야기다. 병사는 마녀의 청에 따라 파수견 세 마리의 눈을 피해(첫 번째보다 두 번째 개가, 두 번째보다 세 번째 개가 눈이 더 크다) 마법의 나무 안에서 돈과 부싯깃통을 가져온다. 병사가 되찾아온 것 중 마녀가 요구한 건 오직 부싯깃통뿐이었지만 병사는 부싯깃통에도 욕심을 낸다. 마녀가 불평하자 병사는 그녀의 목을 베어버린다. 얼마 후 돈을 다 써버린 병사는 부싯깃통 속의 초 토막에 불을 붙이기 위해 부싯깃통을 탁 친다. 그때 마법의 나무에서 개들이 소환되고 병사는 개들이 소원을 들어준다는 사실을 알게 된다. 공주에게 마음을 둔 병사는 한 개에게 공주를 데려오라고 명령한다. 이 사실을 안 왕과 왕비는 병사를 감옥에 가두고 교수형에 처하라고 명한다. 교수대에 선 병사는 부싯깃통을 다시 한번 세게 친다. "그러자 개들이 재판관과 조신들에게 덤벼들어 다리와 코를 물어뜯어 멀리 내동댕이쳤고 결국 땅에 떨어진 몸둥이는 산산조각 났다."

왕과 왕비에게도 같은 운명이 닥쳤고, 겁에 질린 백성은 병사에게 왕이 되어달라고 청한다. 이야기는 여기서 끝난다. 온갖 재물과 공주를 손에 얻은 병사와 왕비가 된 공주는 행복하게 살았다. 병사가 마녀의 은혜를 원수로 갚고 돈을 흥청망청 쓰는 것도 모자라 중절도에 살인, 국왕 시해와 반역까지 저질렀다는 사실쯤이야 그냥 가볍게 넘겨버리자.

「키다리 클라우스와 난쟁이 클라우스」의 도덕관념은 더더욱 의심스럽다. 난쟁이 클라우스는 할머니가 세상을 떠나자 혹시나 온기를 쐬면 다시 살아나지 않을까 해서 할머니의 시신을 자신의 침대에 눕힌다. 그때 키다리 클라우스가 찾아와 할머니를 난쟁이 클라우스로 오해하고 머리를 세게 내리친다. 난쟁이 클라우스는 할머니에게 나들이옷을 입힌 뒤 마차에 실어 주막에 데려가고, 주막 주인은 할머니에게 벌꿀 술을 주러 갔다가 할머니가 대답이 없자 화가 난 나머지 술잔을 이마에 던져버린다. 그때 난쟁이 클라우스가 문을 박차고 나가 주막 주인의 멱살을 잡으며 외친다. "맙소사! 당신이 우리 할머니를 죽였어! 자, 봐! 할머니 이마에 큰 구멍이 났잖아!" 난쟁이 클라우스는 사건을 눈감아주는 조건으로 주막 주인에게 돈을 한 됫박 받는다. 이야기는 안데르센의 수많은 동화가 따라가게 되는 기괴한 아나키즘의 세계를 계속 이어간다.

안데르센의 자서전에는 이런 동화에 칼날을 들이대는 평론가들에 대한 불만이 심심찮게 등장한다. "내게 비난 세례가 쏟아졌다." 안데르센은 이렇게 투덜거린다. 사실 덴마크 평론가들은 (좋게 해석하면) 충격과 혼란의 도가니에 빠져 있었기 때문에 이 비상한 이야기들을 어떻게 다뤄야 할지 몰랐고, 따라서 가벼운 논조와 애매한 도덕률 면에서 어린이에게 부적합한 이야기라고 공격했다. 한 덴마크 평론가는 「완두콩 위의 공주」가 "아이들에게 존귀한 공주는 본래 극도로 민감하다는 잘못된 인상을 심어줄 수 있다는 점에서 무례할 뿐 아니라 용납될 수 없는 이야기"라고 썼다. 또 다른 평론가는 다음과 같이 힐난했다. "구두로 말하듯 두서없이 글을 쓰지 않는 것이 기본 중의 기본 관례다." 친구 잉에만조차 안데르센의 동화를 읽는 것은 '시간 낭비'라고 여겼다.

하지만 외르스테드와 (아직 안데르센에게 등을 돌리기 전이었던) 헤이베르는 이 동화들이 안데르센을 유명하게 만들 작품임을 인정했다. 물론 덴마크 어린이들의 반응도 전례 없을 만큼 폭발적이었다. 안데르센은 헨리테 불프에게 다음과 같이 썼다. "내가 가는 곳에는 늘 아이들이 있네. 내 동화를 읽은 아이들이 내게 사랑스러운 장미를 선물하며 입맞춤을 해주지. 하지만 아주 어린 소녀들일세. 그들 중 몇몇에게 6~7년 후에는 이런 선물 말고 이자까지 쳐서 돈으로 받아도 될지 물어보기도 했네."

그럼에도 안데르센은 이것이 어린이만을 위한 동화는 아니라는 점을 처음부터 분명히 하고 싶다고 첫 전집의 서문에 밝혔다. "이 책에 실린 동화들은 어린이들을 위해 지었지만 어른들도 즐겁게 읽을 수 있답니다."

7개월 뒤 (「엄지공주」「못된 아이」「길동무」가 실린) 제2권이 출간되면서 점점 자신감을 얻은 안데르센은 장르를 더 발전시키기 시작했고, 제3권이 나온 1837년 무렵에는 「인어공주」와 「벌거벗은 임금님」을 일찌감치 명작 반열에 추가시켰다. 그때부터 안데르센은 매년 크리스마스에 새 전집을 출간했다. 1838년에는 「행운의 덧신」 「꿋꿋한 양철 병정」 「데이지」 「백조왕자」가 나왔고 1년 뒤에는 「천국의 정원」 「하늘을 나는 트렁크」 「황새들」을 선보였다.

물론 안데르센이 처음부터 동화를 쓸 생각이었던 것은 아니다. 그의 꿈은 언제나 연극작품을 쓰는 것이었지만, 서른 편 남짓 쓴 희곡 중 3분의 1만이 어떤 식으로든 성공을 거두었다. 또한 소설에도 손을 댔지만(기괴한 첫 실험작 『크리스티안 4세의 난쟁이』까지 합치면 총 일곱 편을 썼다), 복잡다단하고 현실감 있는 등장인물을 창조하고 줄거리를 지탱하는 능력과 절제력, 그에 따르는 요건들은 사실 그의 능력 밖이었다. 대신 안데르센은 동화에서 자신의 재능과 성격에 완벽하게 들어맞는 문학 형식을 발견했고, 이 형식은 그의 손에서 비약적으로 발전했다. 안데르센은 이국적인 우화들, 즉 머나먼 왕국을 배경으로 말하는 장난감과 양철 병정들이 주인공인 동화들을 씀으로써 정치인이나 왕족 친구들의 책망을 들을 필요 없이 정치와 왕족, 사회, 성, 위선에 대해 이야기할 수 있음을 깨달았다. 엘리아스 브레스도르프의 지적처럼, "안데르센 동화 중 어떤 것들은 특정인을 다치지 않게 할 목적으로 풍자가 매우 보편적으로 쓰인다". 물론 이는 안데르센 동화가 수많은 해석의 여지를 열어둔다는 의미이며, 그의 동화가 이토록 오랫동안 전 세계인의 사랑을 받는 이유이기도 하다.

또한 안데르센은 환상 속 세계와 캐릭터를 창조해냄으로써 자신의 경험을 관리하고 조작할 수 있었다. 예를 들어 「팽이와 공」은 리보르 보이그트에게 퇴짜 맞은 일을 자기만의 방식으로 받아들인 과정이었다. 또한 그는 자신이 승자가 되거나(「미운 오리새끼」) 적어도 양철 병정처럼 품위 있게 비극을 맞이하는 세계를 창조했다. 동화는 마치 놀이공원의 거울처럼 그의 인생을 비추는 역할을 했고 덕분에 그는 안전거리를 확보한 상태에서 자신의 악마와 힘겨루기를 할 수 있었다.

안데르센의 동화에 몰타가 언급된 것은 한 번뿐이다. (『시인의 바자르』에 포함되었던) 그리스 이야기 「우정의 결의」에서 요새를 이야기할 때 딱 한 번 언급되는데, 분명 이 동화에 등장하는 궁전과 성, 요새를 지어낼 때 이 섬, 특히 수도 발레타를 염두에 두었을 것이다. 발레타는 마르삼셰트 항(레오니다스 호가 정박한 곳)과 그랜드 항 사이에 돌출해 있는 스키베라스산 위에 지어졌다. 건물은 새 아파트 단지들까지 거의 다 현지에서 나는 따뜻한 색의 노란색 바위로 지어졌다. 로열턴브리지웰스°와 모로코의 마라케시를 섞어놨다고 생각하면 (조금) 감이 올 것이다.

다른 옛 영국 식민지들과 마찬가지로, 몰타는 1970년대 영국 지방을 즐거운 테마파크로 만들어놓은 것처럼 무료한 분위기다. 전통적인 빨간 우체통과 퍼킨스 버스,°° 힐먼 헌터 자동차, 풍습 등이 그대로 남아 있다. 한번은 벤치 옆자리에 앉은 노인이 무

° 영국 동남쪽 켄트주의 타운으로 온천 등 관광이 발달했다.
°° 영국군 주둔 당시 군인들을 수송하던 버스.

심코 건네는 "안녕하시오"라는 인사에 눈물을 흘릴 뻔했다. 뮌헨 이후 처음으로 낯선 사람에게 받아보는 이유 없는 친절이었기 때문이다. 발레타의 구시가지는 대체로 교통이 원활하다. 어떤 차든 사람을 치지 않으려고 최선을 다한다. 이탈리아에서 몇 주 동안 시달리다가 이곳에 오니 꼭 따뜻한 목욕물에 기분 좋게 몸을 담그는 느낌이었다.

안데르센과 러시아인 동행, 무어인 가이드는 발레타 성문을 통과한 뒤 제일 먼저 호텔 데 메디테라네아로 향했다. 구시가지 중심에 있는 그레이트시지스퀘어 광장에서 겨우 몇 발짝 떨어진 이 건물은 제2차 세계대전 당시 폭격으로 무너지고 지금은 엠바시시네마빙고하우스가 들어서 있다. (한 현지 역사가는 안데르센의 방문에 대해 다음과 같이 논평했다. "안데르센은 데니 케이가 자신을 연기한 '영화'가 (…) 이 자리에서 상영되리라곤 상상도 못 했을 것이다. 그런데 그런 일이 실제로 일어났다!")

호텔에서는 크리스토포로프가 무어인에게 약속한 돈의 절반만 주면서 시비가 붙는다. 무어인은 역겹다는 듯 돈을 바닥에 던지며 "무대 위였다면 극적 효과를 냈을 만한 표정으로 자긍심과 분노를 드러냈다. 내가 남자에게 돈을 더 주려고 했지만, 러시아인이 우리 사이에 끼어들더니 하인들에게 윙크를 했다. 하인들이 씩씩거리는 남자를 문밖으로 쫓아냈다". 안데르센은 이렇게 전했다. 그는 남자를 따라 나가 러시아인이 준 돈의 세 배를 주려고 하지만 "남자는 한 푼도 받지 않고 불끈 쥔 주먹을 호텔을 향해 흔들더니 굴욕을 당한 귀족처럼 당당하게 자리를 떠났다. 몰타에 오자마자 이런 일을 겪어서 기분이 좋지 않았다".

나도 기분이 좋지 않기는 마찬가지였다. 지금은 국회의사당이 된 그랜드마스터 궁전 쪽으로 걸어가다가 (영화 「스타스키와 허치」의 주인공들처럼) 큰 BMW 차량의 후드에 올라탈 뻔했기 때문이다.

내가 우연히 가게 된 곳에서는 말 그대로 몰타섬의 근대 역사상 가장 중요한 행사 중 하나라고 할 수 있는 70세 노총리 에드워드 페닉 아다미의 사임식이 열릴 예정이었다. 아다미 박사가 19년간 몰타를 이끌다 사임일로 선택한 때가 바로 이날이었다. 그리고 나를 궁전 벽에 몰아넣다시피 한 자동차의 주인은 사직서를 받기 위해 총리보다 앞서 도착한 대통령이었다.

이 이야기는 도로 건너편에 급하게 세운 장애물 뒤에 모여 있던 들뜬 주민 몇 명에게서 들은 것이다. 나는 이 사람들과 함께 한 시간 남짓 총리가 도착하길 기다렸다. 안데르센의 몰타 일정을 소화하는 데 써야 할 소중한 시간이 가고 있었지만 첫째, 이것은 역사가 만들어지는 현장이었고(비록 이름도 처음 들어보는 한 정치인이 만드는, 내가 잘 모르는 사람들의 역사였지만) 둘째, 안데르센은 이 여행지에서 훨씬 더 많은 역사적 사건을 만났으니 이참에 나도 한 건 해야겠다고 스스로 합리화했다.

새로 선출된 총리가 전형적인 유럽 정치인의 모습으로(큰 키에 서글서글한 외모, 무표정한 얼굴로 순종적인 아내를 대동한다) 도착했을 때 나는 내 앞에 있는 회색 양복 남자에게 아다미가 어떤 정치인으로 인식되는지 물었다. "사람들한테 인기가 많아요. 우리나라가 유럽연합에 가입할 수 있게 열심히 싸웠거든요. 매우 훌릉한 분이죠."

"대통령 선거에 출마하려고 사직하는 거래요." 터무니없을 정도로 커다란 금테 안경을 쓴 내 옆의 중년 여자가 덧붙였다. 그 자리에 모인 사람들은 일제히 고개를 열심히 끄덕였다.

마침내 검은색 메르세데스가 다가와 멈추더니 안에서 키가 작고 통통한 노신사가 나왔다. 군중이 몰려가 남자를 껴안았고 TV 기자들이 갑자기 바쁘게 움직였다. 뿌듯하게도 나는 그와 악수까지 나누었다. 이것이 'J. F. 케네디의 암살 현장' 내지는 '영국의 유명 TV 토크쇼 진행자 리처드 매들리와 주디 피니건 부부의 채널 4 전향 선언 현장'을 목격한 것 정도의 중대한 사건은 아니라는 것을 알지만, 몰타 국민에게만큼은 무척 중요한 순간임이 분명했다.

총리가 그랜드마스터 궁전으로 들어간 뒤 TV 취재진들이 짐을 싸기 시작하고 나서야 나는 내가 그곳에 간 이유를 기억해냈다. 몰타섬 역사에서 이정표가 될 순간을 함께했다는 데 자부심을 느끼기도 했지만, 사람들의 기억에 사임일은 곧 궁정미술관이 문을 닫는 유일한 날이라는 것을 알고 무척 실망하기도 했다. "오늘 궁 안에 들어가는 사람은 람보보다 더 대단한 겁니다!" 경비요원이 안 보는 사이에 회전문을 몰래 통과하려고 했다가 한소리를 들었다.

반면 안데르센은 오랫동안 이 궁전을 둘러보았다. 심지어 옥상에 올라가서 '카레라 대리석으로 지은 피라미드 같은' 에트나산을 볼 수 있었다고도 이야기한다. 그러고는 고개를 돌려 아프리카를 바라본다. "몰타는 이제 내게 또 하나의 북쪽이 되었다. 나는 수확기의 철새와 같은 소망이 생겼다. 생각이 사자들의 땅으로 날아가 카라반을 따라 모래사막을 건너고, 흑인들의 숲으로 날아가 금이 생산되는 개울에 머물다가, 구름에 싸인 피라미드에서 이집트의 왕들과 꿈을 꾸었다. 생전에 그곳에 갈 수 있을까?"

참으로 대단하다! 자신이 즐겨 읽던 아라비안 나이트의 살아 있는 전형이자 그의 말에 따르면 "지구상에서 가장 인구 밀도가 높은" 섬의 한가운데 서서 생애 가장 흥미진진하고 용감무쌍하며 이국적인 여행을 하는 중에도 안데르센은 여전히 더 색다른 장소를 여행하기를 갈망하고 있다. 결국 그는 1862년에 스페인에서 탕헤르까지 당일치기 여행으로 아프리카에 가지만, 내게 더 흥미로운 사실은 이 일화가 안데르센의 여행 회고록을 모두 합친 것만큼이나 그의 만족할 줄 모르는 방랑벽을 여실히 보여준다는 것이다. 그는 숲에 앉아 '먼 세상을 영원히 갈망하며' 도시생활의 흥분을 꿈꾸는 '전나무'였다. "점점 더 훌륭하게, 점점 더 화려하게 장식을 해줄 거야! 그럼 얼마나 좋을까? 당장 그렇게 되고 싶어! 더는 못 기다리겠어!" 또한 그는 「행운의 덧신」 속 서기였다. "오, 여행, 여행이란! 분명 세상에서 가장 즐거운 것이지. 여행은 내 가슴속 큰 열망! 여행을 할 수 있다면 마음속에 밀려오는 이 불안도 잠잠해질 텐데. 하지만 그것은 너무나 요원한 일!"

여행을 사랑하는 사람, 공항만 가도 너무 좋아서 출발 안내 전광판에 뜬 '하이데라바드'와 '로스토프' 같은 이름을 보면 흥분이 가시지 않고 배우자가 마지못해 승낙할 때까지 지겹도록 여행 노래를 부르는 사람이라면 안데르센의 마음이 이해될 것이다. 그런데 그의 마음에 이런 여행의 씨앗을 심은 것은 무엇이었을까? 1808년 나폴레옹과 동맹을 맺은 스페인군의 한 소대가 스웨덴을 공격하러 가는 길에 오덴세에 며칠간 체류하던 유년 시절의 기억일까? 안데르센은 당시 고작 세 살이었지만, "거리에서 난동을 부리는, 햇볕에 그을린 외국 병사들"이 기억난다고 이야기한다. 그때 당시 한 병사가 걸음마를 막 뗀 안데르센을 팔로 들어올려 목에 걸고 있는 은색 성화 목걸이를 안데르센의 입술에 갖다댔는데, 이 가톨릭 미신에 그의 어머니는 몹시 화를 냈다.

짧지만 몹시 고생스러웠던 헬싱외르 시절에는 교장의 성심리性心理적 괴롭힘을 피하기 위해 항구를 정처없이 돌아다니며 외국 배들이 부두에 닿는 모습을 구경하고 뱃사람들의 왁자지껄한 외국어를 들으며 이국적 정취에 한껏 취했다.

또한 하이네와 괴테 등 안데르센이 사랑한 많은 문호가 여행담을 글로 남겼는데, 이 역시 그의 여행욕에 영향을 미쳤음에 의심의 여지가 없다. 하지만 이것만으로는 안데르센이 쉬지 않고 덴마크를 떠날 수밖에 없었던 이유가 충분히 설명되지 않는다.

이미 말했듯이 안데르센의 성욕은 외국 여행을 하면서 해방되었다. 이런 섹스 관광객은 안데르센이 처음도 아니고 마지막도 아니었다. (나도 이런 이야기는 하고 싶지 않고 지금도 덴마크 독자들이 침을 꿀꺽이는 소리가 들리는 듯하지만, 그 당시에 제트엔진과 저렴한 패키지 여행이 있었더라면 타이의 퇴폐적인 해변에 안데르센이 자주 출몰했을지도 모를 일이다.)

또한 안데르센은 끝없이 새로움을 찾아 현재로 만들고 그런 뒤 또다시 새로움을 갈망했다. 여행은 그에게 교육과도 같았다. 인간의 조건과 사람 간의 차이에 매료된 예리한 인류학자였던 그에게 여행은 이국적이면 이국적일수록 좋았다. 『시인의 바자르』에 이와 관련된 인상적인 일화가 소개되어 있는데, 안데르센이 레오니다스 호의 선상에서 어떤 페르시아인을 만나 우정을 나눈 일이다. 두 사람은 말 한마디 간신히 주고받은 사이였지만, 기병대 검에 은귀걸이를 찬 페르시아인의 이국적 매력이 그를 홀린다.

안데르센은 낯선 사람들에게 놀라울 정도로 열려 있었고 이들의 특징을 예리하게 관찰했다. 그래서 페르시아 남자뿐 아니라 베두인족, 스페인 수사, 미국인, 러시아인, 영국인과 한 배를 타게 된 데 황홀감을 느꼈다. 그는 낯선 이들의 다른 점뿐만 아니라 비슷한 점에도 매력을 느꼈다. 나중에 배가 베오그라드에 정박했을 때 고국에서 본 사회적 가식을 이곳에서도 보고 몸이 근질거린다. "날이 저물어가자 즐거운 도시 셈린의 주요 인사들이 배에 올랐다. 서로 인사하는 모습으로 계급이 다른 것을 알 수 있었는데, 입에 침이 마르도록 찬사를 받은 사람들은 그야말로 도시의 최고 권력자였고 다른 사람들에게는 고상한 칭찬이 조금씩 오갔다. 그 모습을 보고 있자니 가소로웠다. 꼭 고국에 있는 기분이었다! 사람들은 어딜 가나 어쩜 이렇게 똑같은지."

안데르센이 계기가 되어 나와 친구가 된 이탈리아 인문학자 브루노 베르니의 지적처럼, 『시인의 바자르』는 기본적으로 이처럼 개성 넘치는 인물들과 의례, 장소를 찾아 떠나는 작가의 장기 쇼핑 여행기다. 안데르센은 새로운 경험을 갈망했고 이런 호기심에는 적어도 1년에 한 번 정도 먹이가 필요했다.

코펜하겐은 (지금도 그렇지만) 내향형 소도시였고 18세기 말과 19세기 초에 큰 사건들을 겪으면서 문화적, 정치적 마이너리그로 밀려났다. 안데르센이 태어났을 당시 덴마크는 야망만 넘치는 아둔한(이 두 가지의 조합은 언제나 치명적이다) 왕들의 연이은 실정으로 국력이 쇠퇴했고, 스웨덴과 여러 차례 충돌하며 치욕을 당했다(지금도 덴마크인들의 가슴을 쓰라리게 하는 일이다). 그로 인해 몇백 년 동안 다스려온 노르웨이와 아이슬란드, 남부 스웨덴의 영토를 잃었다. 하지만 더한 치욕이 기다리고 있었으니 넬슨 제독이 코펜하겐을 폭격한 것이었다. (다시 말하지만, 개인적인 경험에 비춰볼 때 덴마크인들은 아직도 이 역사적 사건에 꽁해 있다.) 결국 1813년에 파산 선고를 받으면서 덴마크는 인도와 아프리카에 있는 변변찮은 식민지를 팔 수밖에 없었다. 덴마크 역사상 가장 비참했던 이 시기부터 오랜 기간 자기 성찰을 통한 상처 치유가 이어졌는데, 혹자는 덴마크가 여기에서 한 발짝도 나오지 못했다고 말할지 모르겠다.

안데르센은 오덴세와 그 소도시적 마인드를 넘어섰을 때처럼 얼마 되지 않아 덴마크와 그 내향적 파벌 또한 넘어섰다. 그는 언젠가 헨리테 한크에게 다음과 같이 썼다. "난 이 북유럽 나라에 마음을 붙일 수 없어. 내가 그린란드와 노바야제믈랴섬의 모퉁이에서 태어나 자란 것은 내 인생에서 일어난 사고 중 하나가 아닐까 싶네." 후년에 안데르센은 덴마크 평론가들에게 흠씬 얻어맞고 굴복했을 때 자신이 바라던 많은 추앙을 해외에서 받았다. 이것 또한 여행할 이유였다.

1843년 파리(안데르센이 당대의 대문호들에게 칭송을 받았던 곳)에서 절친한 친구 헨리테 불프에게 쓴 한 편지에는 이 점을 염두에 두고 꺼낸 안데르센 특유의 호언장담이 담겨 있다.

내 두 눈이 다시는 조국을 보고 싶어하지 않네. 조국은 내 결점만을 볼 뿐 하느님이 내게 베풀어준 위대한 선물은 알아보지 못하니까! 나 싫다는 사람들은 나도 싫고, 날 욕하는 사람들에겐 나도 욕을 할 걸세! 외국에 나와 있어도 덴마크에서는 늘 찬바람이 불어와 날 얼어붙게 만들지! 저들이 아무리 내게 침을 뱉고 나를 진흙탕에 밀어넣어 밟아 뭉개더라도 나는 하늘이 내린 대시인이네. 저들과는 급이 달라. 임종 순간에 나는 하느님께 다시는 그런 인재를 저 나라로 보내지 말아달라고 청할 걸세! 아아, 지금 이 순간에도 핏속으로 독이 흘러드는 느낌이야! (…) 덴마크인들은 악랄하고 잔인무도한 사탄의 자식들이네! 천문학자 튀코 브라헤가 틀어박혀 별을 관찰하던, 그 축축하고 케케묵은 푸른 섬에 딱 어울리는 사람들이지. (…) 그런 곳은 두번 다시 보고 싶지 않아. 영원하신 하느님이 다시는 나 같은 사람을 그런 곳에서 태어나게 하시지 않기를 바라네. 날 싫어하고 침을 뱉는 조국이 끔찍하게 싫거든. 하느님께 부디 내 목숨을 빨리 거둬가시길, 고통이 숙명같이 느껴지고, 어떤 낯선 나라보다 더 이방인의 기분을 안겨주는 그곳을 다시 볼 일이 없게 해달라고 기도해주게. (…) 북유럽 나라에는 오직 악의와 거짓말만 있을 뿐 사랑은 없다고 믿네. 내 피가 그걸 말해주지. 오직 이로써 내가 있을 곳이 어디인지 알 수 있어.

몇 년 후 안데르센은 잉글랜드에서 에드바르에게 비슷한 맥락의 편지를 썼다.

지금 이 순간 난 성공의 정점에 있네. (…) 정말이야. 유명인이 다 됐어. 이 나라 시인들에겐 무척 미안하지만 이곳의 귀족들이 날 자신들의 일원으로 기쁘게 받아주었네. 오늘부터 14일 동안 하루도 빠지지 않고 초대를 받았지. (…) 사인을 해달라는 요청도 쇄도해. (…) 하지만 덴마크에선, 코펜하겐에선 난 아무것도 아니지. 일말의 관심도, 동정심도 주지 않잖아. (…) 조국의 사람들은 내게 침을 뱉는데 유럽 사람들은 경의를 표하는군.

우리에게 필요한 것은 측은지심이다. 안데르센은 런던에서 돌아온 지 얼마 되지 않았을 때 거실 창문 앞에 서 있다가 지나가는 남자 둘에게 봉변을 당한 일을 기록한다. "두 남자가 날 보더니 가던 길을 멈추고 웃었다. 한 명은 손가락질까지 하며 내 귀에 똑똑히 들릴 만큼 큰 소리로 이야기했다. '저기 봐! 해외에서 그렇게 유명세를 떨친다는 우리 오랑우탄 양반이야!'"

가없은 안데르센은 어디서나 이방인 취급을 받았다. 큰 트라우마를 안겨준 유년 시절을 거치면서 영원히 주변을 겉도는 아웃사이더가 되었다. 오덴세의 대저택들을 돌며 노래를 불러주고 저녁을 얻어먹는 '퓐섬의 나이팅게일'이 된 후로 그는 어느 곳에서도 자신의 자리를 찾지 못했다. 아무리 안간힘을 써도 코펜하겐 부르주아들은 단 한순간도 그를 마음으로 받아주지 않았다. 그는 띄엄띄엄 받은 교육에 이상한 예절을 보이고 저속한 야망을 품은, 지방에서 올라온 건방진 녀석일 뿐이었다.

"그는 그저 세련된 중상류층 사람들의 저택에서 어떻게 행동해야 하는지 몰랐을 뿐이다." 울슐래거는 이렇게 썼다. "그는 롤모델도, 또래 친구도 없었고 제대로 된 교육도 받지 못했다. (…) 따라서 자신보다 높은 계층의 사람들에게 좋은 인상을 남기고 싶다는 생각만 앞서서 사교활동을 벌였다. 그 도시에서 살아남으려면 [그들의] 마음을 얻는 수밖에 없었기 때문이다. 이는 그에게 끔찍한 결과를 남겼다. (…) 그는 단순히 물리적 생존뿐만 아니라 독학과 연극 연습에도 많은 에너지를 쏟아부었기 때문에 정서적, 사회적 원숙함을 기를 힘이 전혀 남아 있지 않았다."

한편 오덴세를 다시 찾았을 때도 안데르센은 유명한 오랑우탄이었다. 그의 자서전을 읽으면서 가장 가슴 아팠던 순간은 안데르센이 학교에 입학한 후 처음 고향을 찾아갔을 때다. 그는 귀족들과 강에서 배를 타다가 강둑 쪽에서 아들을 자랑스럽게 바라보며 울고 있는 어머니를 발견한다. 당시 그는 이미 가족에 대한 미련을 버리고 뿌리를 끊어낸 후였으며, 남은 생애 동안 새로운 뿌리를 찾아 내리는 데 힘쓸 생각이었다.

덴마크는 오늘날에도 그 일원이 되기가 쉽지 않은 곳이다. 일례로 이민자의 아이들에게는 통상적으로 '2세대 덴마크인'이라는 수식어가 붙는다. 이것이 꼭 인종차별적인 표현은 아니지만 미디어, 정치인, 그 외 진보 지식인들 사이에서 일상적으로 쓰이는 말이다. 그래서 '2세대 미국인' 또는 '2세대 영국인'이란 말은 얼토당토않지만, 덴마크에서는 이 단어가 '우리'에 속하지 않는 사람을 두루뭉술하게 부르는 유용한 표현으로 쓰인다. 하지만 19세기 덴마크에는 내부의 이방인, 즉 계층 이동의 사다리를 타고 올라온 하층 계급이 있었다. 안데르센은 그 불운한 선구자 중 한 명이자, 1세대 중산 계급 야심가였다.

덴마크는 영국의 참을 수 없는 계급적 인습에서는 대체로 벗어났지만, 여전히 학습하는 데 평생이 걸릴 수 있는 무수한 사회적 불문율이 존재한다. 나도 덴마크에 사는 이방인으로서 어느 정도는 안데르센이 느낀 사회적 이질감에 공감할 수 있다. (한 예로, 7시 저녁 식사 초대에 10분이라도 늦으면 식사는 먼저 시작되고 그럼 곤란한 상황을 면치 못하게 된다는 것을 나는 어렵게 배웠다.)

이처럼 언제나 이방인 신세였기에 안데르센에게 외국 여행은 더 매력적이었고 어떤 면에서는 충격 완화 역할도 했다. 조국에서 이방인 취급을 받는 사람이 이국에서 이방인이 된다고 해서 그리 불편할 것은 없으리라. 여행은 안데르센이 그 많은 근심과 허점에도 불구하고 흘러넘쳤던 기이할 만큼 태평스러운 자신감, 즉 자립심을 키우는 원동력이 된다. 다르게 말하면, 다른 사람들이 희망을 안고 여행을 떠날 때 그는 절망에 맞서 여행을 떠났고, 짐을 반쯤 싸놓고 시동이 걸린 자동차를 밖에 대기시켜놓은 채 살았다.

1862년 스페인 여행을 다녀온 뒤 회고록에서 그는 자신의 여행 원동력이 무엇인지를 꽤 솔직하게 드러낸다. "외국에서는 아무도 나를 알아보거나 알려고 하지 않기 때문에 온전히 나 자신이 될 수 있다. 의식적으로든, 반무의식적으로든 무수한 의심에 사로잡힐 일도 없다. 알프스산맥에서 휘두른 채찍 한 번이 어마어마한 굴욕감의 눈사태를 몰고 오듯 내 생각이 이리저리 떠벌려질까봐 걱정하지 않아도 된다."

물론 우리 누구에게나 어떤 형태 혹은 방식으로든 세상을 차단하는 순간이 이따금씩 찾아온다. 이때 어떤 사람은 술을 마시고, 어떤 사람은 축구팀을 응원하며, 또 내 친구 앨런처럼 막대사탕으로 개트윅 공항 모형을 만드는 사람도 있다. 훌륭하게도 안데르센에게 세상으로부터의 도피는 밖으로 나가 세상과 교감하는 것이었다. 비록 여행에 동반되는 스트레스가 다른 사람들보다 컸지만, 캄캄한 밤중에 어마어마한 피해망상을 키우며 자신의 경력이 몰락의 길을 걷고 있고 언제 자신의 동성애 사실이 드러나 덴마크에서 추방될지 모른다고 걱정하는 것보다는 차라리 여권을 잃어버릴까봐 노심초사하고 화장실 변기에 묻은 오물을 보는 편이 훨씬 더 나았다.

또한 안데르센이 거의 평생 동안 잠깐잠깐씩 자살 생각을 했다는 것은 결코 우연이 아니다. 결국 죽음은 미지의 세계로 떠나는 가장 짜릿한 여행이 아니던가? 안데르센은 독일의 하르츠 산맥을 다녀오고 쓴 첫 번째 여행서에서 자신의 불안정한 상태를 죽음에 대한 이 같은 호기심과 직접적으로 연관시켰다. "나는 매사에 이상할 만큼 서두르는 경향이 있다. (…) 여행 중에도 내게 기쁨을 주는 것은 내 눈앞에 있는 것이 아니다. 나는 새로운 것을 보고 나면 또 다른 무언가를 찾아 서둘러 움직인다. 매일 밤 잠자리에 누우면 다음 날이 너무 기다려지고 지금이 그날이길 바란다. 그리고 그 내일이 오면 여전히 먼 미래가 내 마음을 사로잡는다. 죽음에는 그 자체로 나를 끌어당기는 무언가, 눈부시게 아름다운 무언가가 있다. 내게 새로운 세상은 죽음이 찾아온 뒤에야 열릴 테니까. 내 불안한 자아가 이토록 급하게 찾아다니는 것은 대체 무엇일까?"

이것은 죽음에 대한 동경을 암시한 것이었을까? 수많은 위험을 감수하고 여행한 이유도 이 때문이었을까? 잘 모르겠다. 하지만 확실한 것은 일련의 독특한 환경으로 인해 철저히 소외되고 흉하게 일그러진 사춘기 아이가 「빨간 구두」의 카렌 마리처럼 필사적으로 사랑과 찬사를 얻기 위해 유럽과 그 너머에 이르기까지 영원히 춤을 출 수밖에 없는 절망적일 만큼 불행하고 불안한 남자로 성장했다는 사실이다.

관광 명소가 몰려 있는 시내 중심가인 리퍼블릭가(1840년엔 로열로드로 불림)를 벗어나면 발레타는 다 허물어져가는 도시 같기도 하고, 때로는 「인디애나 존스」 속편의 버려진 영화 촬영장을 연상시키기도 한다. 주민들이 교외로 이주하기 전에도 에벌린 워˚는 이곳이 "세계에서 가장 밀집되고 극심한 빈민가"라고 했으며, 지금도 판자로 막은 궁전이 셀 수 없이 많다. 궁전은 유럽 어디에서나 수백만 달러의 가치를 발하지만, 이곳에서는 잡초가 석조물을 천천히 파고들고 비둘기 똥으로 줄무늬가 생기는 등 방치된 상태로 남아 있다.

발레타의 골목길에서는 관과 양복을 만드는 콧구멍만 한 작업장은 물론 절묘할 정도로 다양한 작은 가게들도 볼 수 있다. 한 쇼윈도에서는 프랭클린민트 사 양식의 「스타트렉」 피규어, 공기주입식 경찰관 인형, 가위 몇 개, 의족, 칫솔, 하와이 히캄 공군 기지 안내서, 찰스 호트리의 서명이 담긴 사진 등을 한데 모은 잡동사니 컬렉션을 보았는데, 한마디로 소매업 중간지대로 흘러든 표류물이었다.

안데르센이 다음으로 향한 므디나와 이웃 도시 라바트는 몰타섬의 소규모 사도 바울 산업의 중심지로, 그의 이름을 딴 대성당과 작은 동굴, 지하 묘지가 있다. 사도 바울이 기원후 60년 몰타섬 해안에서 조난을 당한 후 석 달 동안 이 동굴에 살며 주민들에게 세례를 베풀었다고 전해진다. 안데르센도 방문했던 이 텅 빈 지하 동굴은 기원전 100년에 로마인들이 만들어 감옥으로 사용한 곳이었다(당시에 사용된 갈고리쇠가 아직도 있는데, 박물관 가이드가 악귀같이 웃으며 말해준 바에 따르면 고문 희생자들을 매다는 용도였다고 한다).

안데르센 일행은 발레타로 돌아가는 길에 레바논에서 하인

• 영국의 소설가 겸 평론가(1903~1966).

100명과 식솔 15명을 이끌고 몰타로 도망 온 에미르 베시르 왕자의 저택을 지나간다. 『시인의 바자르』에는 다음과 같이 적혀 있다. "수많은 흑인 노예가 마당을 어슬렁거렸고, 멋진 기린 한 마리가 담 옆에 서서 녹색 잎을 먹고 있었다." 하지만 그날 밤 레오니다스 호로 돌아와 쓴 일지에는 기린에 대한 언급이 전혀 없다. 사실 이 기린은 수년 동안 안데르센 연구학자들을 괴롭힌 주제였다. 한 현지 역사가는 안데르센의 몰타 일일 여행을 기념하는 150주년 전시회에 포함된 한 논문에서 안데르센이 본 것은 기린이 아니고 낙타일 수 있다고 했지만 나는 그다지 확신하지 못하겠다. 이 저택과 산 안톤 가든은 현재 몰타 대통령의 공식 관저인데, 원래 그 상태인 것으로 보이는 담벼락은 낙타가 보이기에는 너무 높다. 역사가의 말대로라면 안데르센이 본 것은 상자 위에 서 있는 낙타였을 것이다.

안데르센은 오후 5시에 레오니다스 호로 돌아왔지만 러시아인 동행은 그날 저녁 다시 발레타에 가서 약간의 기념품을 얻어 돌아왔다고 일기에 적혀 있다. "러시아인이 팔의 물린 자국을 보여주며, 같이 밤을 보낸 여자가 성적 흥분 상태에서 그렇게 한 것이라고 말했다. 그자는 우리 장교 중 한 명과 그 여자를 방문했다." 안데르센이 이 러시아인 친구를 일종의 성범죄자로 여긴 것은 아니겠지만, 그의 동화 「거짓 칼라」(1848)에 담긴 내용은 이때의 기억을 살려 쓴 것임이 분명하다. 이 동화에서 섹스에 미친 주인공(이 역할을 생각할 때 가장 먼저 떠오르는 의복 아이템은 아니지만, 탈착식 셔츠 칼라가 그 주인공이다)은 자신의 정복에 대해 이렇게 말한다. "그다음은 그 프리마 발레리나였지. 그녀가 남긴 흉터가 아직도 내 몸에 그대로 있어. 무척 거친 여자였지!" 그러나 안데르센은 여행 후반에 그 남자에게 느낀 불안감을 일기에 고백한다. "세련됐으면서도 러시아인의 피가 흐른다. 그는 우리에게 구리 판화를 보여주면서, 몇 점은 없어졌다고 말했다. 다른 배에 탔을 때 장교들이 가져갔다고 한다. 나는 그가 판화들을 둔 곳을 까먹은 것일 수도 있다고 말했다. 오늘만 해도 내가 빌려준 『어느 동방 여행자의 서신과 회상록』[외젠 보레 지음]을 버려버린 것 같다고 했는데 그의 침대에서 다시 찾았으니까."

몰타에서의 하루가 끝나갈 무렵 나는 안데르센과 겨룬 몰타 당일치기 여행 내기에서 제법 선전했다고 느꼈다. 마음껏 이용할 수 있는 내연 기관과 잘 포장된 도로가 갖춰져 있었다는 점에서 안데르센보다 유리했다는 것은 인정하지만(그는 이륜마차를 타고 므디나에 갔다 왔다), 나 역시 수상 교체식에 시간을 빼앗겼다.

하지만 이튿날 아침, 공항으로 가는 택시를 잡아탈 때 접시 위의 마지막 완두콩처럼 내 머리를 줄곧 떠나지 않는, 안데르센과 무관한 한 가지 의문이 있었다. 몰티저스 초콜릿에는 어떻게 이런 이름이 붙게 된 것일까? 집에 돌아가면 조사를 해보리라 다짐했는데, 인터넷에서 몰티저스가 언급된 1만8400건이나 되는 글을 대대적으로 조사해도 아무런 성과가 없어서 결국 이 초콜릿을 만든 네슬레마르스 사에 전화를 걸었다. 마지막에 연결된 바바라라는 친절한 대외협력부 직원도 영문을 모르겠다고 인정했다. 그녀는 다른 직원을 통해 다시 전화를 주겠다고 약속했고, 며칠 후에 정말로 전화가 왔다. 그 설명에 따르면 몰티저스라는 명칭은 몰타인과 전혀 상관이 없고, 그저 이 구체 모양 초콜릿에 들어 있는 주요 성분인 맥아molt를 지칭하는 것이라고 한다. 결국 '몰티티저스malty teasers'를 가리키는 말이었다. 이제 알겠는가?

그리고 이튿날 아침 나는 아테네에 도착했다. 자, 알겠다. 이렇게 얼렁뚱땅 넘어갈 생각은 하지 않겠다. 이제 몰타에서 아테네로는 더 이상 배가 다니지 않기 때문에 부끄럽지만 하는 수 없이 비행기를 탔다. 몰티저스 어쩌구 하면서 주의를 딴 데로 돌린 것은 치사한 속임수지만 시도해볼 만한 가치는 있다.

배로 아테네를 가는 방법은 늦봄까지 기다렸다가 지나가는 크루즈선에 몰래 올라타는 것뿐이었다. 하지만 그것도 가능성은 희박했고 기다리다가 돈이 바닥났을 게 분명하다. 아마 발레타 길거리에서 살아남기 위해 자선 단체를 찾아다니고 썩은 채소와 담배꽁초로 연명했을 것이다. 내가 다큐멘터리 진행자인 마이클 페일린이었다면 헌신적인 조사팀이 내가 도착하기도 전에 미리 상황을 정리한 뒤 협조적인 상선 선원들을 통해 뱃길을 마련해 놓았을 것이다. 여행작가 폴 서루이였다면 그냥 포켓 카약을 펼치고 노를 저어 지중해를 건넜을지도 모른다. 하지만 나라는 사람은 백기를 들고 비행기를 타는 선택을 함으로써 집안 망신을 시켰다. 이 여행을 떠나기 전에 나는 안데르센의 발자국을 되도록 그대로 따라가며 여행하겠노라고 맹세했지만, 몰타의 항구에서 피레에프스*까지 헤엄쳐 가는 것 외에는 달리 방도가 없었다.

몰타에서 배가 출항할 때 안데르센이 묘사한 장면은 여러분도 한번쯤 읽어보고 싶어할 만큼 낭만적이다. "대포가 울리고 깃발이 흔들리자 배가 빠른 속도로 몰타의 도로에서 미끄러져 나와, 지상에 펼쳐진 벨벳 카펫만큼이나 푸르고 잠잠한 망망대해 지중해로 나아갔다. 바다는 푸르른 창공과 닮아 있었다. 우리 발밑에 고정된 별 없는 하늘은 투명한 허공과 하나로 이어지며 눈에 보이지도 않을 만큼 멀리 뻗어나갔다. 무척 선명했고, 한없이 깊은 생각의 바다가 아니라면 그림으로 그릴 수도 없고 말로 설명할 수도 없을 만큼 무한했다."

나는 터무니없이 비싼 비용을 치르고 로마(이때만 해도 다시는 보고 싶지 않은 곳)를 거쳐 아테네로 날아갔고, 내 배낭은 행방불명이 되어 이틀 동안 도착하지 못했다.

*그리스 동남부의 항구 도시.

7장

아테네

Athenae

레오니다스 호에 몸을 싣고 지중해를 가르지르며 아테네를 향할 때 안데르센은 도피의 황홀경에 휩싸인다. "시간이 유쾌하게 지나갔다. 기쁨과 웃음소리가 저녁 식탁에 그득했다. 석양이 아름다움의 극치를 연출했다. 별은 한없이 투명하고 밝은 빛을 내며 흘러갔다! (…) 배에서 보낸 몇 시간은 내내 즐거웠다. 북녘의 조국이 내게 이런 기쁨을 허락한 것은 평생 단 몇 분뿐이었다." 『시인의 바자르』의 한 구절이다.

항해는 고요했고 돌고래들이 뒤따라오며 즐겁게 뛰는 데다 배에 함께 탄 이들은 전부 여행작가가 바라 마지않는 사람들이었다. 레바논으로 가는 길인 교황 사절에는 스페인 수사와 페르시아인들도 있고 석탄 포대에 앉아 있는 음울한 베두인족도 보인다. "그들은 유령만큼이나 말이 없고, 흰색 버누스*를 쓴 갈색 얼굴에서 두 눈이 반짝였으며 흑갈색 다리를 옷 밖으로 내밀고 있었다." 검은 옷을 입은 가냘픈 안데르센도 다른 사람들의 눈에는 틀림없이 이국적으로 보였겠지만, 그의 출신을 알아채지는 못했던 것 같다. "'덴마크에서 오는 길이군요!' 예루살렘으로 가는 중인 로

---

*아라비아인이 착용하는 길이가 길고 두건이 달린 겉옷.

마 성직자가 재차 말했다. '덴마크라니! 그럼 미국인인가요?'"

안데르센과 페르시아인은 날다가 힘이 빠진 작은 새 한 마리가 배에 내려앉는 것을 목격한다. 다른 승객들도 모여들면서 얼마간 배 안이 떠들썩해진다. 예상대로 로마인 사제는 즉각 새를 잡아먹자는 의견을 내놓았고 안데르센은 이에 경악한다. "'이 작은 순례자를 잡아먹게 둘 순 없습니다!' 내가 말했다." 그러자 승무원이 새를 잡은 뒤 돌보다가 이튿날 풀어준다. "우리 모두에게 의미 있는 사건이었다."

그날 밤 페르시아인과 안데르센은 과일을 나눠 먹으며 우정을 돈독히 했다. 안데르센은 만국 공통의 몸짓을 이용해 밤하늘을 가리킨다. "저기! 저거 보여요?" 페르시아인이 만국 공통과는 거리가 먼 몸짓으로 터번을 만지지만, 그래도 의미 전달이 된다. 대화가 버둥거리며 이어지는 동안 안데르센이 학창 시절에 배운 히브리어 한 구절을 기억해낸다. "베레시트 바라 엘로힘 에트 하샤마임 베에트 하아레츠(태초에 하느님이 천지를 창조하시니라. 「창세기」 1장 1절)!' 그러자 그 친구가 웃으며 고개를 끄덕이더니 답례로 내 모국어라고 생각한 영어로 아는 말을 모두 쏟아냈다. '네, 맞습니다! 진짜입니다! 진짜입니다!' 이것이 우리가 나눈 대화의 전부였다. 그 이상은 알지 못했지만 우리는 좋은 친구였다."

그리고 여기, 지중해 한복판에서 안데르센의 클라크 켄트급 시력을 말해주는 가장 놀랄 만한 일이 일어난다. 멀리까지 여행을 온 안데르센은 첫째 이탈리아 북부에 있는 로야노의 남쪽 언덕 꼭대기에서 아드리아해와 지중해를, 둘째 로마의 팔라틴 언덕에서 지중해를, 셋째 몰타의 대통령궁 옥상에서 에트나산을 볼 수 있다고 주장했다. 이번에는 이 슈퍼맨급 시력으로 배 갑판 위에 서서 눈 덮인 에트나산과 그리스 해안을 동시에 포착해낸다. 선장이 콧방귀를 뀌고 여기서 그리스를 볼 수 있는 승객은 없다고 말하지만, 안데르센은 굴하지 않는다.

몇 시간 뒤 저녁 식사를 마친 그는 또다시 수평선을 바라보는데, 그 광활한 두 땅이 여전히 눈에 보인다. "선장이 최고급 망원경을 가져오더니 외쳤다. '육지다!' 그리스 해안이었다! 나바리노[펠로폰네소스반도에 있는 지금의 필로스] 부근의 눈 덮인 산꼭대기가 투명한 공기 중에 반짝이고 있었다. 배 안에 탄 사람들 중 내가 가장 먼저 그리스를 알아본 것이었다." 선장은 몹시 놀란다. "맨눈으로 에트나산과 그리스 해안을 동시에 볼 수 있다는 사람은 처음이오! 이렇게 놀라울 데가!" 선장이 말했다.

이는 안데르센의 공상에 가까운 저널리즘을 판별할 수 있는 꽤 중요한 신뢰 리트머스지였다. 그래서 나는 직접 이 사실을 확인해보기로 했다. 에트나는 해발 3350미터이고 펠로폰네소스반도에서 가장 높은 산인 타이게투스는 2520미터로 꽤 큰 목표물이지만, 당시 레오니다스 호는 이 양편에서 최소 320킬로미터는 떨어져 있었다. 지구의 곡률(마일당 8인치)을 감안하고 여기에 피타고라스의 정리를 더해 커다란 뇌용량을 살려 컴퓨터 관련 일을 하는 친구 제이컵에게 수를 따져보라고 하면 아마 두 곳을 육안으로는 보는 것은 불가능하다는 슬픈 말을 들을 것이다. 아무리 초인적인 시력을 갖추고 최상의 조건이 주어진다고 해도 에트나산은 190킬로미터쯤 지나면 시야에서 사라지고 타이게투스산은 160킬로미터 지점을 지나자마자 자취를 감춘다.

안데르센은 그리스 땅을 밟는다는 생각에 무척 흥분한다. 학창 시절 메이슬링 교장 밑에서 억지로 고전을 배웠고, 근래에는 그리스가 다른 유럽 국가들처럼 거의 400년간 튀르크 제국의 지배를 받은 후 독립을 위해 싸운 역사에 심취했다. "그리스다! 그 순간 눈앞에 이 위대한 정령들의 조국이 펼쳐졌다! 저기 보이는 산맥 아래로 아름다운 아르카디아의 계곡이 흐르는구나! 제각기 다른 천 가지 생각이 한 무리의 철새가 되어 저 빛나는 산을 향해 날아갔다!" 그는 주체할 수 없이 기쁜 마음으로 이렇게 썼다.

피레에프스행 프랑스 증기선 리쿠르구스 호로 갈아타기 전에 몇 시간 동안 대기할 장소였던 시라(또는 시로스)섬에 정박할 때의 흥분은 레오니다스 호에서 사귄 친구들과 헤어지는 슬픔으로 겨우 누그러진다. 그는 부둣가에 발을 디디면서 앞으로 나아가고 싶은 마음과 이방인들과 형성한 애착 사이에서 또다시 갈팡질팡한다. "이곳에 오게 되어 하느님께 감사하고 기쁘면서도 어떤 처량함 같은 것이 느껴진다."

안데르센은 시라섬에서 대기하는 동안 면도를 하고 그러면서 또 한 번 국적을 오해받는다. "이발사가 내게 영국인이냐고 물었다. 덴마크인이라고 말해주자 이발사가 날 꽉 끌어안으며 외쳤다. '미국인 만세!' 나는 미국인이 아닌 덴마크인이라고 확실히 말했지만 그는 흡족한 듯 고개를 끄덕이더니 가슴에 손을 얹고 무슨 말을 했는데, 내가 이해한 바로는 자유를 위해 싸우는 자신들을 위해 미국 배들이 식량을 가져온 순간부터 미국인들이 그리스 국민에게 무척 소중한 존재가 되었다는 이야기 같았다."

안데르센은 현지 호텔 밖에서 콘스탄티노플에서 오는 길에 도둑을 맞은 한 러시아인을 만나는데, 이 일은 그의 앞에 어떤 위험이 도사리고 있는지를 일러준다. 러시아인은 그리스인들을, 자신을 꾀어내어 이곳에 오게 만든 여행작가들을 저주한다. "'천하의 악당들이에요!' 러시아인이 소리쳤다. '라마르틴[『동방 여행의 추억』의 저자 알퐁스 드 라마르틴을 가리킴]이랑 그 여행작가들도 문제죠! 이런 나라들에 여행을 오고 싶게끔 묘사를 하니까. 어디 누구 하나 내 눈에 띄기만 해봐. 그 뼈를 몽땅 분질러놓을 테니!'"

안데르센의 덴마크 친구들 중 다수는 이 러시아인의 말에 전적으로 동의했을 것이다. 엘리아스 브레스도르프가 지적한 '덴마크인들의 자족감과 편협한 미화'는 안데르센에게 무척 거슬리는 점이었기 때문에 그는 종종 이런 '잘난 덴마크 애국주의자들'(나도 몇 명 만난 적이 있다)의 편협함을 작품에서 패러디했다. 한 예로, 「딱정벌레」에서 한 개구리가 다른 개구리에게 말한다. "참 궁금하네. 먼 나라로 날아간 제비[안데르센이 자주 사용하는 암호]는 이보다 좋은 날씨를 찾았을까? 이렇게 습기가 딱 알맞은 곳을 두고 떠나다니. 마치 물이 찰랑이는 도랑에 누워 있는 것 같아. 이런 곳이 싫다고 떠난 건 자기 나라를 사랑하지 않는 거나 다름없어."

안데르센은 이 여행의 막바지에 함부르크에서 어느 덴마크인 노파를 만나는데, 노파는 그에게 다음과 같이 묻는다. "안데르센 씨, 말해주세요. 다른 나라를 많이 다녀보니 우리 덴마크보다 아름다운 곳이 있던가요?" "그럼요. 아름다운 곳이 얼마나 많은지 모릅니다." "부끄러운 줄 알아요! 당신에겐 애국심이라곤 없군요!" 「꿈의 요정, 올레 루퀘이에」(「샌드맨」 「윌리 윙키」로도 알려짐)에서 이 노파는 암탉으로 모습을 바꿔, 역시나 쉬지 않고 여행한다는 이유로 제비를 질책한다. "가끔은 여기도 날씨가 따뜻할 때가 있잖니. 기억 안 나니? 4년 전엔가 여름이 5주나 됐잖아! 게다가 여기엔 독을 뿜는 동물도 없어. 자기 나라를 아름답다고 생각하지 않는 건 죄악이야. 그런 사람은 이곳에 살 자격이 없지."

콜린 가족도 안데르센의 여행을 이처럼 탐탁치 않게 여겼는데, 특히 장녀인 잉에보르가 그랬다. "네가 조국에 있는 수많은 아름다움을 보려 하지 않는 이유는 하늘만이 알겠지! 로마에서 추위에 벌벌 떠는 게 뭐가 즐거운 거지? 그런 거라면 코펜하겐에서도 충분히 누릴 수 있을 텐데." 그녀는 안데르센이 몇 주 전 로마에서 보낸, 불평이 담긴 편지에 이렇게 답장했다. 안데르센이 「딱정벌레」에서 그 개구리의 대사를 쓸 때 염두에 둔 사람은 아마 잉에보르였을 것이다.

당시 수많은 덴마크인이 이런 생각을 한 데에는 나름의 이유가 있다. 앞선 몇 년간 그들은 끔찍한 세계를 겪었고, 이로 인해 덴마크인은 오늘날까지도 배타적인 민족으로 남아 있다. 지금도 상당수의 덴마크인은 7월의 두 주 동안 사랑하는 고국을 떠나 스페인이나 프랑스에서 휴가를 보내기보다는 여름 별장(기본적으로 정원 창고를 찬양하는 사람이 많다)에서 히터를 최고 단계로 켜놓고 이를 바득바득 갈며 창밖의 비를 내다보고 쉴새없이 클루도* 게임을 하는 편을 선호한다. 확실히 자신들의 조상인 바이킹의 모험가 기질은 없는 것 같다.

그리스는 1841년에도 여전히 튀르크족으로부터 되찾은 자유를 받아들이는 과정에 있었다. 1829년 아드리아노플 조약으로 독립이 비준되었고, 이는 궁극적으로 오스만 제국의 종말을 알리는 신호탄이 되었다. 이후 몇십 년 동안 발칸반도에서 계속된 반란으로 다뉴브강 영토들이 불길에 휩싸인 도미노처럼 하나둘씩 무너진다. 그리고 아주 뜻밖에도, 그리스의 초대 대통령 이오아니스 카포디스트리아스가 1831년에 암살되자 유럽 열강은 열일곱 살 된 바이에른의 왕자(루트비히 1세의 아들)를 그리스 국민 앞에 내세워 오톤 1세, 헬레네스의 왕으로 추대했다.

오톤 왕은 그리스에 오자마자 아테네를 수도로 정했고(그때까지 수도는 나프플리온Nafplion이었다. 하지만 오톤 왕은 그리 똑똑한 인물이 아니었고, 따라서 이 도시 이름을 발음하는 데 어려움을 겪었던 게 아닐까 싶다), 대규모 신고전주의 건축 프로젝트에 착수했다. 그는 서구 문명의 중심지로서의 위상을 되찾으려는 국가에 걸맞은 수도를 구축하고자 했는데, 웅장한 건물들을 후다닥 지어내

• 가상 살인 사건의 범인, 흉기, 범행 장소 따위를 찾아내는 게임.

는 것은 다분히 바이에른 사람다운 일 처리 방식이었다.

안데르센이 카르스텐 하우크•에게 보낸 편지에는 그 후의 혼돈 상태가 묘사되어 있다. "아테네는 시시각각으로 발전 중입니다. 자갈밭에 집과 거리가 속속 들어서고 있죠." 안데르센은 아테네의 규모를 헬싱외르에 비유하는데, 헬싱외르의 인구가 약 6만이고 아테네의 인구가 400만인 오늘날에는 터무니없는 비교다. 하지만 1840년 당시 아테네는 '하루 아침에 급조한 도시'처럼 보였고 인구는 1만이 채 되지 않았다.

그래서 안데르센이 방문했을 때 아테네는 그리스 역사상 중대한 시점에 있었다. 어떤 면에서는 내가 왔을 때도 그랬다.

그리스는 올림픽 개최를 앞두고 준비로 정신이 없어 보였다. 아테네인들은 화장을 반만 끝낸 상태에서 저녁 만찬 준비에 절절매는 안주인 같은 모습이었다. 식탁 세팅은 끝나지도 않았고 오븐에서는 수플레가 다 망가졌다. 국제 신문 보도를 믿어도 된다면 올림픽 경기는 어느 것 하나 준비된 게 없었다. 마라톤 구간과 주경기장 또는 수영장의 지붕은 물론이고 기본적인 교통 인프라도 갖춰지지 않았다. "사실상 아직 준비가 끝나지 않은 곳도 있습니다"라는 CNN의 보도에 그리스인들은 더욱 열을 올렸다. 공항에서 지하철역으로 가는 버스 안에서 만난 한 주민은 분개하며 이렇게 말했다. "준비가 끝난 곳도 많은데 그런 건 하나도 보도를 안 한다니까요!" 우리가 지하철역에 가려고 이렇게 버

• 덴마크의 시인이자 극작가(1790~1872).

스를 타는 이유가 공항까지 한 번에 가는 새 지하철을 짓겠다는 애초의 계획이 무산됐기 때문이라는 사실은 실례가 될 것 같아 말하지 않았다.

공중에서 보면 아테네는 때묻은 거대한 눈더미 같았다. 진부할 만큼 무질서하게 뻗어나간 도시가 있다면 그리스 수도가 바로 그곳이지만, 안데르센 시절에는 거의 휑했을 것이다. 오톤 왕의 야심찬 건물과 궁전들은 대부분 아직 완성 전이었다. 1841년 당시에는 국왕조차 임시 궁궐에 살고 있었는데, 안데르센은 다소 거들먹거리며 이 건물을 묘사했다. "지나치게 수수한 건물이다. (…) 다른 유럽 국가였다면 혼자 있기 좋아하는 어느 신사의 여름 별장으로 여겨질 법했다."

나는 새로 지은 아크로폴리스 전철역 출구에서 1836년의 아테네를 그린 수채화의 대형 복제화를 보고 멈춰 섰다. 전경에는 오톤 왕이 건설한 첫 신고전주의 건물 중 하나인 군병원이 자리했다. 그 뒤로는 아크로폴리스가 서 있고 그 위로 파르테논이 우뚝 솟아 있다. 하지만 도시의 남쪽 편에는 야자수 몇 그루, 특이하게 생긴 낙타, 관목이 우거진 사막을 빼고는 아무것도 그려진 것이 없다. 왜일까? 플라카 지구 끄트머리에 위치한 이 역을 나서자 (공사가 다 끝난 것은 아니었지만) 새로 복원한 오톤 왕의 병원이 아크로폴리스와 사방 고층 건물들의 발치에서 돌무더기와 임시 울타리 가운데 자랑스레 서 있었다.

안데르센은 플라카를 잘 알았고, 당시 아테네에는 달리 볼 만한 것이 많지 않았다. 지금도 관광객을 맞기 위해 큰 구획을 단장하고 거리마다 플라스틱 파르테논, 고대 그리스 포르노물 달력, 아테네 올림픽 상품("아테네 2004—나를 넘어서자"라는 당혹스러운 슬로건)을 팔고 있었지만, 관광 중심지로부터 떨어진 곳에서는 쇠락한 19세기 집들을 수없이 볼 수 있었다. 『위대한 유산』의 미스 하비샴이 사는 낡은 저택처럼 퇴락할 대로 퇴락한 집들은 안데르센이 그린 그림과 꼭 같았다.

창문에 『론리플래닛』이 추천한 맛집!'("들어오세요! 간교하고 지저분한 푸념쟁이 히피들과 식사하세요!")이라고 적힌 역 반대편 레스토랑을 보고 여기서 밥을 먹느니 차라리 내 발등을 찍겠다고 마음먹은 나는 플라카를 한가로이 걷다가 짙게 니스칠을 한 나무 판자와 천장 선풍기, 타탄 무늬 테이블보가 눈길을 끄는 1970년대풍의 매력적인 모퉁이 타베르나*를 발견했다. 이곳에서 '문어 식초절임'에 이어 짭조름한 페타치즈 덩어리가 가미되어 혀를 즐겁게 해주는 기름진 송아지 고기 스튜를 먹었다.

나는 빠른 속도로 너덜너덜해지는 『시인의 바자르』를 테이블 위에 펼쳐놓았다. 여행이 진척되는 동안 접착테이프와 접착제를 골고루 이용해 차 얼룩이 묻은 헐거운 페이지들을 묶어두었는데, 베로나에서 점심을 먹는 동안 책등이 그만 터져버렸다. 책이 점점 성유물을 닮아가서 그런지 레스토랑 종업원들의 호기심을 끌었다. 나는 과장된 몸짓으로 '배부른' 시늉을 하는데도 시식해보라며 가져다준 무료 디저트를 깨작거리면서 「아테네 입성」

• 그리스 지방의 자그마한 음식점.

이라는 제목의 장을 읽기 시작했다.

안데르센과 동승객들은 피레에프스 항구에 며칠간 격리됐다가(이때 그 도시에 사는 덴마크인 주민 몇 명이 직접 노를 저어 안데르센을 만나러 왔다) 드디어 풀려났다. "열두어 척의 그리스 배 중에 우리가 탈 배가 [있었다]. 나는 가까이에 있는 첫 번째 배로 뛰어올랐고, 우리는 육지 쪽으로 힘차게 노를 저었다." 안데르센은 이렇게 쓴다. "우리는 크게 기뻐하며 피레에프스를 빠져나왔다. 윤나는 모자를 쓴 선원들이 커피하우스 밖에 앉아 있었고 (…) 와인 잔을 비우며 우리를 향해 '만세'를 외쳤다."

심지어 이제는 먼지와 거지도 축하의 대상이었다. "우리는 전속력으로 달렸다. 심한 먼지가 일었지만 고풍이 담긴 먼지였다. (…) 말들이 먹이를 먹는 동안 거지들이 커다란 주석잔을 들고 다가왔다. 그 거지들 모두에게 적선을 했는데, 그리스인들이었기 때문이다. (…) 우리 앞에 아크로폴리스가 서 있었다. 그림으로 자주 보았던 것이지만, 지금은 실물로 내 눈앞에 있었다! (…) 내가 그리스에 있다는 사실이, 미네르바의 도시에 입성했다는 사실이 좀처럼 믿기지 않았다." 몇 년 뒤 그는 자서전에서 그리스 땅을 밟은 이 첫 순간을 다음과 같이 묘사한다. "나라와 나라가 싸우는 위대한 세계 전장에 서 있는 기분이다. (…) 그런 곳에서 일상생활의 불평등은 얼마나 하찮아 보이는지!"

덴마크-독일계 공동체에서는 안데르센을 시찰 온 고위 관리처럼 기쁘게 맞아주며 호화로운 만찬에 주빈으로 초대했다. 안데르센은 자서전에서 외국에 나가서도 끼리끼리 뭉치는 덴마크인들에 대해 불평을 늘어놓지만("이는 우리 나라 사람들의 약점이다. 그들은 같이 밥을 먹고 극장에서 만나 사람들 틈에서 모든 사교계 명사를 만나야 한다"), 자신 역시 이런 책망에서 자유롭지 못했다. 한 예로 그는 파리에 갔을 때 카페 드 덴마크의 단골이었고, 로마에서는 현지인들과 거의 교류를 하지 않았던 것으로 보이며, 아테네에 도착하자마자 곧장 이곳에 사는 모든 덴마크인과 독일인을 찾아간다. 건축가 형제인 크리스티안 한센과 테오필 한센(둘 다 아테네에 몇 년째 살고 있었고, 크리스티안은 오톤 왕의 왕실 건축가로 지냈다), 고고학 교수 루트비히 로스, 울리히 박사라는 사람, 왕에게 그를 소개해주겠다고 약속한 덴마크 영사 트라버스, 왕비의 사제인 뤼트 목사와 아내 크리스티아네까지.

"나는 매일 아크로폴리스까지 걷는다네." 그는 하우크에게 이렇게 썼다. "경치가 장관일 뿐 아니라 그 자체로 폐허가 된 동화의 나라 같거든. 야생 오이가 파르테논 계단을 뒤덮고, 튀르크인과 그리스인의 매장되지 않은 해골이 사방에 흩어져 있는 데다, 여기저기에 베네치아군의 폭탄도 고스란히 남아 있네." (1687년 탄약 창고로 이용되던 파르테논 신전을 베네치아군이 쳐들어와 포격한 일을 언급한 것이다. 베네치아군이 그날 벌인 공격은 군 역사상 가장 돌이키고 싶은 순간이 아닐 수 없다.)

오이나 해골을 발견하진 못했지만, 로즈메리, 올리브, 거북은 서구세계 굴지의 고대 유적지, 라마르틴에 따르면 '세계에서 가장 완벽한 돌에 새겨진 시'의 경사면에서 여전히 잘 자라고 있었다. (안데르센이 마치 지진이 막 덮친 모습 같다고 묘사한) 그 폐허와 배경, 경관이 가슴 벅찰 정도로 아름다워서 그곳에 서 있는 순간은 두번 다시 이런 벅찬 감정을 느낄 수 없을 것만 같았다. 이곳은 얇게 쪼개진 이오니아식 기둥, 무방비로 노출된 대좌, 가느다란 분홍색 줄무늬가 새겨진 석회질 기반암 위에 난잡하게 놓인 펜텔린 대리석 구체 등이 모여 있는 신들의 쓰레기 매립지로, 이 잔해에서 화려한 양귀비와 먼지투성이 삼나무들이 자라나고 있다. 에레크테이온 신전의 기둥들은 쭉쭉 빨아먹은 막대사탕과 흡사하고 강한 돌풍 한번에 잔해가 되어버릴 것처럼 허약해 보인다. 어떤 기둥들은 접착 테이프로 묶여 있기도 하다(정말이다. 입증할 사진도 찍어두었다). 1983년에 12개년 복원 계획이 시작되었지만 파르테논 복구는 여전히 끝나지 않았다. 이를 보니 이번 올림픽 게임도 어째 조짐이 좋지 못한 것 같다는 생각이 들 수밖에 없었다. 실제로 나는 아테네에 머무는 내내 파르테논에서 일하는 인부를 한 번도 보지 못했다. 복원이 절대 끝나지 않으리라는 사실에 체념한 나머지 지금은 석조 건축과 더 잘 조화를 이루는 코드의 색상을 기중기와 비계에 입혀놓은 것이 분명했다.

"11시 12분이에요. 11시 35분까지 시간을 드린다고 했으니 이제 23분 남았네요!" 아크로폴리스 박물관 입구를 지나갈 때 미국인 여행 가이드가 어르신 단체 관광객을 향해 외쳤다. 나는 그 가이드가 말한 시간이 아크로폴리스에만 머무는 시간이기를 바랐지만, 아마 십중팔구는 아테네 전체에 할당된 시간이었을 것이다.

이들을 보니 안데르센의 미래 공상 동화 「수천 년이 흐른 후」가 떠올랐는데, 이 작품은 그야말로 미국인들이 일주일 동안 유럽을 '둘러보는' 이야기다. "이제부터 미국인들은 영불해협 터널을 통해 프랑스로 순식간에 이동한다. (…) 콜럼버스가 항해하고 코르테스가 태어난 땅 위로 비행선이 날아다닌다. (…) 허공으로 바다를 건너 불변의 고대 로마가 누워 있는 이탈리아로 간다. 로마는 완전히 파괴되고 평원은 황무지다. 성 베드로 대성당에 남아 있는 유일한 벽의 유적은 그 진위가 의심된다. 그리스에서는 올림푸스 산꼭대기에 높이 지어진 호화로운 호텔에서 하룻밤을 묵는다. (…) '유럽에는 볼 게 참 많아. 그 많은 걸 일주일 동안 다 봤지.' 젊은 미국인이 말했다." (어쨌거나 쥘 베른보다 몇십 년 앞서 나온 이야기다.)

아크로폴리스 박물관에 들어가자 큐레이터들이 영국이 자행한 기념물 약탈을 헐뜯기에 여념 없었는데, 애초에 그 많은 기념물을 가져가도록 허락한 것은 그리스인이 아닌 튀르크족이었기 때문에 그들의 말에는 분명 일리가 있다. 이곳에서 매혹적인 조각상과 프리즈*(모두 로마식보다 더 섬세하고 가벼운 터치로 표현되어 있다)를 감상하는 동안, 나는 아테나 니케 신전의 프리즈가 "영국 대사였던 엘긴 경에 의해 0.12미터 두께로 잘린 뒤 대영박물관에 팔렸다"는 사실을 알게 되었다(엘긴은 물건 값으로 3만 5000파운드를 받았다).

---

* 고대건축에서 기둥머리인 엔타블레이처를 구성하는 세 부분(코니스, 프리즈, 아키트레이브) 중 하나.

사실 안데르센도 이런 약탈의 목격자였다. 3월 27일에 그는 아크로폴리스에 진열된 전시품 중 눈길을 사로잡는 그리스 꽃병을 그림으로 남겼다. 딱 봐도 그의 흥미를 끌 만한 오브제로, 환상적이고 예쁠 뿐만 아니라 이야기 소재로 쓸 만큼 호소력도 있었다. 나중에 알고 보니 이것은 기원전 675년에 제작된 아이기나 그리폰 주전자였고, 역시나 대영박물관에서 빼돌려 지금까지도 그곳에 있다.

아크로폴리스 박물관을 나서자 미국인 10대 남자아이들이 거대한 헛바닥을 내민 스니커즈를 신고 복사뼈 위로 올라가는 바지를 입은 채 시력을 갖고 티격태격하고 있었다.

남자 1: 진짜야.
남자 2: 그래, 진짜겠지.
남자 1: 아니, 진짜라니까 그러네.
남자 3: 그래, 지인짜 맞겠지.

생각해보면 연무와 스모그 때문에 이 아이들의 시력은 안데르센에 비해 크게 제한되어 있었을 것이다. 안데르센은 엄청난 시력으로 약 100킬로미터 떨어져 있는 아크로코린트 성채를 봤다고 주장했는데, 친구 제이컵에게 물어보니 이론적으로는 가능한 이야기지만 스모그가 낀 21세기에는 불가능하다고 한다.

나는 아크로폴리스에서 내려와 크고 붉은 바위를 깎아 만든 계단 발치에 이르렀다. 2000년 전 이곳은 사도 바울이 아테네인들에게 서신을 전하던 연단 역할을 했고, 플라톤도 여기서 연설을 했다. 지금은 담배꽁초가 널려 있을 뿐 아니라 키득거리며 몰려다니는 예쁜 10대들의 차지가 되었다. 저쪽에서 그리스 남자들이 모여 전통 춤을 추기 시작했는데, 모리스 춤•과 오싹할 정도로 흡사했지만 곧장 손수건 흔들기로 이어졌다.

『시인의 바자르』에서 안데르센은 이 언덕을 언급한 뒤 인근에 있는 소크라테스의 감옥을 방문해 동굴 입구에서 시인 친구 아담 욀렌슐래게르에게 보낼 빨간 꽃을 꺾었다고 말한다. 사실 이 얕은 동굴은 베로나에 있는 줄리엣의 집의 아테네 버전에 가깝지만(아마 그저 어느 혈거인의 주거지였을 것이다), 그래도 안데르센이 그린 그림과 정확히 일치한다. 소크라테스가 (플라톤을 비롯한) 아테네 젊은이들과 수상쩍은 관계를 맺은 일로 감금되었다고 하는 이 동굴은 필로파포스 언덕의 옆면을 깎아 만든 것이다. 아크로폴리스에 인접해 있는 말도 안 되게 목가적인 이 언덕은 고대에는 시인들로 북적였고 지금은 새와 벌, 꽃 피는 관목들의 서식지로서 루이 암스트롱이 부른 「What a Wonderful World」가 하루 종일 흘러나올 것만 같은 곳이다.

거기서부터 나는 꾸불꾸불하고 금방이라도 무너질 듯한 아나피오티카라는 마을까지 걸어 올라갔는데, 이곳은 19세기에 아크로폴리스를 중심으로 오톤 왕의 건축 프로젝트에 투입된 건축업자들의 주거지로 발전했다. 아나피오티카는 기본적으로 인정사

• 영국 전통 춤의 하나.

정없는 콘크리트 도시의 한복판에 놓여 있는 200년 역사의 어촌 마을이자, 파란색 덧문과 대문을 달고 회반죽을 칠한 오두막 집들이 미로 같은 골목에 줄줄이 들어선, 키클라데스 제도°에서 떨어져나온 오아시스다. 골목이 얼마나 비좁던지, 주인 없는 동물들을 위해 남겨둔 딱딱하게 군은 스파게티가 담긴 접시들을 치지 않으려고 조심하면서 간신히 배낭을 통과시킬 수 있었다.

아나피오티카 주변을 돌아다니는 동안 나는 안데르센이 이곳을 산책했고 그때와 비교해 조금도 변한 게 없다는 사실을 분명히 깨달으면서 갑자기 소름이 돋았다. 이곳은 내가 코펜하겐을 떠날 때 꼭 보고 오기를 바랐던 그런 환기적인 시간 왜곡의 장소였다.

아테네 중심부의 소매업계에서 주요 동맥을 이루는 곳은 에르무다. 이 거리 역시 안데르센이 자주 갔던 곳이지만 지난 한 세기 반 동안 다소 바뀌었다. 나의 안데르센 호텔 찾기 프로젝트 최신 편을 조마조마한 마음으로 기다리는 분들이 있을 텐데, 『시인의 바자르』에 나온 단서들로 미루어 볼 때 안데르센이 아테네에 있는 동안 줄곧 머물렀던 호텔 드 뮌헨의 자리로 가장 유력한 곳은 에르무 거리의 동쪽 끝이다.

에르무는 나폴리의 톨레도와 로마의 일코르소처럼 안데르센이 사랑했던 활기 넘치는 거리 중 하나다. 여행하는 동안 언제나 그의 발길을 끈 곳은 사람들이 모여 교류하고 이런 사람들의 특

● 에게해 남쪽에 있는 그리스령 제도.

색을 자신이 관찰할 수 있는 장소였다. 오늘날에도 에르무는 낮이든 밤이든 카니발이 한창인 듯했다. 「세서미 스트리트」*에 나오는 빅버드의 살아 있는 조각상(다 먹고살려고 하는 짓이다), 뱀을 머리 위로 쳐드는 광대(내가 본 광경 중 가장 충격적이다), 모조 선글라스를 비롯해 흉물스러운 새끼 고양이와 람보르기니 포스터(실제로 새끼 고양이가 람보르기니를 몬다면 대단하긴 할 텐데)를 파는 수많은 아프리카 상인이 눈길을 끌었다. 하지만 페루인 악단의 팬파이프 연주는 듣기 고통스러웠다.

『시인의 바자르』에서 안데르센은 아테네에서 사귄 절친한 친구가 에르무 거리 한복판에서 자라던 야자수를 보호하기 위해 싸웠다고 전한다. "로스 교수는 나무를 베지 말라고 간청했고 나무는 이곳에서 자라도록 인가를 받았다. 그러므로 이 나무에 '로스의 야자수'라는 이름을 붙이니, 이제부터 모든 여행자와 여행 작가들은 기꺼이 이 이름으로 나무를 부르게 될 것이다!" 지금은 야자수가 그 자리에 없는 걸 보니 아마도 로스 교수가 눈을 돌리자마자 도끼에 잘려나간 듯하다. 그래도 안데르센이 그린 비스킷 색의 작은 카프니카레아 성당은 지금도 고층 건물들 사이에 왜소하게 서 있다.

근처에는 카페가 하나 있는데, 서 있는 자리와 특정 시대의 높은 천장, 낡은 목각 카운터와 가구를 볼 때 안데르센이 자주 드나들던 곳임이 틀림없었다. 그의 말처럼 로마의 카페 그레코를

• 다양한 캐릭터 인형들을 주인공으로 하는 미국의 어린이 TV 프로그램.

'계단 밑의 연마홈'처럼 보이게 만든 카페로, '몸을 너무 졸라매 갈비뼈 부근이 시퍼렇게 멍들었을 게 분명한' 민족 의상을 입고 '외알 안경과 반들반들한 장갑을 낀 채 입에 여송연을 물고 당구를 쳤을' 그리스 멋쟁이들로 문전성시를 이뤘을 것이다. 나는 앉아서 오렌지주스를 마셨다. 그리스 종업원들은 손님이 무엇을 주문할지 고민하는 동안 센스 있게 물 한 잔을 가져다준다(이 책을 읽는 이탈리아 종업원들은 이 물이 무료였다는 점을 유념하기 바란다). 카페가 언제부터 이 자리에 있었는지 물었더니 이런 대답이 돌아왔다. "15년 됐습니다."

나는 카페 전화기를 빌려 안데르센에 관한 책을 두 권(첫 책은 심리적 연구였고, 두 번째 책은 안데르센의 아테네 여행 기간을 다루고 있다) 쓴 그리스 심리학자이자 고전학자인 미르토 게오르기우 닐센에게 전화를 걸었다. 그녀는 반갑게 전화를 받아주었고 친절한 데다 목소리도 매력적이었지만 그날은 날 만나러 올 수가 없었다. "안 돼요, 오늘은 독립기념일이에요. 독립기념일에 아테네에 머무는 현지인은 아무도 없거든요. 외지 사람들이나 그렇죠." 대신 그녀는 이튿날 콜로나키에 있는 자신의 아파트로 나를 초대했다.

외지인인 나로서는 아테네에 도착하는 시간을 일부러 안데르센이 보고 글에 적었던 퍼레이드 시간과 맞추었다. 그는 특히 '예쁜 그리스 소년' 대열이 지나갈 때 곁눈질을 하며 찬양한다. "잘생긴 남자와 소년들이 눈을 즐겁게 해주었다. 여자들 중에는 인물이 많지 않았다. 내가 본 여인들은 못생겼다." 그는 여인들을 배려하지 않고 가차없이 소회를 밝힌다.

퍼레이드가 시작되기 한 시간 전에 나는 크리스티안 한센이 설계한 오톤 왕의 새 궁궐이었던 국회의사당까지 걸어갔다. 내가 크리스티안의 남동생 테오필이 지은 호텔 그랑드브르타뉴 앞에 자리를 잡았을 때 이미 군중은 5열, 6열을 이루었고, 그로부터 한 시간 동안 사람들은 서로 압착되어 화석처럼 꿈쩍도 할 수 없었다. 허리를 굽혀 무릎을 긁을 수도 없었고 빈 콜라 캔을 바닥에 내려놓지도 못했다. 앞에 있는 남자가 어떤 샴푸를 사용하는지(그리고 머리에 비듬이 있는 것으로 보아 브랜드를 바꿀 필요가 있다는 사실까지) 알 수 있을 정도로 밀착됐지만, 그럼에도 어떤 광경이 펼쳐질지 무척 기대가 되었다. 크고 재미있는 장식 차량에 비키니를 입은 무희들이 올까? 아니면 여자 군악대장과 함께 유명 인사들이 손을 흔들며 지나갈까? 이 많은 사람이 군사 장비가 느릿느릿 굴러가는 광경을 보자고 이런 고생을 하는 것은 아니겠지…….

맨 처음 지프차 세 대가 지나가더니, 그로부터 26분 동안 개미 한 마리 지나가지 않았다. 흥을 돋우기 위한 공연으로서는 실격이었고, 그리스군에 입대해서 전쟁이 나면 저 지프차에 타게 되리라는 사실이 떠올랐다. 두 시간 동안 누군가의 겨드랑이에 얼굴을 묻고 서 있었던 것은 아니지만, 내 옆쪽 남자의 어깨 위에 올라탄 걸음마쟁이가 치장한 SUV 차량에 박수갈채를 보내느라 내 시야를 자꾸 가렸다. 그래도 다음에 지나간 수녀 행렬이 퍼레이드의 백미를 장식하긴 했지만(고도의 훈련을 받은 무장한 자매님들은 내가 상상할 수 있는 가장 무서운 정예부대다), 그때쯤 내 열정은 사그라들고 있었다. 제트기들이 저공 비행을 하는 동안 나는 파르테논에서 부스러기 몇 점이 땅으로 굴러떨어지는 장면을 찍었고, 터키가 침공하기에 이보다 완벽한 순간은 없겠다고 생각했다.

한자리에 하도 오랫동안 서 있다보니 이제는 하늘에 마술사 데이비드 블레인이 되게 해달라고 빌고 싶은 마음이었다. 그럼 쇠지렛대로 군중 사이에 길을 만들어, 마침내 샴페인 병의 코르크처럼 인파에서 터져나와 자유의 몸이 될 수 있을 테니 말이다.

카니발 분위기는 저녁까지 이어져 플라카의 타베르나마다 프라페를 홀짝이며 서로의 상표를 유심히 살펴보는 아테네 사람들로 가득했다. 이 흥청대는 군중 앞에서 나는 정해진 순서 없이 그저 사람들 뒤로 지나가는 행인들을 흉내 내며 싸구려 웃음을 얻는 거리 코미디언의 익살스러운 행동의 제물이 되었다. 물론 그때는 나도 다른 사람들을 따라 웃으며 코미디언 남자의 등을 열심히 때리면서(아하, 그렇군요. 날 흉내 낸 것이군요……) 그의 재치에 만족감을 표했다. 하지만 나중에는 그자의 집까지 쫓아가서 따지고 싶은 기분이었다.

마침내 스스로 오랑우탄이 된 듯했다.

나는 (바이런이 한때 서재처럼 이용했던) 리시크라테스 기념비 밑에서 훈훈한 초봄의 공기를 마시며 야외 식사를 했다. 1970년대 말 어머니가 개척자 정신으로 음식 실험을 하다가 만든 무사카를 아버지가 입에 넣자마자 뱉어낸 모습을 딱 한 번 목격한 적이 있기 때문에 그리스 음식 앞에서는 늘 최악에 대비하고 있었다. 하지만 그때 주문한 음식은 아테네 여행에서 먹은 것 중 최고였다. (어떤 맛인지 상상이 될지 모르겠지만) 반죽을 입힌 뒤 기름에 살짝 튀겨 겉만 익힌 무진장 신선한 대구 요리가 벽지용 풀과 비슷하지만 맛있는 마늘 맛 소스와 함께 나왔다. 여기에 기름진 고기 스튜, 신선한 차지키 소스와 함께 우조*가 몇 갤런이나 나왔다.

그날 밤 야외에 자리를 잡은 나는 처음으로 아테네의 소음을 인지하게 되었다. 대부분의 도시는 각각의 특성을 말해주는 고유의 소리가 있다. 코펜하겐은 자전거 바퀴의 발전기가 윙 돌아가는 소리이고, 로마는 성종 소리이며, 런던은 전 런던 시장 켄 리빙스턴의 찡찡대는 콧소리이고, 이스탄불은 앞으로 알게 되겠지만 피스타치오 껍질 깨지는 소리다.

아테네 특유의 소리는 남자들이 걸어갈 때 습관적으로 딸깍거리는 묵주에서 나왔다. 우리 남자들은 틈만 나면 무언가를 하릴없이 만지막거리며 시끄러운 소리를 내는데, 대부분은 호주머니에 든 동전이나 차 열쇠로 때우고 이런 유의 소리는 주변 여자들의 혀 차는 소리에 묻히곤 한다. 그런데 아테네 남자들은 이런 손장난을 교묘한 종교 의식으로 가장하며 짐짓 신실한 사람인 척한다. 때로는 「딕슨오브닥그린Dixon of Dock Green」**에 나오는 딕슨 순경이 호루라기를 흔들듯이 묵주를 좌우로 흔들며 걷는다.

●아니스 열매로 담근 그리스 술.
●●런던의 한 경찰서에서 벌어지는 일상을 다룬 영국 TV 시리즈.

이튿날 미르토를 만나러 시내를 가로질러 가는 길에 플라카 중심부에 자리 잡은 덴마크협회에 들렀다(덴마크 정부가 60퍼센트에 달하는 소득세를 유용하게 쓰고 있는 것을 보니 기쁘다). 나는 협회에서 안데르센 탄생 200주년을 기념할 계획인지, 만일 그렇다면 어떤 준비가 되고 있는지 알아보고 『시인의 바자르』 그리스 편에서 안데르센이 언급한 몇 가지를 찾는 데 도움을 얻고 싶었다.

나를 맞아준 사람은 아테네 내 덴마크 문화 행사 홍보를 담당하는 파나기오타였다. 파나기오타는 주요 행사 프로그램이 아테네의 어린이 박물관에서 진행될 예정이고 인형극과 연극, 춤 공연이 있을 것이라고 말해주었다. 또한 안데르센이 『시인의 바자르』에서 언급한 한두 가지를 찾을 수 있게 도와주었다. 하지만 그녀가 도와줄 수 없는 것이 하나 있었는데, 바로 안데르센이 극장을 방문한 일화를 설명한 후 거의 지나가는 말로 언급했던 것이다. "사람들은 그것이 예수가 몸이 묶인 채 사형집행인에게 곤욕을 치른 기둥이라고 말한다. 또한 사람들은 튀르크인들이 그 기둥을 바다에 던졌지만 매일 밤 이곳으로 되돌아온다고 믿는다. 그 하얀 기둥은 고독하게 서서, 별이 총총한 밤하늘을 가리켰다."

믿기 힘든 전설을 꽤나 혼란스럽게 설명하고 있지만, 그럼에도 완전히 지어낸 이야기는 아닐 것이라고 생각했다. 이런 엄청난 전설은 163년이 지난 지금까지도 사람들에게 알려져 있을 게 분명했다. 예수의 몸이 묶여 있던 기둥을 그냥 사라지게 두지는 않을 것 아닌가? 파나기오타와 나는 협회의 여러 열람실을 다니며 조사를 하고 몇몇 고고학자에게 문의도 해봤다. 하지만 아무도 아는 사람이 없었다.

어쩌면 미르토가 답을 알고 있을지도 몰랐다.

미르토는 아주 쾌활하고 따뜻한 60대 초반의 여성으로, 백금색 머리카락과 따스하고 환한 웃음이 돋보였다. 삶에 대한 흘러넘치는 호기심과 욕망 때문에 몇십 년은 젊게 느껴졌고, 두 눈에 변치 않는 반짝임이 일렁였다. 나는 사랑에 빠진 기분이었다.

그녀가 우아하게 장식된 거실에서 날 맞아주었고, 우리는 덴마크살이의 고충을 서로 나누며 친해졌다. 고인이 된 미르토의 남편은 덴마크인으로, 두 사람은 코펜하겐에서 아이들을 키웠다. 그녀는 코펜하겐대학에서 심리학을 가르치는 동안 한스 크리스티안 안데르센에 점점 매료되었다. 나는 그녀가 안데르센을 심리학자 입장에서 어떻게 진단할지 얼른 듣고 싶었다.

"안데르센은 특별한 남자였어요. 심리학자에게는 특히나 매력적이죠. 신경증 증세는 분명해요. 비록 호감 가는 유형은 아니지만, 병적 측면에서 대단히 흥미로운 점이 있죠. 작가의 어린 시절을 돌이켜보면 볼품없는 외모가 성장기에 큰 영향을 미쳤어요. 게다가 열일곱 살 때 열한살 아이들과 같이 학교에 다닐 수밖에 없었던 것도 분명 지독한 상처로 남았을 거예요."

미르토의 설명이 이어졌다. "어렸을 때는 자랑할 만한 게 아무것도 없었지만, 유명세를 얻고 유럽의 많은 대저택과 궁전에서 집중적인 관심을 받으면서 그 빈자리를 대신할 게 생겼어요. 사랑을 갈구할 대상을 명성에서 찾은 거죠. 물론 그런 뒤에도 고통은 끝나지 않았지만요."

그렇다면 그녀는 안데르센의 성 정체성을 어떻게 생각할까? "잘은 모르겠지만, 동성애자는 아니었어요." 그녀가 자신있게 말했다. "그보다는 성행위 자체를 무척 두려워했던 게 아닐까 싶어요. 섹스는 몸과 감정을 폭발시키는 행위이기 때문에 두려움이 컸을 테고 그래서 욕구를 자기 내부로 분출시킨 거죠. 안데르센의 성 개념은 아주 유아적인 수준에 머물러 있었어요. 유아적이거나 유치했다는 말이 아니라 유람기infantile의 상태였다는 거죠. 안데르센에게는 섹스를 할 베짱이 없었을 거예요."

하지만 매춘부를 찾은 일은 어떻게 해석해야 할까? "아마 이런 생각을 계속했겠죠. '이젠 할 때가 됐어.' 만약 안데르센이 정말 성관계를 했다면 그거야말로 '할렐루야' 같은 순간이었을 거예요. 하지만 그런 낌새는 전혀 없죠. 대신 안데르센은 자신의 작품을 에로틱한 세계로 만들었어요. 이야기를 현실 도피용으로 이용해, 자신이 상처받지 않고 제어할 수 있는 세계를 만든 거죠."

"꼭 인생을 두려워하는 겁먹은 소심남 같군요." 내가 말했다. "그런데 어떻게 그런 사람이 위험천만한 대격동의 시기에 유럽을 여행할 용기를 냈을까요?" "아마 안데르센은 그런 위험을 인식하지 못했을 거예요." 미르토가 대답했다. "머리로는 위험할 수도 있겠다는 생각을 했겠지만, 그렇다고 용감했던 것 같지는 않아요. 그저 현실 감각이 없었던 거죠."

전화벨이 울리고, 미르토가 유창한 프랑스어로 전화를 받았다. 그녀가 전화를 끊자 나는 안데르센의 성격과 작품을 다 알고 난 지금도 그를 인간으로서 좋아하는지 물었다.

"그럼요, 당연하죠. 안데르센은 특별한 사람이었어요. 전 보통 사람과는 다른 이들에게 끌리거든요. 안데르센은 대단한 사람이었고 일종의 캐릭터인 데다 겉과 속이 똑같은 사람이었죠." 그녀는 안데르센의 끊임없는 불평과 자기 연민이 거슬리지 않은 것일까? "당연히 거슬리죠. 하지만 안데르센이 평생을 아주 불행하게 살았다는 사실을 절대 잊어서는 안 돼요. 부와 명성을 얻고 성공도 했지만, 그런 게 외로움을 달랠 진정한 치료제는 되지 못했어요. 안데르센은 거의 평생 혼자인 듯 살았어요."

일기와 편지를 보면 안데르센은 항상 친구들에 둘러싸여 있는 듯 보였다. 매일 밤 여러 집을 번갈아가며 저녁을 먹거나 극장에서 외식을 해서 자연스럽게 그가 외로웠을 거라는 생각은 하지 못했던 것 같다. 하지만 미르토의 말처럼 이는 안데르센을 규정하는 특징 중 하나다. 「눈의 여왕」의 게르다처럼 안데르센은 "'혼자'라는 단어의 의미를 이해했고 거기에 얼마나 많은 의미가 담겨 있는지 알았다." 오덴세를 떠나 코펜하겐으로 향하던 순간부터 그는 천애고아였다.

이런 자기 의존이 안데르센을 그토록 단호하고 성공적인 여행자로 만들었는지도 모른다. 그는 외로움에 익숙했고, 종종 친구와 여행을 가기도 했지만 (일상의 하찮은 걱정거리들을 뒤로하고 떠난) 가장 값진 여행은 이번 여행과 포르투갈 여행처럼 혼자 떠난 경우였다. 포르투갈에서도 그는 넋두리할 상대나 자신의 다양한 질병과 공포를 참아줄 동행 한 명 없이 제대로 여행을 했고 대처력이 오히려 더 좋았다. 그는 세상 밖을 바라봄으로써 잠시나마 내면의 평안을 찾았다.

마음이 넓은 미르토는 이튿날 자신의 운전사를 대동해 시외로 안데르센과 관련된 몇 가지를 보러 가자고 제안했다. 하나는 다프네에 있는 수도원이었고(지금은 BP 주유소와 함께 6차로 고속도로 옆에 자리하고 있으며, 안데르센이 갔을 때는 마침 보수 공사로 문을 닫은 상태였다), 다른 하나는 돌사자상이었다.

"사막에서 [사자상을] 보고 있자니 이상하게 감동적이었다." 안데르센은 『시인의 바자르』에서 이 수수께끼 같은 조각상에 대한 소회를 밝힌다. "발만 빼면 전부 사자다. 눈에 담긴 표정을 보니 끌을 사용해 정교한 솜씨로 조각한 작품이다. 갈기는 부분적으로만 표현되었다. 억센 덩굴식물이 마치 사자상을 근처의 무덤에 묶기라도 할 것처럼 사자의 옆구리를 휘감고 있었다."

"이 조각상에 대해서는 사람들이 잘 몰라요." 미르토가 말했다. "조각상은 파이니아 근처인 칸자라는 곳에 있어요. 저도 사자상만 덩그러니 있을 때 아이들을 데리고 놀러 갔다가 알게 됐죠. 지금은 안타깝게도 사자 주위에 우리가 쳐져 있지만, 예전에는 탁 트인 자리에 서 있었어요. 처음 그 우리를 봤을 때 저도 모르게 눈물이 핑 돌더군요. 지금은 사자의 표정이 너무 슬퍼 보여요."

이튿날 대충 만든 콘크리트 대체 '다리'에 몸을 지탱한 채 코가 잘려나간 사자를 보니 정말로 약간 침울한 듯했다. 그래도 안데르센의 말이 맞았다. 사자의 눈에서 카리스마 같은 게 느껴졌다.

안데르센이 사자를 감탄하며 바라보고 있을 때 가까이에 있던 집에서 목동의 구슬픈 노랫소리가 들린다. 그 집에 가보니 목동과 아내가 있고 어린 아들이 출입구에서 연주를 하고 있었다. 소년의 이름은 데메트리우스다. 안데르센은 소년에게 동전을 건네고, 훗날 이렇게 회상한다. "그 어두운 오두막집은 소년의 천국이고 대리석 사자는 그가 타는 말이다. 소년의 어머니는 폐허가 된 성당의 담벼락에서 시로미를 따는 동안 종종 그를 사자의 등에 태워주었다."

사자 옆에서 나는 (성 니콜라이에게 헌정된 곳으로 지금은 재건된) 작은 예배당과 안데르센이 역시나 언급했던 큰 올리브나무가 아직 그 자리에 있는 것을 보고 기뻤다. 데메트리우스의 집은 근처에 남아 있는 폐허(초석 몇 개에 지나지 않는다)가 아닐까 추측한다.

칸자는 아테네에서 제법 운전을 해야 닿는 거리로, 안데르센은 말을 타고 그곳에 갔다. "나는 말타기 하난 타고난 것 같네." 그는 한 친구에게 이렇게 썼다. "하지만 자네나 자네 누이가 운두 높은 그리스 모자를 쓰고 부풀어오르는 비단 술을 단 채 말을 타고 있는 내 모습을 보기를 바라지는 않네. 어제 다섯 시간 연속으로 말을 탔는데, 지금도 그 느낌이 잊히지 않아."

나도 한 번인가 직접 말을 타봤기 때문에 그것이 얼마나 큰 착각인지 단언할 수 있다. 나는 무슨 일이 있어도, 설사 성 요한 의료단이 대기 중이라고 하더라도 셰틀랜드종 조랑말조차 두번 다시 탈 생각이 없는데, 안데르센은 빈에 가기 전에 제대로 된 의료 시설 하나 없는 바위투성이의 그리스 시골길을 쾌주하고 있었다. 무척 인상적인 대목이 아닐 수 없다.

안데르센은 주그리스 오스트리아 대사인 프로케슈 폰 오스텐에게 승마 수업을 받았다. 프로케슈는 나폴레옹에 관한 책을 두 권 쓴 매우 진지한 인물이었다. 이 실세 정치인에게 홀딱 반한 안데르센은 『시인의 바자르』의 한 장을 할애해 그에 대한 아낌없는 찬사를 쏟아냈다. 학창 시절 수영 선수와 스케이터로 활약한 전력부터 병무 기록까지 세세하게 열거했고 심지어는 그의 실내 장식 취향까지 묘사했다. 그런 뒤 프로케슈의 시를 길게 인용하며 "검은 눈동자에 다양한 감정을 담아내는 잘생긴 유력 정치인"에 대해 쓴다. 계속 읽다보면 이 칭송 일색의 글을 쓴 한 가지 연유를 알게 되는데, 프로케슈는 안데르센의 팬이었다. "저녁 식사 후 동료들이 그에게 자신의 시 가운데 하나를 낭독해달라고 청했다. 그는 그러겠다고 약속하고서는 처음에는 샤미소*의 시집을 가져와 그가 번역한 내 시를 읽었는데, 효과까지 넣어 읽어 마치 음악처럼 들렸다. (…) 그와 부인은 특히 내 '동화'를 좋아하는 듯 보였고 어서 더 써달라고 간청했다." 안데르센의 마음을 얻는 확실한 방법이었다.

그날 안데르센과 일행은 궁정에서 나온 마차 대열과 마주쳤는데, 거기에는 칠흑 같은 머리카락에 '행동거지가 대담한' 굉장히 매력적인 젊은 여자가 있었다. 안데르센은 다음과 같이 쏟아낸

* 독일의 작가 겸 식물학자(1781~1838).

다. "그녀는 숲속의 아름다운 환영처럼 쏜살같이 달렸는데, 마치 고대 그리스 엘프들의 여왕 같았다! 그녀는 그리스 독립 전쟁의 영웅 마르코스 보차리스의 딸로, 아테네에서 가장 아름다운 여인이자 그리스 왕비의 궁녀 중 한 명이었다." 그녀를 본 것은 다른 사람들에게 자랑할 만한 일이었다. 그녀의 아버지는 전설적인 반군 지도자로, 그리스 북부에서 벌어진 한 전투에서 1200명의 병사로 1만 2000명의 잠자는 튀르크 병사들을 물리쳤다. 1823년 8월 20일이라는 날짜는 그리스 역사 연대기에 기록되었고 보차리스의 이름은 유럽을 넘어 '그리스 열병' 상태에 있던 미국에까지 전해졌다.

안데르센은 보차리스의 딸을 두 번 더 조우하는데, 내가 볼 때 그는 주기적으로 하던 이성애적 짝사랑을 이때 그녀와도 하게 된 것 같다. "젊은 왕비를 따르는 그녀는 아름다운 그리스의 수호신 같다. 길고 검은 속눈썹이 비단결 술처럼 불타는 듯한 눈 위에 드리운다. 그녀는 고귀한 말을 탈 때도 아름답고, 머무적거리며 얼굴을 완전히 내보일 때도 아름답다. (…) 내 눈에 담아온 그리스의 수많은 광경 중에서도 마르코스 보차리스의 딸은 그 땅에 사는 딸들을 대표하는 아름다움의 이상理想이다."

미르토의 집에서 나올 때 나는 안데르센이 『시인의 바자르』에서 언급한 기둥에 대해 아는 것이 있는지 물었다. 그녀는 고개를 저으며 싱긋 웃었다. "안데르센이 어떤 사람인가요? 그 이야기가 사실인지, 하다못해 그런 기둥이 존재하기나 했는지 누가 알겠어요?"

나는 클라프트모노스 광장에 있는 아테네시 박물관에서 단서를 찾을 수 있기를 바랐다. 과거에 이곳은 오톤 왕과 아말리아 왕비가 아테네에 처음 도착했을 때 새 왕궁이 지어지기를 기다리면서 기거했던 소박한 '혼자 있기 좋아하는 어느 신사의 여름 별장'이었다. 이곳은 안데르센이 숱한 로비활동과 짜증스럽기 짝이 없었을 몇 번의 막판 취소 끝에(4월 7일 자 일기: "저녁 내내 왕을 기다렸다. 왕은 나타나지 않았다. 내일 콘스탄티노플로 떠나고 싶은 마음이다. 몸이 미친 듯이 달아올랐다") 젊은 왕 부부를 알현한 곳이기도 하다.

마침내 오톤 왕이 따뜻하고 기분 좋게 안데르센을 맞아주었다. 그는 『시인의 바자르』에 흡족해하며 다음과 같이 쓴다. "왕과 왕비가 내게 친절과 호의를 베풀어주었다. 이 새 번영의 나라 그리스의 왕 부부에게 내심 품고 있던 선입견이 싹 씻기면서 두 사람 다 내 가슴에 잊을 수 없는 인상을 남겼다." 왕비는 "젊고 당당한 아름다움이 매력적이다. 온화하고 지혜로운 면모가 돋보인다". 그런 반면 왕은 "무척 젊어 보이지만 얼굴이 살짝 창백하고 고통이 어려 있는 듯했다. 눈이 살아 있고 얼굴 표정이 매우 유순한 데다 정감 있다". 안데르센은 이렇게 적었다. 오랜 시간 알현을 기다렸으니 그동안 안데르센이 재기 넘치는 대화거리를 준비했을 거라고 생각하겠지만, 세 사람은 그리스와 이탈리아 산들의 상대적 아름다움, 시라섬에서 안데르센이 본 수많은 배에 대해 이야기를 나누었다고 적혀 있다. 또한 왕이 귀머거리인 게 분명하므로 소리치듯 말해야 했다.

안데르센은 유럽 문화생활의 중심부에서 이 황량한 벽지로 쫓겨온 젊은 왕 부부를 매우 측은하게 여긴다. "그리스에서 왕 노릇을 하는 것은 전혀 행복한 일이 아니다. 이곳에 살기 위해 얼마나 많은 것을 포기했던가! 이 땅과 이 백성을 위해 왕은 얼마나 애가 닳아야 하는가! 웅장한 기념비가 넘쳐나는 황폐화된 고대의 땅을 백성과 함께 홀로 다스리는 자! 뭐라 판단을 내리기에는 나도 이 민족에 대해 아는 바가 별로 없지만, 그렇게 좋아하지는 않는다. 오히려 튀르크인들이 훨씬 더 마음에 들었다. 그들은 고결하고 온화했다." 안데르센이 기록한 바에 따르면 아말리아 왕비와 오톤 왕이 처음 아테네 땅을 밟았을 때 백성은 왕비에게 감자 꽃다발을 받았다고 한다. 감자는 그때 막 그리스에 전파된 터라 가장 이국적인 꽃으로 여겨졌다. 한마디로, 호사스러운 바이에른 생활에서 급격하게 몰락을 경험했다고 할 수 있다.

변함없는 속물이자 왕정주의자였던 안데르센은 여행 중에 군주와 귀족을 알현할 기회를 얻어내기 위해 각고의 노력을 기울였다. 예를 들어 1845년 연감 뒤쪽에는 그해에 방문하고 싶은 나라와 함께 그 나라에 있는 모든 왕국의 왕, 대공과 공국들이 상세하게 정리되어 있다. 그는 제왕들에게 접근하기 위해 정밀한 군대식 계획을 세웠다.

안데르센의 단호하고 주저함 없는 왕정주의는 크리스티안 왕세자의 고향이기도 했던 오덴세에서 보낸 유년 시절에서부터 그 기원을 찾을 수 있다. 어렸을 때 안데르센은 종종 궁에서 일한 어머니 덕분에 어린 프리츠 왕자(훗날의 프레데리크 7세)와 놀았다. 또한 코펜하겐으로 떠날 여비를 모으기 위해 부자들의 집에서 장기 자랑을 할 무렵에는 이 덴마크 왕가와 연이 이어져 프리츠의 아버지, 즉 훗날의 크리스티안 8세 왕을 알현했다.

그런 뒤에는 안데르센이 실제로 크리스티안 8세와 귀부인 엘리세 알레펠트 라우르비의 아들이라는 소문이 끈질기게 돌았고, 다년간 이 소문에 관한 논문이 여러 편 나왔다. 가장 주목할 만한 논문은 1980년에 출간된 옌스 예르겐센의 「한스 크리스티안 안데르센: 그 신화의 진실」이었다. 예르겐센은 안데르센이 당시 왕세자였던 크리스티안과 엘리세의 밀회를 통해 브로홀름성에서 태어났다고 주장한다.

안데르센의 유달리 높은 자부심을 달리 어떻게 설명할 수 있느냐고 예르겐센은 묻는다. 안데르센은 왜 자서전에 자신이 "태어났다"고 말하지 않고 "1805년 4월 2일에 한 아이가 울음을 터트리며 이 땅에 왔다"고 썼을까? 어째서 그의 어머니는 선생님들의 체벌을 막을 정도로 그를 과잉보호했고, 그가 공장에서 울면서 집으로 돌아왔을 때 일하지 않아도 된다고 허락해주었을까? 이는 당시 하층 계급의 여자로서는 보기 드문 관용이다. 게다가 왕가에서는 어린 나이 때부터 안데르센에게 '이례적인' 관심을 보였고, 어렸을 적에 프리츠와 놀았다는 일화는 출판될 의도가 없었던 안데르센의 첫 자서전에만 등장하고 이후 판형에서는 누락되었다. 그가 왕가의 일원이 아니고서야 뭐하러 연이어 재임한 왕들이 오덴세의 이 말 많은 부랑아에게 교육비를 대주고 초기 외국 여행 자금까지 후원해주었겠느냐고 음모론자들은 의

문을 제기한다. 또한 크리스티안 8세가 1년 앞서 하인에게 줘버린 딸아이를 비롯해 사생아들의 아버지였다는 사실은 잘 알려져 있다. 그 외에도 안데르센의 조부모가 비축해뒀다가 1813년 덴마크 경제가 붕괴되면서 쓸모없어진 큰 주화 저장고가 있었다. 왕이 사생아 아들의 양육비를 대라고 선물로 준 게 아니라면 그 많은 돈은 도대체 어디서 나온 것일까? 뿐만 아니라 아네 마리가 아이들을 맡아 기른 사실에 비춰봤을 때 안데르센이 좀 특별한 수양 자녀가 아니었을까?

비교적 최근의 전기작가인 앨리슨 프린스는 예르겐센의 이론을 다시 꺼내며 1842년에 왕이 안데르센에게 다이아몬드 서른 개가 박힌 루비 반지를 하사했다는 사실을 크게 강조했다. 프린스는 이렇게 쓴다. "그토록 중요한 선물을 아무 특별한 이유 없이 하사했다는 것은 이상한 일이다. 생일을 축하하는 것도 아니고 어떤 통과의례를 기념하는 것도 아닌데. 아니면 그러기라도 한 걸까?"

이 이론에 따르면 그 반지는 뇌물이거나 아니면 '가족이 된 걸 환영한다'는 선물이었다. 안데르센이 자기 부모에 대한 진실을 듣게 된 것도 이 시점이었다. 그 증거로, 프린스는 안데르센의 근래 작, 특히 「벌거벗은 임금님」과 「돼지치기 왕자」에 관해 "궁정에 대한 풍자적인 경멸이 나타나기 시작했다. (…) 안데르센은 급하게 입막음을 해야 하는 예측불허의 인물이었다"라고 서술한다. 안데르센이 당시 작업하고 있던 작품 「미운 오리 새끼」, 특히 그 유명한 대사 "백조 알에서 나왔다면 오리 농장에서 태어난

게 무슨 문제가 되겠어요"는 자신의 출생의 비밀에 대한 성문화된 공표라고 볼 수 있다.

이 이론의 반대자들은 모든 증거가 정황적이라고 지적한다. 게다가 만일 안데르센과 그 알코올 중독자 어머니가 그의 궁중 태생 사실을 조금이라도 눈치챘다면 절대 비밀에 부쳤을 리가 없다. 그녀라면 술김에 확 말해버렸을 것이고, 안데르센은 귀족이 되는 것이 가장 큰 꿈이었다. 어렸을 때 그는 이런 유의 환상을 품고 있었다. 자서전 『내 인생의 동화』에서 안데르센은 다음과 같이 썼다. "어머니로부터 내가 귀족의 아이처럼 길러졌다는 이야기를 끝없이 들었다." 그가 비밀에 부쳐진 왕가의 아이라면 이렇게 쓰기 어려웠을 텐데 어느 대목에서도 그런 의심은 느껴지지 않는다. (아니면 혹시 다른 루머, 즉 그의 아버지가 바로 프랑스인 대부 니콜라스 고마드라는 증거를 대고 있는 것일까? 니콜라스는 믹 재거의 오덴세 버전이라 할 수 있을 만큼 방탕아였다.)

한 가지만 빼면 이는 음모론을 완전히 뿌리 뽑기에 충분한 근거다. 사실 안데르센은 비밀을 지키는 데 선수였다. (그가 너무 철저히 부정해서 비밀이 될 수 없다고 말하는 사람도 있겠지만) 그의 양성애도 이를 보여주는 좋은 예다. 하지만 발설하고 싶은 심한 유혹을 뿌리치고 침묵을 지킨 또 다른 사례가 있다.

사건은 1845년 안데르센의 희곡들이 악랄한 루드비 헤이베르의 주도로 사실상 덴마크 연극계에서 내쫓겼을 때 일어났다. 안데르센은 헤이베르 파벌을 피하기 위해 필명으로 극장에 희극을 제출하는 교묘한 계획을 세웠다. 희극이었던 이 연극은 헤이베르의 눈에 들어 요하네가 주연을 맡았고 61차 공연까지 했는데, 그동안 안데르센은 절친한 친구 한스 크리스티안 외르스테드와 콜린 가족에게만 자신이 그 작가임을 밝혔다. 자신의 정체를 밝히는 것은 분명 그에게 달콤한 보상이 되었겠지만, 그는 끝까지 진실을 공개하지 않았다. 그 연극을 쓴 사람이 안데르센이라는 소문이 돌았을 때 사람들은 안데르센이 그런 비밀을 지킬 리만무하다는 이유로 소문을 무시했다.

그럴듯하지 않은가? 왕의 아들임을 아는 것과는 비교가 안되는 문제이긴 하지만, 그래도 안데르센의 불가해함을 말해주는 꽤 훌륭한 증거다. 안데르센이 임신된 시기에 크리스티안 8세는 덴마크에 있지도 않았고 안데르센이 태어난 날 귀부인 엘리세는 오덴세의 한 콘서트 무대에서 공연 중이었다는 사실을 몰랐더라면 나도 납득할 뻔했다.

어쨌거나 노력은 가상하다. 분명 안데르센 자신도 이런 음모론을 대단히 즐겼을 것이다.

* * *

아테네 박물관이 들어선 건물은 안데르센의 말처럼 특별할 것 없는 18세기 초의 2층짜리 주택이다. 1층 전시실에는 1970년대 말에 만들어진 1842년 아테네의 축적 모형이 소장되어 있다. 이 모형을 통해 나는 다른 무엇보다 울리히 박사와 프로케슈 폰 오스텐의 집 위치(둘 다 오래전에 없어졌지만 예전에는 오늘날 파니

피스티미우 거리에 있는 새 대학 건물들과 가깝게 서 있었다)와 부쿠루스 극장의 옛 위치(도심에서 서쪽으로 조금 벗어나 있다)를 알게 되었다. 하지만 그 기둥에 대한 증거는 찾을 수 없었다.

모형을 살펴보는 동안 나는 또 다른 방문객, 몸집이 곰처럼 큰 데메트리우스라는 남자와 이야기를 나누게 되었다. 그는 지난 2500년 동안의 아테네 지명 변천사를 연구하는 교수였다(덕분에 나의 비체계적이고 두서없는 말들을 더 넓은 관점에서 바라보게 되었다). 데메트리우스는 내가 만난 대부분의 그리스인처럼 친절했고 적극적으로 돕고자 했다. 내가 기둥 이야기를 해주자 그가 사무실에 가면 아테네를 다룬 자신의 여러 저서를 다시 살펴보겠다고 했다. 이튿날 그에게 전화를 걸자 그가 실망한 듯한 목소리로 기둥과 관련된 내용을 전혀 찾지 못했다고 인정했다. "그럼 끊어요, 친구. 도움이 필요하거든 어떤 거라도 좋으니 전화 줘요." 그가 슬프게 말했다.

2층은 대부분의 공간이 오톤 왕의 살림방으로 꾸며져 있다. 안데르센이 보자마자 집처럼 편안해했던 18세기 북유럽의 일부 모습이다. 벽에는 1841년에 이미 통치 반대에 부딪혔던 어두운 표정의 왕족 들러리들을 그린 여러 초상화가 걸려 있다. "그리스인들이 이 이방인들을 좋아하지 않는 것은 분명하다. 하지만 내가 머무는 동안에는 이런 반감의 신호가 한 번도 눈에 띄지 않았다." 안데르센은 이렇게 쓴다. 아마 좀더 머물렀더라면 어렵지 않게 그 신호를 목격했을 것이다. 1843년의 비폭력 반란 사태로 오톤 왕은 어쩔 수 없이 바이에른 동지들을 저버리고 새 헌법을 만들었지만, 1862년 폐위되었을 때 그에게 남은 선택지는 왕위에서 물러나 뮌헨으로 돌아가는 것뿐이었다. 아이러니하게도 대영제국은 그 자리에 당시 덴마크 왕의 아들이자 음모론자들에 따르면 안데르센의 방계 친척인 요르요스 1세를 앉혔다.

어느 모로 보나 바이에른 혈통처럼 보이는 오톤 왕의 그림 옆에는 빼놓을 수 없는 바이런(영화배우 루퍼트 에버렛과 닮았다)의 초상화가 있는데, 이는 그리스 독립의 명분을 열심히 홍보한 공을 인정한 데 따른 보상이다. 바이런이 1824년 그리스 메솔롱기에서 병사하면서 낭만파 영웅을 위한 청사진이 완성되었고, 섬세한 데다 예술가적 성향을 타고난 모든 젊은 남자처럼 안데르센도 그의 열성 팬이었다. 1825년 일기에 그는 얼토당토않게 자신을 내반족을 타고난 성적 모험가에 비유했다. "바이런의 전기를 읽어보라. 아! 그는 소문을 좋아하는 것까지 나와 꼭 닮았다. 내 영혼도 그처럼 야망이 넘치고 모두가 우러러볼 때만 만족한다. 아무리 하찮은 사람이라도 날 우러러보지 않으면 나는 비참함을 느낀다." 안데르센은 1838년 바이런의 미망인이 그의 어린 시절에 대한 글을 읽은 후 그에게 편지를 썼을 때 몹시 기뻐했다.

그날 밤 나는 호텔 방에서 나와 아테네의 밤 유흥을 살짝 맛보기로 했다. 안데르센은 아테네에 왔을 당시 아직 30대 중반이었지만 이른바 놀기 좋아하는 부류는 아니었다. "매일 저녁 5시 30분에 숙소로 돌아왔다." 그 몇 달 전 로마에서는 이렇게 썼다. "책을 읽다가 9시가 지났는지 확인하려고 계속 시계를 힐끔거리는 일이 지겹다. 9시가 되어야 잠자리에 들어 이튿날까지 꿈나라를 여행할 수 있으니까!" 가끔 프로케슈 폰 오스텐이나 로스와 저녁을 함께 할 때를 제외하면 아테네의 매일매일은 거의 똑같았다.

이처럼 안데르센은 내 비둘기족 이론에 완벽하게 부합하는 사람이다. 비둘기는 일종의 생존 기제로 다른 새들보다 훨씬 빨리 성숙기에 이르는데(이 때문에 새끼 비둘기를 볼 수 없는 것이다), 사람들 중에도 이런 부류가 있다. 이런 이유로 마거릿 대처, 앨프리드 히치콕, 알베르트 아인슈타인, 야세르 아라파트,* 영화배우 험프리 보가트, 바버라 부시 같은 인물들(내가 생각하는 전형적인 비둘기족)의 10대 시절을 상상하는 것은 불가능에 가깝다. 이들은 태어날 때부터 중년이었다.

나는 비교적 젊은 시절의 안데르센을 찍은 사진을 본 적이 있는데, 물론 풋내기에 흐느적거리고 허약하며 맵시 있는 모습이지만 많은 빅토리아인과 마찬가지로 20대 초반에서 50대 초반으로 바로 넘어간 듯 보인다. 수없이 많은 부분에서 아이 같은 면모가 남아 있었지만, (죽어가는 아기들에 대한 시를 쓴 일을 계산에 넣지 않는다면) 실험적인 10대의 사치는 없었다. 그는 생존과 계급 사다리 오르기에 온통 몰두해 있었다. 그래서 절대 머리를 늘어뜨리는 일도 없었고, 1833년 로마에서와 같이 비슷한 나이대의 남자들과 어울릴 때면 놀림의 대상이 되었던 듯하다.

● 팔레스타인해방기구 의장으로 노벨평화상을 수상했다.

아테네에서 어느 정도 왕따처럼 지낸 나는 친구들에게 놀림을 받을 행복한 처지도 아니었지만, 언제든 받을 수 있는 따가운 시선을 각오하고 가장 좋은 셔츠(생각해보니 '체크무늬 셔츠')를 입고 화려한 콜로나키 거리로 나갔다.

한 네 시간쯤 일찍 온 듯했다.

아테네에서는 토요일 밤을 즐기는 젊은이들만 자정 전에 밖으로 나온다는 사실이 곧 분명해졌다. 나는 굉장히 늙고 외로워 보였다. 이래서 안데르센이 밤 문화에는 관심이 없었던 것이구나 하고 생각하며 느릿한 걸음으로 시내를 되돌아 걸어왔다. 내 외로운 발걸음을 가로막는 것은 털방울이 달린 나막신을 신고 다리를 곧게 뻗으며 갑자기 튀어나온 군인 셋과 지저분한 행색의 나이 든 남자뿐이었다.

아테네 거리를 걸을 때 부스스한 중년의 남자가 내게 접근한 것은 이것으로 세 번째였다. 전에는 길 건너편에 신기한 무언가가 있는 척하며 자리를 피했지만 이번에는 끝까지 가보기로 마음먹었다. 이 남자들은 내게 뭔가를 팔려고 하는 것일까? 만약 그렇다면 무엇을? 약물? 여자? 털방울 달린 나막신? 접근 방식은 시작이 늘 똑같았다. "실례지만 시간 좀 알 수 있을까요?"

이번에는 대답을 해준 뒤, 짐짓 의미심장하게 꾸물거렸다. 대화는 이런 식이었다.

남자: 어디서 오셨죠?
나: 영국이요.

남자: 런던 말이군요.

나: 뭐, 그렇죠.

남자: 맨체스터에 가본 적 있어요.

나: (이 돌발 선언에 어떤 반응을 해야 할지 알지 못했는데, 약물을 이야기한 것인가?) 아…….

남자: 비가 많이 오더군요.

나: 맞아요, 여기랑은 다르죠. 하하!

남자: Chmmerummerghunnger.

나: 뭐라고요?

남자: Chummerungnergummer.

나: (당황한 표정으로 침묵)

남자: 난 화공기사예요.

나: 아! 전 저널리스트예요.

남자: (벌써 떠나려고 하며) 그리스어 못해요?

나: 네, 그런데…… 저기 잠깐만요, 어디 가시는 거예요? 원하는 게 뭐죠?

만일 그 남자가 동성애자였다면 내 결혼반지를 보고 흥미가 떨어진 것일까? 아니면 최악의 경우 가까이서 보니 내가 별로였던 것일까? 내가 저널리스트라는 말에 싫어진 것일까? 결국 나는 그가 내 주머니를 털려고 간을 보다가 가까이서 보고 생각을 고쳐먹은 것이라고 결론 내리기로 했다(대체로 범죄율이 낮은 아테네이니 그럴 일은 별로 없겠지만, 그래도 혹시 모르는 거니까).

호텔 방으로 돌아온 나는 TV 버전으로 만든 오디세우스 이야기의 마지막 부분을 시청했는데, 아테나 역의 이사벨라 로셀리니, 오디세우스 역의 아맨드 아상테, 그리고 페넬로페 역의 그레타 스카치(어머나! 나랑 개인적 친분이 있는 친구잖아) 등 할리우드 스타가 총출동했다. 드라마는 꽤 괜찮았을 뿐 아니라, 에게해 횡단 여행을 앞둔 나에게 더없이 좋은 준비가 되었다.

나는 아테네에 있는 동안 앞으로의 여정을 준비하면서 상당한 좌절에 부딪혔다. 안데르센은 배를 타고 시로스섬으로 간 뒤(이 섬에서 독일인 스파이 혐의로 붙잡혔다가 프로케슈 폰 오스텐의 소개장을 보란듯이 내밀어 금방 풀려났다) 거기서 터키의 스미르나(지금의 이즈미르)까지 갔지만, 이 항로는 이제 운영되지 않았다.

몰타에서도 비슷하게 낭패를 본 일이 있으니 되도록 비행은 선택하지 않는 게 맞았지만, 그때쯤 정상 운영되는 페리선 항로가 많지 않았고 운영된다고 해도 정기 운영이 아니었기 때문에 자칫 잘못하면 최대 일주일 동안 오도 가도 못하는 신세가 될 수 있었다. 그리스 공식 페리선 웹사이트에는 두어 시간이 소요되는 키오스행 고속정이 운영된다고 나와 있었는데, 거기서부터 터키까지는 한 시간 더 배를 타면 갈 수 있었다. 하지만 시내 중심가에 있는 매표소에 이를 문의하자 데스크 직원은 이 말만 되풀이했다. "제 컴퓨터에는 그렇게 안 나오는데요." 알고 보니 열두 시간이 걸리는 여정이었고, 터키에 닿기 전 키오스섬에서 이틀 밤을 보내야 했다.

엎친 데 덮친 격으로, 이즈미르부터 터키 해안을 따라 북상해 다르다넬스 해협을 건너 이스탄불까지 가는 페리 서비스는 없었다. 하지만 나는 이스탄불까지는 배를 타고 가기로 마음먹었고, 그러려면 버스를 타고 터키 서부를 가로질러 반디르마까지 간 뒤 거기서 고속 쌍동선을 타고 이스탄불에 가는 방법을 택해야 했다. 대중교통을 이용해 안데르센의 루트에 최대한 근접할 수 있는 경로였다. 배로 터키 해안을 따라 이동하는 것은 포기할 수밖에 없었지만, 어차피 안데르센도 밤중에 이 경로를 이용했으므로 그리 큰 손실은 아니라고 스스로 납득할 수 있었다.

나는 기분을 달랠 겸 아테네 시장을 찾았는데(기운을 북돋우는 데는 활기찬 시장만 한 게 없는 것 같다), 염장한 대구, 잘린 소머리, 커튼처럼 줄줄이 늘어놓은 정체불명의 동물 내장들이 한가득인 까닭에 숙취를 달고 올 것은 아니었다. 피 묻은 앞치마를 걸친 우람한 털복숭이 남자들이 서로에게 소리를 지르고 대걸레의 머리 부분 같은 문어들을 던지며 이상하게 기분 나쁜 돼지 족발을 머리 위로 쳐들었다. 나는 넋을 놓고 있다가 달팽이 몇 마리가 도망나오려고 하는 양동이에 걸려 넘어질 뻔했다. 허리를 굽히자 온몸을 비트는 복족류 덩어리들이 보였는데, 그중 몇 마리는 꼭대기를 향해 부지런히 양동이 옆면을 기어오르고 있었다. 달팽이들은 자유를 향한 분투 끝에 슈웅 소리와 함께 흡입력을 잃고 결국 땅바닥에 떨어지며 깨지는 소리를 냈다.

시장은 마지막으로 한 번 더 예수의 기둥 수수께끼를 풀러 가는 길에 들러 가는 곳이었다. 가이드북에 언급된 기둥의 성 요한이라는 성당에 힌트가 있을 것 같았다. 지도상으로 성당은 시장

반대편에 위치했지만, 그 작은 예배당의 지붕에는 돌출된 기둥이 없었다.

여기서부터 나는 아테네의 낙후된 뒷골목들을 쏘다녔는데, 인도인의 미니 마트, 타이완산 자명종 가게, 단정한 재킷에 모자를 쓰고 주사위 놀이를 하는 배가 불룩한 노인들이 점령한 카페들이 즐비했다. 나는 안데르센이 방문한 극장일지도 모른다는 헛된 기대를 안고 국립극장으로 발길을 돌렸지만, 딱 봐도 근래에 지어진 건물이었다.

결국 내 발길이 닿은 곳은 획일적인 20세기 사무 건물이 꽉 들어찬 테아트루라는 거리였다. 현재 인도인, 파키스탄인, 아랍인 공동체의 터전이 된 이곳에 만약 고대 기둥이 있었다면 1970년대의 건축학적 브루탈리즘brutalism●에서 살아남지 못했을 것이 분명했다. 게다가 이곳은 가이드북의 지도에 표시된 성당 기둥의 위치에서 한참 떨어진 곳이었으니, 뭔가가 맞지 않았다.

알고 보니 나는 몇 번이나 그 성당을 지나치고도 이를 알아차리지 못했다. 가이드북에 적힌 성 요한 성당의 주소는 잘못된 것이었다. 나는 전화번호부에서 올바른 주소를 찾아 곧장 그리로 갔다. 아니나 다를까, 거기에는 현지인들에게 아요스 이오아니스 콜로나티스로 알려진 작은 예배당이 중국인 세탁소 맞은편에 자리하고 있었다. 정확히는 브리즈블록 오두막집이었고, 아폴로 신전의 일부분으로 여겨지는 풍화된 코린트식 기둥이 유별나

● 거대한 콘크리트나 철제 블록 등 건축 재료를 노출시키는 방식의 건축 양식.

게 웅장한 굴뚝처럼 지붕에서 뻗어나와 있었다. 안데르센이 본 그 기둥이 분명했다. 당시에는 기둥이 홀로 서 있어서 극장 계단에서 보였을 것이다. 대문은 잠겨 있었지만, 놀라운 우연의 일치로 내가 안데르센 학자들이 경천동지할 만큼 중요한 영상을 찍고 있을 때 덴마크 관광객 한 무리가 여행가방을 질질 끌며 줄줄이 옆을 지나갔다.

나는 맨 뒤에서 따라가던 낙오자를 붙잡고 기둥 쪽을 가리켰다. "저기 좀 보세요!" 내가 다짜고짜 덴마크어로 말했다. "저게 한스 크리스티안 안데르센의 기둥이에요!"

"아하, 그렇군요." 가여운 여자는 이렇게 말하며, 빠른 속도로 모퉁이를 돌아 사라지는 친구들을 향해 구원의 눈길을 던졌다.

"안데르센이 1841년에 이 기둥에 대해 언급한 적이 있죠. 저건 예수가 채찍질당할 때 묶여 있던 기둥이에요."

"하지만 그 기둥은 팔레스타인에 있지 않나요?" 여자는 의아스러운 듯이 물었다.

"그렇긴 한데 매일 밤 조금씩 쓸려와 보다시피…… 지금은……" 하지만 여자는 생명의 위협을 느낀 채 예의 바르게 미소를 지으며 서둘러 떠난 뒤였다.

이 엄청난 발견(아직까지도 나는 덴마크와 그리스 정부가 내게 주어 마땅한 갖가지 훈장을 기다리고 있다)으로 아테네 일정을 마무리하면 더없이 좋을 듯했다. 그날 오후 늦게 나는 덜컹거리는 현지 기차에 몸을 싣고 아테네의 먼지 덮인 교외를 지나 피레에프스 항구까지 간 뒤 거기서 키오스행 기선을 탈 예정이었다.

기차 안에서 나는 『시인의 바자르』 그리스 편의 마지막 부분을 다시 읽었다. 이 부분은 내가 앞서 언급한 단편 동화 「우정의 결의」(「우정의 약속」이라는 제목으로도 나옴)와 같은 형식으로 쓰여 있다. 이 동화는 그리스 소년과 입양된 누이, 그리고 물에 빠진 누이를 구해주는 또 다른 소년이 이끌어가는 낭만적인 이야기로, 튀르크 점령기가 배경이다. 한 가지 사건을 빼면 특별할 것 없는 이야기인데, 바로 두 소년이 성당에서 하느님이 보는 앞에 영원한 우정을 맹세한 일이다. 분명 내 눈에는 문학사상 최초의 동성애 결혼식처럼 보였다. 한번 감상해보자. (화자는 그 오빠다.)

나는 제일 좋은 옷을 골라 입었다. 풍성한 주름이 엉덩이까지 내려오는 가운 형태의 흰색 튜닉[플리츠스커트]과 몸에 꽉 끼는 붉은 재킷을 입고 은장식 술이 달린 페즈 모자를 썼으며 허리에는 칼과 권총을 찼다. 아프타니데스[상대 소년]는 그리스 선원들이 입는 파란 옷을 입고 있었다. 그의 가슴에는 성모 마리아가 새겨진 은빛 메달이 걸려 있었고 장식 띠는 부유한 귀족만 걸칠 수 있는 값진 것이었다. 누가 봐도 엄숙한 의식을 치르러 가는 모습이었다. (…) 우리는 제단 앞 계단 위에 무릎을 꿇었고, 아나스타샤[입양된 소녀]가 다가와 우리 앞에 섰다.

우리 세 사람은 조용히 기도를 드렸다. 그녀가 우리 두 사람에게 물었다. "그대들은 살아서나 죽어서나 친구가 될 건가요?"

우리가 대답했다. "네."

이것이 동성결혼식이 아니라는 사실은 알고 있다. 실제로 안데르센이 여기서 묘사하는 장면은 작가 자신이 리보르 보이그트와 크리스티안 보이그트 남매, 그리고 루이세 콜린과 에드바르 콜린 남매와 형성하고자 했던 일종의 가족 삼각관계라는 소원의 성취였다. 정말이지 괴상야릇한 장면이다.

피레에프스는 당시 안데르센이 집 100채를 셀 정도로 작은 도시였지만, 1893년에 코린트 운하가 마침내 완공된 이후로(기원후 62년에 시작된 공사였으니 그리스 건축업자들이 생각해도 꽤 많이 늦은 셈이다) 세계에서 가장 붐비는 항구 중 하나가 되었다. 지금도 피레에프스는 그리스 섬들로 운행되는 페리선의 중심지다. 나는 배낭을 지고 항구 주변을 돌다가 반짝이는 거대한 새 쌍동선과 호화 페리를 지나 마침내 내가 탈 페리를 발견했다. 영국 만화가 노먼 텔웰이 그린 조랑말처럼 중간이 함몰된 녹슬어가는 선체였다.

나는 나 혼자만 쓰는 객실 비용을 지불했기 때문에 티켓에 '침대 번호'가 적혀 있는 것을 보고 이상하다고 생각했다. 객실에 침대가 두 개 이상이라고 해도 내가 이 침대에서 자든 저 침대에서 자든 무슨 상관이란 말인가? 아마도 승무원 전용 객실이겠지, 하고 속으로 생각했다. 나는 사무장한테 열쇠를 받으러 갔을 때에야 비로소 내가 처한 곤경이 얼마나 심각한 것인지 분명히 깨달았다. 티켓에 할당된 침대 번호는 내가 생판 모르는 사람과 객실을 나눠 써야 한다는 의미였다.

안데르센도 여행 내내 낯선 사람들과 방을 나눠 썼고 심지어
는 침대도 같이 썼다(그 골 때리는 영국인을 기억하는가?) 하지만
나는 다 큰 남자 둘이 식품 저장고만 한 방에서 같이 잠을 잘
수 있다고 생각하는 것 자체가 이해되지 않았다. 우연히 팔이라
도 뻗으면 맞은편 사람의 사타구니가 닿을 정도의 거리에서 옷
을 벗고 침대에 누워 눈을 감은 뒤 꿈나라에 들기를 바란다는
게 말이 되는가? 내 머릿속 엔진이 열띠게 돌아가며 앞으로 벌
어질 여러 시나리오를 계산했는데, 그 어느 것도 달갑지 않았다.

나는 객실로 향했다. 아무도 없는 것을 확인한 후 침대에 누
웠지만, 객실 문을 노크하고 달아나는 재미에 푹 빠진 열다섯짜
리 승객들 때문에 마음의 불안이 잦아들 틈이 없었다. 5분여 간
격으로 그리스어 안내 방송이 스피커 장치에서 흘러나와 내 마
음을 더 어지럽혔다. 만약 이게 중요한 안전 관련 방송이면 어쩐
단 말인가? 딩동! "승객 여러분께서는 절대 1분 안에 두 번 화장
실 물을 내리지 마시길 바랍니다. 그럼 배가 가라앉습니다."

드디어 배가 피레에프스를 출발했다. 운 좋게 결국 객실을 혼
자 쓰게 되는구나 생각하는데, 문이 덜컹거렸다. 이번에는 웃음
을 참는 소리 뒤에 나이키 운동화의 후두두 소리가 이어지지 않
았다. 밤을 같이 보낼 짝꿍이 도착했다는 신호였다. 키가 163센
티미터밖에 되지 않는 카를로스라는 남자는 걸어다니는 암내
그 자체였다.

이름은 스페인식이지만 카를로스는 그리스인이었다. 그는 영
어를 전혀 못했고 나도 그리스어가 서툴렀기 때문에 나는 마임

의 마술을 통해 그가 키오스섬으로 냉장고 몇 대를 나르는 중인 대형 트럭 기사(그게 아니면 적성을 잘못 찾은 나이트클럽 댄서)라는 사실을 추론해냈다. 이제 내가 어쩌다 이 객실을 그와 나눠 쓰게 됐는지 설명할 차례가 왔지만 내 팬터마임 실력은 시원치 않았다. 그래서 나는 주의를 돌릴 요량으로 그에게 미네랄워터를 내밀었고, 우리는 앉아서 물을 마시며 각자의 신발만 뚫어지게 쳐다보았다.

카를로스의 머릿속에는 어떤 생각이 지나가고 있었는지 모르지만('맙소사, 이 남자한테 암내가 나잖아!') 나는 잠자리를 준비해야 하는 그 고약하고 필연적인 순간을 미루고 있었다. 배는 그날 새벽 3시 30분에야 키오스섬에 도착할 것이고, 나는 성당 기둥을 찾아다닌 후유증 등으로 몹시 피곤했다. 결국 나는 여봐란듯이 하품을 하고 일어나 화장실로 갔다. 갑자기 카를로스도 벌떡 일어났다.

올 것이 왔군, 나는 생각했다.

카를로스는 키가 작지만 체격이 건장했기 때문에 나를 덮치려고 마음먹는다면 내게는 별로 승산이 없을 듯했다. 함부르크에서 본 쇼윈도들의 영상이 머릿속을 빠르게 스쳐갔고, 나는 맞설 각오를 했다. 아마 세면도구 가방으로 내리치거나 볼펜으로 눈을 찌르면 문을 열고 재빨리 도망칠 소중한 시간을 벌 수 있을 것이다. 엔진 소음 때문에 아무도 내 비명소리를 듣지 못할 테니 이 방법이 최선이었다.

하지만 카를로스는 내게 치약을 주려는 것이었다.

새벽 3시 30분, 키오스섬 항구는 사랑하는 연인과 친구들을 만나려는 사람들로 북적였다. 나는 게슴츠레한 눈으로 해안 지구에 있는 호텔로 가서 카를로스의 코 고는 소리를 들을 필요 없이 숙면을 취했다.

이튿날 나는 차를 빌려 드라이브를 했다. 이곳에는 안데르센과 관련된 것이 아무것도 없었기 때문에 시간을 쓸 일이 없었다. (안데르센은 키오스섬에 온 적이 없었다. 당시 이 섬은 튀르크족이 2만 7000명의 주민을 학살한 악명 높은 일로 여전히 몸살을 앓고 있었다.) 드라이브를 해보니 키오스섬은 내가 이 여정에서 경험한 그 어느 곳보다 19세기 지중해인들의 삶을 사실적으로 보여주는 곳이었다. 호두처럼 희한하게 생긴 남자가 타고 있는 당나귀 외에는 교통량도 별로 없었고, 시골길은 대체로 미개발 상태였으며, 섬은 분홍색 꽃을 틔운 아몬드나무와 고대 올리브나무, 장관을 이루는 구릉성 해안으로 아름답게 장식되어 있었다. 게다가 낡아빠진 대우 마티즈는 성능과 편의성 면에서 19세기 중반의 마차를 타는 것과 흡사했다.

이튿날 아침, 기상이 갑자기 악화되면서 바다에 풍랑이 몰아쳤다. 안데르센도 이 구간에서 거친 항해를 했다는 사실은 나 같은 강박적인 뚜벅이에게도 별로 위안이 되지 못했다. "여자들이 소리를 지르고 배가 삐걱거렸다. 나는 덴마크 친구들과 두 번 다시 만나지 못할 이들을 생각했다." 안데르센은 이렇게 쓴다. "그리스 여인들이 서로를 부둥켜안고 울부짖었다. 갑판에서는 아이들이 반쯤 죽은 듯이 누워 있었고, 뱃전을 강하게 내리치는 파도에 모두가 흠뻑 젖었다."

나는 아침 식사 때 이 부분을 읽으면서 키오스섬 항구에서 메트로놈처럼 째깍거리는 요트 돛대들을 내다보았다. 돛대들 너머로는 내가 체쉬메라는 터키 도시까지 타고 갈 녹슨 비스킷 깡통 배가 보였는데, 항공모함 엔터프라이즈처럼 막판 응급 수리를 하고 있는 듯 보였다.

나는 눈물겨운 내 운명을 마주하기 위해 항구로 나갔다. 안 그래도 사형장에 끌려가는 죄수가 된 기분이었는데 음울한 떠돌이 개까지 내 뒤를 졸졸 따라왔다. 성종이 울렸다. 경쾌하기보다는 암울한 소리였다. 나는 입안 전체가 얼얼해질 때까지 강력한 멀미 방지 껌을 씹었다. 적어도 구토 맛은 못 느끼겠지, 하고 생각했다.

그런데 그렇지 않았다. 터키행 배가 마구 흔들리며 요동치는 바람에 눈을 수평선에 고정한 채 아무리 이를 바득바득 갈아도 구역질은 진정되지 않았다. 마지막 결정타는 손톱에 때가 낀 손으로 고름이 가득 찬 것처럼 보이는 수블라키[•]를 먹고 있는 한 남자가 내 옆 화장실에서 몸에 밴 악취를 확 풍기며 나왔을 때 왔다. 나는 화장실 문이 닫히기 전에 문고리를 잡았지만, 진한 녹청이 생긴 변기통에 제때 닿지 못해 지난밤에 먹은 케밥을 코르덴 바지 곳곳에 달린 주머니들에 쏟아내고 말았다.

• 그리스식 꼬치 요리.

8장

콘스탄티노플

Konstantinopolis

고대 그리스의 반향이 안데르센의 지력을 매료시켰다면 아시아는 그의 환상을 자극했다. "나는 이집트의 모세에게도 허락되었던 세계의 일부, 그리스도가 태어나 가르침을 받고 고통을 당하신 세계의 그 일부를 보았다." 그는 『시인의 바자르』에서 다음과 같이 쓴다. "나는 호메로스의 노래가 세계로 퍼져나간 해안가를 보았다. 모험의 고장이라 할 수 있는 동양이 여기 내 눈앞에 있고, 이제 그 땅에 발을 디딜 참이었다."

스미르나(오늘날의 이즈미르)에 내리자 낯선 대륙이 안데르센의 감각을 급습한다. 생애 처음으로 뾰족탑을 보았고, 여인들은 얼굴에 "코끝과 검은 눈만 보이도록 무슬림 베일을 쓰고 있었다. (…) 막대기 하나로 타조 두 마리를 앞으로 몰아 가는 반나체의 검은 소년을 만났다. 타조는 장대 두 개 위에 올라탄 낡은 여행 가방에 지저분한 백조의 목이 매여 있는 것 같았다. 못생긴 동물이었지만 그 분위기에는 잘 어울렸다. 몇몇 가게에서 사향과 몰약 향기가 흘러나왔고, 과일이 잔뜩 진열된 가게들도 있었다. (…) 세 나라의 전통복들이 어우러져 무척 다채로운 볼거리를 선보였다. 아라비아어, 튀르크어, 그리스어, 이탈리아어 등 모든 언어가 서로 부딪치며 요란한 소리를 냈다."

전염병의 위험이 있었지만 안데르센은 이 기이한 도시, 자신이 사랑하는 호메로스의 탄생지 속으로 빨려들어갔다. 시인의 무덤에서 장미 한 송이를 꺾어 『일리아드』에 끼워둔다. 걷는 동안 덴마크 영사 헤르 용도 만난다. "덴마크인이라고 내 소개를 했고 우리는 어느새 팔짱을 끼고 긴 거리를 걸어다니고 있었다." 영사는 안데르센보다 앞서 콘스탄티노플에 가는 길이므로 안데르센이 도착하면 바로 그곳 인사들과 만날 수 있도록 준비를 해놓겠노라고 약속했다.

나도 안데르센처럼 이즈미르에서 특별한 것을 보고 싶었다. 원래는 방문할 생각도 못 하고 있었지만 나란 사람은 어쩔 수 없는 볼일이 없는 한 찾아가는 이가 없는 크고 볼품없는 도시에 끌리는 별난 데가 있다(이런 연유로 자카르타, 울란바토르, 셰필드에도 다녀온 바 있다). 나는 도시의 명소를 빠르게 훑어볼 요량으로 여행사 직원과 약속을 잡았다. 시내 관광이 끝나면 연계 버스를 타고 반디르마 항구까지 간 뒤 거기서 고속 쌍동선을 타고 이스탄불에 갈 생각이었다.

가이드 무스타파는 제일 먼저 도시를 내려다보고 있는 3000년 된 요새로 나를 안내했다. "알렉산더 대왕이 지은 거죠." 그가 말했다. 그러더니 우리 발아래 옹기종기 모여 있는 붉은 지붕들을 가리켰는데, 오늘날 이즈미르의 가차없는 콘크리트 숲 사이에서 도드라져 보였다. "로마 시대의 아고라예요."

무스타파는 소위 수다꾼은 아니었다.

이번 여행에서 유일하게 무료 가이드 투어를 제공해준 도시에 대해 이런 말을 하게 되어 가슴 아프지만(투어는 정말 끝까지 했다), 이즈미르는 상상 이상으로 매력이 없었다. 이곳은 안데르센이 방문한 이후 몇십 년 동안 그리스인들이 콘스탄티노플을 되찾는(그리스인들이 그렇게 생각했다) 과정에서 대부분 파괴되었다. 지극히 아름다운 초승달 모양의 만 옆에 자리해 리우데자네이루와 같은 경관을 뽐내지만, 택시를 빼면 30년을 훌쩍 넘은 것이라곤 찾아보기가 힘든 듯하다.

무스타파조차 지루한 듯 보였다. 그는 대신 근처의 나무로 내 관심을 돌리며 나무에서 작은 녹색 열매를 따더니 맛을 보라며 건넸다. 빈랑나무 열매가 아니었을까 추측되지만, 익은 것 같지는 않았다. 나는 잠시 열매를 오도독 씹어봤지만, 결국 무스타파가 보지 않을 때 뱉어내야 했다. 유감스럽게도 그는 나를 보고 있었다. 무척 난처했다.

호메로스의 무덤 위치에 대해서는 현재 알려진 바가 전혀 없다. 사실 고대의 이 훌륭한 이야기꾼이 이즈미르에서 태어났다는 표시는 어느 원형 교차로에 세워진 기념비뿐이다. 무스타파는 그곳을 찾지 못했다. 하지만 놀랄 일도 아니다. 안데르센의 일기에 호메로스의 무덤에 찾아갔다는 내용이 언급된 것은 훨씬 나중에 빈을 방문했을 때다. 그때 그는 다음과 같이 적는다. "호메로스는 스미르나에 묻혀 있고 키오스섬에서 살았다." 다 지어낸 이야기였다.

대단한 것은 아니지만 이즈미르의 매력은 시민들이 돈을 버는 엉뚱한 방식에서 주로 찾을 수 있다. 항구 앞에서 한 남자는 욕실용 저울 세트를 갖다놓고는 푼돈을 받고 행인들의 몸무게를 재준다(아마도 옷을 입고 재는 것 같았다). 또 어떤 진취적인 청년은 힘들게 바다로 들어가 몇 미터 밖 거리에 풍선 다섯 개를 묶어놓고 사람들이 공기총으로 풍선을 맞히게 했다. 어떤 구두닦이 남자는 영어로 장황하게 서두를 꺼내며 양쪽 모두가 불행해지는 거래로 날 꾀려고 했다. 처음에는 내 고향과 가족, 좋아하는 축구팀에 대해 묻더니 결국에는 내 지저분한 신발로 화제를 돌렸다. "엄청 더럽네요." 그의 말이었다.

하지만 뜻밖의 기쁜 일도 있었다. 택시를 타고 운전사에게 지폐 다발을 내밀었더니 운전사가 절반을 돌려주며 "너무 많아요"라고 말했다. 안데르센도 콘스탄티노플의 수상택시 안에서 비슷한 경험을 하고 다음과 같이 결론 내렸다. "튀르크인들은 내가 만나본 사람들 중에서 가장 착하고 공정한 거래를 한다."

그건 안데르센이 지폐를 뭉치째 들고 다닐 필요가 없었기 때문일 수도 있다. 터키는 화폐 가치가 매우 낮다. 수중 풍선 터트리기를 한 번 하려면 일반적으로 집을 구입하려고 비축해두는 화폐 액수만큼의 돈을 지불해야 한다. 노점상에서 지저분한 도넛 하나를 사먹는 데는 100만 터키 리라가 든다. 나는 이 현상이 사회 전반에 어떤 영향을 미치는지 무척 궁금했다. 예를 들어 「퀴즈쇼 밀리어네어」의 터키 버전은 서스펜스가 없을 것 같고, 액면가가 낮은 동전들은 동전의 재료인 금속보다 가치가 더 낮지 않을까 싶다. 일주일 뒤에 이 나라를 떠나면서 남은 리라를 처분할 때는 마치 「백만장자 브루스터」의 한 장면 같았다.

안데르센은 스미르나에서 또다시 이색적인 승객들과 함께 프랑스 증기선 람세스 호를 타고 에게해를 지나 마르마르 해협을 통과했다. 승객들은 배에 탑승할 때 한 사람씩 총포를 발사한 뒤 무기를 갑판 중간에 쌓아두어야 했다. 무기를 하나도 소지하지 않았던 안데르센은 지나가는 경치를 가장 잘 볼 수 있는 뱃전에 자리를 잡는다. 그를 매료시킨 베일 쓴 튀르크 여인들이 가장 잘 보이는 곳이기도 했다. "여인들이 입가에서 베일을 거두고 식사를 하고 있었다. 그들도 나를 눈여겨봤다. 그중 제일 어리고 예쁜 여인은 쾌활한 사람 같았다. 그녀는 분명 내 이야기를 하고 있었다." 한 튀르크 청년이 베일을 쓰지 않은 여인들을 뚫어지게 쳐다보면 안 된다며 장난스럽게 안데르센을 꾸짖고 저 여인들의 남편이 불쾌감을 느끼려 한다고 손짓으로 일러주었다. 안데르센은 그 남자에게 잘 보이기 위해 그의 어린 딸들을 이용하기로 한다. 나라면 문제를 더 키울지도 모른다고 생각해 쓰지 않았을 방법이지만, 그는 이렇게 적는다. "부모와 사이가 좋았던 사람은 자녀들하고도 좋은 친구가 된다."

안데르센은 남자의 막내딸을 목표로 삼고 과일을 주며 구슬리려 하지만, 장녀가 '더 온순한' 것을 알고 그녀와 곧 '친한 친구 사이'가 된다. 그는 다음과 같이 쓴다. "나는 아이를 내 무릎에 앉혔다. 아이가 작은 손으로 내 뺨을 감싸쥐며 무척 다정하고 은밀한 눈빛으로 내 눈을 올려다보는 바람에 말을 걸지 않을 수 없었다. 내가 덴마크어를 하자, 아이가 그 작은 가슴이 튀어오를 때까지 웃었다." 안데르센의 기술이 효과를 발휘한다. 아이의 아버지가 아이에게 커피를 내오도록 시키고, 두 사람은 함께 양탄자 위에서 커피를 홀짝이며 그리스 해안의 '검고 황폐한' 갈리폴리를 지나쳐간다.

여자아이에게는 귀 뒤에 새가 앉아 있는 말 모양의 찰흙 주전자가 있다. "내가 튀르크어를 했다면 당장 그 주전자를 주인공으로 한 이야기를 지어주었을 텐데." 안데르센은 이렇게 쓴다. 무생물체를 보고 의미 있고 재미있는 이야기를 생각해내는 능력은 안데르센이 지닌 훌륭한 재능 가운데 하나였다. "종종 내게는 모든 판자 울타리, 모든 작은 꽃이 말을 걸어오는 것 같다. '잠깐 여기를 보세요. 그럼 내 이야기가 곧장 당신에게 전해질 거예요.' 그러고 나면 언제든지 내킬 때 그 이야기를 꺼낼 수 있다." 안데르센 사후에 한 지인은 그와 산책을 나간 일을 다음과 같이 회상했다. "처음 15분 동안은 별말 없이 비틀걸음을 걸으며 지팡이로 여기저기를 찌르거나, 도중에 희한한 것이 눈에 들어오면 여지없이 지팡이로 건드린다. 오래된 유리 조각, 시든 꽃, 반쯤 먹힌 곤충 등 자신의 관심을 끄는 것이 있으면 그 자리에 멈춰 서서 그 대상을 주워올리고는 다정하게 어루만지며 사랑스럽게 관찰한 뒤, 다소 낮고 반쯤 애석해하는 목소리로 그 대상의 일생과 기쁨과 슬픔, 그리고 이 장소까지 오게 된 슬픈 운명에 대해 이야기를 늘어놓곤 한다."

실제로 『시인의 바자르』의 몇몇 단락에서 그는 여자아이의 찰흙 주전자를 보고는 찰흙 말이 큰 말로 변신해 두 사람을 태우고 비행을 떠나는 이야기를 지어냈다. "우리가 은매화들에 둘러싸여 흙을 만지자 그녀는 다 큰 숙녀로 변신한다. 어린 시절만큼이나 어여쁘고, 그 검은 눈동자에 빛줄기를 쏟아내는 태양만큼이나 빛나는 모습이다." 여자아이의 아버지가 이 이상하게 생긴 외국인이 이런 생각을 하고 있다는 걸 알았더라면 커피를 대접하는 너그러움을 보이진 않았을 것이다.

그들이 탄 배는 4월 25일 새벽 5시에 콘스탄티노플에 도착했다. 안데르센은 보스포루스 해협과 골든혼을 등지고 장관을 펼쳐내는 도시의 풍경과, 뾰족탑과 궁전, 탑이 만들어내는 동화 같은 스카이라인에 그대로 얼어붙는다. "콘스탄티노플은 어두컴컴했다. 하지만 무척이나 크고 환상적이었다. 파리에 베네치아의 환상이 더해진 곳이었다." 그는 일기에 이렇게 썼다.

1935년 터키의 초대 대통령 케말 아타튀르크에 의해 이스탄불로 개명된 콘스탄티노플은 지금처럼 그 당시에도 두 대륙에 걸쳐 있는 세계 유일의 도시였다. 소위 탄지마트 또는 '개혁' 시대라고 일컫는 새로운 자유 존중의 물결로 종교 예배의 자유가 허용되면서 콘스탄티노플은 세계 최초로 진정한 세속주의 다문화 도시가 되었다. 당시 술탄이었던 압둘메지드는 외국인 방문객을 환영했고, 그 첫 근대 관광객 인파에는 안데르센도 섞여 있었다.

이스탄불까지 타고 갈 배를 기다리는 동안 반디르마 항구를 헤매던 나는 참으로 매력적인 건축학도 무리에 끼게 되었는데 모두 영어를 했다. 그녀들은 이스탄불행 쌍동선에서도 나를 끼워주었다. 이스탄불에서 열리는 철골 구조 기법 관련 세미나에 참석할 예정이라고 했다. 우리가 캠든 세인즈버리* 칭송이라는 뜻밖의 주제로 친목을 다지는 동안, 배는 세계에서 가장 이국적인 도시를 향해 어둠 속을 빠르게 통과하고 있었다.

내가 묵은 페라팰리스는 이 일대에서 전설적인 호텔로, 헤밍웨이와 (내 옆방에서 『오리엔트 특급 살인』을 쓴) 애거서 크리스티, 영화배우 그레타 가르보, 그리고 스파이 마타 하리(모두가 마타 하리의 스파이 신분을 알았다면 그녀가 어떻게 첩보활동을 할 수 있었을지 의심이 드는 지점이다) 등이 손님으로 묵고 간 적이 있다. 오리엔트익스프레스 사에서 승객들을 위해 지은 호텔이었는데 오늘날에는 그 자체로 빛바랜 장엄함이 무엇인지 보여주는 곳이다. 특히 바는 시대적 분위기가 흘러넘친다. 이 호텔은 무기상들이 혁명 자금을 구하는 무일푼의 동유럽 왕족들과 어울려 지내던 곳이자, 캐비어 밀수업자들이 러시아 마피아 단원들과 핑크 다이아몬드나 볼가강 처녀들을 교환하던 장소이며, 부스스한 배낭여행객들이 그레이엄 그린**의 말도 안 되는 환상을 몸소 실천하던 곳이다.

밤 11시 무렵에 체크인을 한 나는 거리로 나가 급하게 허기를 채울 곳을 찾았다. 허기를 채우는 게 너무 급해서 평상시에 세워둔 레스토랑 판별 기준도 후다닥 내려놓았다. 그래서 호텔 맞은편의 가파른 골목을 걸어 올라가 첫 번째로 나오는 레스토랑

---

* 영국 대형 슈퍼마켓 체인.
** 현대 영국의 소설가(1904~1991). 단편 「이모와 함께한 여행Travels with My Aunt」에서 주인공 헨리 풀링과 그의 이모가 페라팰리스에 머물렀다.

에 들어갔는데, 포터캐빈*처럼 벽에 플라스틱을 댄 괴상하고 흉물스러운 단칸 음식점이었다. 「퀴즈쇼 밀리어네어」가 한쪽 구석에 있는 흐릿한 벽걸이형 TV 화면에서 나오고 있었고, 그 주위로 대부분의 직원이 모여 있었다. 한 서빙 직원이 내 뒤를 따라 식당에 들어오더니 다른 직원들에게 야식을 나눠주었다. 근처의 테이크아웃 전문점에서 산 것이었는데, 나에게는 낭패가 아닐 수 없었다.

메뉴판도 없는 데다 내 터키어도 형편없었기 때문에 그냥 주는 대로 먹어야 할 것 같았다. 결국 나온 요리는 빵가루를 입혀 튀긴 생선 한 대접이었는데, 실제로는 미끼에 가까워 보였다. 생선은 한입에 넣어 먹을 만큼 작지도 않고, 그렇다고 수고스럽게 뼈를 발라낼 만큼 크지도 않았다. 내가 빵을 주문하자 주인이 웃었다.

식당이 만석이었다면 그 시점에 돈을 내고 나왔겠지만, 나는 그 식당의 유일한 손님으로 주인과 직원들이 다 볼 수 있는 위치에 앉아 있었다. 그들은 모두 나를 골똘히 지켜보고 있었다.

「퀴즈쇼 밀리어네어」의 긴장감이 최고조에 이르자 나는 분위기를 띄울 요량으로 아무 답이나 외치기 시작했다. 우연의 일치로 나는 질문이 뭔지도 모르는 상태에서 처음 네 개 문항의 정답을 맞혔고 직원들이 놀란 듯 나를 의심의 눈초리로 보기 시작했다. 후다닥 계산해보니 자그마치 2파운드 80센트나 되는 상금

---

* 임시 사무실 등으로 쓸 수 있도록 차량에 달아 이동이 가능한 작은 건물.

을 너끈히 차지할 수 있는 실력이었다.

나는 생선 요리를 4분의 1쯤 먹다가 그만두었다. 뼈가 앙상한 바늘꽂이를 삼킬 생각은 없었으니까. 실제로 그런 일이 생긴다면 어떻게 할지 잘 모르겠지만 그럴 가능성은 희박하므로, 그냥 종업원 중에 하임리히 요법을 할 수 있을 것 같은 사람이 없었다고만 말해두고 이만 넘어가자. 내가 영수증을 달라고 하자 주인이 웃었다. 두번 다시 오고 싶지 않은 식당 중 하나였다. (1977년경 헤이워즈 히스 윔피에서 불량한 맛의 파르페를 먹고 코에서 토가 나왔을 때도 이런 기분이었다.)

콘크리트 황무지 같은 현대의 이즈미르를 떠나 이스탄불처럼 유구한 역사가 켜켜이 쌓인 도시에 다시 오게 된 것이 흡족했다. 이튿날, 페라와 갈라타(오늘날의 베요글루)의 가파른 골목을 돌아다니는 동안 안데르센이 묘사한 19세기 콘스탄티노플의 모습이 지금도 많이 눈에 띄었다. 안데르센이 그림으로 남긴 터키의 전통 묘비 외에도 고대 교회와 이탈리아식 발코니가 있었는데, 그는 이 중 다수가 벼랑 끝에 내몰려 있다고 묘사했다.

페라와 갈라타는 이탈리아인과 유대인이 모여 사는 지구였다. 19세기 초부터 외국인 방문객들은 이곳에 머무는 것이 전통이었기 때문에 많은 유럽 대사관과 영사관이 그 시절을 상기시켜주는 유물로 여전히 남아 있다. 이 지역의 주요 랜드마크는 여전히 널찍하고 둥근 14세기 망루인 갈라타 탑으로, 약간 두루마리 휴지의 판지 속심에 원추형 지붕이 달린 듯한 모습이다. 지금은 승강기가 꼭대기층까지 데려다준다. 내가 갔을 때는 텅 비어 있었지만, 꼭대기층은 딱 봐도 더블버튼 양복에 금 장신구를 한 중년 남자들이 첫 아내의 나이쯤 될 법한 여성들과 어색하게 춤을 추는 나이트클럽이었다.

아타튀르크 대교 쪽으로 가파른 갈라타 언덕을 느릿느릿 걸어 내려가다가 나는 크림이 가득 든 공들인 디저트를 손수레에 싣고 밀고 가는 한 노점 상인을 지나쳤고, 또 다른 남자는 쇠줄에 매단 쟁반에 터키 차 텀블러들을 나르고 있었다. 대교 바로 앞에는 바나나, 고무밴드, TV 리모컨, 산처럼 쌓은 피스타치오(도시 전체가 피스타치오 껍질로 카펫을 이루고 있었다) 등을 진열해놓은 가판대들이 늘어서 있었다. 나는 이스탄불 어디서나 볼 수 있는, 옆면이 유리로 된 카트에서 페이스트리를 하나 샀다. 밀가루와 계란, 물을 섞어 만든 빵이 아니라, 건설 현장에서 떨어져나온 먹을 수 없는 이물질인 줄 알았다. 가급적 우주 탐사 프로그램 때 활용할 수 있도록 봉투에 샘플을 넣어 미 항공우주국NASA에 부쳤다.

끝없는 행상 행렬은 대교 위에서도 이어졌다. 아타튀르크 대교는 전통적으로 어부들이 골든혼에 낚싯줄을 커튼처럼 늘어놓는 곳으로, 이는 적의 선단이 들어오지 못하도록 보스포루스해협의 이편에서 저편까지 펼쳐놓던 쇠사슬의 현대 버전이라 할 수 있다. 아마 이 다리 밑을 살아서 통과하는 물고기는 한 마리도 없을 것이다.

어부들은 담배, 휴대전화 케이스, 오피스 2000 해적판을 파는 노점상들과 인도변을 두고 자리싸움을 벌이고 있었다. 한 상인은 주방 카트에 복사기를 밀어넣고 하단 선반에 배치한 발전기로 복사기를 돌리는 획기적인 발상을 선보였다. 케밥 그릴, 군밤 및 솜사탕 기계들이 매캐한 디젤 연기를 내뿜으며 후각 신경을 자극했다.

아래쪽 항구 주변에서는 작은 배들이 모닥불을 피우고 그 위에 생선 튀김 냄비를 위태롭게 고정시켜놓는 등 화재 안전 규칙이란 규칙은 모조리 위반하고 있었다. 게다가 유럽에서 아시아까지 직항하는 구식 페리들이 항구에 들어올 때마다 그 배들도 따라 흔들렸다. 이 모습을 지켜보고 있는데, 페리를 기다리는 관광객들에게 선체 부착 폭탄처럼 착 들러붙는 탐욕스런 그림엽서 판매상들이 말을 걸어왔다. "저기요. 전 그림엽서를 살 생각이 없어요. 이미 잔뜩 샀단 말입니다. 그러니 저 좀 내버려두실래요? 안 그럼 당신을 죽일지도 모르니까!"라고 말해도 막무가내인 사람들이 있다.

나는 걷다가 작은 접이식 테이블 위에 커다란 흰 토끼를 올려놓고 돌보고 있는 남자를 지나쳤다. 토끼 옆에는 톰볼라가 있었다. 도대체 뭘 하고 있는 거지? 나는 그 자리에 서서 잠시 지켜보았다. 남자는 토끼를 복권 경품으로 팔고 있었다! 나도 복권을 샀지만 토끼를 차지할 운명은 아니었다. 잠시 후 어떤 남자가 흑백 줄무늬 코미디 죄수복을 입고 다리 한쪽에 공을 단 채 지나갔다. 이 모습에 누구 하나 놀라는 사람이 없었다. 그때, 거리 청소기가 지나갔다. 특별할 것은 없었으나, 다만 기사가 풀메이크업을 하고 플랫폼힐 위에 긴 털코트를 걸친 채 선글라스를 낀 20대 초반 여자였다. 꼭 파티에 가는 길에 거리를 청소하기로 마음먹은 듯한 모습이었다.

이스탄불에서는 무엇이든 가능하다는 사실이 믿긴다. 이스탄불은 끊임없이 놀라움을 선사하는 도시로, 대부분은 재미있지만 어떤 것은 비현실적이고 가끔은 불안한 것도 있다. 안데르센도 똑같이 느꼈다. "모든 거리가 가면 무도회로, 다른 어느 유럽 도시에서도 볼 수 없는 광경이다." 다시 말해, 이스탄불은 궁극적인 시인의 바자르, 기이한 광경과 경험을 사러 가는 곳이었다.

안데르센은 이어서 말한다. "이 얼마나 진귀한 존재들의 군상인가! 군중 한가운데서 불가리아 소농이 머리에 칼로*를 쓰고 발에 볼품없는 샌들을 신고 등에 긴 양가죽 재킷을 걸친 채 춤을 추고 있었다. 그는 앞발을 벌떡 들고 일어나는 곰처럼 춤을 춘다. 또 다른 불가리아 사람이 소농을 위해 위해 백파이프를 연주했다. 햇볕에 그을린 근육질의 사내 여섯 명에서 여덟 명이 둥근 통나무들 위에 큰 대리석 덩어리를 올려놓고 질질 끌고 있었다. 그들은 계속 '비키시오!'를 외쳤다. 펄럭이는 검정 크레이프 천을 머리에 쓴 아르메니아 사제들도 만났다. 그때 웅얼거리는 듯한 노랫소리가 들렸다. 어린 그리스인 소녀의 시신을 땅에 묻으러 가는 행렬이었다. 소녀는 예복을 입은 채 뚜껑이 열린 관 안에 누워 있었다. 얼굴에는 아무것도 덮여 있지 않았고, 관은

---

* 머리에 꼭 맞는 챙 없는 모자.

꽃으로 장식되어 있었다. 그리스 사제 세 명과 불 켜진 초를 든 작은 소년 두 명이 앞에서 걸었다. 어찌나 인파가 많고 혼란스럽던지!"

나중에는 껍질이 벗겨진 채 죽어 있는 말과 놀고 있는 아이들을 만난다. "대여섯 명 되는 튀르크 꼬마가 홀딱 벗은 몸으로(한 명은 터번이라도 썼다) 천둥벌거숭이처럼 죽은 말 주변을 뛰어다닌다. 말은 가죽이 홀랑 벗겨진 채 구석에 누워 지독한 악취를 풍기며 네발을 공중으로 뻗고 있다. 벌거벗은 꼬마 녀석 하나가 일어나 날짐승 위에 올라타더니 다시 사방팔방을 뛰어다닌다. 진귀한 광경이 아닐 수 없다!"

나폴리와 마찬가지로 이곳에서도 찌는 듯한 더위와 현지인들의 활력이 안데르센의 관능적 더듬이에 불을 댕겼다. "아시아의 관능성이 지금 나를 고문하고 있다. 아, 나는 얼마나 갈망으로 불타오르는가! (…) 노잡이들이 넓고 투명한 소매를 걷어붙이고 강인한 맨팔을 드러냈다. 튀르크인들보다 더 아름답게 노를 젓는 민족은 어디에도 없다. (…) 몸이 달아오른다." 그는 일기에 이렇게 썼다.

그리고 이보다 더 강렬한 광경은 볼 수 없겠지 하는 바로 그 순간, 안데르센이 말한 '벌들의 도시', 그랜드바자르가 눈앞에 펼쳐진다. "이곳에서 벌은 이집트인이고 아르메니아인이며 튀르크인이고 유대인이다."

그랜드바자르에 입점한 5480명의 소매상은 현대의 쇼핑몰들을 부끄럽게 만든다. 그림이 그려진 타조알 램프, 이란산 캐비어,

비아그라, 데르비시 춤을 추는 태엽 장치, 멋진 카펫, 금, 가짜 루이뷔통, 진주층 체스 세트, 보석이 박힌 단검, '패션'이나 '디자인' '트렌드' 같은 유혹적인 라벨이 붙은 옷, 발가락 부분이 뾰족한 실내화 등이 필요하다면 이곳에서 한 방에 구입할 수 있다. 스와로브스키도 없고 베네통도 없고 괴물 같은 딜도도 없지만, 이곳은 여러분의 히피 고모가 1970년대에 사용했던 쪽매붙임 가죽 푸프 쿠션 커버를 지금도 살 수 있는, 세계 유일의 시장이다.

그랜드바자르는 여전히 세계의 대교차로 중 하나다. 나는 한참 동안 모퉁이 카페에 앉아 조지아인부터 소말리인, 캘리포니아인까지 사실상 전 세계에서 모여든 행인들의 얼굴을 관찰했다. 눈을 감으니 벌집 소리가 들리는 듯하다. 100건의 거래가 오가며 내는 윙윙 소리와 함께, 100개의 치아 속으로 공기가 빨려 들어간다.

안데르센은 페즈 모자를 샀다. 그래서 나도 하나 샀다.

그랜드바자르에서 망설이다가는 바가지를 쓴다. 상인과 눈을 마주치는 것은 금물이다. 상인들의 화술을 당할 자는 없다. 그들은 행인들의 관심을 끌어 붙잡아둔 다음 오만가지 술책을 써가며 물건을 강매할 것이다. 터키시딜라이트Turkish Delight*와 사탕을 팔고 있는 한 남자는 내가 뭔가를 끼적거리고 있는 것을 보고는 나를 구석으로 몰았다. "이봐요! 내 이름을 적고 있는 거예요? 내 이름은 에디 머피예요! 내 얼굴 보여요? 하하!" 나는 그

---

* 옥수수 전분과 설탕을 주재료로 만들며 단맛이 강한 터키식 당과.

를 처다봤다. 묘하게 닮았다. 누구와 닮은지는 모르겠지만 60억 명의 선택지 중 한 명 정도는 닮은 사람이 있을 거라고 확신한다. 비록 그게 에디 머피는 아니었지만.

가판대 상인들은 무슨 이유에서인지 계속 프랑스어로 내게 말을 걸었다. 나는 계속 미국인으로 오해받을 때 안데르센이 느꼈을 좌절감에 공감하기 시작했다. 그렇긴 해도 그랜드바자르에서는 미국인들이 도움이 되었다. 미국인 무리 뒤를 따라가면 미국인들의 외향성과 솔직함이 무수한 강매꾼들을 물리치는 일종의 소해정 역할을 한다는 사실을 나는 곧 깨달았다. 나는 그 방법으로 결국 미로에서 빠져 나올 수 있었다. 비록 내가 뒤따르던 미국인 가족이 막판에는 내 존재를 눈치채버렸지만 말이다. 아마도 그 부모는 내가 자신들의 딸을 스토킹한다고 생각했던 것같다. "맞아요, 친구. 지금 인사한 거예요? 뭐 사게요? 카펫 사려고요? 안 될 거 있나요?" 같은 불협화음을 내며 미칠 듯이 소란스러운 그랜드바자르를 떠나면서, 나는 공기를 마시려고 수면 위로 올라온 진주조개잡이 잠수부가 된 기분이 들었다.

그날 희미한 봄볕 아래서 술탄아흐메트 지역의 명소들을 둘러보며 남은 시간을 보냈다. 고대 오벨리스크와 피라미드, 기둥 등 잡다한 소장품이 모여 있는 톱카프 궁전과 박물관, 히포드롬 광장을 방문했다. 안데르센이 공포감에 숨죽이며 묘사한 여자 노예 시장("어린 어머니가 아이에게 젖을 물린다. 이제 사람들이 이 둘을 떼어놓을 것이다")은 더 이상 존재하지 않지만(노예 시장이 들어섰던 건물 말이다. 여자들이 판매되는 현장을 보게 되리라는 기대는 추호도 하지 않았다), 궁전과 블루모스크, 성 소피아 성당은 이스탄불 최대 관광 명소로 지금도 남아 있다. 나는 성당 밖에서 춤추는 데르비시 관람 티켓을 파는 남자를 우연히 만나 무척 기뻤다.

『시인의 바자르』 9장 「데르비시의 춤」은 그 자체로 하나의 훌륭한 작품이다. 이 신비로운 종교 의식을 목격한 것은 안데르센의 인생에서 손에 꼽힐 만한 경험이었고, 그는 그로부터 오랫동안 이 경험을 언급했다.

9장은 다음과 같이 시작한다. "일반적으로 튀르크족이 정신박약자들을 모두 신령에 홀린 것으로 여긴다는 것은 잘 알려진 사실이다. 그러므로 미친 자들은 모스크에 있다. 소름끼치는 이사니는 존경과 경외의 대상이고, 데르비시도 그들이 추는 춤 때문에 이 범주에 속한다. 이들에게 춤은 긍정적인 고행이다. 이들이 씹는 환각성 뿌리는 망상을 더욱 키운다."

어린 시절 어머니와 오덴세의 정신병원을 다녀온 후 안데르센에게 광기는 병적인 매혹의 대상이었다. 따라서 데르비시 수도원 방문은 불가항력적인 일이었고, 실제로 그는 이스탄불에서 데르비시의 춤을 두 번이나 보았다. 첫 번째는 트리폴리에서 데르비시의 춤을 보았다는 노련한 데르비시 전문가를 여행 길동무로 만난 것이 계기가 되었다. 보스포루스 해협을 횡단하는 이 여행에서 그는 안데르센에게 그때의 경험을 이야기한다. "미친 듯이 날뛰는 이사니들을 보기 위해 우리는 무어인 노예에게 살아 있는 염소를 집 밖에 묶으라고 지시했죠. 군중이 모여들자 염소를 죽이라는 명령을 받은 무어인이 단검을 꺼내 염소 목에 찔러

넣고는 재빨리 문 뒤로 몸을 피했습니다. 염소는 피범벅이 된 채 대자로 드러누웠고, 바로 그때 이사니들이 울부짖으며 몰려왔죠. 그중 한 명이 염소의 상처 부위에 손을 찔러넣고는 포효하며 염소를 들어올리더니 갈가리 찢어놓았습니다. 그러고는 집 담벼락에 피 묻은 내장들을 내던졌죠. 그러자 군중이 염소에게 우르르 달려들어 그 생살을 모조리 먹어치웠다니까요!"

안데르센 일행은 스쿠타리(오늘날의 위스퀴다르)에 있는 루하니 수도원을 찾아간다. 안데르센은 수도원에 들어서자마자 곧장 부츠와 바지 밑단을 연결한 끈을 자른 반면, 동행은 그저 부츠 위에 실내화를 신는다. "'이 친구, 착한 사람인걸!' 그 튀르크인이 하인에게 말했다." 안데르센은 자랑스럽게 이렇게 쓴다. 비록 염소를 잡는 실사 장면은 없지만, 그럼에도 일행이 본 광경은 충격적일 만큼 비이성적이다. "그때 인간이 연출할 수 있는 가장 공포스러운 외모가 아닐까 싶은 모습으로 한 남자가 등장했다. (…) 나는 이처럼 광기가 분명하게 서린 눈을 본 적이 없었다. (…) 한쪽 손이 쭈글쭈글했는데 다 자업자득이었다. 입에서는 출혈상이 보였다. 하얀 치아가 그대로 드러나도록 양 입술을 근래에 잘라 낸 모양인데, 차마 눈뜨고 보기 힘들었다! 입에서 피가 흐르기 시작했고 눈알이 빙빙 돌아갔으며 이마의 핏줄이 부풀어올랐다. 춤은 갈수록 난폭해졌지만, 누구 하나 미동하는 사람이 없었다. 그들은 사람이 아니라 기계처럼 보였다. (…) 동행이 귓속말을 했다. '절대 웃으면 안 됩니다. 그랬다간 우린 끝장이에요. 저들이 우리를 살려두지 않을 거요!'

'웃다니요!' 내가 대답했다. '울고 싶은 심정인데! 보고 있기 힘들어요. 너무 충격적이네요! 더는 못 보겠소!'"

문 쪽으로 피신한 안데르센은 이런 식의 잔혹하고 소름끼치는 폭력이 싫다고 공언하지만, 그의 동화에 잔혹한 묘사가 많다는 점을 생각하면 기이한 일이다. 이 같은 묘사는 아이들의 사랑을 받았지만 그 감시자인 부모들은 (재미있게도 스칸디나비아인 부모에게서 태어난) 로알드 달부터 「심슨 가족」(창작자 맷 그레이닝의 성도 지금 보니 노르딕계가 아닌가 의심스럽다)에 이르기까지 모든 폭력적 작품에 판에 박힌 비난을 퍼붓는다. 안데르센은 대수롭지 않게 행해지는 이러한 전횡적 폭력을 그리는 데 특화된 작가였다. '누더기옷을 벗고 (…) 비쩍 마른 손가락으로 갓 만들어진 무덤까지 땅을 파내려가 시신의 살을 찢어 게걸스럽게 먹는 흉물스러운 악귀 집단'이 등장하는 「백조왕자」, 병사가 마녀의 목을 자르는 「부싯깃통」, 그리고 '가장 즐거운 일은 제물로 도축된 말의 피에 하얀 손을 담그고 첨벙거리는 것이고, 사제가 도살하려고 하는 수멧닭의 머리를 미친 사람처럼 물어뜯는' 주인공 헬가가 나오는 괴기 공포물 「마쉬 왕의 딸」에서 이를 발견할 수 있다. 헬가의 구세주인 가톨릭 사제는 강도에게 '쇠도리깨로 피와 뇌가 뿔뿔이 흩어질 정도로 머리를 세게 얻어맞고' 최후를 맞는다.

그녀의 구세주인 그리스도교 목사는 강도가 '아이언클럽을 피와 뇌가 뿔뿔이 흩어질 정도로 세게 그의 머리에 휘둘렀을' 때 최후를 맞는다. 정말 오지 오즈번* 저리 가라 아닌가?

안데르센은 이튿날 두 번째로 데르비시 수도원을 방문하는데,

이번에는 페라에 있는 메블라비 데르비시들이다. 전날 본 데르비시보다는 정상적인 부류였다. 그는 다음과 같이 쓴다. "모든 것이 깨끗하게 정돈되어 있었다. 열린 창으로 보이는 스쿠타리와 먼 아시아 산들의 풍경이 장식미를 더해주는 게 분명했다. 멋스럽다고까지 말할 수 있었다. (…) 낮고 단조로운 음악과 하나가 된 춤은 전반적인 분위기에 고요한 광기를 더해, 정신을 불안하게 하는 것 이상의 효과를 냈다. 전체 공연은 의식 고양이라기보다는 한 편의 발레처럼 보였다. 반면 스쿠타리에서 본 데르비시 춤은 정신병원의 한 장면처럼 내 기억에 남았다."

관광객을 위해 마련된 공연을 통해 지금도 데르비시를 만날 수 있다는 사실은 알았지만, 데르비시 춤 공연 시간표는 그리스 페리선 시간표만큼이나 신뢰할 만했다. 이스탄불에 도착하기 전에 나는 데르비시 춤 공연이 6월부터 9월까지만 진행된다는 이야기를 듣고 희망을 접고 있었다. 그런데 티켓 판매 중이라는 소식을 접하고는 무척 반가웠고, 이 '회전 춤'이 안데르센이 방문한 바로 그 갈라타의 데르비시 수도원에서 공연된다는 사실을 알고 더욱 기뻤다.

안데르센은 데르시비 춤 자체에 압도된 나머지, 데르비시들이 왜 춤을 추고 그 믿음의 배경은 무엇인지 알아내는 데 흥미를 느끼지 않았던 것 같지만, 나는 최소한 알아보기라도 하자고 마음먹었다. 뒷골목의 한 카페에서 인터넷 검색을 하다가 데르비시

• 헤비메탈밴드 블랙 사바스의 리드 보컬.

문화와 수피교 전통을 이어나가는 곳을 찾아냈다. 블루 모스크 근처에 있는 한 레스토랑 건물 3층에 자리한 곳이었는데, 예고도 없이 찾아간 나를 책임자로 보이는 메흐메트란 사람이 따뜻하게 맞아주었다.

우리는 뾰족탑들이 내려다보이는 창가에 자리를 잡았다. 오늘날 이스탄불에서 데르비시는 어떤 식으로 인식되는지 물었다. 메흐메트는 이 질문에 답하기 위해 평생을 기다려온 사람처럼 장황하고 열정적으로 수피 신앙에 얽힌 이야기를 시작했다. "터키의 국부인 아타튀르크가 교단을 폐쇄했지만, 1950년에 다시 문을 열었습니다. 9.11 이후 영향력도 점점 커지고 있죠. 테러리스트 집단인 근본주의자들은 우리를 싫어합니다. 수피교는 음악을 사용하고, 우리는 춤을 추고 무척 사교적이거든요. 저들이 보기에는 사우디아라비아의 방식이 아닌 거죠. 우리는 아랍족이 아니고, 아시아에서 왔습니다." 그것이 골자였다.

메흐메트의 설명에 따르면 데르비시 춤은 수피교의 의식으로, 결과적으로는 이슬람교의 파생물이다. 이 종단은 오늘날의 아프가니스탄에서 태어난 페르시아 시인 잘랄 아르딘 아르 루미의 아들이 창립했다. 루미는 1219년에 몽골족의 내습을 피해 아나톨리아의 도시 코니아(여전히 데르비시의 중심지다)로 이주한 뒤 이곳에서 '페르시아의 코란'이라 불리는 마스나비Mathnavi를 집필하고 여러 제자를 모았다. 그런 뒤 메블라나(우리의 지도자)로 개명하고 지금까지도 참신할 정도로 관대한 이슬람의 한 교파를 창시했다.

나는 메흐메트도 데르비시인지 물었다. 그가 웃었다. "저요? 아니요, 전 절대 데르비시가 못 돼요. 시간도 많이 걸리고 인내심도 필요한 일이거든요. 진정한 수피는 정말 공부를 많이 해요. 그저 춤만 배우는 게 아니죠." 그러더니 목소리를 깔고 무슨 비밀 이야기라도 하듯이 몸을 숙였다. "사실 오늘 오신 건 운이 참 좋은 거예요. 바로 저쪽에서 여자 데르비시가 처음으로 남자들과 함께 춤을 추고 있거든요. 프랑스인인데, 프랑스 신문사들과 문제를 겪어서 신문에 실리는 건 원치 않아요. 관광객 앞에 서는 일은 없지만, 제가 가서 선생님과 이야기를 나눠줄 수 있는지 물어볼까요? 승낙만 받으면 선생님께는 더없이 좋은 기회죠."

이런 극비 정보를 거절하는 것은 예의에 어긋나는 듯해 받아들였다. 잠시 후 갈색 머리를 포니테일로 묶은 가냘픈 프랑스 중년 여성이 와서 내 옆에 앉았다. 그녀는 청바지와 검은 가죽 재킷, 예루살렘에서 산 기념품 스웨트셔츠를 입고 조용히 미소지었다. 목에는 춤추는 데르비시를 형상화한 금 펜던트가 걸려 있었다. 그녀의 이름은 릴리로 리옹 출신의 화가였고, 우리 주위에 모여든 사람들의 경외심 어린 표정으로 볼 때 이 여자가 대단한 사람인 것만은 분명했다. 나는 모두가 기대하는 인터뷰를 진행할 준비가 전혀 되어 있지 않았다. 그래서 생각할 시간을 벌기 위해 릴리에게 어떤 계기로 데르비시가 되었는지 물었다.

그녀가 꿈꾸는 듯한 목소리로 이해하기 어려운 말을 시작했다. "제 생각과 신념 때문에 자연스럽게 가톨릭교도의 소임에서 멀어졌어요. 이슬람교 안에서는 마치 새처럼 자연에 더 가까워지는 느낌이 들었죠. 이슬람은 제가 아는 가장 자유로운 종교예요. 가톨릭처럼 위계가 없죠. 저는 1988년에 위스퀴다르에서 무슬림이 됐어요. 아, 정말 황홀한 시간이었죠. 겨울철이었지만 여름처럼 햇살이 내리쬐었어요. 3년간 메블라비 신도생활을 한 후에는 제 생각과 행동이 무슬림에서 수피즘으로 점차 옮겨갔죠."

"최초의 여성 데르비시가 됐을 때 기분이 어땠나요?" 릴리의 얼굴을 스쳐간 경악스러움의 표정으로 미루어 질문에서 내 무지가 묻어난 것이 틀림없었다.

"무슨 소리예요!" 그녀가 소리쳤다. "여자 데르비시는 따로 수련을 할 뿐, 늘 있었어요. 오늘 제가 남자들과 춤을 췄다고 해서 자랑스럽거나 그런 건 절대 아니에요. 어쩌다보니 그렇게 된 거죠. 그게 뭐 대단한 일이라고 자랑하겠어요? 바보도 아니고! 그게 어떻게 자랑할 일이에요? 이스탄불에는 이스탄불만의 규칙이 있는데 당신은 그 규칙을 어기고 있네요. 게다가 남자들과 춤출 때는 영적 교섭에 이르기도 힘들어요. 여자 데르비시가 남자 데르비시와 섞여 춤을 추는 건 갈라타의 공연처럼 세속적인 면이 강해요. 전 갈라타에 가는 걸 죽도록 싫어해요. 당신도 알다시피 그건 다 쇼거든요."

나중에 알고 보니 세속적이라는 말은 데르비시 무희에게 퍼부을 수 있는 최악의 욕으로, 관광객에게 선보이는 일종의 데르비시 아류 쇼라는 의미를 함축하고 있었다. 분명 릴리는 전심을 다해 데르비시 춤에 헌신하는 진짜배기처럼 보였다.

나는 데르비시 춤과 그 의미에 대해 물었다. 일종의 무아지경인 것일까, 아니면 안데르센의 말처럼 광기일까? "무아지경은 잘못된 표현이에요. 전혀 그렇지 않죠. 데르비시 춤은 메블라나의 기도, 다시 말해서 명상이에요. 메블라나는 만물은 변화를 겪을 수밖에 없다는 깨달음을 얻었어요. 꽃과 원자 등 모든 것에는 생애 주기가 있죠. 저는 무아지경이라는 말을 좋아하지 않아요. 무아지경은 의식을 잃었다는 말인데, 우리 종교에서는 의식을 잃는 걸 허하지 않거든요. 알코올도 금지 사항이죠. 무아지경은 사랑의 광란이자 기쁨이지만 황홀경은 아니에요. 그러니 이 말을 쓸때는 조심하셔야 해요. 우리를 이 광란의 상태로 인도하는 것은 신이에요. 그건 우리 몸 밖으로 폭발하는 행복과 같은 거죠."

이때부터 릴리의 입에서 나오는 말은 내게 당혹감만 더해줄 뿐이었다. 하는 대답마다 의구심이 들었지만, 내가 짚고 넘어가려 할 때마다 그녀는 다른 쟁점으로 넘어갔다. 내 눈은 점점 게슴츠레해졌다.

백일몽에서 깨어나니 어느새 내 인생이 남의 손에 좌지우지되는 듯한 느낌을 받은 적이 있는가? 릴리가 갑자기 어떤 생각에 사로잡힌 그때 내게도 그런 일이 일어났다. 그녀는 자신이 모시는 수피 스승인 페이줄라를 3년 만에 찾아뵈러 온 길이었다. (이스탄불에는 하루 머물 예정이었고, 사는 곳은 다른 지역이었다.) 내가 무심결에 수피즘에 깊은 관심을 드러낸 것인지, 그녀는 같이 스승을 만나러 가서 공부를 더 하자고 그 자리에서 결정했다. "스승님은 세마잔Semazan의 수장으로 데르비시 의식에서는 달의 상징이고, 선생이자 메블라나의 심부름꾼이죠. 무척 훌륭하신 분이에요. 오늘 당신과 내가 만나게 된 것도 메블라나의 계획이에요, 마이클. 전 알 수 있어요. 그분이 다 의도하신 일이죠."

그럴듯한 변명거리를 생각해낼 틈도 없이, 릴리와 나는 이스탄불의 아시아 쪽 해안에서 위스퀴다르행 페리를 잡기 위해 팔짱을 끼고 빠른 속도로 톱카프 궁전의 높은 담벼락을 따라 걷고 있었다.

페리에 올라타자 릴리가 못다 한 자신의 인생 이야기를 해주었다. 릴리의 남편은 21년 전에 세상을 떠났고 두 사람 사이에는 자녀가 없었다. 그녀는 고고학자였다가 나중에는 화가로 전향했다. 페리가 2년 동안 공부한 이스탄불 대학을 지나자 그녀는 감상에 젖은 듯 그쪽으로 키스를 보냈다. 내가 신의 존재를 의심한다고 말하자 그녀는 얼굴을 일그러뜨렸다. "하지만 신은 모든 것을 창조했어요. 신은 사랑이고, 모든 것을 결정하시는 분이죠. 그분의 계획으로 우리 두 사람이 오늘 만난 거예요!"

우리는 택시를 타고 약 30분간 보스포루스 해협 근처를 달렸다. 주름 장식이 많은 빛바랜 오스만 제국의 대저택들과 평화로운 해안 마을들을 지나쳤고, 거대한 현수교 밑을 지나갔다. 곧 데르비시 달 대가의 거실(그는 빨래방 위의 아파트에 살고 있었다)로 안내된 나는 또 한 번 수수께끼 같은 장황한 독백의 상대가 되어야 했다.

릴리는 오랫동안 보지 못한 누이처럼 페이줄라의 팔에 안겨 불룩한 그의 배를 장난스럽게 토닥거린 뒤 나를 '친구'로 소개했다. 우리가 자리 잡은 방은 휴게소에 버려져 있을 법한 소파와

의자로 꾸며져 있었고 보스포루스 해협이 내다보였다. 페이줄라는 뚱뚱한 40대 중반의 남자로 덥수룩한 회색 머리에 까슬까슬한 수염이 나 있었고 낡은 빨간색 체크무늬 셔츠와 바지를 입고 있었다. 전형적인 영적 지도자의 모습이라기보다는 터키의 알렉세이 세일*에 가까웠다. 나는 릴리가 남자들과 춤춘 최초의 여자 데르비시라는 사실이 얼마나 중요한지 물었다. 잘못된 질문이었다.

릴리가 내게 경고의 눈빛을 보냈다. 페이줄라가 설교를 시작했다. "이슬람교에서는 영적으로 남자와 여자의 구분이 없습니다. 살아생전 메블라나는 신비주의의 논리상 여성이 창조자라고 설파하는데, 예언자의 사후에 이런 구분이 생깁니다. 실제로 코란 외에는 명확한 규율 같은 게 없죠."

아, 그렇군. 이제 이해가 되네. 그렇다면 이슬람교와 수피교의 차이는 무엇일까?

"수피의 의무는 사람들을 깨우치는 겁니다. 진정한 이슬람은 24시간 지식을 추구하고 다른 사람들의 행복을 위해 일합니다. 이것이 수피의 목표죠. 수피는 자신의 자아와 씨름하고 자신의 욕망을 제어하며 무척 겸손해야 합니다. 이런 기질이 없으면 수피가 아니죠. 모든 예언자는 신이 내려보낸 형제들이고 신은 하나예요. 예언자가 온 이후로 모든 종교는 정치적 발전을 겪어왔지만, 수피교에서 핵심이 되는 건 예언자의 실재입니다. 메블라

* 영국의 스탠드업 코미디언 겸 배우.

414

나는 신비주의 계승자였지, 예언자는 아니었습니다. 그분은 우리를 둘러싼 모든 것을 잊고 우리 자신을 자아와 소유물로부터 해방시켜야 한다고 설파했습니다. 성종 소리가 멈추고 뾰족탑이 내려오기 전까지 실재는 나타나지 않는다고 말씀하시죠. 이슬람의 이름으로 좇고 있는 것들을 잊고 코란을 읽어야 합니다. 바다가 아닌 수원의 물을 마시는 것과 같은 이치죠.”

“와!” 내가 말했다. “굉장히 혁명적인 말씀……”

“데르비시 춤은 사랑의 표현입니다.” 페이줄라는 지칠 줄 모르고 말을 이어갔다. “그리고 일종의 기도라고 할 수 있죠. 사람들은 데르비시 춤이 무희에게 신성한 황홀경을 가져다준다고 생각하는데 그렇지 않습니다. 데르비시 춤은 실질적인 개념이에요. 그 안에 행동이 없으면 한낱 몸짓에 지나지 않죠. 그건 관광객에게 보여주는 기계적인 춤일 뿐입니다.”

“아, 갈라타의 세속적인 데르비시 춤 말씀이……”

“여성에게 진정한 권리를 준 건 마호메트가 처음이지만, 이슬람의 이름으로 그 뒤를 이은 자들은 마호메트의 가르침을 따르지 않았습니다. 여자들도 데르비시 춤을 출 수 있고, 형제들과 함께 추는 것도 가능합니다. 다만 대중 앞에서는 안 되죠.”

“그럼요, 그렇고말고요.” 릴리가 격렬하게 고개를 끄덕였다.

“왜 그렇죠?” 내가 물었다.

“메블라나가 뭐라고 했을까요?” 페이줄라가 되물었다. 대답을 기대하는 눈치는 아니었다. “메블라나의 책에는 보물을 도둑 앞에 놓으면 잃게 된다고 적혀 있죠.”

그로부터 약 한 시간 동안 페이줄라의 설교가 이어졌고, 내 질문들은 마치 테플론이 입혀지기라도 한 듯 그의 귀에 안착하지 못하고 미끄러졌다. 내가 질문을 하려고 노트북에서 고개를 들 때마다 페이줄라는 이 행동을 내가 자신의 말을 다 받아적었다는 뜻으로 이해하고 또 다른 말을 시작했다. 그는 좀처럼 말을 멈출 줄 모르는 빙하였고, 나는 납작 눌러줘야 하는 별 볼 일 없는 지형적 특성이었다.

페이줄라는 수피라는 이름의 유래에 얽힌 긴 우화를 들려주기 시작했다. 단어 'suf'는 아랍어로 양털을 의미하고 거기에 'i'를 붙이면 '그것과 같은'이라는 의미가 된다. "양털 한 줌을 허공에 던져보세요." 그가 말했다. "그럼 양털이 천천히 내려옵니다. 무겁지 않으니까요. 중력이 양털을 건드리지 못하는 거죠. 이게 바로 수피 논리의 시작이에요. 사람은 세속적 욕망이라는 중력 안에 있어서는 안 됩니다. 자아와 소유물에 끌려 내려와서는 안 되죠."

페이줄라의 이야기는 어느 정도 이해가 되었고, 실제로 나는 수피즘이 관용, 연민, 교육 강조, 반물질주의의 측면에서 사생결단적이라고 생각한다. 하지만 나는 새 신앙을 갖는 데 관심이 없었고, 그 점은 어느 종교나 마찬가지였다. 게다가 영성과 심오한 신비주의의 주제를 파고들기에는 내 주의 지속 시간이 활동 과잉 금붕어만큼이나 짧은 듯했다(이 점에 대해서는 순순히 인정하는 바이다). 하지만 이 곤란한 상황에서 어떻게 빠져나간단 말인가? 어떻게 스승의 감정을 다치게 하지 않으면서 도망처 나올 수 있을까?

나는 천천히 오른손을 한쪽 바지 주머니에 넣어 조용히 키를 누르기 시작했다.

내 전화기가 울렸다!

"죄송합니다. 이 전화는 받아야겠네요." 내가 말했다. 페이줄라가 말을 멈추더니 마지못해 내 전화기를 쳐다봤다. "여보세요. 네. 아, 아니에요!" 내가 얼굴을 일그러뜨리며 말했다. "네, 네. 당장 갈게요. 끊어요."

내가 일어섰다. "정말 죄송하지만 이만 가봐야 할 것 같아요. 제가 묵는 호텔에 불이 났다고 하네요." 효과가 있는 것 같았다. 택시가 호출되었고 나는 탈출에 성공했다.

이튿날 나는 데르비시 춤을 직접 보기 위해 갈라타 데르비시 수도원에 갔다. 수도원은 아타튀르크의 수피 교단 폐쇄 이후 디완 에데비야티뮈제시 박물관으로 이름이 바뀌었다. 페이줄라와 릴리를 만난 이후라서 별 기대 없이 디즈니 관광 쇼 정도 되겠거니 생각했다. 그런데 놀라운 일이 날 기다리고 있었다.

나는 일찍 도착해 수도원에 들어갔다. 아무 표시도 없는 낮은 석조 아치형 입구를 통과하자, 바닥에 돌이 깔린 탁 트인 안뜰이 나오고 그 뒤로 2층짜리 떡갈나무 판잣집이 보였다. 왼쪽으로는 수피 지도자들의 능묘가 자리했는데 거대한 석관이 여섯 개 있었다. 각각의 석관은 은빛 양단으로 테두리를 덧댄 펠트 천으로 덮여 있었고 석관 한쪽에는 전통 데르비시 머리쓰개가 달려 있었다. 톰과 제리가 이따금 서로에게 머리를 얻어맞을 때 생기는 혹 모양의 펠트 터번이었다. 능묘 옆에는 작고 오래된 수피 묘지가 있었는데, 돌 터번을 쓴 기다란 묘비들이 칙칙한 사이프러스 나무 덤불 한가운데 늘어서 있었다. 활짝 핀 장미 덤불과 기운 없는 고양이들도 여기저기 흩어져 있었다.

주인 없는 동물들을 빼면 뜰에는 아무도 없었다. 이스탄불 한복판에 자리한 이 시간을 초월한 영적 오아시스는 만일 위대한 여행자 한스 크리스티안 안데르센의 혼령을 부르게 된다면 그의 존재를 가장 가까이서 느낄 수 있는 곳이었다.

나는 그가 『시인의 바자르』에서 묘사했던 바로 그 뜰의 한쪽 모퉁이에 있는 벤치에 앉았다. 목조 수도원과 활짝 핀 장미, 낡은 무덤들을 둘러보니 한 세기하고도 반이 지난 것 같은 느낌은 별로 없었고, 실제로 그랬으면 좋겠다는 생각이 처음 들었다. 이 외로운 유목민을 만났다면 어떤 느낌이었을까? 우리는 서로를 이해할 수 있었을까?

구두끈을 보다가 고개를 들자, 키가 크고 호리호리한 남자가 검정 프록코트와 검정 바지, 둥글납작한 부츠에 실크해트를 쓰고 뜰 반대편에 서 있었다. 그는 내가 벤치에 앉아 얼굴을 손에 묻고 땅을 쳐다보고 있을 때 내 왼편에 있는 석조 아치형 입구를 통해 들어왔고, 머뭇거리는 걸음으로 자갈밭을 가로지르더니 이따금씩 멈춰 서서는 허리를 굽혀 장미를 살펴보고 묘비를 읽고 뭔가를 메모했다. 그는 날지 못하는 큰 새처럼 보였고 우스꽝스러우면서 음울하고 자의식이 강한 데다 위엄이 있어 보였다.

이 별난 유령과 나는 잠시 동안 단둘이 있었다. 그는 내 쪽을 홀깃 봤지만, 나를 본 것 같지는 않았다. 그러고는 이내 사라졌다.

그에게 물어보고 싶은 것도 많았고, 그와 공유하고 싶은 것도 많았다. 무엇보다 그를 품에 안고 진한 포옹을 한 뒤 모든 일이 잘 해결될 거라고, 그러니 그렇게 조바심칠 것 없다고 말해주고 싶었다. 시간이 그를 대신해 싸워줄 것이다. 불멸이 그대의 것이 되었다. 나는 그의 충동과 두려움에 대해 사색하는 데 일생을 보낼 수도 있었고, 그가 그린 묘비들 사이에 앉아 있는 지금 이 순간에 그를 그 어느 때보다 더 가까이 느낄 수 있었다. 하지만 실제로 그를 만났다면 그 고뇌에 찬 허울을 뛰어넘을 수 있었을지 자신하기 어렵다.

몇 사람이 사원 안으로 들어왔다. 나는 그들을 따라 멋스러운 팔각형 방으로 들어갔다. 중앙에는 관람석에 둘러싸인 커다란 '댄스' 플로어가 있었고 천장이 드높았다. 이곳은 이스탄불에 지어진 최초의 데르비시 사원, 즉 데르가Derga로서 총독이자 술탄 바예지드 2세의 황실 간수장인 이스켄데르 파샤의 명령으로 1491년에 건립되었다. 현재의 건물은 1972년에 복원되었지만 여전히 유구한 역사와 수수께끼가 느껴졌다.

서로 인사하는 모습을 보니 이 의식을 보러 온 150명쯤 되는 사람 중 다수는 분명 정기적인 방문객이었다. 정의상 가짜임을 내포하고 있는 유료 행사이긴 하지만(가톨릭 성당에서 미사를 참관할 때 돈을 지불하지는 않는다) 내가 예상하고 있는 관광 쇼는 절대 아니라는 첫 번째 표시였다.

교도들은 양복을 입은 남자들부터 수건머리를 한 노파, 어린 아이들까지 다양했고, 딱 봐도 관광객인 사람들이 간간이 섞여 있었다. 나는 무릎까지 오는 화려한 장식의 난간 바로 앞에 자리를 잡았다. 내 옆에는 30대 초반의 여자가 앉아 있었다. 의식이 시작되길 기다리는 약 30분 동안 나는 '이런, 좀 늦어지나보네요' 같은 표정을 지으며 그녀의 공감을 얻어보려 했지만 그녀는 무반응이었다. 마침내 나무 의자 다섯 개가 무대 한쪽에 놓였다. 쾌활하고 나이 든 뱃사람을 닮은 남자가 녹색 민소매 면옷에 녹색 바지를 입고 등장해 터키어로 멘트를 했다. 연설이 끝나자 음악가 여섯 명(리코더 둘, 큰 북 하나, 쌍둥이 봉고 하나, 일반 만돌린 하나, 무릎을 쓰는 만돌린 하나)이 검은색의 긴 예복을 입고 입장했다.

단장이 영어로 멘트를 시작했다. "외국 손님들께서는 날을 아주 잘 잡으셨군요. 오늘은 우리의 위대한 작곡가이자 특히 군악과 신비주의 음악에 조예가 깊었던 부자이 토소이 씨를 기억하며 작은 콘서트를 열려고 합니다. 콘서트가 끝나면 바로 우리의 춤 의식으로 넘어갈 겁니다."

안데르센의 일기에는 수피 음악이 "마치 음악적 재능이 뛰어난 미개인이 이탈리아 가수의 노래를 처음 듣고는 자신만의 방식으로 그 노래를 모방하려는 것 같다"고 묘사되어 있다. 이 콘서트를 보던 나는 유치원 시절에 선생님이 피아노를 치는 동안 아이들에게 통탕거릴 악기를 쥐여주던 일이 떠올랐다. 여기서는 피아노를 치는 선생님만 없었을 뿐이다. 마침내 콘서트가 끝났을 때 박수 소리는 없었다. 뒤이어 아카펠라 비브라토 노래가 공연되었다. 밤늦게 라디오 룩셈부르크* 채널에서 장파 주파수대로 들으면 이국적이고 으스스한 느낌이 들 음악이지만, 실황으로 들으려면 인내심이 좀 필요하다.

음악가들이 열을 지어 방에서 나갔다.

내가 삶의 의욕을 잃어갈 때쯤 데르비시가 잠깐 동안 처음으로 등장했다. 흰색 예복에 허리띠를 차고 데르비시 터번을 쓴 남자가 무대로 나와 엄숙한 표정으로 바닥 한쪽에 보송보송한 붉은색 플리스 천을 깔았다. 뒤이어 여섯 명이 긴 검정 망토에 가죽 실내화를 신고 등장했는데, 그중에는 (페이줄라의 역할인 달을 대변하는 듯한) 단장,** 오마 샤리프 닮은꼴과 앞서 악기를 연주했던 음악가 두 명(이 중 한 명은 키아누 리브스를 닮아서 충분히 먹고 살 수 있을 것 같았다)도 포함되어 있었다. 이들은 모두 머리가 플리스 천에 닿도록 절을 했다. 박자를 놓친 일곱 번째 데르비시가 뒤늦게 절을 했다. 단장이 붉은색 플리스 천에 입을 맞춘 뒤 그 위에 섰고, 나머지는 무릎을 꿇고 바닥에 입을 맞췄다. 한 남자가 기도문을 짧게 읊조렸다.

데르비시들은 반시계 방향으로 원을 그리며 한 번에 한 발씩 신중하게 발걸음을 뗀 후 3초간 정지하는 식으로 걷다가(나도 박물관에 가면 깊이 생각에 잠긴 것을 표시하려고 이렇게 걷곤 한다), 붉은색 플리스 천에 이르면 서로 마주보고 인사를 했다. 이 동작

---

* 2005년에 창립된 다국어 라디오 방송국.
** 실제 의식에서 단장인 셰이크는 태양을 상징하며, 전체 의식을 관장한다.

을 한 번 더 반복한 다음 원래 위치대로 한 줄로 섰다. 이 동작이 진행되는 내내 위층 음악가들은 발코니에서 썩 유쾌하지 않은 비가를 연주했다.

들리지 않는 명령에 맞춰 데르비시들이 일제히 검정 망토를 벗었다. 그러자 흰 셔츠와 흰 면 재킷, 흰 주름치마 위로 검정 허리띠가 드러났다. 데르비시들은 양팔을 가슴 앞으로 엇갈리게 모은 채 각각의 손을 반대편 어깨에 대고는 여러 차례 인사를 했고 한 명씩 단장 쪽으로 걸었다. 단장이 데르비시의 목 뒤에 입을 맞춘 뒤 한 명씩 천천히 힘찬 회전 동작을 시작했다.

각 데르비시는 단장에게서 멀어질수록 물 흐르듯 매끄럽게 팔깍지를 풀고 회전을 시작하며 무대 가장자리로 넓게 퍼졌다. 한 팔이 다른 팔보다 높이 올라갔고 한 손은 아래쪽을, 다른 한 손은 우아하게 위쪽을 가리켰다(오마는 여전히 험상궂은 얼굴로 옆에서 지켜보고만 있었다). 데르비시들의 눈이 감기고 머리는 나른하게 한쪽으로 갸우뚱거렸다. 분당 속도가 45회까지 올라가는 동안, 비싼 커튼만큼 무게가 나가는 데르비시들의 치마가 놀이동산의 놀이기구처럼 바깥쪽과 위쪽을 향해 빙빙 돌았다. 예상외로 우아하고 최면에 걸릴 것 같았지만, 찬바람도 심심찮게 일으켰다.

데르비시들의 발놀림은 특히 인상적이었다. 발이 보이지 않을 정도로 회전을 했지만, 오마 외에는 어느 누구도 균형을 잃거나 현기증을 느끼는 것 같지 않았다. (그날 밤 나는 호텔 방에 돌아와 직접 회전 춤을 춰보다가 텔레비전을 부술 뻔했다. 데르비시들이 이 춤을 추려고 3년간 훈련을 받는다는 것도 놀라운 일이 아니었다.)

데르비시 춤은 안데르센이 1841년 4월 30일 일기에 묘사한 그대로였다.

데르비시들은 팔을 벌려 그 자리에서 서로의 주변을 빙빙 돌았다. 둘은 중앙에서, 나머지는 이 둘의 주변과 자기 주변을 돌았다. 한 사제가 중앙에 있는 두 데르비시 사이를, 그리고 나머지 데르비시들 사이를 소리 없이 걸었다. 데르비시들은 몹시 창백했고, 이때 노래와 음악 소리가 들렸다. 데르비시들이 갑자기 멈추더니 잠시 그대로 서 있다가 똑같은 춤이 처음부터 다시 시작되었다. 데르비시들은 인형처럼 생명이 없는 듯 보였고 행성들의 움직임을 표현하고 있었다.

나는 복장의 의미도 알게 되었다. 시케sikke라는 모자는 묘비를 상징하고 데르비시들에게 인생이 그저 여행임을 일깨워준다. 검정 망토인 테누레tenure는 물질세계를 상징하고 회전을 시작할 때 망토를 벗는 것은 영적 세계로 이행하는 것을 의미한다. 안에 받쳐 입는 흰색 셔츠는 수의의 상징이자 순수성을 의미한다. 대사제인 셰이크sheikh는 태양을 나타내고 그 주변을 별을 의미하는 데르비시들이 회전한다.

회전 춤의 정확한 명칭은 세마Sema로, 이 의식은 세상 만물이 순환을 통해 우리 몸속 피에서 행성으로, 원자의 구성물로 여행한다는 개념에 바탕을 두고 있다. 참여자인 세마잔semazen들은 빙빙 도는 춤을 통해 황홀경을 찾아서는 안 되지만, 페나필라 Fenafillah 상태, 다시 말해 힌두교의 열반과 비슷한 '동적 집중 상태'에 이르면 약간의 무아지경을 경험할 수 있다.

데르비시들은 약 20분간 아찔한 회전을 하다가 천천히 속도를 줄이고 팔을 다시 모은 뒤 인사를 하며 멈춘다. 그러고는 짧은 묵념 후 이 절차를 두 번 더 반복했다. 활동량이 가장 적은 오마가 가끔 '호통치는 부랑자'처럼 휙 돌며 춤에 합세했는데 내 옆에 앉은 몇몇 호주 관광객이 이를 보고 무척 즐거워하며 대놓고 킬킬거렸다.

마지막에는 데르비시들이 무대 멀리 한 줄로 앉아 무릎을 꿇었다. 이때부터 행사는 우려스럽게 변했다. 단장이 벌떡 일어나 기도문을 외우기 시작했고, 나와 호주인들을 뺀 나머지 사람들이 이에 호응하며 손바닥을 위로 향한 채 손을 내밀었다. 당황스럽게도, 행사가 시작되기 전 내가 곁눈질했던 여자까지 이를 따라하고 있었다. 갑자기 1950년대 공상과학 영화의 주인공이 되어 외계인들의 세뇌를 받은 마을 한복판에 와 있는 듯한 기분이 들었다. 호주인들은 웃음을 멈췄다.

기도가 끝나자 단장이 무대를 가로질러 가더니 몸을 돌려 다른 데르비시들에게 절하고 방에서 나갔다. 다른 데르비시들도 똑같이 따라했다.

밖에 나가자 여느 종교의 교도들처럼 사람들이 차와 케이크가 놓인 테이블 주변에 모여 있었다. 케이크 줄에 선 노파 두 명에게 고갯짓을 하며 미소를 짓자 두 사람도 내게 화답해주었다. 하지만 티켓 값을 지불했는데도 나는 불청객이 된 기분이었고, 그래서 대추야자 머핀 네 개와 번 두 개만 먹은 후 그곳을 나왔다.

그날 밤 일기에 안데르센은 (성적 흥분을 뜻하는 그의 암호인) '관능'이 느껴진다고 쓴다. 데르비시 춤이 원인일 수도 있지만, 일기에는 이 관능을 설명해줄 또 다른 만남도 언급되어 있다. "저녁을 먹은 후 금발의 러시아 청년 아데르하스가 찾아왔다. 캅카스 출신인 그는 이 호텔에 묵고 있고 이집트를 여행한 뒤 코펜하겐을 거쳐 고국으로 돌아갈 예정이다. 관능이 느껴진다." 이튿날에는 엄밀히 말해 필요 이상의 정보까지 던져준다. "관능이란 활력을 한 차례 발산할 때 신경을 타고 흐르는 황홀감, 얼얼함이다."

맙소사! 아데르하스가 찾아온 그 호텔 방에서는 정확히 무슨 일이 있었던 걸까? 육체적인 일은 전혀 없었을 거라고 확신하지만, 아름다운 무언가가 시작된 것은 아니었을까? 결국 며칠 후 일기 내용에는 두 사람이 해안가에서 투광 조명등을 밝힌 뾰족탑들을 머리 위에 둔 채 무척 낭만적인 저녁 산책을 했다고 적혀 있다. "별들이 남쪽 하늘에서 반짝반짝 빛나고 있었다. 달이 밝았다. (…) 뾰족탑들은 하얀 줄기 위에 핀 거대한 꽃처럼 위로 뻗어 있었다. 묘지 너머로 바라보는 아름다운 광경이었다. (…) 저녁은 무척 포근했고 동화 속처럼 (…) 우리는 사이프러스나무 아래를 걸었다. 9시가 되자 해안가의 모든 선박에서 유리창이 덜컹거릴 정도로 발포식을 거행했다. 발포 소리가 연달아 들렸다." 슬프게도 이후 러시아인과 어떻게 됐는지는 알 수 없다. 두 사람은 그저 스쳐가는 배들이었다.

안데르센은 콘스탄티노플 이후 행선지를 두고 잠시 고민한다. 증기선을 타고 다뉴브강을 거슬러 올라가다가 배가 다니지 못하는 구간에 이르면, 위험천만한 마차 여행을 할지 말지 마지막 순간까지 주저한다. 다뉴브강 상류 항해는 1830년에야 증기선이 도입되면서 가능해졌고 2주마다 한 번씩 빈까지 뱃길이 열렸지만 여전히 위험한 노선이었다.

5월 2일 일기에 그는 다음과 같이 적는다. "루멜리아, 테살리아, 마케도니아의 정국이 혼란스럽다. 사람들은 다뉴브 노선을 이용하는 것은 위험하다고 말한다. 나는 시로스를 거쳐 귀국할 마음도 있다." 일기 내용은 섹스와 죽음이라는 특이한 병치로 끝난다. "오늘 또 다른 시신, 이번에는 그리스 여인의 시신과 마주쳤다. 아시아의 관능이 이곳에서 나를 고문하고 있다. 아, 나는 얼마나 갈망으로 불타고 있는가!"

이튿날에도 그는 여행을 두고 속을 태운다. "간밤에 잠을 설쳤다. 다뉴브강 여행이 걱정된다. 투쟁과 불확실성이 도사리는 곳. 오늘은 오스트리아 증기선 스탐불 호가 흑해 연안 아마스라로부터 동쪽으로 약 90킬로미터 지점에서 암초에 부딪혔다는 소식을 들었다. 승객들은 구조되었다. (…) 다뉴브 노선을 이용할지 고민 중." 그러나 같은 날 연감을 작성할 즈음 마침내 결심을 한다. "다뉴브 노선을 통해 집으로 돌아가기로 했다."

다뉴브는 진정한 미지의 땅이었는데 이는 안데르센에게만 그런 게 아니었다. 그가 이 강을 여행한 후 30년이 흘렀을 때 프랑스 탐험가 르장은 다뉴브 하류 국가들은 나일강 국가들보다 알려진 것이 없다고 썼다. "우리가 죽임을 당하지 않더라도 최소한 100가지 골칫거리에 노출될 것이다." 안데르센은 일기에 이렇게 쓰고는 다음과 같이 덧붙인다. "얼마나 흥미진진한 일이 펼쳐질지 기대되는 여행길이다."

마침내 그는 오스트리아의 로마 교황청 공사 바론 슈튀르머에게서 오스트리아의 두 장교 필리포피히 대령, 트라트너 소령과 동행해도 좋다는 이야기를 듣는다. 두 장교는 우편물과 거액의 돈을 빈으로 들고 갈 예정이었다. "이로써 여행이 결정되었다. 그리고 그 순간부터 두려움이 일제히 사라졌다." 안데르센은 『시인의 바자르』에 이렇게 쓴다.

어디를 여행하든 신경증이라는 외바퀴 손수레를 밀고 다녔던 남자가 이토록 위험한 여정에 발을 들일 수 있었다는 사실은 여전히 안데르센을 둘러싼 많은 역설 가운데 하나다. 일주일에 한 번 마트에 들르는 시간과 비용으로 비행기를 타고 유럽을 횡단할 수 있는 요즘에는 1841년에 콘스탄티노플까지 혼자 여행하는 것이 얼마나 어마어마한 프로젝트였는지 온전히 이해하기 어렵다.

21세기 여행의 온갖 사치와 편의에도 불구하고 이 여행은 나에게 손해를 끼치고 있었다. 혼자 여행하는 일은 그 나름의 장점이 있지만(이를테면 신발 가게나 현대 미술에 억지로 관심 있는 척하지 않아도 된다), 결국에는 점점 무모한 짓에 빠져든다.

이를 보여주는 가장 골치 아픈 징후는 자기 자신과 나누는, 끝없이 빙빙 도는 대화다. 처음에는 머릿속으로만 하다가 나중에는 입 밖으로 낸다. 혼자 여행할 때 겪는 다른 부작용으로는 내 소지품을 뒤지는 호텔 직원, 외국어로 내 뒷담화를 하는 것 같은 망상적 편집증 등이 있지만 더 실제적인 위험들도 존재한다. 나폴리에서는 비양심적인 택시 운전사 앞에서 속수무책이 되기도 했다. 원래 금액의 최소 다섯 배는 되는 바가지 요금을 내지 않았다면 나를 의식을 잃을 때까지 때린 뒤 펄프 찌꺼기 더미처럼 인도에 버렸을 게 분명했다. 그래서일까, 나는 안데르센이라면 이런 일들에 어떻게 대처했을지 궁금했다.

그리스에서 만난 안데르센 전문가 미르토는 안데르센이 현실 세계의 위험은 다른 사람들에게나 일어나는 일인 것처럼 여기며 일종의 동화 속 물거품 안을 여행한 것이라고 말했다. 비록 안데르센은 최악의 시나리오를 생각하는 것을 좋아하고 극의 재미를 위해서라면 긴장감을 고조시키는 데도 주저함이 없었지만, 그런 위험이 의도한 만큼 실제적이거나 위험하리라고는 믿지 않았을 것이다. 그게 아니라면 그런 위험에 대한 타고난 면역력을 직감했을지도 모른다.

『진실한 내 인생 이야기』에서 안데르센은 콘스탄티노플에서 빈까지 다뉴브강을 거슬러 올라가기로 한 일(약 1300킬로미터의 여정)을 언급하며, 자신의 기이한 용감함에 대해 한 가지 설명을 내놓는다. "나는 용감한 사람 축에는 끼지 못한다. 특히 작은 위험에도 두려움을 느낀다. 하지만 큰 위험 앞에서는 얻을 수 있는 게 있다면 의욕이 생겨나고 그 의욕은 해마다 점점 더 확고해진다. 심장이 떨리고 두려운 마음이 드는 것은 어쩔 수 없지만, 그렇게 하는 게 맞다고 생각하면 그렇게 하고야 만다. (…) 내게는 이 나라의 내륙을 둘러보고 다뉴브강의 최대 폭을 횡단하고 싶은 열망이 있다. 내 안에서 두 자아가 싸웠다. 최악의 상황이 일어날 것 같은 생각이 들었고, 초조한 밤이었다. (…) [하지만] 결심이 선 순간부터 나는 하느님의 섭리에 모든 것을 맡겼고 내 운명에 침착하게 뛰어들었다."

이 케케묵은 운명론도 안데르센의 대담한 여행 결정을 설명해주긴 하지만, 이걸로는 왜 안데르센이 애초에 이 위험을 감수하려고 했는지를 해명하지 못한다. 신기하고 이국적인 경험이라면 분명 몰타와 아테네, 콘스탄티노플에서도 충분히 했다. 그런데 모든 것을 걸고서까지 이 여정을 고집했던 이유는 뭐였을까?

혹시 남자다움을 과시해야 하는 엉뚱한 부담감 때문에 훨씬 더 위험한 영토에 들어가 더 큰 위험을 감수하려 했던 것일까? 안데르센은 자신이 덴마크 동료들, 특히 동료 작가들보다 더 먼 곳을 여행하고 있다는 사실을 좋아했고, 따라서 고국으로 돌아가면 모두에게 자신이 본 놀라운 것들을 말해줄 수 있다는 데서 쾌감을 느꼈다. 이 여행은 안데르센에게 크나큰 영광을 안겨줄 수 있었다. 실제로, 그는 헨리테 콜린에게 보내는 한 편지에서 다음과 같이 자랑했다. "프로이센의 카를 공주가 시칠리아섬에 있었네. 몰타를 묘사한 내 글을 읽고 그곳에 방문하게 되었다는군."

하지만 안데르센이 특히 감명을 주고 싶었던 사람은 누구였을까? 분명 그를 여성스러운 멋쟁이라고 비웃었던 헤이베르와 문학평론가들에게 보여주고 싶은 마음도 있었을 것이다. 이 모습을 보면 그들도 안데르센이 어떤 사람인지 확실히 알 터였다. 또한 안데르센은 평생 동안 콜린 가족을 감명을 주기 위해 무슨 일이든 했지만, 그중에서도 최고는 요나스 콜린의 셋째인 에드바르였다. 에드바르의 의견은 오랜 세월이 흐른 후에도 변함없이 가장 중요했다.

안데르센의 인생에서 변치 않는 사랑은 제니 린드도, 바이마르의 카를 알렉산더 대공세자도 아닌 에드바르였다. 1840년경 에드바르가 마음이 넓은 헨리테와 결혼해 안데르센의 열정을 한풀 꺾어놓았지만, 그럼에도 에드바르는 여전히 이루지 못한 사랑의 진원지였다.

안데르센은 1827년 헬싱외르의 학교에서 코펜하겐으로 이사했을 때 처음 에드바르를 알게 되었다. "자네 안의 무언가가 일찍이 나를 끌어당겼네." 안데르센은 에드바르에게 이렇게 썼다. "자네에겐 내가 존경하고 매력을 느낄 만한 것이 많았지. 자네도 내게 관심을 표현했고, 이 관심이 점점 더 커지기를 나는 바랐네. 자네를 친구로 삼고 싶었지. 이 세상에서 몇 안 되는 사람만이 얻을 수 있는 그런 친구 말이야."

안데르센이 에드바르에게서 얻고자 했던 우정이 어떤 것이었는지는 엄청난 추측을 불러일으킨다. 많은 덴마크 안데르센 학자는 이 둘의 관계를 형제애로 그렸다. 하지만 안데르센이 오랜 세월 동안 쓴 수많은 편지에서 드러나듯이, 그는 후원자의 아들을 깊이 사랑했다. 에드바르에게 보내는 한 편지에서 안데르센 자신은 두 사람의 관계를 가족애 이상으로 묘사했다. "내 사랑하는 에드바르! 오, 내 자네를 얼마나 생각하는지! 그래, 나는 자네가 참 좋아! 형제 그 이상으로!"

충실한 데다 점잖고 내가 보기에는 엄청 따분했던 남자 에드바르는 완강하게 화답을 거부했다. 안데르센은 한때 에드바르에 대해 이렇게 썼다. "애정으로 가득 찬 나는 영혼을 다해 그에게 내 자신을 내던졌고, 그는 아랑곳하지 않은 채 침착하고 실제적으로 일상의 업무를 계속했다." 에드바르는 상류층 계급과 교육의 전형적인 산물이었다. 그의 자족적이고 체계적인 삶의 방식은 안데르센의 풍부한 감상주의와 정반대였지만, 그럼에도 안데르센은 그의 마음을 얻으려고 애쓰는 자신을 막을 수 없었다.

안데르센의 동성애를 입증할 증거는 에드바르에게 쓴 편지에서 어렵지 않게 찾을 수 있지만, 사실 안데르센의 감정은 육체적 욕망만큼이나 애정과 사랑을 갈구하는 절실한 마음에도 깊은 뿌리를 두고 있었다. 1830년대 초에 쓴 편지들을 보면 에드바르의 마음을 돌리기 위한 온갖 수법이 총동원되어 있다. 갈망하는 마음을 단순히 서술하는 내용에서부터("내가 자네를 얼마나 갈망하는지, 사랑하는 에드바르. 진심으로 자네와 이야기를 나누고 싶네. 시가 있는 그 방에서 단둘이 우정을 나누고 싶어") 신중하게 행동하리라는 약속들("내 말 잘 들어보게. 나는 자네를 무척 좋아해. 아마 자네가 생각하는 것보다 더 좋아할 거야. 내 영혼을 다해 자네를 원해. (…) 두려워할 것 없네. 내가 입이 가벼워도 나 자신과 관련된 일에는 그렇지 않으니까. (…) 내 진심을 모두 자네에게 털어놓을 수 있다면 얼마나 좋을까"), 억제하지 못한 심통("내가 이렇게 화를 내는 건 자네가 처음이네! 이만큼 나를 아프게 하고 눈물 흘리게 하는 사람은 자네밖에 없어. 하지만 내가 이렇게나 사랑하는 사람도 자네뿐이지")에 이르기까지 다채롭다.

안데르센은 1833년 에드바르가 약혼을 발표했을 때 그 뜻을 알아차렸지만, 축하 편지에서조차 자기 연민이 서린 열변을 토해 냈다. "자네는 내게서 하루하루 멀어져가지만 (…) 나는 자존심에 굴복한 채 자넬 사랑하고 말아! (…) 자네는 나의 어떤 면이 마음에 들지 않는 거지? (…) 부디 잘 살기를 바라네! 새로운 자리에서 많은 친구를 사귀게 되겠지만 나만큼 자네를 사랑하는 사람은 없을 거야."

에드바르는 안데르센 팬들에게 문제의 원흉으로 인식되지만(안데르센 사후 그의 글들을 독단적으로 편집한 것이 주된 이유다. 에드바르는 안데르센의 글에서 남자에 대한 애정이 드러나는 부분을 모두 지워버렸다) 그의 마음이 이해되지 않는 것도 아니다. 안데르센의 사랑에 부응하기 위해 에드바르가 할 수 있는 최선은 그에게 실질적인 도움을 주는 것이었고 실제로 그렇게 했다. 예를 들어 초창기에는 시 낭독회를 시작하기에 최적의 시기가 아니라고 충고를 하기도 했다. "단 한 편의 시를 주구장창 낭독할 생각이라면 난 떠나겠네!" 그가 안데르센에게 한 말이었다. 나중에는 안데르센의 경제 사정을 돌봐주며 심지어 복권도 사주었고(안데르센은 평생 복권을 한 끝에 1873년에 50리그스달레르에 당첨되었다),

후속작들에서 교정자로 활약하며 1846년의 자서전을 필사한 뒤 편집했다. 에드바르는 실제로 안데르센보다 세 살 어렸지만 거의 아버지 같은 역할을 하며 『햄릿』의 폴로니우스처럼 충고와 책망을 자주 해 안데르센을 짜증스럽게 했던 것으로 보인다. 그는 안데르센의 가장 냉정한 비평가였다. 암탉이 미운 오리 새끼에게 "내가 가혹한 현실을 말해주는 건 다 네가 잘되길 바라기 때문이야. 이런 친구가 바로 진정한 친구야"라고 말하는 장면을 쓸 때 안데르센은 분명 에드바르를 염두에 두고 있었을 것이다.

가혹한 현실을 말해주는 것은 에트바르의 전문 분야였고 「아그네트와 남자 인어」와 『무어인 소녀』에 대한 그의 비평에서도 이런 면모가 드러나지만, 안데르센도 친구의 필요에 특별히 민감했던 것은 아니었던 듯하다. 에드바르의 첫아이인 딸이 사망했다는 소식을 들었을 때 안데르센은 이 비극을 에드바르 개인의 슬픔으로 돌리려고 애썼다. 에드바르가 생일 축하 인사를 보내지 않자 자신이 에드바르의 슬픔을 나눌 수 없는 사람이고 모욕을 당했다고 느꼈기 때문이다. 그는 요나스에게 다음과 같이 썼다. "에드바르가 슬플 때 위로를 바라는 친구 중에 제가 없다는 사실이 안타깝지만, 아마도 이 슬픔이 누그러지면 저를 기억하고 몇 마디 말이라도 적어 보내겠지요."

몇 년 뒤 에드바르가 두 번째로 아이를 잃는 참담함을 겪었을 때 안데르센은 몇 주 뒤에 방문해 그 무렵 지은 「어머니 이야기」를 들려주었다. 죽은 아이의 영혼을 찾으러 원정을 떠나는 한 어머니의 이야기로, 눈치 있는 선택은 아니었다. 결국 에드바르의 아내 헨리테가 눈물을 흘렸고 안데르센은 낭독을 멈추라는 요청을 받아야 했다.

두 사람의 관계에 전환점이 찾아온 것은 1831년 안데르센이 독일로 처음 여행을 간 뒤 에드바르에게 필사적으로 애원을 하는 사생결단의 편지를 썼을 때다. 편지는 대명사에 관한 내용이었고 그 쓰라린 결과는 몇십 년 후까지 시끄럽게 이어졌다.

덴마크어는 프랑스어처럼 '당신'을 지칭하는 대명사가 두 가지다. 정중한 'De'와 허물없는 'Du'다. 오늘날에도 더러는 'De'가 사용되지만(예를 들어 은행 같은 기관들은 고객을 호칭할 때 'De'를 쓴다. 그리고 덴마크 사람들은 영국인이 'De'를 사용하는 걸 좋아한다) 대화에서는 거의 사용되지 않는다. 하지만 1831년 당시에는 이 중 어느 것을 사용하느냐에 따라 개인적인 친밀도가 완전히 달랐다. 가난한 집에서 태어난 건방진 시인과 재무부 장관의 아들 사이의 관계에서는 이 대명사들이 계급 구분, 상호 존경의 의미를 내포했고 안데르센의 입장에서는 사랑의 상징이 되기까지 했다.

"모든 면에서 내 진정한 친구라고 할 수 있는 사람은 이 세상에 자네 한 사람뿐이니 부디 늘 나에게 그런 친구가 되어주게, 사랑하는 에드바르. 내게 필요한 건 솔직한 마음일세." 안데르센은 이렇게 썼다. "자네에게 중요하게 부탁할 게 있네. 자네는 아마 비웃겠지만 언젠가 날 정말 기쁘게 하고 싶다면, 날 존중하는 마음을 진정으로 보이고 싶다면, 내가 그럴 만한 가치가 있다면, 오! 제발 화내지 말고, 날 'Du'라고 불러줘! 서로 얼굴을 맞댄 상태에서 이런 말을 할 순 없으니 외국에 있을 때가 절호의 기회지. (…) 또다시 이런 부탁을 하지는 않을 걸세. (…) 혹시 화 났나? 자네는 이 자리에 없어서 모르겠지만 이 편지를 쓸 때 내 가슴은 사정없이 쿵쾅댔다네."

안데르센은 고통스럽게 답장을 기다렸다. 답장은 곧바로 왔다. 둘 사이의 거리를 필사적으로 유지하고 싶었던 에드바르는 자 신이 분명하게 설명할 수 없거나 설명할 준비가 되어 있지 않았 던 이유를 대며 그 의견에 맞섰다. "사람들은 저마다 선천적으로 반감을 느끼는 사소한 것들이 있네. 내가 아는 어떤 여자는 포 장지를 너무 싫어해서 포장지만 보면 몸이 아팠다네. 그런 걸 어 떻게 말로 설명하겠나? (…) 어째서 우리 관계에 이런 변화가 필 요하지? 우리가 얼마나 친한지 남들에게 보여주려고? 하지만 그 런 건 필요하지도 않고 우리 중 누구에게도 중요한 일이 아니네. (…) 이 이야기는 더 이상 꺼내지 않기로 하지. 이런 말을 주고 받은 일조차 잊었으면 하네."

안데르센에게는 가당치도 않은 소리다.

낡은 신발을 물고 늘어지는 테리어견처럼, 안데르센은 에드바 르에게 보내는 편지는 물론이고 다른 사람들에게 보내는 편지 와 자신의 일기, 심지어는 작품에서까지 'Du와 De' 문제를 걸 고 넘어진다. 1833년, 이렇게 호들갑을 떤 데 대해 약간 후회하 는 마음이 든 안데르센은 다음과 같이 썼다. "서로를 'Du'라고 부르자던 내 철없는 요청에 자네가 응하지 않은 건 지금 생각하 면 참으로 적절한 처사일세. (…) 이 문제로 종종 눈물을 흘렸고 자네가 생각하는 것보다 더 슬펐지만, 그게 옳은 일은 아니었음을 이제 분명히 깨달았네." 하지만 에드바르에게 자신의 최근 시집을 보냈을 때 안데르센은 그와 친밀해지고 싶은 소망을 다시 한번 분명히 했다. "우리는 서로의 영혼과 생각을 깊이 알고 있고 기쁨과 아픔을 나누며 서로를 충실한 마음으로 대하네. 하지만 입술에서는 정중한 'De'가 흘러나오지."

1835년 안데르센은 이 주제를 거론하는 편지를 또다시 썼다. "그 순간 그 어떤 차가운 'De'도 우리 사이를 끼어들지 못하네. 내가 'Du'라고 말하면 자네 입술이 내세에 처음 내는 소리처럼 똑같이 내게 화답하지. 아아, 내가 부유하다면 우리 둘이 이탈리아로, 내가 전혀 즐기지 못했던 멋진 이탈리아로 날아갈 텐데. 아아, 단 한 달 만이라도 우리 둘이 그곳에서 함께 지낸다면 얼마나 좋을까! 에드바르, 내게는 젊은 친구가 많지만 그 누구도 자네만큼 사랑하지는 않네."

다행히 이 편지는 부치지 않았다. 그런데 불행히도 얼마 지나지 않아 다음과 같은 편지를 보내고 말았다. "자네가 무척 그립네. 지금 이 순간, 나는 검은 눈으로 열렬한 눈짓을 하는 사랑스러운 칼라브리아 소녀처럼 자네를 갈망하고 있다네. 내게 형제가 없지만 있었다 해도 자네만큼 그를 사랑하지는 못할 거야. (⋯) 하느님께서 자네를 무척 가난한 사람으로, 나를 부유하고 실력이 뛰어난 귀족으로 만들어주면 좋겠네. 그럼 난 자네를 수수께끼로 인도하고 자네는 날 지금보다 더 소중하게 여길 테니까. 아아, 영원한 삶이란 존재할까. (⋯) 그곳에서 우리는 서로를 이해하고 아끼는 법을 알 텐데. (…) 그곳에서 우리는 평등할 텐데."(실제로 이 소원은 안데르센이 말년에 큰 부를 얻고 에드바르의 자식들에게 집을 사도록 거액의 돈을 빌려주면서 일부 실현되었다.)

'De와 Du' 문제는 안데르센이 당시 쓰고 있던 자전적 소원 성취 소설 「오덴세 감옥」에서 영원한 생명을 얻었다. 소설의 두 주인공 오토와 빌헬름은 기본적으로 안데르센과 에드바르를 상징한다. 여기서는 오토가 'Du'를 쓰는 데 주저하고 빌헬름은 아무렇지 않게 이를 사용한다. 그러다 두 사람이 가장무도회에서 만난다. 빌헬름은 여자 옷을 입고(에드바르는 분명 이 대목을 읽고 뭔가가 잘못됐다는 생각을 했을 것이다) 자신의 정체를 모르는 오토에게 다가가 그 품에 자신을 내던진다. "미인이 자신을 끌어안고 뺨을 부비자 그의[오토의] 뺨이 빨갛게 달아올랐다. (…) 오토는 열병에 걸린 것처럼 가슴이 뛰었다. 온몸에 뜨거운 피가 흘렀다. 미인을 밀쳐내봤지만 그녀는 계속 그를 애무하며 옭아매었다. (…) 빌헬름이 키스했던 일을 입 밖에 꺼내지 않았지만 오토는 그 일이 머릿속에서 지워지지 않았다."

15년 후인 1846년에 안데르센은 「그림자」에서 한 번 더 'Du와 De' 논쟁의 불씨를 지핀다. 여기서 에드바르의 역할은 그림자다. 그림자는 에드바르가 편지에 썼던 내용을 거의 그대로 이야기하며 친근한 'Du'를 사용하게 해달라는 희생양의 간청을 거절한다. "어떤 사람들은 회색 종이만 만지면 병이 나죠. 당신이 나를 친근하게 부를 때마다 나도 똑같이 그런 느낌을 받아요." 그림자는 이렇게 설명한다.

30년 후에도 여전히 안데르센은 이 문제를 지겹게 떠들었지만, 에드바르는 친밀한 'Du'를 사용하도록 절대 허락하지 않았다. 에드바르의 아들 요나스를 겨우 설득해 당시 함께 간 외국 여행에서 그 호칭을 사용하도록 한 것이 그나마 작은 위안이었다.

대신 안데르센은 에드바르의 편지에 어쩌다 적혀 있는 약간의 격려를 읽으면 그대로 덥석 물고 봤다. 이런 일은 대개 안데르센이 여행 중이라 안전 거리를 유지할 수 있을 때 일어났다. 1841년 안데르센이 콘스탄티노플에서 쓴 편지를 받은 에드바르는 그곳이 얼마나 먼 곳인지 알고 흡족해했다. "자네가 그토록 용감무쌍한 여행가일 줄이야! 자네처럼 그렇게 먼 여정을 헤쳐나갈 수 있는 사람은 많지 않네. 설령 그런 용기를 내지 못했다 하더라도 최소한 굳은 의지라도 보여준 것이니 마찬가지로 훌륭한 일이지. 자네에게 알랑거리지 않는 충직한 친구들도 그 점을 기꺼이 인정해줄 걸세."

안데르센에게 에드바르가 얼마나 중요한지는 그 편지를 받은 날인 1841년 6월 28일에 쓴 일기 메모에 나타나 있다. "콜린 가족으로부터 두 통의 편지를 받았다. 너무나 사랑이 넘치고 더없이 행복을 주는 내용이어서, 여행 중 가장 행복한 저녁을 보냈다. 나는 편지를 최소 여섯 번이나 읽었다."

다뉴브 여행에 많은 위험과 불편, 역경, 비용이 뒤따르더라도 이 몇 줄의 찬사를 위해서라면 감수할 가치가 있었다.

결국 안데르센이 콘스탄티노플에서 수없이 밤잠을 설치고 고민했던 두려움과 위험은 대부분의 경우 이 귀국 여정에서 현실화되지 않았다. 불가리아 니코폴에 있는 강에서는 중무장한 타타르족이 승선해 자신과 동료들이 공격을 받았고 현재 동료들은 납치 상태라고 전하는 한편 투르투칸에서는 발칸반도 반대편에서 봉기와 죽음이 휘몰아치고 있다는 소식을 전해 듣지만, 대학살이나 혁명도 이 여정을 가로막지 못한다.

이스탄불에 도착하기에 앞서 나는 조사를 통해 이스탄불에서 루마니아의 흑해 항구 쿠스텐드제(오늘날의 콘스탄차)까지 가는 페리선이 지금은 존재하지 않는다는 사실을 알게 되었다. 안데르센은 이 항구에서 마차를 타고 다뉴브강까지 갔다. 이 페리 서비스는 지난해 여름에 운항을 중단했기 때문에 현재로서 내가 강 유람을 시작할 콘스탄차까지 갈 수 있는 최선의 방법은 이스탄불에서 침대 칸이 없는 18시간짜리 야간 기차를 타고 루마니아 수도 부쿠레슈티까지 간 다음 또다시 3시간짜리 콘스탄차행 기차에 몸을 싣는 것이었다. 그다지 기대되는 방법은 아니었다.

이렇게 하기로 결심한 나는 배편을 이용해 콘스탄차 방향으로 최대한 멀리 가볼 요량으로, 흑해만큼이나 먼 보스포루스 해협을 항해하는 오후 유람선까지 타보았다. 이 유람선이 보스포루스 해협 어귀에서 선회해 다시 회항한다는 것은 잘 알고 있었다. 하지만 이스탄불에서는 놀라운 일이 끝없이 일어난다는 사실까진 생각하지 못했다. 부쿠레슈티에서 머물 곳을 찾기 위해 루마니아 관광청 웹사이트를 검색하던 중 나는 갈라타교 근처에 있는 오래된 항구 건물들부터 콘스탄차까지 가는 직항 페리 서비스가 바로 이번 주에 재개된다는 사실을 기적적으로 찾아냈다.

페리는 이번 주 토요일 밤 10시에 출발해 이튿날 아침 9시에 도착할 예정이었다. 내 다뉴브강 여행을 책임질 배는 다음 주 토요일에 출발하므로 생각보다 더 오래 콘스탄차에 머물게 되겠지만, 그래도 불가리아 횡단 3등 열차에서 절도 또는 그 이상의 위험을 두려워하며 18시간을 경직된 채 누워 있어야 하는 것에 비하면 큰 발전이었다.

이 페리 정보를 알게 된 것이 4월 2일이었는데, 그날이 바로 안데르센의 199번째 생일이었다. 왠지 안데르센이 나를 지켜보고 있는 것 같은 느낌이 들었다.

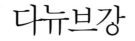

9장

다뉴브강

Danube

———

페리선이 고색창연한 오랜 항구 건물들이 늘어선 페라의 강
둑에서 서서히 멀어지자, 나는 이스탄불을 마지막으로 한 번 더
보기 위해 갑판 위로 올라갔다. 저녁은 따뜻하고 고요했다. 갈매
기들이 갈라타 탑의 고깔 모자형 지붕 위를 선회했고, 톱카프 궁
전의 어두운 성벽과 그 너머의 투광조명 속 첨탑들 부근에서 새
파란 하늘을 배경으로 불꽃이 터져나왔다. 마치 연달아 점화지
에 불을 붙인 것처럼 아시아의 하늘이 폭죽을 터트리며 만화경
을 펼쳐내고 있었다. 이렇게까지 해줄 필요는 없는데.

페리선의 둥근 창밖으로 꼬마전등이 밝혀진 화려한 궁전들과
19세기 목재 여름 별장(보스포루스 해협의 대저택)들이 스쳐 지나
가는 동안, 나는 다른 승객 몇 명이 여권을 보여주기 위해 모여
있는 대합실로 이동했다. 스카이콩콩에 매달아놓은 감자 포대처
럼 바에 걸터앉아 있는, 몸집이 큰 중년 후반의 남자 옆에 앉았
다. 곁눈질로 슬쩍 보니 노란 코르덴 바지와 파란 새발격자무늬
스포츠코트, 그리고 비져나온 뱃살에 단추가 터질 것 같은 줄무
늬 셔츠를 입고 있었다. 와인 잔 옆에 놓은 지갑은 셔츠만큼이나
안이 두툼하게 채워져 있고, 금색과 백금색 날개가 달린 닭을
즉석에서 갈라 요리해놓은 것처럼 바깥쪽으로 벌어져 있었다.

명함에 적힌 이름(앨러스테어라고 해두자)을 볼 필요도 없이, 부유한 영국인에 상류층 자제들이 다니는 기숙학교를 나왔고 대화거리를 한두 개쯤 갖고 있으리라는 것을 알 수 있었다.

내가 와인 한 잔을 주문하자 그가 물었다. "아, 영국인이에요? FO 직원 맞죠?" 나는 고개를 돌려 그의 얼굴을 봤다. 혈색 좋고 통통한 구체 위에 기름기가 좔좔 흐르는 회색 헬멧이 올려진 모양새였다.

"네, 안녕하세요. 그런데 FO가 뭐죠?" 내가 말했다.

"외무부 말입니다. 여기에 직원이 꽤 있죠." 그가 애매하게 말했다. 어쩐지 그레이엄 그린의 소설 속 한 장면으로 걸어들어온 기분이었다.

앨러스테어는 자신도 외무부 직원이라고 말했지만 신상 정보가 피상적이었다. 이스탄불에는 고문 자격으로 왔고 터키에 공장을 둔 어떤 영국 회사의 '특허권 침해 문제' 해결을 돕고 있다고 했다. 그것은 법률 상담이 될 수도 있고 위험천만한 일이 될수도 있었다. 그는 도박이 허용되는 부쿠슈레티로 가는 길이라고 했다. 나도 내 일을 설명했고, 우리는 잠시 한담을 나누었다. 하지만 서로 잘 모르는 사람들이 여행 중에 어쩔 수 없이 오랜시간 합석하게 되면 종종 그러듯, 한담은 곧 고해성사로 변했다.

알고 보니 앨러스테어는 골치 아픈 가정사를 피해 여행을 온것이었다. 현재 아내(네 번째 아내)에게 호되게 뒤통수를 맞은 모양으로, 아내의 술책에 넘어가 웨일스 남부 카디프에 있는 치매 전문 요양원 운영 회사 두 곳을 넘겨주었는데 자산 가치가 300만

파운드 가까이 된다고 했다. (이쯤에서 웨일스식 농담을 하고 싶었지만 욕을 얻어먹을까봐 그러지 않았다.)

"정말이지, 그 사실을 알고 미치는 줄 알았습니다. 아내가 날 옴짝달싹 못 하게 만들어놔 뭘 어떻게 해야 할지 모르겠더군요." 그가 말했다. 이 일로 그의 아내는 회사의 이사가 되었지만, 그때 내가 너무 취해서 완전히 이해하기 어려웠던 무슨 법률상의 허점 때문에 결국 앨러스테어가 아내의 목줄을 쥐게 되었다고 한다. 그는 자사의 구성체가 되는 회사(잘 따라오고 있는가?)를 취득해 카디프 회사의 주식을 수천 주 발행했고 이로써 손쉽게 '이사회'에서 캐스팅 보트를 쥘 수 있었다.

앨러스테어는 아내가 이 사실을 알기 전에 영국에서 도망쳐 나왔지만, 이 일이 아내의 귀에 들어갔음을 암시하는 잔인한 문자 메시지 몇 통을 내게 보여주었다. "나쁘다고 할 땐 언제고 날 배신해." 한 메시지의 내용이었다. "후회할 줄 알아, 이 뚱땡이 자식아." 다른 메시지의 내용이었다. 세 번째 메시지는 좀더 알쏭달쏭했다. "2년 뒤에도 그년이 함께해줄까?"

나는 이게 다 무슨 의미인지 물었다. "아, 맞습니다. 아내는 내가 외도도 했다고 생각해요. 그렇지 않은데. 어쨌거나 그런 사이는 아니었죠. 한 가지 확실한 사실은 내가 모범적인 결혼생활을 하진 않았다는 거죠."

그때 식당에 있던 몇몇 손님 중 한 명이 우리 자리에 합석했다. 터키 남자였고, 부쿠레슈티에 신발을 팔러 가는 중이라고 순엉터리 영어로 말했다. 내가 콘스탄차에 머물 예정이라고 말하자 그의 눈이 빛났다. "호텔에서 버튼을 눌러봐요. 그럼 여자를 보내줘요!" 그가 말했다. 하지만 그 말 외에는 대개 우리를 보고 히죽 웃었다.

나는 앨러스테어에게 안데르센의 여행을 핑계 삼아 덴마크에서 도망나왔다고 설명했다. "당신도 동성애 기질이 좀 있는 거 아니에요?" 그가 말했다. "그래서 당신 부인도 그러는 거죠. 내 아내 중 누구도 날 컨트롤하지 못했어요." 그가 한동안 이런 식으로 투덜거리며 몇 번인가 모욕적인 말도 무심하게 내뱉었다. "눈이 좀 몰리신 것 같은데, 그런 소리 자주 듣죠?" "바지는 뚝 딱뚝딱 밥 아저씨한테서 훔쳐온 거예요?" 그러더니 1000파운드 이내의 내 수입(혹은 부족한 수입)을 정확히 알아맞히고는 내 정치적, 종교적 신념에 대해 전반적인 가늠을 했다.

"좀 한심하시네요." 내가 참다 못해 이야기했다. 그가 잠시 머뭇거렸다. 크게 불쾌해한다기보다는 내 말이 사실인지 가늠하고 있는 듯했다.

"맞아요, 당신 말이 맞는 것 같아요. 그런 말 처음 듣는 것도 아니에요. 방금 전까지 당신 정자 수가 미심쩍다는 생각을 하고 있었는데, 맞는 말 하셨어요."

솔직히 말해서, 앨러스테어는 재미있는 말 상대였다. 신용 사기쯤은 우습게 여겼고 서슴없이 최후의 수단을 사용하는 것 같았다. 예를 들어 개인 병원이 밀집한 런던 중심부 할리가에 입성한 진실성이 의심되는 한 벨기에 의사에게 자금을 대주고 담배 꽁초가 가득 든 욕조에 환자를 들어가게 한 후 전기 충격을 받게 하는 혐오 치료법을 영국에 소개했다. ("문제는 그 자식이 환자들을 상습적으로 구타해 돈을 환불해줬다는 겁니다. 우리는 은행 입출금 내역서를 보고서야 이 사실을 알았죠.") 그런 뒤에는 가짜 심장마비 보험 사기 행각을 벌였고, 차량 정비소와 짜고 박살난 차를 용접한 일도 있었다. 앨러스테어는 1970년대 초에 텔레비전 쇼를 진행한 이력도 있었다. 처음 들어보는 프로였지만 그는 '엄청난 인기를 끈' 쇼였다고 장담했다. "정말입니다. 전속 기사가 운전하는 벤틀리도 있었던 데다, 마이클과 로저[마이클 피시와 로저 휘태커가 아닌, 마이클 케인과 로저 무어를 말하는 듯하다]와도 아는 사이였고, 트램프 나이트클럽도 갔습니다. 이런 게 끝도 없었죠. 아무한테나 물어봐요. 나를 모르는 사람은 없었으니까."

모욕적인 언사와 오만함에도 불구하고 앨러스테어를 좋아하지 않기란 힘들었다. 그는 솔직할 뿐 아니라 카리스마가 있었다. 또 자신의 약점을 아주 잘 알고 있었고 적당히 아부를 떨 줄도 알았다. 나보고는 젊은 시절의 자신처럼 '터키 청년' 같다고 했다. "당신은 볼수록 호감이 가는군요." 그가 말했다. "당신한테서 헤밍웨이 부류의 느낌이 나요. 내 장담하는데 거기도 튼실할 겁니다." 또한 고맙게도 내 안녕을 걱정하며(내가 잘못 이해한 게 아니라면) '차량 정비소를 개업하거나 자비 출판사를 시작해보라'고 조언했다. "부인이 알지 못하게 자신만 쓸 수 있는 부수입원을 마련해둬요."

우리는 터키산 샤르도네를 몇 갤런 넘게 마신 후에야 비틀거리며 객실로 돌아갔다.

안데르센은 이 여행 구간에서도 특이한 영국인을 만났는데, 이탈리아에서 만난 영국인보다 더 기분 좋은 사람이었다. 바로 소설가 윌리엄 해리슨 에인즈워스의 사촌인 윌리엄 프랜시스 에 인즈워스로, 그와 안데르센은 다뉴브강을 거슬러 부다페스트로 가는 길에 좋은 친구가 되었다. 콘스탄차 해변을 함께 걷고 신기 한 돌을 주웠으며, 오스트리아와 헝가리 국경에 이르러서는 아 시아에서 오는 모든 여행객을 대상으로 10일간의 격리 조치가 시행되자 같은 방에서 함께 책을 읽으며 때를 기다렸다.

안데르센은 여행 중에 만난 모든 귀족에게 그랬듯이 에인즈워 스에게도 그를 기억할 만한 내용을 스크랩북에 써달라고 부탁했 다. 에인즈워스는 안데르센이 저명한 인물들의 이름 수집을 좋 아한다는 사실을 알아차렸다. 스크랩북에는 이미 토르발센과 하 인리히 하이네, 멘델스존이 올라 있었고 앞으로 수십 년간 찰 스 디킨스와 당대 최고의 프랑스 여배우 라셸, 프랑스 여류 작 가 조르주 상드, 독일 음악가 로베르트 슈만, 당대 영국 수상인 파머스턴 경, 프랑스 작가 알렉상드르 뒤마, 빅토르 위고를 포함 한 많은 이름이 오를 예정이었다. (훗날의 여행 회고록 『스페인 방문 기』(1862)에는 유명 인사 전문 스토커 안데르센이 유명인의 치아를 수 집하는 한 남자를 만나 부러워하는 일화가 나온다. "그가 완성한 '치아 앨범'에는 오래전에 처형된 노상강도의 치아, 잘 알려진 가수의 치아, 토 마스 수말라카레기 장군 이발사의 치아 등이 포함되어 있었다. 적어도 인물들의 직업과 신분이 천차만별이었다.")

에인즈워스는 스크랩북에 다음과 같이 썼다.

1841년, 예수의 승천일, 오르소바.

이토록 뛰어나고 걸출한 인물들 사이에 내 미천한 이름을 올리는 것은 헛되고 헛된 마음이 아닐 수 없지만, 안데르센 씨처럼 쾌활하고 마음씨가 따뜻할 뿐 아니라 지식 또한 사랑하는 분께 이런 요청을 받으니 기쁘고 뿌듯하다.

윌리엄 에인즈워스.
그리스도교 지식보급회Society for Promoting Christian Knowledge와 런던왕립지리학회Royal Geographical Society of London에서 파견한 쿠르디스탄Kurdistan* 탐험대의 책임자로 얼마 전 임명됨.

1846년, 안데르센의 명성이 영국에까지 퍼지자 에인즈워스는 『리터러리가제트The Literary Gazette』로부터 두 사람의 만남에 대한 짧은 글을 써달라는 요청을 받았다.

시인 안데르센의 모습이 아직도 생생하다. [그는] 키가 큰 젊은이로, 호감을 주는 외모에 피부가 창백하고 그러면서도 어딘가 섬세함이 느껴졌다. 또한 갈색 머리에 오똑한 콧날과 뚜렷한 이목구비를 갖추고 있었고, 살짝 구부정한 걸음걸이에 정신이 딴 데 팔린 사람처럼 가만가만 걸었다. 대화할 때는 다정하고 발랄했지만

• 터키, 이란, 이라크에 걸친 산악·고원 지대.

가만있지를 못하고 정신이 팔려 있었다. 태도가 무척 소탈하지만 다른 면에서는 자신감이 넘쳐서 어떤 때는 존경스러웠고 또 어떤 때는 호기심이 일었다. (…) 우리는 열흘 사이에 부쩍 가까워졌다. 나는 불법 감금된 상태에서 이토록 기분 좋고 모든 면에서 너무나 신사적인 동무를 얻게 된 것을 행운으로 여기며 무척 기뻐했다. (…) 늘 쾌활하고 다정했지만 그럼에도 가벼운 언행이나 경솔한 행동은 전혀 하지 않았다. 우리는 오전에는 각자 글을 썼기 때문에 점심시간이 될 때까지는 잘 만나지 않았다. "이 헝가리 수프가 어떻게 만들어지는지 아는가?" 어느 날 그가 물었다. 내가 요리에는 문외한이라고 털어놓자마자 그가 대답해줬다. "고기가 보관된 저장고에 일주일간 물을 놓아둬서 만들지." 격리 기간에 식탁에 올라온 그 수프는 분명 무척 귀한 음식이었을 것이다. 안데르센 씨는 천성적으로 마음이 독실한 사람이었기 때문에 안식일을 철저하게 지키며 그날에는 서류를 옆으로 밀쳐둔 채 아무 일도 하지 않았다. 그는 격리 기간 중 안식일 아침을 떠들썩하게 보내는 일부 왈라키아인[현대의 루마니아인]들을 보고 이렇게 말했다. "이 사람들은 제일 좋은 옷을 입으면 그날이 일요일이라고 생각한다네." 어느 날 저녁, 심한 천둥을 동반한 폭풍이 몰아쳤다. "나는 천둥을 두려워하는 마음은 미신이니 경멸하라고 배웠어. 대신 하느님의 선하심을 느끼고 감사하라고 배웠지." 그는 기이할 정도로 태연하게 말했다.

이는 내가 상상했던 안데르센과 정확히 일치하는 모습이다.

다정한 데다 잠시도 가만있지 못하며 특유의 자신감에 따른 '태연함'이 몸에 배어 있다. 또한 이 글은 안데르센에게 거부할 수 없는 매력이 있었음을 확인시켜준다. 사람들은 그에게 호감을 느꼈다. 하지만 그의 동화에서는 때때로 신경을 거슬리게 하는 요소, 즉 고압적인 경건함 또한 분명히 드러난다.

에인즈워스는 안데르센이 여행할 때 얼마나 쉽게 병에 걸리는지에 대해서도 이야기한다. "불행히도 안데르센 씨는 마차가 불시에 덜컹거리기만 해도 몸이 불편해지는 허약 체질이라서, 2킬로미터를 채 가기도 전에 그 자신도 어쩌지 못하고 [목욕탕에] 가던 길을 포기한 채 걸어서 돌아갔다." 나중에는 안데르센의 출세 기술에도 선망의 눈길을 던진다. "헝가리의 페스트 지구에서는 그의 얼굴을 보기 힘들어졌는데, 그는 인사를 다니느라 바빴지만 나는 그저 지나가는 철새에 불과했기 때문이다."

안데르센이 무척 기뻐할 만한 일은 에인즈워스가 나중에 그가 그린 춤추는 데르비시 그림들을 자신의 저서에 사용한 것이었다(그림들은 이 저서의 뒤표지에도 등장한다). 안데르센의 그림에 대해서는 앞서 몇 번이나 언급한 바 있다. 나는 다양한 광경을 추적하는 데 도움을 얻고자 안데르센이 여행 중에 그린 스케치의 복사본 몇 장을 배낭에 챙겨 다녔다. 실제로 그는 재능이 뛰어나고 표현력이 좋은 데생 화가였지만, 정식 교육을 받지 않아 스타일이 당대의 예술적 관례와 완전히 불협화음을 이루었다. 내 눈에는 좋은 의미에서 약간 자폐증의 기미가 엿보이는 이 그림들은 지금에야 그 자체로서 예술작품으로 인정받고 있다.

안데르센은 1831년 독일에 처음 여행을 갔을 때 그림을 그리기 시작해 1833~1834년에는 프랑스와 스위스, 이탈리아 등지를 여행하며 150점에 이르는 드로잉을 그렸다. "나도 모르는 사이에 손에 쥔 연필이 움직이며 일기장에 아주 멋진 그림을 스케치해 나갔다. 나는 한 시간의 교육도 받지 않고 데생 화가가 되었다." 그는 이렇게 썼다. 안데르센의 그림은 대개 우편엽서 크기를 넘지 않는 작은 종이에 스케치돼, 나중에 잉크로 덧그려졌다. 그는 주로 나중에 글로 묘사할 장면을 담는 데 그림을 이용했지만, 기존 그림을 따라 그리기도 했다. 이 동방 여행에서도 브라이텐부르크성, 데르비시, 오르소바의 검역소, 강 풍경, 아테네와 콘스탄티노플 광경 등을 그림으로 남겼다.

안데르센의 예술가 친구들은 이런 순진무구한 낙서를 멸시했다. 안데르센이 화가 옌스 아돌프 예리샤우에게 자신은 그림 교육을 받은 적이 없다고 자랑하자 예리샤우는 이렇게 답했다. "그래. 딱 보니 알겠군!" 카미유 피사로를 가르친 스승이자 장 바티스트 카미유 코로의 친구였던 안톤 멜뷔에는 안데르센이 비아 시스티나 하숙집의 창밖을 보고 그린 스케치를 베껴 그리며 그에게 한 수 가르쳐준 바 있다. 나는 두 그림을 모두 봤는데 안데르센의 그림이 단연코 더 좋았다. 멜뷔에의 독창성 없는 복제본에 비해 생기와 에너지가 넘쳤다.

뒤늦게 깨달은 것이지만, 안데르센의 그림에는 인상파부터 입체파까지 다양한 미술 양식이 나타나 있고 샤갈, 파울 클레, 앙리 마티스, 반 고흐 같은 화가들의 스타일도 엿보인다. 언젠가 안데르센이 로마로 가는 길에 묵었던 방의 그림은 흔들리는 의자가 놓여 있는 자신의 병실을 그린 반 고흐의 몇 년 후 그림과 놀라울 정도로 비슷했다. 신기하게도, 안데르센이 죽었을 때 스물두 살이었던 반 고흐는 안데르센 동화의 팬이었고 한번은 친구에게 이런 편지도 썼다. "안데르센의 동화가 얼마나 훌륭한지 아는가? 그 작가도 그림을 그리는 사람인 게 분명해." 또한 안데르센에게 분명 화가의 기질이 있다는 이야기를 남동생에게 남기기도 했다.

에인즈워스와 안데르센, 나머지 승객을 실은 배는 5월 6일에 루마니아 쿠스텐제에 도착했다. 도시는 30년 전 러시아인들이 튀르크족과 정기적으로 난전을 벌이는 중에 약탈당한 이후로(이 일이 1850년대 초중반에 크림 전쟁으로 발전한다) 거의 재건이 이뤄지지 않았다. "어디를 봐도 불과 몇 주 전에 무너진 것 같았다. 처참하게 반쯤 허물어진 집들이 중심가를 이루었다. 바다와 광활한 스텝 지대 외에는 아무것도 알아볼 수 없었다. 집 한 채도 성한 것이 없고, 목동이 피우는 연기 한 줄기도 없었으며 소 떼도, 살아 있는 생물도 하나 없이 온통 끝없이 펼쳐진 녹색 들판뿐이었다." 안데르센은 이렇게 쓴다.

차르나 보다의 다뉴브강까지 육로를 이용해 마차로 가려고 기다리는 동안, 이미 상황은 안데르센의 기분을 망칠 만큼 안 좋게 흘러가고 있었다. 집들은 '참혹'하거나 '쓰레기장 같고' 풍경은 '단조로우며' 주민들은 '야만인'이다. 여행자들은 물웅덩이의 물을 손수건으로 걸러 곤충들을 건져낸 후 마셔야 했다. 뿐만 아니라 아이들은 곤궁에 시달렸다. "대부분의 아이가 헐벗은 상태였다. 한 아이는 머리에 양가죽 대가리를 쓰고 있었는데, 그것 말고는 몸에 걸친 것이 없었다. 또 다른 남자아이는 아버지의 큰 카프탄을 걸치고 있었는데, 옷이 벌어져 있고 그 안에는 아무것도 입지 않은 상태였다."

안데르센에게 이 도시의 누추함과 쇠락을 말해주는 더 비참한 상징은 해안가에 널브러진 죽은 황새의 모습이다. "어떤 미신적인 생각이 내 머리를 스쳐 지나갔다(평생 미신에서 자유로울 수 있는 사람이 얼마나 될까). 나 또한 저 바다를 건너고 나면 내 인생의 경력이 끝날지도 모른다는 생각이." 그는 이렇게 쓴다.

황새는 안데르센에게 신성한 새였다. 그는 동화(특히 「황새들」)에서 이 새를 위엄과 부활, 자기 자신의 상징으로서 차용했으며, 그의 외모가 이 새와 닮았다고 밝힌 친구도 한두 명이 아니었다.

안데르센이 쓴 가장 길고 가장 야심차며 솔직히 말해 다소 황당한 동화 중 하나인 「마쉬 왕의 딸」에서는 황새 가족이 일종의 관객 참여식 그리스 합창단 역할을 한다. 이 동화에서는 이집트 공주가 죽어가는 아버지를 치료할 기적의 치료제를 찾기 위해 백조의 날개를 이용해 북쪽까지 날아가지만 늪지대를 건널 때 사악한 언니들이 백조의 날개를 잘라버린다. 늪을 다스리는 마쉬 왕에게 납치된 공주는 딸을 낳는다. 그 딸이 바로 '문제아' 헬가다. 헬가는 낮에는 아름답지만 성질이 고약한 소녀의 모습이고, 밤에는 얌전하지만 흉측한 개구리로 변한다(프로이트 이전에 인간이 지닌 이런 이중성을 밝혀낸 점이 많은 주목을 끌었다). 그러나 개구리 소녀 헬가는 이교도 바이킹족에게 붙잡힌 가톨릭 사제를 풀어주면서 느닷없이 슈퍼 영웅이 된다. 긴 내용을 짧게 요약하자면, 결국에는 황새들이 헬가와 어머니를 구출해 이집트로 돌려보내는 내용이다.

안데르센은 이튿날 에인즈워스와 조개 껍데기를 줍다가 죽은 황새를 다시 만났다. 그 옆에는 죽은 푸들이 함께 누워 있었다. "이 둘을 주인공으로 한 해공 로맨스를 써보면 어떨까 싶다. 하늘을 구경할 수는 없지만 곧 그렇게 될 것이다. 열기구가 숱하게 있으므로." 안데르센은 이렇게 쓴다.

콘스탄차는 당연히 지난 160년간 급격하게 발전했지만, 그럼에도 소비에트 시대의 호황기가 지난 지는 이미 오래였고 지금은 쓸쓸하게 쇠락해가고 있다. 항구는 낡은 크레인들이 생을 마감하러 오는 곳 같고, 도시 곳곳에서는 포장되지 않은 도로, (중심가의 으리으리한 고층 건물 단지를 제외하면) 대개는 1층짜리인 집들, 초라한 상점들의 행렬이 무법 상태의 미국 서부 같은 느낌을 풍긴다. 많은 건물에 통일성을 부여하는 것은 부지런히 집을 짓는 거미 개체군뿐이고, 전체적으로 어렴풋이 위협적인 공기가 주변을 감쌌다. 모퉁이 골목마다 자주색 나일론 추리닝 차림으로 담배를 피우며 배회하는 면도 안 한 남자들이 자리를 차지하고 있었다.

첫날이 반쯤 흘렀을 때, 콘스탄차를 방문한 많은 서양 미혼 남성처럼 내가 묵는 호텔의 직원들도 나를 섹스 관광객으로 오해할지 모른다는 끔찍한 생각이 들었다. 나는 나를 호텔 방에서 빼내, 루마니아 TV에서 나오는 「전격대작전The Persuaders」*의 재방, 삼방에서 해방시켜줄 다른 기분 전환거리를 열심히 찾기 시작했다. (나는 로저 무어와 토니 커티스 주연의 이 범죄 드라마 시리즈에 왜 이런 제목이 붙었는지 도무지 모르겠다. 내가 볼 때 두 주인공은 어떤 일을 할 때 설득하는 방법을 쓰기보다는 터틀넥을 입고 스턴트맨들과 건성으로 싸우며 백치미 여성들과 시시덕거리는 게 전부였는데.)

비가 내리면서 흑해의 인기 있는 리조트 해안가에 상쾌한 공기가 감돌았으므로 내가 할 수 있는 일은 안데르센처럼 포식을 하는 것뿐이라는 결론을 내렸다. (『시인의 바자르』에서 안데르센은 주막 주인의 이름까지 밝히며 만나는 행인마다 붙잡고 그곳을 추천한다. "음식이 무척 훌륭했다.") 나는 근처에 있는 통나무집인 섀프트펍에 갔는데, 영어 메뉴가 '꼬챙이에 꿴 젖먹이 돼지' '녹색 오이', 아리송한 '꼬챙이에 꿴 거세한 숫양', 곰 고기 등 매혹적인 설명을 달고 있었다. 음식이 나오기를 기다리는 동안 식당을 둘러봤다. 덮개 없는 난로, 사냥 전리품, 가짜 수레바퀴로 만든 샹들리에…… 잠깐! 뭔가 낯이 익었다. 그렇다. 내가 우연히 찾아 들어간 곳은 영국 패밀리레스토랑인 하비스터의 루마니아 버전이었다.

그건 그렇고, 곰고기는 말고기와 비슷한 맛이었다.

말할 필요도 없이, 이틀 후 나는 동력선 프린체신 호가 승선

• 1970년대의 영국 TV 시리즈로 1980년대에 한국에서도 방영되었다. 영어 제목을 직역하면 '설득자들'이다.

준비를 마치기 두어 시간 전에 부둣가에 도착해 해러즈 백화점의 바겐세일 사냥꾼이 된 것 같은 간절한 마음으로 출항을 기다리고 있었다. 이미 짐을 풀고 손에 칵테일을 든 채 상갑판 철책에 무심하게 등을 기대고 있을 때 콘스탄차 공항에서 출발한 어머니가 다른 승객들과 함께 도착했다.

어머니를 모시고 다니는 것은 용감무쌍한 여행작가에게는 어울리지 않는 일이다. 팀 케이힐이 아마존을 탐험할 때 모친을 모시고 갔더라면 모친은 침이 흥건한 손수건으로 그의 얼굴에서 뱀의 독을 닦아내 심각한 위기에 봉착했을 것이다. 폴 서루의 어머니는 몸이 카누에 들어가지도 않았을 것이고, 브루스 채트윈의 어머니는 사소한 거짓말도 하지 못하게 했을 게 분명하다. 일류 여행 작가들에게 어머니의 존재는 절대적으로 금기 사항이다. 심지어 어머니가 계시다고 인정하는 것조차 좀 물렁한 사람으로 비칠 우려가 있다.

다행히 나는 이 여행작가 서열에서, 일류 작가들이 야생에 나가 총으로 쏴 죽인 꿩의 털을 뽑는 여자와 이 꿩을 물어오는 사냥개 사이의 어디쯤 되었다. 게다가 다뉴브강 유람선 여행은 어머니가 오랫동안 꿈꿔온 휴가였다. 내가 이 여행을 한다는 이야기를 듣고 어머니가 보여준 애원 섞인 간청과 듣고 있기 힘들 정도로 가해진 끔찍한 정서적 협박은 나보다 훨씬 더 단호한 사람이라도 마음을 뚫기에 충분했다.

나는 노년층이 대다수를 차지하는 배에서 어머니가 유용한 '소식통'이 되어주리라는 사실 또한 일찌감치 깨달았다. 내 결정이 옳다는 것을 아는 데는 동승객들을 잠깐 훑어보는 것만으로도 충분했다. 이 4층 갑판 강 유람선(기본적으로 전통 유람선의 축소된 버전으로 새 목욕탕 크기만 한 수영장이 완비되어 있다)에서는 어디를 가나 낸시 레이건*이 프롬퀸으로 보일 만큼 연세가 지긋한 사람들뿐이었다. 상갑판을 걸을 때는 영화 「코쿤 2」**의 세트장에 온 것 같은 기분도 들었다. 의심이 갈 정도로 머리숱이 많은 노파들과 웃통을 벗고 인간 수술 자국 의학 백과사전이 된 노인들이 영화감독 레이 해리하우젠의 영화 속 생동감 넘치는 인물들처럼 갑판 의자에 늘어져 있거나 보행 보조기를 쿵쾅거리고 있었기 때문이다. 대부분의 승객이 우연히도 독일인이었고, 그래서인지 파란색과 자주색 염색, 다양한 우븐 신발, 몸이 적나라하게 드러나는 스피도 수영복이 필수로 여겨졌다. 야회복은 일반적으로 연어살색 블레이저와 1950~1960년대를 풍미한 배우 조앤 콜린스가 입었음 직한 드레스였는데, 분명 어깨 부분에 옷걸이가 여전히 걸려 있는 것 같았다.

어머니가 없었더라면 나는 스트립 클럽에 온 걸음마쟁이만큼이나 그곳에 어울리지 않았을 것이다. 어머니와 함께 있으면 최소한 부러움의 시선은 받을 수 있을 터였다. '아, 우리에게도 11일 동안 크루즈 여행을 함께 해주는 효자가 있다면 참 좋으련만.' 나는 사람들이 이런 생각을 하기를 바랐지만, 실상은 이런 것에 가

* 할리우드의 배우이자 로널드 레이건 전 미국 대통령의 영부인(1921~2016).
** 5년 전 안테리아라는 행성에 갔던 노인들이 자기네가 본래 살던 요양소에 다시 찾아오면서 벌어지는 갖가지 사건을 다룬 영화.

까웠을 것이다. '어이, 저기 노먼 베이츠* 좀 봐!' 노련한 슬라브인, 슬로바키아인, 헝가리인, 불가리아인으로 구성된 승무원들 역시 내게 의심의 눈길을 보내며, 젊은 남자가 무슨 연유로 제 나이의 두 배 이상 되는 사람들과 휴가를 보내러 온 것인지 가늠하려고 애썼다. 섹스 관광객이라는 의심을 사던 나는 졸지에 불가리아의 사워크라우트 백만장자 여성에게 덫을 놓아 처방약의 복용량을 올리려는 잠재적인 돈벌이 제비족이 된 듯 보였다.

만찬 드레스코드를 맞출 수 있도록 어머니가 세심하게 함께 챙겨온 양복을 입고 저녁을 먹으러 터벅터벅 걸어가면서 나는 속으로 생각했다. 적어도 '여자와 아이 먼저' 시나리오에서 나는 후자에 속할 가능성이 크겠다고.

사실 그 양복을 보면 내가 남의 옷을 가지고 뭐라 할 입장은 아니었다. 휴가 때 입을 옷을 정해준다는 것이 나로서는 금시초문이었지만, 어머니는 여행사 안내문을 세세한 항목까지 읽고는 다락방에서 내가 첫 사무직 직장에서 입던 양복을 찾아냈다. 헵워스 브랜드에서 당시 유행에 맞춰 만든 이 양복은 테플론처럼 반짝이는 더블 단추식의 프린스오브웨일스 체크무늬였다. 15년이 지난 지금은 소맷동이 너덜너덜하고 단추 하나가 떨어져 있었으며 소매는 의도치 않게 돈 존슨**에 대한 경의의 표시로 팔뚝 부분이 4분의 1쯤 올라가 있었다.

• 영화 「사이코」에 나오는 살인마로 어머니와 단둘이 산다.
•• 미국 드라마 「마이애미 바이스」(1984~1990)의 주인공으로 재킷 소매를 자주 걷어 올렸다.

"도대체 휴가 때 입을 옷을 정해주는 이유가 뭐죠?" 나일론 카펫이 깔린 황동 기둥 로비를 따라 대식당으로 향하면서 내가 칭얼거렸다.

"그렇게 많은 돈을 내놓고 건축 막노동꾼들 엉덩이에 둘러싸여 저녁 식사를 하고 싶은 생각은 없겠지?" 어머니가 축축한 손수건으로 내 입가에서 당신만 볼 수 있는 이물질을 닦아내며 말했다.

나는 안데르센이 자신의 어머니와 여행을 했다면 어떤 모습이었을지 궁금했다. 터무니없는 생각인 것은 알지만, 그런 상상을 통해 알려진 게 별로 없는 아네 마리 안데르센에 대해 이야기할 거리가 생긴다.

안데르센은 슬라겔세에서 첫 학기를 마친 후 오덴세로 돌아왔을 때 어머니가 "나를 보고 크게 기뻐했다"고 회상했지만, 아들의 엄청난 성공을 보고 그녀가 어떻게 느꼈는지에 대해서는 기록된 바가 거의 없다. 『진실한 내 인생 이야기』에서 안데르센은 자신의 높아지는 명성을 독자들에게 주지시키는 데 여념이 없다. "내 인생이 얼마나 놀랍도록 잘 풀렸는지 모르는 사람이 없었다. (…) 어릴 적부터 나를 봐온 아래층 병원의 어떤 노파가 손가락을 치켜세워 나를 가리켰다." 어쩌면 안데르센은 자신이 어머니를 멀리 떠나왔고 세탁부인 아네 마리가 자신의 새로운 삶을 이해해주길 바랄 수 없다는 사실을 이미 자각하고 있었는지도 모른다. 어쩌면 어머니를 부끄러워했을 수도 있고, 어머니가 새 상류층 친구들 앞에서 자신을 난처하게 할까봐 걱정했는지도 모른다.

1825년 안데르센이 오덴세로 돌아갔을 때 아네 마리는 두 번째 남편과 사별하고 구빈원에 살면서 알코올 중독이라는 파멸의 길로 빠르게 내달리고 있었다. 글을 읽을 줄 몰랐던 그녀는 종종 다른 사람들에게 부탁해 아들에게 구걸하는 편지를 썼고, 안데르센은 답장과 함께 얼마 안 되는 돈을 보내왔다. 그 외에는 어머니를 구제할 방도를 적극적으로 모색하지 않았던 것 같다. 그의 동화에 맹목적으로 헌신하는 어머니를 이상화한 표현이 많이 등장하는 이유도 어느 정도 어머니를 구제하지 못한 데 대한 죄책감을 덜기 위해서라는 느낌을 지울 수가 없다.

어머니의 죽음은 안데르센의 자서전에 자기 성찰조로 잠깐 언급될 뿐이다. "콜린 씨에게서 편지가 왔다. 내 어머니가 돌아가셨다는 내용이었다. 그 소식을 듣는 순간 생각했다. 하느님, 감사합니다! 저도 어쩌지 못한 어머니의 고통이 드디어 끝났군요. 하지만 날 사랑해주는 피붙이 하나 없이 이 세상에서 혼자가 되었다는 생각은 아무리 해도 익숙해지지가 않는다." 여기서 화제는 자신이 쓴 징슈필*에 대한 평단의 반응으로 빠르게 옮겨간다.

따라서 안데르센 모자의 관계가 무척 훌륭했다고 할 수는 없지만, 겉으로 보이는 이런 냉담한 태도가 안데르센의 인생에서 어머니 역할이 미미했음을 의미한다고는 생각하지 않는다. 안데르센은 아버지와 더 공통점이 많았지만 아네 마리와 더 가까웠다. 어린 시절에 이 섬세한 아이를 보호하기 위해 무던히 애썼던

---

* 18세기 이후 독일에서 성행한 민중 오페라 형태.

사람은 어머니였다. 그녀는 아들의 가장 중요한 보호자였고, 유년 시절을 묘사한 안데르센의 글에서도 아들을 향한 그녀의 뜨거운 사랑이 느껴진다. 아버지가 안데르센에게 문학을 알려주었다면, 아네 마리와 그녀의 세탁부 친구들은 그에 상응하는 뭔가로 안데르센의 장래 경력에 영향을 주었다. 이 소농 여인들 틈바구니에서 자라면서 들은 많은 민화가 그의 초창기 단편소설 중 다수의 근간을 이루게 되었다. 그녀들의 이야기에 나오는 트롤과 공주, 마녀와 바보, 병사와 왕 같은 환상 속 인물들은 안데르센의 작품에도 오랫동안 등장했다. 안데르센이 이 장르를 개발해 발전시키고 궁극적으로 완전히 탈바꿈시킬 수 있도록 밑거름이 되어준 셈이었다.

아네 마리는 분명 육체적으로도 대단히 강인한 여성이었다. 오덴세를 가로지는 강에서 1년 내내 다른 사람들의 옷을 빨며 생계를 꾸렸다. 날씨가 상상도 할 수 없이 추웠기 때문에 결국 가여운 아네 마리는 피를 돌게 하기 위해 진을 가까이할 수밖에 없었다.

안데르센은 자전적 요소가 강한 동화 「아무짝에도 쓸모없던 여자」에서 어머니의 비참한 인생을 각색해, 강에서 빨래를 하는 어머니에게 아들이 진 한 병을 가져다주는 일화를 그린다. "소년은 길모퉁이에서 방향을 틀어 강으로 이어지는 좁은 길로 들어섰다. 어머니는 강가의 빨래터에서 나무 방망이로 무거운 리넨을 두들기고 있었다. (⋯) 그분이 말했다. '때마침 잘 왔구나. 안 그래도 기력이 떨어졌는데. 여섯 시간이나 물가에 서 있었지 뭐니. 뭐 좀 가져왔니?' 작은 소년이 병을 꺼내자 어머니는 병에 입을 대고 조금 마셨다. '아, 이제야 좀 살 것 같네! 몸이 따뜻해지는구나!' 그분이 말했다." 결국 술을 마시다 죽은 어머니는 이웃들로부터 '아무짝에도 쓸모없던 여자'라는 질타를 받는다. 이 이야기는 안데르센의 동화 중 가장 가슴 뭉클한 이야기로, 자서전의 어느 대목보다 더 그의 유년 시절을 현실에 가깝게 그리고 있는 것 같다.

한스 크리스티안 안데르센은 병적인 심기증 및 허약한 인상과는 상반되게 어머니의 강인한 신체를 물려받았다. 그에게 체력이 있었다는 데는 의심의 여지가 없다. 그는 지구 끝까지 걸을 수 있는 올림픽 선수급의 산책자였다. 하루에 50킬로미터쯤은 아무렇지도 않게 걸었으며 『시인의 바자르』 여행에서는 풍경을 보기 위해 마차에서 내려 걸어가거나 심지어 마차 앞에서 뛰어가기까지 했다. 1831년 독일 첫 여행에서는 마르틴 루터의 탄생지에서 경의를 표하기 위해 아이슬레벤까지 77킬로미터를 걸어갔고, 1834년에는 흐느적거리는 한 마리 산양이 되어 돼지를 닮은 친구 헨리크 헤르츠보다 훨씬 더 앞에서 무릎까지 오는 화산진을 헤치고 베수비오산을 뛰어 올랐다. 1838년에는 수영 레슨을 받았고, 앞서 밝힌 것처럼 아테네에서는 말타기를 배웠다. 글에 묘사된 안데르센은 연약한 동성애자이기는커녕 거친 남자의 상징인 말버러맨처럼 보인다.

아네 마리는 (황태자가 사는 오덴세성에서 일했으므로) 아들의 무조건적인 왕족 숭배에 적어도 어느 정도는 기여한 바가 있으며,

실리적 측면에서는 돈을 대하는 생존주의적 실용주의에 영향을 끼쳤다. 그녀는 안데르센의 아버지가 죽은 후 필시 경제적 형편 때문에 또 다른 연하의 구두수선공과 재혼을 했는데(그러고는 4년 뒤 사별했다), 이 재혼으로 안데르센이 어머니에 대한 사랑을 내려놓았을 가능성이 크다.

프린체신 호에서 맞는 첫날 저녁은 많은 크루즈 여행이 그렇듯 '민속' 공연이 말미를 장식했다. 선상 여행이 계속될수록 나는 게스트 예술가의 등장을 두려워하게 되었다. 그들은 오후 늦게 평복 차림으로 이상한 모양의 악기 케이스를 들고 배에 올라탄 뒤 그날 밤 늦게 정교한 자수가 놓인 전통 의상을 입고 다시 나타나 잠깐 동안 무대를 활보하며 소리 지르고 노래를 부르면서 팁을 기대하는 제스처를 취하고는 떠나간다.

일례로 루마니아에서는 민속 예술가들이 은색 쟁반에 올려놓은 인공 닭 안에 관객이 돈을 채워넣는 게 전통이라고 우기는 바람에 다들 그대로 따랐다. 이런 행동은 당연히 고단수 연극일 뿐이었지만 독일 승객들, 적어도 저녁 8시가 넘도록 깨어 있는 사람들은 좋아하는 듯 보였다. 하지만 남자들이 치마를 입고 서로 손뼉을 치는 모습은 어쩌다 한 번 보는 것으로 족하다. "독일의 오락물과 언어, 편의시설은 동양에서 독일 한복판으로 순간 이동하는 마법이 일어난 듯한 기분이 들게 했다." 안데르센은 콘스탄차에 머무는 동안 이런 글을 남겼다. 다만 그는 좋은 의미로 이 말을 한 것이었다.

여행 첫 이틀 동안은 울창한 저지대 삼림이 수 킬로미터씩 미끄러지듯 지나가는 풍경에 지루함을 느끼지 않도록 체계적인 관광 코스가 마련되어 있었다. 첫 코스는 과대망상적일 정도로 절제미라곤 찾아볼 수 없는, 루마니아 니콜라에 차우셰스쿠 정부 시절의 청사를 직접 구경하는 것이었는데, 많은 부분이 묘하게 맨체스터의 트래퍼드센터 쇼핑몰을 연상시켰다. 가이드인 블라드가 영어로 설명해준 내용에 따르면, 한 번도 사용한 적 없는 이 국회 건물(세계에서 펜타곤 다음으로 두 번째로 큰 건물이자 루마니아의 3년 치 GDP 가치에 상응하는 건물)의 발코니에서 연설을 한 유일한 사람은 마이클 잭슨이었다. 팝의 제왕은 이 엄청난 특전을 이용해 다음과 같은 말을 했다. "반가워요, 부다페스트!"

둘째 날 관광은 안데르센이 첨탑이 스물다섯 개였다고 언급한 불가리아의 오래된 도시 비딘에서 마무리되었다. (이 무렵 '크고 아름다운' 증기선 아르고 호의 1등석을 이용하던) 안데르센은 불가리아의 일관성 없는 검역 규정에 대해 말을 꺼낸다. "비딘을 구경하고 싶은 사람은 누구나 옷과 몸에서 전염성 물질을 제거하기 위해 이 검역소에 들어가 연기를 쐬어야 한다. 배에서 헐거운 판자를 밟고 내려오는데 균형을 유지하기가 좀 힘들었다. 발판이 꽤 가파른 편이었지만, 착한 튀르크인들이 손을 잡아주며 내려오는 것을 도와주었다. 그런 뒤 곧장 우리를 데려가 전염 예방 조치로 연기를 쏘였다. 미리 연락을 받았는지, 파샤를 알현하게 될 필리포피히 대령에게는 알현이 늦어지지 않도록 방역 절차가 생략되었다. 안데르센은 다음과 같이 덧붙인다. "우리는 육지에 올라 연기를 쐬었지만 우리가 든 짐, 심지어 모직 가방은 전부 이 훈증 소독법을 면했다."

첫 며칠 동안 우리 배는 (아무도 듣고 있지 않을 때 선원들이 한 말에 따르면) 불가리아를 '왼편에', 루마니아를 '오른편'에 끼고 항해했다. 안데르센처럼 나도 배에 함께 탄 사람들을 알아가느라 바빴다. 상갑판에서는 같은 영국인인 빌과 벤을 만났다. 빌이 히틀러의 전기를 읽고 있는 것이 눈에 띄었다. 책 제목은 『히틀러 Hitler』였고 앞 표지에 총통의 사진이 있었다.

"이 배에서 이런 책을 읽다니 용감하시네요." 우리 동승객들을 고갯짓하며 내가 말했다.

"그렇죠. 이 친구는 매번 이런 식이라니까요. 지난번에 스페인에 같이 갔을 때는 독재자 프랑코의 전기를 읽었지 뭡니까." 벤이 말했다.

빌과 벤은 정기적인 여행 멤버로, 뉴캐슬에 있는 한 보험회사에서 동료로 일하다 퇴직한 사이였다. 이번이 두 사람의 열두 번째 크루즈 여행이라고 했다.

우리 셋이 이야기를 나누는 동안 어머니는 어른 흉내를 내기 위해 애쓰던 내 지난 노력을 완전히 깎아내리고 있었다. 이는 처음도 아니고 마지막도 아니었다. "그렇다니까요! 그걸 먹고 있지 뭐예요. 그래서 길거리 한복판에서 바지를 내려버렸죠. '마이클, 또 한 번 이런 짓을 하다 걸리면 그땐 아버지께 말씀드린다'라고 혼도 내줬고요." 시간이 지나면서 이런 진부한 가족의 일화 몇 가지가 내 귀에까지 들려왔다. 이를테면 내가 신설 도서관 개관식 때 시장님께 구토를 했다거나, 누나가 나를 만화 주인공 '고아 애니'처럼 체크무늬 면 원피스를 입혀 머리를 양갈래로 땋고 볼을 발그레하게 칠해 쇼핑에 데려갔다거나, 형과 누나가 아직 미니 풀장에서 나오지 않았는데 내가 그 안에 소변을 누었다거나 하는 일이었다. (나는 화가 났다.)

상갑판에 있을 때 내 옆에서는 반바지를 입은 한 독일 여자가 배에 배치된 실내 자전거 두 대 중 하나에 올라탔다. 그녀가 몇 분간 쌕쌕거리며 쾅쾅 페달을 밟는 동안 나는 이상하게도 최면에 걸린 것처럼 알프스 도로 지도 같은 그녀의 다리 핏줄에 끌렸다. 실제로 최면 효과가 있었는지 그대로 잠이 들어버려, 라운지에서 열린 과일 조각 쇼도 놓쳤다.

행복하게도, 나는 오후 중반에 갖는 케이크 간식 시간에 딱 맞춰 잠에서 깼다. 타이밍만 잘 맞추면 2인분의 케이크를 챙길 수 있는 시간이었다. 아래층 라운지로 일찍 내려간 뒤, 각양각색의 고객에게 똑같이 다채로운 스펀지케이크 모음이 제공되는 상갑판까지 태연하게 다시 걸어 올라오면 되었다. 그 외에 스와로브스키 크리스털 매장의 진열 상품을 뒤적거리거나 칵테일 목록을 차근차근 섭렵해나가는 것 말고는 달리 할 일이 별로 없었다. 이는 안데르센이 오르소바에서 열흘간 강제 격리를 당했을 때 견뎌야 했던 끝없는 지루함에 가장 가까운 것이었다. (내가 아는 한 그 시절에는 과일 조각 교실이 개설돼 있지도 않았다.)

반면 안데르센이 탄 증기선 아르고 호는 좀더 활기찬 분위기였다. 불가리아 니코폴에서는 불가리아에서 수확물을 거둬오는 프랑스 거머리 장수 몇 명이 승선했는데, 갑판에서 거머리를 씻는 동안 몇 마리가 도망갔다. "사환 하나가 발에 피를 흘린 채절뚝거리며 다녔는데, 거머리에 물린 것이었다." 안데르센은 이렇게 적었다. (거머리는 지금도 여전히 고가의 상품이어서 수 톤에 이르는 양이 배를 이용해 정기적으로 다뉴브강 삼각지에서 여러 외국 제약회사로 수송된다.)

먹고 자고 먹고 자는 일상이 계속되는 사이에 나는 우리 배의선장이자 헝가리 사람인 졸턴 쿤을 인터뷰하러 함교로 올라갔다. 그는 친절한 사람 같았다. 나는 안데르센이 탄 배의 선장인도브로슐러비치처럼 졸턴이 선원들을 '거칠게' 대하지만 '그럼에도 선원들의 은근한 사랑을 받는' 모습을 쉽게 상상할 수 있었다. 그는 영어를 못하고 나는 헝가리어가 서툴렀기 때문에 슬로베니아 사람이자 엔터테인먼트 책임자인 카탈리나에게 통역을요청했다.

졸턴에 따르면 선장마다 강을 항해하는 방식이 제각각 다르지만, 법률상 해운회사들은 특정 구간마다 현지 지식을 갖춘 조타수들을 배에 태워 선장을 보조하도록 해야 했다. 수위는 강을항해하는 열쇠라고 졸턴은 말했다. (다뉴브강의 협곡부에 붙여진이름으로 수 세기 동안 유럽의 관문 역할을 해온) 철문Iron Gate은 댐공사를 통해 수위를 올리고 바위들을 수몰시켜 종잡을 수 없는수세를 길들이는 등 강을 진정시키는 효과를 톡톡히 봤지만 여전히 많은 위험이 존재하는 구간이었다. 물론 안데르센이 여행했을 때만큼 위험천만한 것은 아니지만("물거품이 이는 근처 급류에서, 배들을 집어삼켜 산산조각내는 소용돌이가 무시무시한 손가락을 허공으로 뻗으며 검은 바위들을 내보이려 한다"고 그는 묘사했다), 졸턴은 세계 기후가 점점 더 예측하기 어려워지면서 강 예측도 쉽지 않다고 말했다. 거센 급류였던 강은 한 계절 만에도 걸어서 건너갈 수 있을 정도로 메말라버릴 수 있다.

이런 어려움은 배와 돈독한 관계를 쌓는 데 도움이 되었다. "이 배에는 감정의 진동이 있습니다. 모든 배는 저마다 고유한 진동이 있죠. 저는 이 배와 함께 이 강을 18년 동안 항해했습니다. 아내보다 이 배를 더 잘 알 정도죠. 배가 제게 말을 걸어요." (나중에 객실 책임자가 10년 전쯤에 졸턴이 다른 배로 바꾸려다가 지금 배와 절교할 수 없어서 이날 이때까지 신의를 지키고 있다고 말해주었다.)

졸턴은 이곳에 많은 수문과 댐이 지어지기 전, 안데르센 시대와 비슷한 경로로 흐르고 비슷한 특성을 보였던 다뉴브강을 기억해냈다. 또한 1870년대부터 1960년대까지 철문에 영구 정박해 다른 배들을 강 위로 끌어올리는 데 사용되던 증기선도 기억했다. 지금 그 증기선은 강바닥에 누운 채 녹이 슬어가고 있다.

안데르센이 철문을 통과했을 당시 그가 탄 배를 "세르비아인 50여 명이 오솔길을 밟고 서서 쇠밧줄을 이용해 물살 위로 쭉 끌어당겼다. 많은 선박이 기슭 아래 누워 있었고, 가여운 세르비아인들은 가젤처럼 이 배에서 저 배로 획획 옮겨다니며 밧줄을 끌고 또 끈 다음 각자의 집어선에 올라타 밧줄을 허리에 맨 채 배를 앞에서 끌고 가야 했다". 강 중류에는 폭포 구간도 몇 번 있어서 배가 연안을 따라 항해했지만 글라도바에서는 상황이 너무 위험해서 모든 승객이 내리고 선장과 선원 두 명만 남아 남은 거리를 항해했다고 안데르센은 전한다.

하지만 1972년에 흑해에서 943킬로미터 지점에 제르다프 댐이 들어서면서 이곳의 지형은 알아볼 수 없을 정도로 변했다. 댐 건설로 강 수위가 35미터 올라감에 따라 중류에 폭포를 만들어내던 위험천만한 바위들이 물에 잠긴 것은 물론 몇몇 도시와 유인도가 수몰되었다. 댐은 유고슬라비아(남안 지구에 자리한 현재의 세르비아)의 요시프 티토 대통령과 (북안 지구에 자리한) 루마니아의 게오르게 게오르기우데지 총리에게 값싼 전기를 생산하는 마르지 않는 원천이 되었다. 두 나라는 지금도 시분할 방식으로 이 댐을 운영하고 있는데, 이번 주에 루마니아에서 전력을 쓰면 그다음 주는 세르비아가 쓰는 식이다. (아마 두 나라 국민은 격주로 욕조를 나눠 쓰고 세간을 땔감으로 사용할 것이다.)

나는 마지막 질문을 앞두고 주저했다. 졸턴의 근엄한 선장 포스에서 바보 같은 질문에는 애써 답변하지 않겠다는 의사가 느껴졌기 때문이다. "그럼 다뉴브강은 늘 푸른가요?" 카탈리나가 눈을 희번덕거리더니 질문을 통역했다.

"아뇨, 전혀요." 졸턴이 웃으며 말했다. "튀르크 병사들이 헝가리에서 쫓겨날 때 강에 빠지면서 파란 제복의 색소가 강물을 파랗게 물들였다는 전설이 있긴 하죠."

"그게 아니라면 그 작곡가가 술에 취했거나요." 카탈리나가 덧붙였다. (사실 「아름답고 푸른 도나우강」의 작곡가 요한 스트라우스 2세는 이 제목을 오스트리아 시인 카를 이지도르 베크의 시에서 따온 것이다. 내 몫의 펍퀴즈* 상금은 출판사를 통해 보내주기 바란다.)

글라도바를 지나자마자 안데르센과 일행은 다시 한번 배에서 내리는데, 이번에는 오르소바에서 (콜레라와 발진티푸스 확산을 막기 위해) 무려 열흘간 격리 조치에 들어가기 위해서였다. 이들을 맞이한 것은 '파란 군복 프록코트에 커다란 금빛 견장을 차고 페즈 모자를 쓴 건장한 마흔 살가량의' 파샤였다. 안데르센 일행이 수용소로 가는 동안 파샤는 아내들과 밤을 보내러 출발한다. "우리가 담장이 있는 수용소로 갈 때 그는 꽃으로 뒤덮인 테라스로 갔다. 이 세계에서는 남자의 운명이 제각기 다르다. 그것이 이 이야기의 교훈이다." 안데르센은 한탄했다.

한시도 가만있지 못하는 안데르센에게 격리는 고통스러운 지연이었다. 감옥 같은 격리 수용소에 대해 그는 다음과 같이 썼다. "전체 건물이 뭐랄까 상자 안의 상자 같다. (…) 건물 안의 방마다 작은 마당이 딸려 있다. 격리 첫날은 더할 나위 없이 순조롭게 흘러간다. 우리는 여독을 풀며 충분한 휴식을 취한다. 둘째, 셋째, 넷째 날에는 편지를 쓰고, 닷샛날과 엿샛날에는 그곳이 점점 익숙해져 가져온 양서를 읽기도 한다. 그러나 이렛날이 되면 다시 익숙함이 사라지고 휴일은 7일 전체가 아니라 이렛날뿐이어야 한다는 사실을 알게 된다. 나는 몸이 근질근질해지기 시작했다." 안데르센은 처음에는 나무를 껴안다가 급기야는 나무에

---

* 영국 펍에서 종종 특정 주제를 정하고 관심 있는 사람을 모아 퀴즈를 맞히게 하는 이벤트.

올라가 바깥 세상을 흘끗 엿본다. "그곳은 마치 작은 천국 같았다. 사람들이 자유의 몸이었으므로."

그들은 격리 수용소 안에서도 외부 접촉에 신경을 써야 했다. "우리는 작은 깃털 하나라도 바람결에 담장을 넘어와 어깨 위로 떨어지는 일이 없도록 주변을 잘 살펴야 했다. 또한 누군가가 잃어버린 실 하나라도 밟는 일이 없도록 조심해야 했다. 그런 일이 발생하면 격리가 길어졌기 때문이다."

깃털과 실에 노출되는 일 없이 마지막 날이 오고 짐을 챙긴 안데르센은 얼른 나가고 싶어 몸이 근질근질했다. 불행히도 파샤는 다른 곳에 있었다. "드디어 자유의 시간이 찾아왔지만 파샤가 저녁 만찬 파티 같은 데 참석한 상태였다. 고로 우리는 격리 기간을 다 채우고도 한 시간을 꼬박 더 기다려야 했다. 이 한 시간이 마치 하루 같았고, 떠날 때는 도착했을 때만큼 흥겹지 않았다. 우리는 지친 상태였다. 딱히 뭘 하지 않아도 된다는 생각에 너무 멋대로 지내느라 바깥으로 나갈 준비가 부족했고, 그래서 날개를 들어올리기도 힘들었다."

1973년 이후 강의 수위가 더 높아졌기 때문에 나는 안데르센이 언급한 악명 높은 카잔(가마솥) 협곡의 풍경을 볼 수 있으리라는 기대를 거의 내려놓았다. 다뉴브강에서 가장 폭이 좁은 지점인 이 협곡은 한때 물이 펄펄 끓는 것 같다고 할 정도로 수세가 험했다. 그런데 그때와 비슷한 풍경이 처음 눈에 들어왔다. 불가리아 쪽 수직 석회암 절벽면에 크게 조각된 트라야누스 석판이었다. (로마인들이 제국의 영토를 흑해까지 확장한 트라야누스 황제의 다키아 원정 성공을 기념하기 위해 만든 것이었다.) 오스트리아 병사들이 튀르크족의 약탈에 끝까지 맞서 싸웠던 베테라니 동굴도 곧 나왔다. 비록 대부분이 물에 잠겨 있었지만 입구에 있는 뾰족한 삼각형 끝이 루마니아의 험준한 절벽 쪽에 분명하게 보였다.

이 동굴 안에서 안데르센은 집시 소녀에게 미래 예언을 들었다. 소녀의 말은 부쿠레슈티 출신의 젊은 남자가 통역해주었다. 『시인의 바자르』에서 안데르센은 다음과 같이 회상한다. "덴마크 시인보다는 부유한 영국인에게 더 들어맞을 예언이었다. '그대의 은이 금으로 변하고 그대의 재산이 해마다 늘어나리라.' 집시 소녀가 말했다." 실제로 실현된 예언이었지만 안데르센의 관심은 다음 예언에 더 쏠린다. "집시 소녀는 내가 딸들에게서 위안을 거의 얻지 못하리라고 말했다. 분명 이 덴마크 시인에게는 정곡을 찌르는 예언이었으니, 「아그네트와 남자 인어」와 『무어인 소녀』는 내게 작은 위안밖에 주지 못했기 때문이다. 따라서 나는 이제부터 아들들의 이야기를 지어내는 데 매진해야 한다."

이 시점에는 격리에 포함되지 않은 지역을 육로로 통과하고 있었기 때문에 여행자들에게는 무척 불안한 순간이었다. 현지인들과 조금이라도 접촉하는 날에는 다시 감염병에 걸릴 위험이 있었고 그럼 오르소바로 되돌아가 격리를 당해야 했다. "말들이 불시에 꼬리를 흔들다 밧줄을 건드리는 일이 없도록 꼬리를 포박했다. (…) 불쌍한 세르비아 소작농들이 최대한 강둑에 가까이 붙었지만, 그럼에도 기껏해야 우리와 한 발짝 떨어져 있을 뿐이었다. (⋯) 심지어 채찍이 그들의 옷자락을 조금이라도 건드리는 날에는 다시 오르소바의 격리소로 돌아가야 했다."

불과 몇 단락 뒤에 안데르센은 이런 경계심을 다 내려놓고 혼자 밖으로 나가 집시를 몇 명 더 만나는데, 약간 의아하긴 하다. 이 중 한 명인 어린 소년은 안데르센이 고국으로 데려가고 싶어 했을 정도로 예의 바른 태도와 외모로 그를 감동시킨다. "소년의 행동이 무척 순수하고 고귀해서 내가 부자였다면 분명 입양해 데려갔을 것이다." 여행 내내 골치 아프게 했던 검역 규정은 전혀 고려하지 않은 채 안데르센은 소년에게 꽃을 꺾어다달라고 부탁하고, 그 대가로 얼마간의 돈을 소년에게 지불한다. (나중에 안데르센은 돈을 주기 전에 식초로 닦는 것을 잊었다고 태평스럽게 이야기한다.) 또한 소년에게 자신의 명함을 주면서 장교가 되는 꿈을 이루면 코펜하겐으로 자신을 찾아오라고 초대한다. 안데르센은 전염병 인자가 둘 사이를 충분히 오가지 못했을까봐 소년과 악수까지 한다. 그는 이 만남을 회상하며 『시인의 바자르』에 다음과 같이 쓴다. "내게 이토록 깊은 인상을 준 소년은 지금껏 없었다. (⋯) 소년이 꼭 장교가 되길 빈다. (⋯) 혹여 이 책을 읽고 기꺼이 시간을 내어 『즉흥시인』이나 『한낱 바이올린 연주자』를 읽고자 하시는 부유한 헝가리 귀부인이 있다면 이 자리를 빌려 인사를 드리며, 시인 안데르센에게 자신도 모르는 부유한 헝가리 또는 왈라키아 귀부인 친구가 있다면 드렌코바 근처에 사는 아담 마르코[소년의 이름]를 기억하고 있다가, 그럴 마음이 들 경우 이 작은 동포를 도와주시기를 간청드리는 바입니다."

물론 소년이 명함으로 옮을 수 있는 끔찍한 병균에 전염되어 죽지 않았을 때의 이야기다.

사실 부유한 독자를 대상으로 한 이런 간청은 보기만큼 억지스러운 것이 아니었다. 이는 안데르센이 뮌헨을 다시 찾았을 때 철학자 스티글러의 아내가 했던 말에서 영감을 받은 것이었다. 그녀는 훌륭한 재능을 타고난 가난한 소년을 만나게 된다면 그를 후원할 것이라고 말했다. 몇 년 뒤 안데르센은 독일 작센주를 여행하는 동안, 가난하지만 음악적 재능이 뛰어난 한 소년의 불운한 출세기를 다룬 소설 『한낱 바이올린 연주자』를 읽고 실제로 어린 음악가 두 명을 음악 학교에 다닐 수 있게 후원하는 부유한 여자를 만나기도 했다.

수심이 53미터로 세계에서 가장 깊은 강 구간에 속하는 카잔협곡은 다뉴브강 하류에서 단연 극적인 풍경을 자랑하는 곳이다. 윗물 쪽을 바라보니 울창한 산세로 뒤덮인 강둑에서 아침 해가 검은 먹구름 사이로 김을 모락모락 피우며 얼굴을 내밀어 마치 거대한 자연에 무대가 설치된 듯한 분위기를 풍겼다. 오른편 둑에는 루마니아의 카르파티아산맥이 있고 왼편에는 세르비아의 발칸반도가 있었다.

이런 극적인 풍경을 배경으로 라운지에 앉아 한 테이블 가득 놓인 대형 밀맥주의 병마개를 따면서 동력선 프린체신 호의 선상 분위기는 눈에 띄게 유쾌해졌고, 이에 따라 강에서도 백파白波가

뱀처럼 수면 위로 올라오며 그 밑의 강한 물살을 짐작케 했다.

아홉 개의 탑이 있는 거대한 고불라자 석축산성과 반대편에 있는 코뿔소 뿔 암반(안데르센이 바베케이라고 이름 붙인 절벽)에서 협곡이 끝나고, 강이 광활한 내륙해로 변하자 나는 심부정맥 혈전증이 올 것 같은 전조 증상에 얼른 상갑판으로 올라갔다. 배는 물에 잠긴 숲을 지나가고 있었다. 잎이 다 떨어진 수중 나무들이 물속에서 꺼내달라는 듯 손을 가망 없이 위로 뻗으며 뱃전을 할퀴어댔다. 일부 승객은 움직이는 배 위에서 낯선 사람에게 손을 흔들어주는 것이 당연한 의무라는 강박증에 휩싸인 듯, 어느 루마니아 강변 마을의 가파른 자갈길을 구불구불 올라가는 현지인 무리에게 '야호'를 외치고 있었다. 그것은 장례 행렬이었다. 저쪽 편에서는 손을 되흔들어주지 않았다.

그날 밤 우리 배는 세르비아의 수도 베오그라드를 통과했다. 신유고연방의 대통령이었던 슬로보단 밀로셰비치가 전범 혐의로 수백 킬로미터 떨어진 네덜란드 헤이그 감옥에서 괴로운 나날을 보내고 있었지만 크루즈 회사는 우리 안전을 생각해 배를 세우지 않았다. 1999년 북대서양조약기구NATO의 유고슬라비아 폭격은 세르비아 국민의 환심을 사기는커녕 서유럽에 대한 적개심만 키웠고, 1991년 슬로베니아와 크로아티아의 분리독립 선언 후 사실상 발칸 분쟁이 발발했기 때문에 오합지졸 전범 무리(그중 두 명인 아르칸과 크네제비치는 베오그라드의 5성급 호텔 로비에서 최후를 맞았다)가 이 지역을 배회했다. 미국 제트기들이 아늑한 산장과 강가의 대저택들을 폭격하고 베오그라드부터 노비사드까지 (다뉴브강에 걸쳐 있는) 다리들을 폭파하는 광경이 잘 상상되지 않았지만, 불과 얼마 전에 유럽에서 일어난 일이었다. 물론 지금 발칸반도는 런던 이스트엔드 지역에서 이따금 발굴되는 폭명탄만큼이나 안정을 되찾았다. 하지만 튀르크족 점령 때부터 시작된 민족 간 마찰은 여전히 촉발되고 있으며, 일각에서는 이 불씨가 재점화되는 것이 시간문제일 뿐이라고 말한다.

* * *

1841년 당시 베오그라드는 이곳에 지어진 요새에 붙여진 이름으로, 여전히 튀르크족이 점령하고 있었다. 이웃 도시인 셈린은 세르비아의 다른 지역처럼 1820년대부터 혁명가 밀로슈 왕자가 다스렸다.

안데르센은 이 사실을 지나가는 말로만 언급하는데, 700년간 지속된 오스만 제국이 종말을 맞고 발칸 민족주의가 발흥하는 중대한 시기였음을 감안할 때 적잖이 태만한 태도라고 할 수 있다. 당시 흑해부터 부다페스트에 이르는 다뉴브강 유역은 혁명을 꿈꾸는 반동 세력들이 (와해되는 제국을 필사적으로 살리고자 종종 잔혹한 방법을 썼던) 콘스탄티노플의 술탄이나 (합스부르크 왕가의 영토를 지키기 위해 비슷한 방법을 썼던) 빈의 바보 황제 페르디난트 5세를 겨냥해 들끓어오르던 땅이었다. 이것만큼 놀라운 뉴스거리도 없었지만, 『시인의 바자르』에는 그때의 상황이 거의 드러나 있지 않다.

안데르센은 이미 이 여행에서 당대의 통일과 전쟁 상황을 전혀 감지하지 못하고 이탈리아를 놀러 다닌 전적이 있다. 만토바 외곽에서 어떤 사람들이 프랑스와 독일이 충돌할 것 같다고 이야기하는 것을 듣고 탄약 수송대와 오스트리아 기갑부대를 봤다고 언급하지만, 여느 때와 마찬가지로 이런 지정학적 혼란을 대수롭지 않은 듯한 숙명론으로 넘겨버린다. "나 자신이 어쩌지 못하는 중대한 사건들 앞에서는 신의 섭리를 따르는 튀르크인들과 같은 확실한 믿음이 생긴다. 지금 무슨 일이 일어나고 앞으로 무슨 일이 일어날지 나는 알고 있다." 그 말을 누가 믿을까!

뿐만 아니라 그리스에서는 바이에른 출신의 10대 소년이 그리스의 군주로 임명되는 기 막힌 상황을 목격하고도 그 10대 왕과 산 이야기나 시끄럽게 주고받는가 하면, 콘스탄티노플에서는 오스만 제국의 잔혹함에 대해 언급하기는커녕 그 종말이 임박했다는 징조조차 전혀 감지하지 못한 듯했다.

『시인의 바자르』의 평론가들도 안데르센의 저널리즘에 나타나는 특유의 취약성을 일찍부터 지적했다. 19세기의 덴마크 저널리스트 메이르 아론 골드슈미트는 코펜하겐 저널 『코르샤렌 Corsaren』에 다음과 같은 글을 기고했다. "우리는 부유함에 맞서 가난에 발버둥치고 억압과 예속이 무엇인지 아는 한스 크리스티안 안데르센에게서 [뭔가] 특별한 것을 기대했다. 그 사람들과 그들의 가난, 그들이 받는 억압에 대해 어떤 말이라도 해주기를 기대했다."

이에 대한 안데르센의 대답은 자서전에 나와 있다. "나는 그런 문제에 굳이 말려들 이유를 (…) 전혀 느끼지 못했다. 그때 우리 시대의 정치는 많은 시인에게 엄청난 불행이었다고 믿었기 때문이다. 정치라는 마담은 비너스 여신과 같다. 여신의 성으로 인도된 자들은 결국 비명횡사한다. 이 시인들의 글도 신문과 같은 길을 걷는다. 득달같이 달려드는 손길에 낚아채여 읽히고 찬사받은 뒤 잊힌다. (…) 정치는 내 관심사가 아니다. 하느님은 내게 다른 임무를 주셨다. 나는 그것을 느꼈고, 지금도 느끼고 있다." 동화작가로서는 온당한 변론이지만, 시사적인 여행기 작가의 변명치고는 다소 빈약하다.

실제로 안데르센은 19세기 중반의 혁명적 시대 사조에 어쩔 줄 몰라 하며 한 발짝 물러나 있었다. 유럽 각지에서 왕족들을 망명 보내거나 감금할 때 그는 오히려 왕족에게 알랑거리는 용납할 수 없는 행동을 했고, 이런 처세는 나이가 들수록 더 심해졌다. 그는 죽음을 앞둔 시점에도 전 세계에서 자신의 뉘하운* 집으로 쏟아지는 여러 상과 영예를 한껏 즐겼다.

그날 밤 우리 배가 베오그라드를 지날 때 내가 겪은 일은 민족 전쟁의 공포에 비할 바가 아니지만, 어떤 베트남 참전 용사가 '사이공'이라는 단어만 들어도 정신발작을 일으키듯이 나도 앞으로는 '크루즈쇼'라는 말만 들려도 계단 밑의 찬장으로 후다닥 달려가 강력한 신경안정제로 손을 뻗을 것 같다. 동유럽 출신의

---

*안데르센이 1845년부터 1864년까지 머물렀던 코펜하겐의 지역.

종업원 무리가 2개 국어를 하는 관중 앞에서 발레 무용수, 매춘부, 경찰관 등 다양한 캐릭터로 변신해 배를 테마로 '촌극'과 '코믹 노래'를 선보일 때 느꼈던, 영혼이 완전히 쪼그라드는 듯한 그 고통은 어떤 말로도 표현할 길이 없다. 이것으로는 부족한지 모든 '농담'은 영어로 통역되기 전에 반드시 독일 관광객들의 웃음을 짜내는 과정을 거쳤다. 동력선 프린체신 호의 뉴스 촌극에 등장한 농담 하나를 예로 들자면 이런 식이다. "방금 들어온 소식입니다. 긴축 재정으로 손님들의 침구는 매일 세탁하기 힘들 것 같습니다. 대신 243호 객실은 235호 객실과 침구를 바꾸고 468호 객실은 470호 객실과 침구를 바꾸는 식으로 해나갈 예정입니다."

뿐만 아니라 독일 TV 시간표의 약 90퍼센트를 차지하는 뿜빠뿜빠 합창이 연달아 나왔고, 마지막에는 기관실 승무원들이 튀튀 치마를 입고 'YMCA' 노래를 부르며 춤을 췄다. 그 광경은 내 뇌에 깊이 새겨져 있다.

그날 밤 어머니와 나는 독일인인 호르스트, 율리아 부부와 함께 식사를 했다. 호르스트는 건축가였고 율리아는 교사였다. 우리는 손자 손녀와 건축학을 주제로 수다를 떨었다(나는 캠든 세인즈버리 슈퍼마켓에 대해 새롭게 알게 된 사실을 말해 깊은 인상을 남겼다). 두 사람은 친절하고 진보적인 한 쌍처럼 보였다. 호르스트는 로터리클럽* 회원이었고 율리아는 지역 장애인 학교에서 자선활동을 했다.

그러다 분위기가 바뀌었다. 디저트 뷔페에 갔다 온 율리아가 자리에 앉더니 활기차게 말을 꺼냈다.

"혹시 오늘 아침에 우리가 강에서 뭘 봤는지 호르스트가 말했나요?"

호르스트는 얼굴을 숙이며 앞으로 몸을 내밀더니 부드러운 목소리로 말했다. "아기였어요."

"아기라니, 그게 무슨 말이죠? 정말인가요? 그냥 통나무였을 수도 있잖아요." 내가 말했다.

"쌍안경으로 봤는걸요. 잠깐 동안 나무에 걸려 있었어요."

"잘못 본 걸 수도 있잖아요. 1부터 10까지 매길 때 진짜 아기일 확률이 얼마나 되죠?"

호르스트가 내 눈을 보고 말했다. "7이요. 아기가 아니라면 실물과 똑같은 인형이었을 거예요. 정말 인형이었는지도 모르죠. 엎드린 자세로 머리가 물에 잠긴 채 떠내려가고 있었어요. 머리는 아기들 체중에서 5분의 1쯤 되죠. 그 광경을 보자마자 오싹한 느낌이 들어서 율리아를 불렀어요."

나는 왜 선장을 부르지 않았는지 궁금했다. "선장이라고 별수 있었겠어요? 뭘 할 수 있는데요? 배를 멈춘다고 해도 아기는 이미 강물에 휩쓸려가고 없었을 거예요. 게다가 우리가 잘못 본 거라면 어쩌고요?"

"그것뿐이면 다행이게요?" 율리아가 덧붙였다. "아기 엄마가

● 사회봉사와 세계 평화를 표방하는 실업가 및 전문 직업인 단체.

곤란해질 수도 있는 상황이에요. 아마 말 못 할 사정이 있었겠죠. 아기는 이미 죽었으니 아무 소용 없는 일이잖아요. 시신은 다른 사람이 발견하겠죠."

대화는 자연스럽게 다시 손자 손녀 이야기로 돌아갔다. 배는 계속 항해 중이었지만, 내 머릿속은 온통 강바닥을 내려다본 채 떠내려가는 한 아이의 얼굴 생각뿐이었다(그 이미지가 지금도 머릿속을 떠나지 않는다).

우리의 다음 정거장은 안데르센과 마찬가지로 부다페스트였다. 그가 탄 증기선은 도시 박람회가 열리기 이틀 전에 도착해, 여행객으로 꽉 들어찼다. 안데르센은 누가 침대를 훔쳐갔다며 두 번인가 소란을 떨었다. 일기에는 이렇게 적혀 있다. "짜증났다. (⋯) 갑판은 한바탕 격렬한 싸움을 치른 후의 전쟁터 같았다." 그는 침대 도둑이 나중에 카드 놀이를 하다가 돈을 다 잃었다며 무척 고소해한다.

나중에는 이런 언급도 있다. "셈린에서 온 터키 유대인이 승부에서 이겼다. 그는 처음 앉은 자리에서 움직이지 않았다. 카펫을 깔고 다리 사이에 큰 포도주 통을 끼운 채 앉아 있었다. 매 순간 축배를 들었고 고개를 끄덕이며 노래를 불렀으며 수탉처럼 꼬끼오 울음소리를 내다가 아가씨처럼 한숨을 지었다. 그는 일동을 위한 판탈로네*였고 거나하게 취해 있었다."

---

* 16~18세기 이탈리아에서 유행한 즉흥극 콤메디아델라르테의 등장인물로, 욕심 많고 호색적인 노인이다.

가끔 오해를 사긴 하지만 안데르센은 반유대주의자가 아니었다는 사실을 알아두자. 그는 만년의 대부분을 코펜하겐을 대표하는 두 유대인 가문의 유숙객으로 보냈을 뿐만 아니라, 런던 『리터러리 가제트』에서 자신을 반유대주의자로 몰아세웠을 때 길길이 날뛰며 다음과 같은 항변의 글을 썼다. "내가 반유대를 표방한다고 비난한 기사에 항변하고 싶다. 이 자리를 빌려 분명히 말하건대, 그것은 사실이 아니다. 나는 유대인이 얼마나 부당한 대우를 받는지 종종 목격한 사람이다."

1등석 라운지의 상황은 나아질 기미가 없었다. "신사들이 예의를 내팽개치고 숙녀들 틈에 앉았고, 판돈이 높은 놀음판에 닥치는 대로 뛰어들었다. (…) 샴페인 코르크가 날아다녔고, 비프스테이크 냄새도 났다! 저녁에는 더 난장판이었다. 테이블과 벤치 위에서, 아니 밑에서, 심지어 객실 창가에서도 잠을 잤고 어떤 사람들은 옷을 입은 채 누웠다. (…) 숙녀들의 객실도 미어터지긴 마찬가지였다. 나이가 지긋한 몇 사람은 사내 대장부 못지않게 우리 객실에 와서 문 안쪽에 자리를 잡고 앉았다!"

우리는 그날 저녁에 부다페스트에 도착했다. 탐조등이 하늘을 훑고 지나갔다. 산을 등진 왼편 강둑의 부다 지역 위로 반짝이는 거대한 흰색 빛, 즉 비행선이 선회했다. 새로운 도시에 막 발을 디뎠을 때 감상하고 싶은 광경의 총집합이었다.

나는 배에서 내려 심야 산책을 나갔다. 공기는 따뜻하면서 무거웠고 어디에나 연애하는 커플들이 있었다. 나는 지체 없이 그곳과 사랑에 빠졌다. 심지어 트램 운전사 두 명이 서로를 지나치면서 키스를 보내는 모습도 보았다. 다른 유럽 도시를 파리에 비유하는 여행작가는 누구든 당장 키보드에서 손을 떼고 레더맨 멀티툴의 가장 긴 날을 꺼낸 뒤 자폭을 해야 마땅하겠지만, 부다페스트에는 구불거리는 강둑부터 가로수가 줄지어 선 대로, 일상의 자연스러운 연애 분위기까지 파리지앵스러운 요소가 많다.

부다페스트 편 일기에 "피가 끓어오르고 관능이 느껴진다. 으샤!"라고 적혀 있는 것을 볼 때 안데르센이 다시 흥분을 느낄 만한 분위기였을 것이다. ('으샤'는 알 파치노의 '후아!'에 맞먹는 감탄사가 아닐까 추측해본다.)

하지만 나는 영국에서 온 독신남 주말 관광객들의 고함소리에 흥이 다 달아났다. "저기 저 멍청이 좀 봐!" 남자들이 술집 밖에서 구부정하게 서서 외쳤다(적어도 나를 향해 한 말은 아니었던 것 같다). 이런 사람들에게도 손톱 때만큼의 자기존중감이나 인간애가 있을지 의문이다. 나이트클럽 암표상이 주변을 배회하는 또 다른 유인원 무리에게 다가가 말했다. "납작한 가슴, 가짜 가슴, 길쭉한 가슴은 취급 안 해요! 딱 좋은 러시아산 가슴만 있어요!" 암표상이 고객 맞춤형 멘트로 능숙하게 표팔이에 나섰다.

나는 친구가 추천한 새로 오픈한 바에 갔다. 런던이나 바르셀로나, 스톡홀름에서 한 번쯤 갔을 법한 차분한 스칸디나비아 스타일의 술집으로, 희망에 잔뜩 부풀어 있는 스포츠 재킷과 바지 차림의 중년 남성들 및 말버러라이트를 피우는 여자들이 무리를 이루고 있는 점도 똑같았다. 섹시한 종업원들이 서빙을 했고,

디제이도 한 명 있어서 같은 말만 무한 반복하는 듯한 음악을 틀어주었다. 다들 친한 분위기여서 나는 좀 외로운 기분이 들었다. 결국 내 의기소침한 인상에 장사하기는 글렀다고 생각했는지 웨이트리스가 나가달라는 눈치를 주었다. ('눈치를 주었다'고 했는데, 그녀가 실제로 한 말은 이것이었다. "술 더 시킬 거 아니면 이제 나가주세요.")

부다페스트에 머무는 단 하루 동안 안데르센이 본 풍경을 다 찾아다녀야 했으므로 이튿날 아침 일찍 일정을 시작했다. 먼저 부다로 건너가 16세기 튀르크족 지배의 잔재라 할 수 있는, 데르비시 성인이자 쉴레이만 1세*의 친구인 궐 바바의 영묘를 찾았다. 안데르센은 "이 튀르크 성인에게 동양의 안부를!" 전했다. 이 고요한 성지는 꼭대기에 황금빛 초승달이 솟아 있는 대리석 팔각형 건축물로 열주형 정원에 둘러싸여 있었고, 아무 표시도 없는 가파른 자갈 도로를 올라간 뒤 구불구불한 계단참을 오르자 나왔다. 분수에서 짤랑거리는 소리가 났고, 공기 중에 갓 벤 풀내음과 활짝 핀 장미꽃 향기가 가득 맴돌았다.

반시간 동안 부다의 깨끗한 관광 지구인 캐슬힐을 산책하면서 헝가리 국립박물관에도 잠깐 들렀는데, 유물이 눈에 띄게 부족한 걸로 미루어 튀르크족이 송두리째 약탈해갔음을 알 수 있었다. 구석에서 나는 다뉴브강 '담프보트'(증기선) 서비스를 광고하는 1841년의 포스터 한 장을 발견했다. 안데르센이 탔던 배는

• 오스만튀르크 제국 최대 전성기를 이룩한 술탄.

아니지만, 일정표를 봤을 때 분명 반대편에서 지나쳐간 배였을 것이다.

페스트 지역의 해안가를 그린 1834년 그림에는 안데르센이 '배다리'로 묘사한 물체가 보이는데, TV 오락 프로그램에 도전 종목 중 하나로 나올 법한 일종의 수상 플랫폼 도보다. 이것은 페스트와 오펜Ofen(안데르센이 부다를 지칭할 때 쓴 독일어 이름)을 잇는 유일한 통로였다. 실제로 안데르센이 1841년에 이곳을 다녀가자마자 첫 돌다리 '세체니 다리'의 공사가 시작되었고, 부다페스트 최초의 이 강 건널목은 헝가리 개혁 시대의 강력한 신호탄이 되었다. 다리는 헝가리 개혁의 지휘자인 이슈트반 세체니 백작의 아이디어였고, 안데르센이 방문했을 때는 개혁이 한창이었다. 또한 세체니 백작은 헝가리에 수세식 변소를 들여오고 1833년에는 다뉴브강에 증기선을 도입했다고 알려져 있다. 『시인의 바자르』에 언급된 것처럼, 1841년 무렵 백작의 명성은 권위 있는 승마 관련 저서를 통해 이미 덴마크까지 퍼져 있었다. 그는 승마에 큰 열정을 품고 있었다.

안데르센은 수년 뒤 빈에 있는 세체니 백작 형제의 집에서 세체니를 잠깐 만났다. "이 짧은 만남은 빈에서 겪은 일 중 가장 흥미로운 사건이었다. 그자는 개성이 강한 사람이었고 눈에서는 자신감이 느껴졌다." 슬프게도, 세체니 백작은 그러고 얼마 안 있어 세상을 떠났는데, 자신이 꿈꾸던 부다페스트 통일을 눈앞에 둔 때였다. 그는 정신병원에 감금된 동안 스스로 머리에 총을 겨눴다.

나는 제2차 세계대전 이후 다시 지어진 현재의 세체니 다리로 밀크티 같은 강을 건너 페스트 지구까지 되걸어왔다. 샛길로 새서 미안하지만, 한때 부다페스트에서 지독한 악명을 떨친 주소인 안드라시가 60번지를 보기 위해서였다. 이곳은 처음에 헝가리 나치 본부였다가 나중에는 악명 높은 공산주의 테러 조직 AVO와 그 후계 조직 AVH의 본거지가 되었다. 현재 이 건물에는 20세기 대부분의 시기 동안 헝가리에 재앙을 몰고 온 전체주의 범죄를 총집합시켜 기록해놓은 매우 멋진 박물관*이 들어서 있다. 가장 무시무시한 곳은 지하 감옥으로, 고문실들이 1950년대와 1960년대 초의 모습 그대로 보존되어 있었다. 고문실 바닥 한가운데에 난 배수구부터 벽에 매달려 있는 곤봉 하나까지 세세한 소품들이 으스스한 분위기를 자아냈다. 물이 뚝뚝 떨어지는 효과음과 방송에서 흘러나오는 스타카토 첼로 음악 때문에 밝은 야외로 나왔을 때는 속이 완전히 뒤집히는 것만 같았다.

나는 안드라시가를 가로질러 원래 목적지인 안데르센의 오랜 친구 프란츠 리스트의 예전 아파트로 갔다. 아파트는 프란츠가 한때 원장을 역임한 헝가리 국립음악원 위에 있었다. 영재 출신의 페렌츠 리스트(유명해진 뒤에는 독일식 이름인 프란츠로 불렸다)는 어깨까지 내려오는 머리 하며 여성 팬들을 기절시키는 카리스마, 피아노 건반을 다루는 악마적 솜씨까지 갖춘 최초의 록스타라 할 만했다. 특히 엄청난 여성 편력으로 다른 남자들의 아내

---

* 테러하저Terror Háza 박물관. 20세기 헝가리에서 자행된 전범을 기억하고 희생자를 추모하기 위해 2002년 개관했다.

에게서 수많은 자식을 봤다는 사실을 감안하면 제리 리 루이스*의 전신이라고 해도 그리 큰 비약은 아니다.

1886년 리스트가 죽었을 때 조지 버나드 쇼는 그에 대해 "예술을 사랑하고 돈을 경멸하며 19세기 명사들을 매료시켰을 뿐 아니라 인생의 고난을 겪어내며 마침내 흠결 없는 손으로 세상을 떠났다"고 이야기했다. 안데르센은 『시인의 바자르』의 처음과 마지막에 묘사된 리스트의 콘서트를 본 후 그와 둘도 없는 친구가 되어 코펜하겐에서도 만나고 바이마르에 있는 그의 집에서도 만나 오페라 대본을 공동 작업했다. 개인적으로 안데르센은 리스트가 무대 위 모습만큼이나 실제로도 불같았다고 전했다. "[그는] 상대를 단번에 따뜻하게 하지만, 가까이 다가가면 불타버릴 수 있다." 당시 카롤리네 자인 비트겐슈타인 공주와 살림을 차려 더욱 논란을 자초했던 이 남자에 대해 안데르센이 한 말이다.

그날 남은 시간을 나는 페스트를 배회하며 보냈다. 총알 구멍이 그대로 남아 있는 건물들을 구경하고 시장에 가서 한 시간 동안 어떤 파프리카 가루를 살지를 두고 고민하다가 작은 모퉁이 카페에서 일품 굴라시 요리를 먹었다. 종업원이 영수증과 함께 주사위 세 개가 든 작은 나무 컵을 내밀었다. 내가 미심쩍게 쳐다보자 그가 말했다. "6이 세 개 나오면 밥값이 무료예요." 6은 한 개도 나오지 않았지만 그래도 꽝 손은 아니었다. 그건 그렇고 내가 마신 맥주 값은 1파운드도 나오지 않았는데, 간밤에 본 해

● 미국의 피아니스트 겸 싱어송라이터로 1950년대 중반 엘비스 프레슬리와 함께 로큰롤 열풍을 이끌었다.

괴망측한 총각 파티가 이해되는 대목이다.

우리 배는 이튿날 일찍 다시 출항했고(솔직히 말해서 이 배에 탄 연금 수령자들이 어디서 이 같은 기력을 얻는지 모르겠다) 금새 브라티슬라바를 지났다. 마리아아나 호로 갈아탄 안데르센은 다음과 같이 쓴다. "나는 이 도시가 좋다. 활기차고 여러 가지가 잡다하게 섞여 있다! 가게들이 빈에서 들여온 것 같은 모습이다!" 배 옆으로 지나가는 다음 광경은 데빈 성 유적지였다. 이 요새는 지금은 주요 관광 명소지만, 1841년에는 튀르크와 헝가리의 충돌로 들끓고 있었다. 안데르센은 이런 '고통'과 '자녀를 찾아 헤매는 (…) 수많은 어머니'에 대해, 불에 그을린 채 다리를 절름거리며 다리 위를 건너가는 말에 대해 오래 곱씹지 않는다. "우리는 서둘러 지나간다. 이제 오스트리아에 들어왔다!" 그는 시 사라는 카펫을 들어올린 뒤 또다시 1841년의 주요 보도 기사를 그 밑에 감춘다.

배가 오스트리아에 진입하자 주변이 즉시 산악 풍경으로 바뀌었는데, 튀르크인들이 왜 이보다 훨씬 더 높은 상류까지 올라가려 했는지 쉽게 이해할 수 있었다. 강물도 더욱 사나워졌다. 둑 가까이에 하얀 물마루가 일었고 배 밑으로 소용돌이가 지나갔다. 배는 강의 흐름에 맞서며 천천히 나아갔다.

익숙한 유럽이 가까워질수록 안데르센은 곧 덴마크로 돌아갈 생각에 괴로워한다. "고국을 생각하니 다시 온갖 불쾌감이 몰려왔다. 나는 독일과 덴마크의 분위기를 느낄 수 있었다. 동방에서 그냥 죽었더라면 얼마나 좋았을까. 착잡한 기분으로 잠자리에 들었다." 그는 일기에 이렇게 적었다. 다음 며칠간 안데르센의 일기에는 이런 푸념이 주구장창 이어진다. "고국을 생각하면 얼마간 쓰라린 마음이 든다." "헤이베르를 향한 비통함. 이 마음이 이곳에서 가장 먼저 눈을 뜬다." "덴마크로 돌아가면 어떻게 먹고 살지 암담하지만 그런 가운데서도 헤이베르를 생각하며 어떻게 통쾌하게 복수할지 고민하고 또 고민했다."

이런 우는소리는 『시인의 바자르』에서도 이어진다. "낙담의 마음이 스멀스멀 일어나 내 가슴을 짓눌렀다. 뭔가 불길한 예감! 작은 나라 덴마크에는 재능 있는 사람들이 서로 바짝 붙어 있어서 피차 이리 치이고 저리 밟힌다. 모두가 한 자리를 두고 다투기 때문이다. 내 경우에는 사람들이 눈에 불을 켜고 내 단점만 찾는다! 고국으로 돌아가는 길은 풍랑이 이는 바다다! 수많은 파도가 내 머릿속을 휩쓸고 간 후에야 천국이 오리라는 것을 안다! 하지만 나는 이 또한 아주 잘 알고 있다. 후대 사람들은 내게 지금과 같은 가혹한 잣대를 들이대지 않으리라는 것을."

수년 뒤 자서전에서 안데르센은 마리아아나 호가 빈에 도착했을 때 느낀 불길한 운명을 회상한다. "[빈의] 탑 풍경과 수많은 덴마크인과의 만남은 고국이 멀지 않았음을 일깨워주었다. 그 생각을 하니 좌절감과 함께 슬픈 기억과 치욕이 다시금 내 안에서 끓어올랐다."

나도 이제 집에 돌아간다는 게 실감났지만, 내가 떠난 것은 넉 달 전이었기 때문에 약간 다른 관점에서 덴마크가 보이기 시작했다. 안데르센은 언젠가 이렇게 썼다. "아, 고국에서는 모퉁이만 돌아도 눈에 톱밥이 들어가고 사사건건 시비가 일며 이빨 빠진 보도블록에 발이 채이고 팔이 뒤틀리는 데다 새옷에 기름때가 묻는다. 하지만 외국에서는 어떤가! 덴마크의 노래와 덴마크의 숲, 가까운 들판과 황새처럼 행복하고 애정 어린 것들이 떠오른다! 날카로운 기억은 무뎌지지만 달콤함은 여전히 그대로여서 고국의 모든 면이 완벽해진다."

나는 아직 덴마크가 모든 면에서 완벽하다고 느끼지도 않았고 덴마크 노래가 그리웠던 것도 아니지만(그 점에 있어서는 황새를 본 기억도 없다) 아내가 애타게 보고 싶었다. 그동안 그녀의 조국을 나쁘게 말해서 미안하다고 전화로 사과를 했더니 다행히 받아주었고, 따라서 집 자물쇠가 바뀌지는 않았을 것 같았다. 그리고 놀랍게도 나는 덴마크의 어떤 면이 그립기도 했다. 치안과 깨끗한 거리, 그리고 민망한 손짓 발짓 없이도 의사를 전달할 수 있다는 점이 그리웠다. 게다가 지금은 덴마크의 계절 중 가장 활기 넘치고 아름다운 봄이다. 너도밤나무에 달콤하고 부드러운 새순이 돋고(덴마크 사람들은 샐러드에 이 잎을 넣는다), 카페에 야외 테이블이 설치되며(덴마크인들은 야외에서 먹는 것을 참 좋아한다), 롱다리 여자들이 잠옷 같은 시스루원피스를 입고 자전거를 탈 것이다.

우리가 오스트리아에 도착했다는 사실은 산악 지형 외에, 인도를 쓸고 있는 남자의 모습으로도 알 수 있었다. 남자는 거리

청소부가 아닌, 그저 여가 시간이 넘치고 집 주변 미화에 관심이 많은 평범한 주민이었다. 지금까지 우리가 지나친 어느 나라에서도 상상할 수 없는 일이다.

바로 그때 어떤 생각이 내 머리를 스치고 지나갔다. 어째서 오스트리아인들은 그렇게 부유한 것일까? 조사 결과, 오스트리아의 일인당 GDP는 유럽에서 아홉 번째로 높았고(2만3400달러) 영국, 독일, 프랑스 같은 선진국은 물론 리히텐슈타인과 산마리노 같은 조세 피난처도 앞질렀다. 오스트리아를 앞서는 나라는 스위스와 룩셈부르크, 덴마크 정도다. 하지만 '메이드인오스트리아' 제품은 좀처럼 보기 힘들다. 그렇다고 주요 금융 중심지도, 조세 피난처도 아니며 스키를 탈 때 빼고는 관광객이 찾아갈 일도 없다. 오스트리아는 대규모 농경지가 발달한 것도 아니고, 국제 엔터테인먼트나 스포츠 무대에서 큰 활약을 하는 국가도 아니다. 사우디아라비아의 자원이 고갈되는 날 세계에 압력을 가할 수 있도록 그 사실을 극비로 유지하고 있는 게 아니라면 광물 자원도 거의 없다.

레데르호젠*과 모차르트 초콜릿이 그렇게 고수익성 수출품이란 말인가? 어쩌면 오스트리아인들은 다른 지출을 아껴서 멋진 독일제 컨버터블과 휴고보스 양복을 사는지도 모른다. 저녁은 파스타와 케첩으로 때우고 협동조합 스탬프를 엄청나게 적립했는지도 모를 일이다. (하지만 빈에 있는 한 피시앤칩스 가게에서 바닷

• 오스트리아의 민속 의상으로, 무릎까지 오는 가죽 바지.

가재를 파는 걸 보니 이것도 그다지 현실성은 없는 이야기인 듯하다.)
답을 아는 분은 제발 엽서에 답을 적어 보내주시길.

햇살이 좋아지니 거실에서 마크라메 레이스를 뜨던 사람들도 야외로 나왔다. 풀장 주변은 다시 한번 히말라야산맥처럼 우뚝 솟은, 티크 목재 같은 배들과 맙소사! 상반신을 드러낸 한 할머니의 차지가 되었다. ("영국 여성협회에서 그 모습을 봤으면 졸도했을 거다! 물론 그 일정을 짠 사람들은 빼고." 어머니의 말이다.) 감사하게도, 그 특별한 광경은 오래가지 않았다. 갑작스런 돌풍과 함께 누에콩 크기의 우박이 다뉴브강에 후두두 떨어지면서 야외에 있던 사람들은 피할 곳을 찾아 황급히 달아났다.

그날 밤 우리는 빈에 도착했다. 안데르센은 콘스탄티노플에서 이곳까지 오는 데 격리 기간 10일을 포함해 30일이 걸렸지만, 나는 똑같은 일정을 콘스탄차에서 발이 묶인 3일을 포함해 15일 만에 소화했다.

쓸데없이 주황색으로 칠해진 지하철을 타고 도심으로 향했다. (다뉴브강은 몇십 년 전에 빈의 변두리로 물길이 바뀌었다.) 딱 봐도 빈 시민들은 그것이 향락이 됐든, 음악이 됐든, 연극이 됐든, 아니면 단순한 구애가 됐든 허랑방탕함에 빠져 있었다. 상점 진열장에는 리큐어초콜릿, 유별난 케이크와 페이스트리가 높이 쌓여 있었고, 거리 모퉁이마다 이상한 모양의 악기 상자를 들고 콘서트를 하러 가는 남녀들이 보였으며(그런 게 아니라면 마피아의 기반이 생각보다 튼튼한 것이거나), 키스를 나누는 커플이 역대급으로 많았다.

터무니없을 정도로 거창한 건물이 수두룩하지만, 오스트리아의 수도에는 깜짝 놀랄 만큼 여성적이고 섬세하며 딴 세상 같은 우아함이 있다. 한 예로 청회색 하늘을 배경으로 서 있는 시청 건물은 고담 시를 그대로 옮겨놓은 것처럼 보이지만, 갓 떨어진 빗물을 뚝뚝 떨구며 향기 폭탄을 터트리는 붉은 장미들이 근처의 폴크스가르텐(시민 공원)에 피어 있어 고딕풍의 뾰족뾰족하고 장려한 양식이 한층 돋보였다.

안데르센은 1834년 첫 이탈리아 여행을 마치고 돌아오는 길에 빈에 들른 적이 있지만, 『시인의 바자르』의 도입부인 독일과 이탈리아 편처럼 여행 막바지 편도 훗날의 묘사에 비해 필력이 모자라다. 빈에 대한 설명은 몇 단락으로 끝날 뿐만 아니라 그마저도 남세스럽게 유명 인사 이야기가 대부분이다.

폴크스가르텐은 (이 책 곳곳에 나타나는 지나친 은유의 하나이자) 극적인 '유명 인사 소개'를 위한 설정이다. "훌륭한 교향악단 한가운데에 안색이 거무스름한 젊은 남자가 서 있다. 그 큰 갈색 눈이 쉼 없이 주변을 살피고 머리와 팔, 몸 전체가 움직인다. 그는 마치 위대한 음악적 몸체의 심장과 같다. 이 심장의 펌프질로 피가 흐른다. 여기서 피는 음색이고 이 음색은 그의 안에서 태어난 것이다. 그는 심장이고, 온 유럽이 그 심장의 음악적 고동을 듣는다. 이 소리가 들릴 때 심장의 맥박은 더 세차게 요동친다. 그 남자의 이름은 슈트라우스다." (알고 보니 이 남자는 왈츠의 왕 요한 슈트라우스 2세가 아니라, 그보다 덜 알려진 부친 요한 슈트라우스 1세다.)

이날은 하루 종일 빈에 머물 수 있는 날이었는데, 하필이면 오스트리아의 휴일인 성체축일이라서 그라벤 거리에 있는 스와로브스키 본점이 닫혀 있었다. 그래도 케이크 가게들은 열려 있었고(할렐루야!), 거리에서 축제 분위기도 느껴졌다. 빈을 대표하는 고딕 양식의 성 슈테판 대성당은 새벽 예배로 사람이 꽉 들어차 있었다. 밖에서 마차 30대가 중절모를 쓴 기사들과 함께 대기하고 있는 한편 근처에서 '우스꽝스러운' 인간 동상들이 사람들을 '즐겁게 해주었고' 모차르트 복장을 한 안내원들이 호객 행위를 했다.

안데르센은 빈에 머문 지 나흘째 되는 날 대성당 밖에서 다른 종류의 호객 행위를 목격한다. 그의 일기에는 이렇게 쓰여 있다. "가난한 어린 소녀가 악천후에 드러누워 구걸했다. 아름다운 외모에 마음이 움직였지만, 잠시 후 그녀가 외모를 내세워 귀족의 관심을 사려고 저기 누워 있는 것은 아닐까 생각했다. 이런 사악한 생각을 하는 나 자신에게 화가 났다."(나중에는 더한 유혹도 만난다. "다리를 건너는 중에 아가씨[창녀의 완곡어] 세 명을 만났다. 그곳에서는 아가씨들이 떼를 지어 다녔다! 그런데 예쁜 여자가 한 명도 없었다.")

성 슈테판 대성당에서 몇 발짝 떨어진 곳에는 안데르센이 빈에 처음 왔을 때 머문 호텔 쾨니히폰웅가른이 있다. (나중에 그는 모퉁이를 돌면 나오는 라우엔슈타인가세로 숙소를 옮긴다.) 독일과 이탈리아, 그리스, 터키에서도 안데르센이 머문 호텔을 열심히 추적했지만, 실제로 지금까지 영업 중인 곳을 찾은 것은 이번이 처음이었다. (게다가 모차르트도 1784년부터 1787년까지 그 옆 건물에 살았다.) 이 사실에 몹시 흥분한 나는 호텔에 들어가 접수원에게 안데르센이 숙박한 사실을 아는지 물었다. 그는 현재 투숙객 명단에서 안데르센을 찾기 시작했다. 그러다 내 말을 몇 마디 알아듣고 넘겨짚는 것으로는 안 되겠다 싶었는지 매니저한테 이야기해보라고 퉁명스럽게 말했다. 그날이 하필 공휴일이라 매니저도 휴무였는데 말이다.

이곳에서 걸어서 10분 거리에 위치한 아우구스틴 성당에는 안데르센이 가장 좋아한 빈의 조각상, 즉 이탈리아 조각가 안토니오 카노바가 제작한 합스부르크 공국 마리아 테레지아 여제의 딸 마리아 크리스티나 기념비가 있었는데, 하얀 대리석을 이용해 피라미드 모양으로 지은 섬뜩하고 저속한 가짜 묘실이었다. 입구에는 슬프게 울고 있는 듯한 사자, 사자의 갈기 위에 애절하게 머리를 떨구고 있는 요염한 천사, 왼편에 줄지어 서서 딱한 표정을 짓고 있는 문상객 여섯 명 등 다양한 조각상이 배치되어 있었다. 이것을 보니 안데르센이 오늘날 살아 있었더라면 프랭클린민트 소 조각상의 열혈 수집가가 되었을 것이라는 생각이 들었다.

성당 밖 뜰을 가로지르면 스페인 승마 학교가 나온다. 이런 게 왜 빈에 있는지 이해가 되지 않았다. 혹시 문화 교류의 일환인 것일까? 그럼 스페인에는 오스트리아 스키 아카데미가 있을까? 이 수수께끼(비싼 입장료를 치렀다면 쉽게 해답을 찾았을 수수께끼)에 골몰해 있을 때 별난 분장을 한 어른과 아이들의 행렬이 광장을 한 바퀴 돌더니 성당 앞에 멈춰 섰다. 첫 영성체 예식이었다. 그런데 빈의 첫 영성체 예식은 어른들에게 우스꽝스러운 옷을 입고 행진을 할 수 있는 구실이 되는 듯했다. 물론 본인들은 아이들을 위해 하는 일이라고 말하지만 말이다. 따라서 처음 그리스도의 몸을 받게 되는 아이들은 18세기 병사, 각양각색의 복장을 갖춰 입은 수사와 주교, 영화 「제국의 종말」의 머리 장식을 한 여자들보다 수적으로 열세였다.

그 행렬에는 당연히 수녀들도 있었으므로, 나는 빈에서 무척 보고 싶었던 또 다른 대상으로 얼른 옮겨갔다. 안데르센과는 아무 관련도 없었지만 아마 그도 이에 얽힌 소름끼치는 이야기를 알고 있었을 것이다.

빈 공성전(1683)은 동서양 대결 구도의 본질을 보여주는 전투 중 하나로, 이때 오스만튀르크의 수상 격인 카라 무스타파 파샤가 2만5000개의 군막을 채우고도 남을 대군을 이끌고 빈 성채를 포위했다. 로렌의 샤를을 필두로 한 빈 시민들은 수적으로 크게 열세였지만, 결국 폴란드의 도움으로 승리를 거두었다. (이 전투에서 튀르크군이 이겼더라면 어떻게 됐을지는 유럽사에서 자주 거론되는 만약의 시나리오다.) 결국 튀르크 지도자는 베오그라드로 퇴각했고, 콘스탄티노플의 술탄으로부터 소포를 받았을 때 끝이 다가왔음을 직감했다. 소포에는 과거 술탄을 불쾌하게 한 사람들을 목졸라 죽이던 비단 끈이 들어 있었다. 수상은 아무 말 없이 기도 매트에 무릎을 꿇은 뒤 병사의 손에 처형되었다.

이탈리아 학자 클라우디오 마그리스는 다뉴브강의 문학사를 다룬 『다뉴브』에서 빈 공방전이 끝나고 몇 년 뒤 오스트리아인들이 파샤의 머리를 발굴했고 이 유골이 현재 빈 역사박물관에 전시되어 있다고 언급한다. 나는 한 시간 넘게 박물관을 돌아다니며 그 유물을 찾았지만, 결국 아이들이 무서워해 창고에 보관되었다는 이야기만 듣고 나왔다. 아이들을 겁주는 게 취미였던 안데르센이 들었다면 반기지 않았을 소식이다.

(여러분이 궁금해할) 점심을 먹기 위해 나는 요제프 황제가 즐겨 먹었다는 삶은 소고기 요리 타펠슈피츠를 전문으로 하는 빈 전통 레스토랑 플라헤타에 갔다. 타펠슈피츠는 거대한 구리 냄비에 나왔는데, 육수가 한가득이었고 감자튀김과 시금치, 사과소스, 갓 채를 썬 무 등 푸짐한 사이드 메뉴가 곁들여졌다. 종업원이 먼저 육수를 국자로 뜬 뒤 엄청나게 큰 스테이크를 깊은 팬에서 건져올렸다. 매우 부드럽고 맛이 좋아 접시에 덜어낸 양을 뚝딱 해치웠다. 여행가방 크기만큼 푸짐한 음식을 먹을 때처럼 의자 등받이에 편하게 기댄 채 접시를 비우자, 종업원이 다시 와서 육수에서 아까만큼 큰 스테이크를 또 한 덩이 건져올려 내 접시에 놓아주더니 거기에 시금치와 감자를 듬뿍 쌓아올렸다. 그러고는 냄비에서 뼈다귀 몇 개를 꺼내 골수를 긁어내더니 토스트에 펴 바르는 시늉을 했다. 그렇게나 수고를 아끼지 않았는데, 요리를 남기고 후식을 주문하는 것은 예의가 아닌 듯 보였다.

자허토르테와 맥주까지 먹으며 배가 터질 듯 빵빵해진 나는 뒤뚱거리며 페리로 돌아오는 길에 흥미를 끄는 마리화나 용품점을 지나쳤다. 블라인드 틈으로 밝은 빛이 보여 안을 들여다보았다. 처음에는 토마토 모종인 줄 알았던 것들이 줄줄이 서 있었고, 잠시 후 사방에 널려 있는 물담뱃대와 밥 말리 포스터도 보였다.

빈은 차세대 암스테르담일까? 이곳과 사랑에 빠져 이 도시에 대한 선입견을 모두 바꿔버린 나였지만 이 사실을 배제하지는 않을 것이다.

"어렸을 때 우리한테 안데르센 동화를 읽어주셨어요?" 그날 밤 배로 돌아와 어머니께 물었다.

"오, 그럼. 「미운 오리 새끼」 노래를 축음기로 녹음했던 거 기억 안 나니? 그 노래를 부른 게 누구였더라? 로런스 올리비에와 사귀던 배우였는데…… 록 허드슨 맞나?"

"대니 케이예요."

"그래, 맞다. 넌 그 노래를 너무 좋아해서 그걸 안 틀어주면 소리를 질렀지. 소파에서 그 노래에 맞춰 몇 시간이고 널 얼러주었는데, 그것만 주야장천 듣느라 정말 미치는 줄 알았다. 너희 아빠는 네가 자폐증이 아닐까 의심했어."

"동화는요?" 내가 화제를 바꾸며 물었다. "안데르센 동화를 많이 알고 있는데 어떻게 알게 됐는지는 기억이 나지 않거든요."

"집에 안데르센 동화집이 있었던 거 기억 안 나니? 앞면에 무시무시한 하얀 여왕이 있었는데. 그래서 네가 밤에는 네 방에 그 책을 못 두게 했잖니. 네가 좋아한 이야기는 「벌거벗은 임금님」이었는데, 그때 네가 노출증이 꽤나 심했지. [여름 바자회에서 알몸을 노출한 일화를 말씀하시는 것인데, 여기에서 할 이야기는 아닌 것 같으니 과감히 생략하겠다.] 내가 개인적으로 좋아했던 작품은 「눈의 여왕」이었어. 어렸을 때 그 동화를 참 좋아했지."

어머니는 안데르센이 어떤 사람이었는지 물었다. 나는 그의 신경증적인 행동, 비난에 민감한 태도, 미쳐 날뛰는 야망, 그리고 덴마크에 대한 쉴 새 없는 불평에 대해 말해주었다.

"하아, 그런데 그런 점은 꼭 널……"

"네, 알아요, 알아." 내가 한숨지었다.

어머니는 내가 성 베드로 대성당에서 느낀 감정, 교황을 본 일을 설명할 때 눈을 반짝인 점(내가 다시 성당으로 돌아오리라는 희망을 결코 버리지 않으신다), 로마에서 대사관을 방문한 일에 큰 감명을 받았다. 사실 대사가 날 격하게 환영해줬다고 좀 과장해서 말하긴 했다. 잔드라를 찾아간 대목에서는 살짝 실망하셨지만("회개는 했겠지?") 그럴 수밖에 없는 이유가 있었다는 점을 어렵사리 납득시켰다.

이튿날 아침 나는 어머니께 작별 인사를 했다. 어머니는 계속 프린체신 호를 타고 바이에른주 파사우까지 갈 예정이었고, 나는 안데르센을 따라 북쪽인 프라하로 가야 했다. 어린 시절 일화와 '번듯한 직장'을 다니는 친척들이 자주 화두에 오르긴 했지만, 어머니와 이렇게 오랜 시간을 함께 보낸 것은 참 좋았다. 어머니나 나나 이렇게 나이가 먹고 함께 여행을 하게 되리라고는 상상도 하지 못했지만, 그렇게 해서 무척 기쁘다.

『시인의 바자르』가 출간됐을 때 덴마크 평론가들은 책의 여러 장이 배에서 만난 저명한 인사들에게 헌정되었다고 열을 냈는데, 나 역시 비판을 무릅쓰고 이 장을 내 어머니께 바치고 싶다. (더불어 이 지면을 빌려 어머니께 진실을 고백하고 싶다. 사실 정원 창고에 불을 낸 아이는 옆집 사이먼이 아니라 저였어요.)

『시인의 바자르』를 읽으면 안데르센이 그 무렵 여행기에 대한 흥미를 모두 잃은 것 같은 강한 인상이 든다. 아마도 그의 마음은 이미 다음에 쓸 동화집에 가 있었는지 모른다. 그는 빈에서 코펜하겐에 이르는 여정을 몇 페이지로 급하게 휘갈겨 쓰며, 체코의 수도와 드레스덴을 대충 언급하는 것은 자신이 '시간이 촉박해' 코펜하겐에 얼른 돌아가고 싶기 때문이라고 둘러댄다.

예를 들어 함부르크에서 코펜하겐까지의 여정은 단 한 구절, "음악이 울리고, 폭죽이 위로 치솟는다! 잘 있거라! 너울거리는 바다 너머의 녹색 섬들이여!"로 표현되지만, 실제로 안데르센은 코펜하겐으로 직행하지 않고 일주일 동안 덴마크를 굽이굽이 더 듬어 가다가 마지막에 코펜하겐에 도착해 왕을 알현했다. 하지만 달리 생각하면 독일은 이미 익숙한 곳이었으므로 그곳에서 어떤 새로움을 발견하기란 힘들었을 것도 같다.

그는 다음 정거장인 프라하에 대해 이상할 정도로 심드렁해하며 다음과 같이 썼다. "이 볼품없고 운치도 없고 내세울 것도 없는 도시가 이토록 열렬히 가슴에 꽂히는 이유는 무엇일까? 프라하에는 특징적이고 아름다운 것이 너무나 많다!" 당시에도 프라하는 동유럽의 또 다른 총각파티 메카였을까? 구시가 광장에 있는 한 카페에 앉아 필사적으로 영국인이 아닌 척하며 이 구절을 읽는 동안 궁금증이 일었다.

오늘날 프라하 구시가 광장은 기본적으로 야외에 마련된 거대한 맥주 홀과 같다. 매주 목요일부터 일요일까지 술 취한 남자들이 서로에게 트림을 해대는 소리로 떠나갈 듯한 곳이다. 마치 고비 사막의 쥐라기 계곡을 사이에 두고 소리를 지르는 브론토사우루스들처럼. 여기서 총각파티 무리를 알아보기는 쉽다. 으레 한 명이 꽃무늬 원피스를 입고 있거나 이정표를 들고 다니면 나머지는 럭비 셔츠를 입고 배꼽이 빠져라 웃고 있기 때문이다. 이 품격 있는 도시에서 망나니 짓을 하고 있는 바보들을 보고 있노라면 발레 공연에 불쑥 나타난 영양 떼를 보는 느낌이다. 맥주가 싸다고 하지만 왜 하필 프라하일까? 맥주는 영국 슈퍼마켓 아스다에서 더 저렴하게 살 수 있다. 혹시 저 트림과 너저분한 행동은 표면적인 것일 뿐, 사실은 남몰래 바로크 건축에 대한 열정을 키우고 있는 것일까? "게리, 이 자식아. 저 로코코풍 창틀 정말 기발하지 않냐?" "그렇군, 대런. 그런데 저 코니스는 정교한 고딕풍이지 않나? 멋진 자식. 한판 붙을래?"

프라하에서 주말을 보낸 안데르센은 덴마크 천문학자 튀코 브라헤(합스부르크 왕 루돌프 2세의 꾀임으로 프라하로 건너왔다)의 무덤을 찾은 일만 기록한다. 안데르센은 튄 성모 성당에 안치된 브라헤의 무덤을 참배한 뒤 삼인칭의 독특한 구절을 남겼는데, 거기에는 누가 봐도 자기 정당화의 의도가 숨어 있다.

덴마크인이 우측 복도로 걸어가자, 갑옷을 입은 기사가 새겨진 큰 적갈색 비석이 기둥 옆에 자리하고 있다. 그 안에는 누구의 유골이 담겨 있는가? 바로 동포의 유골이다! 걸출한 자! 덴마크를 밝게 비추던 이름! 그를 추방했던 나라……. 덴마크인은 이국땅에 묻힌 튀코의 무덤 곁에서 눈물을 흘리며 분별없는 시대에 노여움을 느낀다. 덴마크여, 그대는 방패에도 심장이 있고 가슴에도 심장이 있다!

그러더니 이제는 더더욱 이상하게, 스스로에게 눈을 돌리며 특유의 서술체로 앞서 언급한 '덴마크인'을 질책한다. "가만있거라, 젊은 인류의 아들이여. 그대 역시 그 시대를 살아왔으니 다른 이들처럼 그를 잘못 판단했으리라. 그의 위대함이 그대 안에 쌓인 허영심의 침전물을 휘저어놓았을 것이고, 그대는 그것을 그의 인생을 담은 컵으로 주조했을 것이다. 인류는 인류를 닮고, 혈족은 그 안에서 혈족 스스로를 배반한다." 그런 뒤 안데르센은 추방당한 브라헤를 대신해 눈물을 터뜨린다. (브라헤는 알코올 남용으로 코를 잃고 과식으로 장이 파열되면서 죽음을 맞았기 때문에 롤모델로 삼기는 힘들었다.)

튀른 성모 성당은 미사 전 30분만 열려 있지만, 그 정도면 무덤을 찾고 어쩌면 내가 눈물을 흘리기에도 충분한 시간이라고 생각했다. 그런데 안데르센의 설명과는 반대로 이 쌍둥이 탑 성당(밤에는 박쥐들이 에워싼다)은 꽤 크다. 곧 미사가 시작될 예정이었지만 여전히 무덤은 찾지 못했고, 슬슬 절망감이 들 무렵 바닥에서 단순한 금색 서체로 '튀코 브라헤'라고 쓰인 돌 명패를 발견했다. 고개를 들자 기둥 한쪽에 마련된 제단 맞은편에 붉은 대리석 명판이 보였고 그 위에 낯익은 가짜 코가 놓여 있었다. 분명 안데르센은 바로 이 자리에서 눈물을 흘렸을 것이다.

바보 같은 사람.

안데르센의 명성은 유럽 대륙 전체로 퍼져나가고 있었던 듯하다. 여행 초반에 라이프치히를 여행할 때 그는 일기에 어떤 남자가 '나처럼 훌륭한 사람'과 한 마차를 타게 돼서 영광이라고 말했다고 적는다. 그리고 이번에는 프라하발 드레스덴행 증기선(불과 한 달 전부터 운영된 노선)에서 한 의사가 자신의 짐표를 보고 그 유명한 시인이 맞느냐고 물었을 때, 그리고 또 다른 팬이 인사를 건네며 시를 써달라고 했을 때 한껏 우쭐해한다. 그의 일기에는 『즉흥시인』과 『한낱 바이올린 연주자』를 아는 어떤 요염한 숙녀'와의 일화도 적혀 있다. "그녀가 대놓고 추파를 던졌지만, 나는 점잖을 빼느라 그녀와 이야기를 나누고 싶지 않았다." (직진이 대세다!) 물론 이처럼 국제적으로 큰 인정을 받는 것보다 그를 기쁘게 할 수 있는 일은 아무것도 없었다.

내가 드레스덴까지 타고 간 기차에는 『라디오타임스』에 실린 내 짧은 비키니사史 기고문을 아는 사람이 아무도 없는 듯했다. 아니면, 알긴 알지만 쑥스러워서 다가오지 못했거나. 나는 함부르크를 거쳐 집으로 가기 전에 오후만 드레스덴에서 보낼 계획이었지만, 일요일 밤이었기 때문에 이튿날 아침까지는 운행 수단이 전혀 없었다.

"하지만 시간이 촉박하단 말이에요!" 나는 티켓 판매원에게 통사정을 했다.

"촉박이고 뭐고 무슨 말인지 못 알아듣겠으니까, 제발 티켓 갖고 가세요."

유명한 것도 없고(독일 위생박물관에 가고 싶은 분?) 멋도 없는 도시에 왜 필요한 것인지는 모르겠지만, 드레스덴에는 강한 바람에 노출된 크로이던*풍의 1970년대식 도심 한복판에 대형 이비스 호텔 세 지점이 줄줄이 서 있다. 나는 그중 한 곳에 체크인을 하고 배낭을 던져놓은 후, 드레스덴 폭격 영웅 '폭격기 해리스'가 그리워했던 드레스덴 역사 유적지로 향했다.

사실 나는 가련한 드레스덴을 제대로 평가하지 못하고 있다. 안데르센은 이 도시를 '북부 독일의 피렌체'라고 묘사했으며 지금도 이곳에는 유럽을 대표하는 걸작 미술품들이 소장되어 있다. 여기에는 네덜란드 거장 열댓 명과 반다이크, 카날레토, 홀바인, 뒤러, 브론치노, 보티첼리, 티치아노, 라파엘로의 작품도 포함된다. 특히 상징적인 천사 두 명이 프레임 바닥에 팔을 괸 채 마치 엄마와 함께 쇼핑을 가는 아이처럼 지루한 표정을 짓고 있는 라파엘로의 「시스티나 성모」가 유명하다. 안데르센은 1831년 드레스덴을 처음 방문했을 때 이 그림을 보고 넋을 잃었는데, 그때는 츠빙거 궁전에 이 그림이 있었다. 그는 일기에 이렇게 적는다. "[성모는] 순결의 화신이다. 다른 이들은 이런 여인과 사랑에 빠질 수 없고 다만 존경심이 들 뿐이라고 말하지만, 나는 이 여인을 온 마음과 영혼을 다해 뜨거운 키스와 포옹으로 더없이 행복

* 런던 남부의 자치구.

하게 사랑할 수 있었다."

안데르센은 드레스덴에서 기차를 타고 라이프치히까지 가서 다시 한번 멘델스존의 연주를 들었다. 괴테의 며느리인 오틸리에 폰 괴테가 그곳에 살았기 때문에 안데르센은 콜린 가족에게 보내는 편지에 또 한 번 유명 인사를 들먹였다. "내가 앉은 테이블 위에는 라이프치히에 있는 모든 유명 예술가의 명함이 한가득입니다. (…) 브로크하우스[안데르센의 독일 담당 출판업자]가 나를 위해 만찬을 열었고, 나는 폰 괴테 부인과 함께 특별석에 앉았지요." 그들은 바흐가 연주했던 오르간으로 연주되는 위대한 작곡가 멘델스존의 연주회를 함께 감상한다.

나는 이미 라이프치히에서 많은 묘미를 맛보기도 했고(대부분은 버터 한 통을 넣고 튀긴 것이었다) 브로크하우스의 특별석을 찾고 싶은 생각도 없었기 때문에 이튿날 드레스덴에서 함부르크까지 가는 가장 빠른 직행 열차를 탔다.

이유는 잘 모르겠지만 나는 안데르센이 했던 작은 선의의 거짓말을 들춰내는 일이 좋다(아마도 거짓말을 들켰을 때 그의 반응을 상상하는 것이 즐겁기 때문인 듯하다. 안데르센은 콜린 가족에게 거짓말을 들키면 꽤액 소리를 지르며 웃음을 터뜨렸다). 『시인의 바자르』 막판에도 주목할 만한 사소한 거짓말이 나오는데, 여덟 달 전에 갔던 함부르크의 바로 그 장소에서 또다시 프란츠 리스트의 콘서트를 봤다고 주장하며 여행을 멋지게 마무리 짓는 부분이다. 그는 다음과 같이 쓴다. "리스트가 여기 있다. 나는 일전과 같은 살롱에서 그의 연주를 다시 들을 것이다. (…) 혹시 지금까지 내 도피 여행은 리스트가 지휘하는 힘차고 으르렁거리며 불같고 파도가 굽실거리는 환상곡에 맞춰 꾼 한낱 꿈이 아니었을까? 몇 달은커녕, 고작 몇 분이 지난 것이었다." 진실을 이야기하자면 안데르센은 왕을 알현한 후 코펜하겐에서 리스트의 연주를 감상했고 이튿날 그와 저녁을 함께 먹었다. 우쭐한 마음이 드냐고? 내가 말인가?

나는 관광객들을 도심으로 데려가기 위해 함부르크 역에 대기시켜놓은 야생마 무리를 간신히 피한 뒤, 안데르센이 코펜하겐에 왕을 만나러 가기 전에 들렀던 곳이자 내 마지막 목적지인 오덴세로 곧장 향했다. 그는 서둘러 집에 돌아갈 필요가 없었다. 여행을 떠난 10월 31일에 임대한 방들을 내놓았기 때문에 말 그대로 돌아갈 집이 없었는데, 이는 그가 여행 경비를 모으기 위해 종종 했던 일이다.

우연의 일치로 안데르센이 오덴세에 도착한 날은 성 크누트 축일이었기 때문에, 한 노부인이 거리에서 그를 보고 다음과 같이 말했을 때 그는 흡족해했다. "축일에 맞춰 오려고 여행 일정을 조율하셨다니 참 기쁘네요. 오덴세를 잊지 않았군요. 내 그럴 줄 알았답니다."

안데르센이 마지막으로 고향을 찾은 1867년엔 훨씬 더 큰 주목을 끈 이벤트가 있었다. 그는 명예시민 훈장을 받기 위해 기차를 타고 오덴세를 찾았다. 수여식은 저녁에 열렸는데, 오덴세 시청의 열린 창문 앞에 서는 순간 성인이 되고부터 그를 줄

곧 괴롭혔던 치통이 되살아났다. 인생에 다시없을 영광의 시간이 생지옥으로 변하는 순간이었다. "창가로 몰려든 얼음장 같은 공기가 부채질하며 극심한 통증을 일으켰다. 처음이자 마지막이 될 이 행복의 순간을 온전히 만끽하기는커녕 치통을 일으키는 차가운 공기에서 도망치기까지 얼마나 많은 가사가 남아 있나 확인하려고 악보를 봤다." 훗날 그는 이렇게 회상했다. 안데르센이 겪은 전형적인 달콤쌉싸름한 순간이다.

리센은 오덴세 역에서 나를 기다리고 있었고, 우리는 쉴새없이 이야기를 나누며 이 여정의 종착점까지 걸어갔다. 바로 한스 옌센스 거리에 있는 작은 모퉁이 상자형 주택으로, 안데르센이 태어난 곳이었다.

아닐지도 모르지만.

실제로, 호화로운 한스 크리스티안 안데르센 박물관의 한쪽 모퉁이에 자리한 이 집이 그의 출생지인지에 대해서는 진위 여부가 불분명하다. 안데르센도 분명 자신이 '그런 가축우리 같은 집에서' 태어났을 리 없다고 이의를 제기했을 것이며, 아네 마리와 한스가 그곳에 살았다는 기록도 찾을 수 없다(단, 한스의 친척 아주머니가 그곳에 거주한 공식 기록은 존재한다). 하지만 오덴세 당국은 이에 아랑곳하지 않고 이곳을 안데르센의 생가로 홍보한다. 오늘날 이 집은 작고 예스러운 빈민가의 한 부분으로, 이 여행기가 시작된 콘서트홀 가까이에 자리하고 있다.

우리가 도착했을 때 안데르센을 닮은 남자와 의상을 차려입은 아이들이 정원에서 정교한 무대 공연을 한창 펼치고 있었다. 비탈진 잔디밭에 가족 관객들이 모여 있어서 우리도 그곳에 앉아 안데르센의 유명 동화들이 상연되는 활기찬 무대를 구경했다.

나도 활기차게 내 여행담을 펼쳐놓았다. 무대에서 그런 것은 아니고 리센에게만 조용히, 잔드라를 찾아간 일, 렌터카 사무소의 놈팡이 세 명과 맞짱 뜬 일, 대사들과 친분을 쌓게 된 과정, 종교적 구루들과 세계적으로 유명한 여자 배우들을 만난 일에 대해 읊조렸다.

안데르센은 마지막으로 감정을 최고조로 끌어올리며 『시인의 바자르』를 마무리한다.

나는 향수병을 전혀 앓지 않았다. 다만 고국의 친애하는 친구들을 떠올리면 가슴에 둘도 없는 애정이 샘솟고, 낯익은 얼굴들 틈에서 그 친구들을 처음으로 다시 만날 날을 상상하면 마음속에 끝없는 기쁨이 넘쳐흐른다. 그러고 나면 그 그림이 실제처럼 앞에 나타나 눈가에 눈물이 맺히고 가슴이 녹아내리므로, 억지로라도 그런 생각을 물리쳐야 한다! 이것이 향수병인 것일까? 그렇다! 그런 것이라면 나도 향수병을 앓고 있다. 그러나 전체 여정의 백미는 고국에 첫발을 내딛는 순간이다.

안데르센은 돌아오자마자 자신이 떠난 이후 코펜하겐에 첫 합승 마차가 다녔고 강적 헤이베르그가 국제적인 성공을 거두기 시작했다는 소식을 듣는다. 나도 리센으로부터 내가 떠난 이후 코펜하겐에 첫 지하철이 생겼고 안데르센 탄생 200주년 기념일을 앞두고 로저 무어가 공식 한스 크리스티안 안데르센 대사가 되었다는 이야기를 들었다.

"아버지께 보낸 편지를 보니 자넨 또 여행기를 쓸 생각인 것 같더군. 몇 권짜리로 된 자네 여행기를 누가 사볼 거라고 생각하나? 그런 여행은 이미 1000명이 해봤고 그 사람들도 좋은 구경거리를 놓쳤을 리 없으니, 자네가 두 권의 책에 꽉꽉 채워넣은 소재는 전혀 새롭지도, 흥미롭지도 않을 걸세. 사람들이 자네에게 그렇게 관심이 많으리라고 생각하는 건 정말이지 자기중심적인 발상이야. 그 책임은 오로지 자네가 짊어지게 될 걸세." 여행 회고록을 쓰려는 안데르센에게 에드바르 콜린이 전한 특유의 격려 메시지다. 1834년에 쓰인 편지이지만, 1842년 『시인의 바자르』가 출판되기 전에 에드바르가 이 책을 어떻게 생각했는지를 제대로 압축해서 보여준다.

하지만 에드바르는 틀렸다. 안데르센이 자서전에 흡족해하며 쓴 것처럼 이 책은 대성공을 거두어 그때까지 그가 쓴 작품들보다 더 많은 돈을 벌어다주었다. 지금은 거의 잊히다시피 한 작품이지만, 『시인의 바자르』(그는 이 책의 제목을 『동방에서 맞는 저녁 My Evenings in the Orient』으로 할까 고민한 적도 있다)는 1840년대에 안데르센의 명성이 유럽 전역으로 급격히 퍼져나가는 데 기여했다. "『시인의 바자르』는 많은 사람에게 읽히며 소위 대박을 쳤다. 나는 덴마크의 저명한 지식인 한 사람 한 사람으로부터 많은 격려와 인정을 받았다. 이 책은 그 후 판을 거듭해서 발행됐고 독일어와 스웨덴어, 영어로 번역되며 큰 인기를 끌었다."

그는 프로케슈 폰 오스텐, 프란츠 리스트, 지기스문트 탈베르크와 같은 유명 인사에 대한 아부성 헌정사를 비난하는 목소리에 무시로 일관했다. "고국에서는 이런 헌정사가 내 허영심을 말해주는 새로운 증거로 여겨졌다. 나는 유명 인사들과 어울리며 중요한 사람들을 친구로 삼고 싶었다. (…) 코펜하겐의 신문 비평에서는 어리석은 말들이 끊이지 않았다. (…) 그런 것에 겁먹을 사람이 있을까 싶을 정도로 한심하기 짝이 없는 비판이지만, 우리는 마음이 평화로운 순간에조차 물에 젖은 강아지가 우리 방에 들어와 가장 좋은 자리에 몸을 누이면 채찍질하고 싶어지는 법이다."

나는 이런 경우 물에 젖은 강아지를 위하는 편이지만, 어쨌거나 『시인의 바자르』는 여전히 그의 여행서 중 가장 훌륭할 뿐 아니라 안데르센을 대표하는 명작 동화들 및 명작 소설 『즉흥시인』

과도 어깨를 견줄 만하다. 그의 트레이드마크인 공상의 나래가 곁들여진 보도문과 때때로 흥미로운 사실을 드러내는 회고록이 생동감 있게 조화를 이루어 고유의 장르적 묘미를 이끌어낸다.

그렇다 해도 여행의 결과물인 책보다는 여행 자체가 훨씬 더 중요했다. 여행을 통해 그는 예술가로서의 목적의식을 찾고 남자로서 엄청난 자신감을 얻었다. 몇 년 후 그는 여행을 되돌아보며 다음과 같이 썼다. "여행은 내게 정신적, 육체적 힘을 주었다. 나는 점차 확고한 목적을 찾고 더 분명한 판단력을 갖추게 되었다. 이제 나 자신은 물론 내 주변 사람들과도 조화를 이룰 수 있었다." 안데르센은 친구 잉에만에게 이 여행이 그가 가진 '시인의 목소리'를 찾게 도와주었다고 밝혔다.

여행을 소화하기까지는 시간이 꽤 걸렸다. 수년 뒤에도 그는 이 여행이 자신의 인생에 미친 영향을 반추하고 있었다. "마치 인생이 새롭게 시작되는 느낌이었고, 실제로도 그랬다. 그 영향이 내 글에 또렷이 나타난 것은 아닐지라도 내 인생관에, 내적인 발전에 두루두루 발현되었다. 고국을 저 멀리 뒤로하고 떠날 때는 망각의 시냇물이 마음에 맺힌 쓰라린 추억을 쓸어버린 것 같은 기분이었다. 피와 생각이 건강해짐을 느꼈고, 나는 다시 새로운 마음으로 용감하게 고개를 들어올렸다."

이 무렵 훌륭한 동화 작품들이 탄생한 것은 결코 우연이 아니다. 「나이팅게일」「미운 오리 새끼」(1843)「전나무」「눈의 여왕」(1845)「그림자」(1847)「성냥팔이 소녀」(1848) 같은 동화들은 한층 성숙해진 스타일로 성인 독자층을 점차 겨냥하기 시작했다.

이 동화들은 높은 판매고와 국제적 인정은 물론 덴마크 평론가들의 순수한 흠모까지 이끌어냈다.

물론 안데르센은 또다시 여행을 떠났다. 현실을 도피하며 자극을 찾고 추구해야 할 이유는 계속 존재했기 때문에 여생의 대부분을 쉬지 않고 여행하며 보냈다. 수없이 독일을 드나들고 잉글랜드를 두 차례 여행했으며 북쪽으로는 스코틀랜드를 찾아가고 남쪽으로는 스페인까지 갔다가 거기서 탕헤르를 짧게 다녀왔다. 여행지에서는 언제나 흥미로운 사람들과 어울리며 불평거리를 끊임없이 찾아냈고, 대개는 다른 곳으로 떠나는 꿈을 꾸었다. 그는 스웨덴과 스페인, 포르투갈을 각각 다룬 여행서 세 권을 더 썼다. 그중 어떤 작품도 『시인의 바자르』의 이국적 경험과 청년 안데르센의 열정을 재현하지 못하지만, 여전히 작가의 신경증과 허영심이 빛을 발하고 지방색을 알아보는 예리한 심미안이 돋보인다.

1862년에 스페인을 방문한 안데르센은 이곳이 20년 전의 이탈리아만큼이나 원시적임을 알게 된다. 한 집에서는 정원 구석에 파놓은 구덩이에서 볼일을 봐야 할 정도였다. "거기에 쭈그리고 앉자 누런 개가 가까이 다가왔다. 순간 사자인 줄 알았다!" 1866년의 포르투갈 여행에서는 다행히 『시인의 바자르』와 같은 유명 인사 이름 들먹이기와 아부가 나타나지 않는데, 이는 단지 그럴 만한 가치가 있는 유명 인사를 거의 만나지 못했기 때문이다. "한번은 포르투갈에 오래 머물면서 어떤 일이 일어날지 보고 싶은 생각이 들었다." 안데르센은 조르즈 오네일 가족과 보낸 시간을 회상하며 이렇게 썼다. "하지만 그때, 객식구는 오래 머물면 민폐가 된다는 오래된 속담을 떠올렸다. 내가 기억하는 바로, 지금까지 나는 이 속담의 진위 여부를 시험해본 적이 없었고, 그럴 마음도 없었다."

십수 년 전 안데르센이 켄트에 있는 찰스 디킨스의 집을 찾아 실제로 그렇게 한 일화는 잘 알려져 있다. 그는 1847년 잉글랜드를 처음 방문했을 때 디킨스를 만났다. "우리는 서로 손을 부여잡고 눈을 바라보며 웃고 기뻐했다. 처음 만난 사이였지만, 서로를 매우 잘 알았다." 그는 찰스 디킨스의 초대를 받았다가 1857년 집으로 돌아가는 길에 이 영국 소설가가 만년을 보낸 개즈힐을 찾아갔다. 하지만 안데르센은 민폐 유숙객이었다. 디킨스의 아들에게 자신의 수염을 깎게 하는가 하면, 의사소통도 원활하지 않았고 예상보다 더 오래 머물렀다. 오죽하면 그가 떠난 후 디킨스가 그의 방문 앞에 다음과 같이 적힌 팻말을 달았을까? "한스 안데르센이 이 방에서 5주간 묵었는데, 우리 가족에게는 그 시간이 영원처럼 느껴졌다!"

디킨스 때와 달리, 안데르센은 미국 출판업자가 여러 번이나 초대했는데도 미국에는 가지 않았다. 1858년 친구 헨리테 불프가 미국으로 가는 도중에 해상에서 죽음을 맞은 후로는 증기선을 이용한 장거리 여행을 꺼렸다. 하지만 이탈리아는 몇 번 더 방문했고 세 번째 여행에서는 한 친구에게 이런 편지를 쓰기도 했다. "나는 이곳에서 점점 폐허 자체가 되어 가네. 내 곁에는 석화된 신들이 살고 장미들이 항상 꽃을 피우며 성종이 울린다네.

하지만 로마는 내가 처음 왔던 13년 전의 로마가 아니네. 마치 모든 것이 근대화되고 폐허가, 풀과 덤불이 말끔히 정리된 느낌이네. 모든 것이 너무나 단정해서⋯⋯."

1861년 안데르센은 에드바르의 아들 요나스와 함께 다시 찾은 로마에서 로버트 브라우닝과 헨리 제임스를 만났다. 제임스는 당시 아이들이 안데르센에게 선물한 양철 병정과 그 밖의 장난감들을 떠올리며 다음과 같이 썼다. "이 위대한 공로자가 이런 기념물을 잔뜩 들고 유럽을 돌아다니는 모습은 기묘하면서도 아름답다." 로버트 브라우닝의 아내이자 영국의 시인인 엘리자베스 배럿 브라우닝은 안데르센을 두고 이렇게 썼다. "일반적으로 포용력이 넘쳐 보였다. 무척 성실하고 단순하며 아이 같은 면이 있다." 그녀는 (분명 당시에는 자각하지 못했지만) 안데르센을 소재로 삼아 마지막 시 「북과 남」을 짓기까지 했다.

그리하여 북쪽에서 사나이 중의 사나이가
남쪽을 예방했으니,
바로 로마에 안데르센이 온 것이리라.

만년에 안데르센은 젊은 청년 친구들과 여행하는 것을 즐겼는데, 대개는 요나스 콜린의 손자들 중 한 명이었다. 이들의 여행 경비를 대주는 대가로 안데르센은 자신의 정서적, 현실적 욕구를 돌봐주기를 기대했지만, 1855년 독일과 스위스를 함께 여행할 때 진심 어린 도움을 주었던 에드거를 빼고는 어쩔 수 없이 이 기골 있는 청년들과 사이가 틀어졌다. 나약하고 사고가 끊이지 않는 심기증 환자가 얼마나 골칫거리인지 그들도 알게 된 까닭이었다. "하랄은 아침에 깨우기가 어렵고 같이 있으면 어색하다. 또한 사람들을 잘 방문하지 않으며 독일어를 못하고 비고처럼 다루기가 무척 어렵다." 안데르센은 콜린의 손자 두 명과 짜증스런 여행을 다녀온 후 이렇게 평했다. 가장 많은 독설을 퍼부었지만 궁극적으로는 가장 깊은 애정을 느꼈던 대상은 요나스 2세였다. 스페인을 함께 여행한 후 안데르센은 그를 '내가 쓸데없이 잘해줬던 버릇없는 녀석'이라고 불렀다. 요나스는 아버지 에드바르와 공통점이 많았다. 노이로제가 심한 안데르센에게 공감하는 능력은 전적으로 부족했지만, 상황이 힘들 때는 의지가 되었고 삶의 끝자락을 향해 가는 안데르센을 간호한 사람이기도 했다. 사소한 말다툼은 잦았지만 그럼에도 안데르센은 그를 애지중지했고 심지어는 사랑했던 것으로 보인다. 그 무렵 안데르센은 남자든 여자든 누군가와 로맨스를 시작할 희망을 단념한 것이 분명했지만, 이 젊은이들에 대한 애착을 점차 키우기도 한 듯 보인다. 한 예로 이들이 밤늦게까지 밖에서 돌아오지 않으면 질투를 하곤 했다.

안데르센의 훗날 여행 동행자 중 한 명이자 연극 연출가인 윌리엄 블로흐 역시 그가 질투에 사로잡힌 연인처럼 행동한 일화를 회상했다. 어느 날 밤 블로흐가 30분 늦게 호텔로 돌아오자 안데르센은 고래고래 소리를 질렀다. "드디어 들어오셨군! 어쩜 이렇게 뻔뻔할 수 있지? (…) 11시까지 들어온다고 하더니 30분이나 지났잖아. 마차에 치인 줄 알고 자네 가족에게 전보를 칠 참이었네. 이렇게 행실이 나빠서야 쓰겠나."

블로흐는 다음과 같이 쓴다. "30분 뒤에 그는 화내서 미안하다며 용서해달라고 애원했다."

(블로흐는 말년의 안데르센과 여행을 다닌 일을 소재로 멋진 책을 썼지만 안타깝게도 덴마크어로만 나와 있다. 안데르센은 여행 내내 서비스에 서툰 종업원과 호텔 직원들에게 발끈 성을 내고 병약한 아주머니처럼 자신의 건강 상태를 한탄했던 듯 보인다.)

안데르센의 마지막 외국 여행지는 1873년 작가 니콜라이 뵈그와 함께 떠난 스위스였다. 그는 몇 달 전에 걸린 괴병, 즉 복통과 메스꺼움을 치료할 약을 구하기 위해 이곳을 찾았다. 나중에 이 병은 간암 말기로 악화됐다. 베른에 사는 한 의사는 '과잉피자극증'이라는 진단을 내렸고 안데르센은 어느 때보다 병색이 짙어져 돌아왔다. 그는 그해 11월의 일기에 다음과 같이 썼다. "다시는 완쾌하지 못할 것이다. 죽음이 천천히 다가오고 있다. 나는 죽고 싶지만 동시에 죽음이 두렵기도 하다."

하지만 여행을 하고 싶은 열망은 여전히 강했다. 1875년 8월 4일 숨을 거두기 2주 전에도, 안데르센은 엄청난 통증 때문에 걷는 것조차 힘든 상황에서 여전히 스위스 몽트뢰로 떠날 생각을 하고 있었다. (추밀 고문관이란 새로운 신분을 얻은 안데르센을 축하하려고 카를 알렉산더가 보내온 편지 뒷면에 휘갈겨 쓴 여행 계획이 나중에 발견되었다.)

"주치의는 내가 봄에 건강과 체력을 회복할 것이라고 하는군.

그때 여행을 하고 싶네. 잉글랜드의 친구들을 만나러 가고 싶은 마음이 굴뚝같지만, 체력적으로 부담이 될까 걱정이야. 남쪽의 산들을 꼭 봐야 하건만." 그는 한 친구에게 이런 편지를 썼다.

하지만 끝내 안데르센은 모르핀을 복용했고 병상을 떠날 수 없었다. 안데르센의 마지막 일기 몇 편은 자신의 저택 '롤리헤드 Rolighed'(평온이라는 뜻)에서 그를 간호했던 도로테아 멜시오르가 적은 것이었다. 마지막 일기에는 이런 내용이 적혀 있다. "작가님 께서 이렇게 말씀하신다. '내 상태는 묻지 마. 지금은 아무것도 이해하지 못하니까.'" 1875년 8월 4일에 일기는 끝난다. "이제 불빛이 사그라들었다. 얼마나 평화로운 임종인가! 11시 5분에 우리의 소중한 벗이 숨을 거두었다."

안데르센은 장수했을 뿐만 아니라, 심기증으로 고생은 했지만 잦은 치통 외에는 별다른 신체적 질병 없이 칠순을 맞았다. 심지어 1872년의 코펜하겐 산업전람회에서 초콜릿으로 형상화된 자신의 모습까지 봤을 정도로 오래 살았다.

그는 헤이베르를 비롯해 자신을 비판한 거의 모든 평론가보다 더 오래 살았지만(아마 그 사실만으로도 만족스러웠을 것이다), 대부분의 친구가 죽는 것 또한 보았다. 성격이 무뚝뚝한 에드바르는 안데르센보다 11년 더 오래 살아 그의 유산과 원고를 물려받았다. 그는 원고의 황당한 내용을 꼼꼼하게 걸러낸 뒤, 위대한 작가와 함께한 삶이라는 주제로 자신의 회고록을 출판했다.

안데르센은 가재도구나 부를 축적하는 일에 그다지 관심이 없었고 당시에는 작가의 저작권도 제대로 성립되지 않았지만(실제로 1896년의 베른조약 때부터 성립되었다), 3만 리그스달레르에, 2만 리그스달레르의 작품 저작권료까지 상당한 액수의 유산을 남겼다. 오늘날의 가치로 환산하면 약 50만 파운드에 상응하는 거금이었다.

안데르센은 에드바르와 그의 아내에게 세상을 떠나게 되면 자기 옆에 묻혔으면 좋겠다고 부탁했고, 소원은 그대로 이뤄졌다. 하지만 몇 년 뒤 에드바르와 헨리테의 시신은 콜린 가문의 장지로 이장되었다. 오늘날 안데르센은 코펜하겐 뇌레브로에 있는 아시스텐스 묘지에 홀로 누워 있다. (안데르센으로서는 알 도리가 없지만) 그가 잊고 지낸 이부 누이 카렌 마리뿐 아니라 외르스테드, 키르케고르, 헤이베르 같은 많은 친구와 앙숙도 근처에 묻혀 있지만, 이곳의 인기 명소는 여전히 안데르센의 무덤이다. 무덤은 그의 바람대로 전 세계에서 수많은 관광객이 찾아오는 순례지가 되었다.

감사의 말

오덴세 한스 크리스티안 안데르센 센터의 기록보관실 문을 활짝 열어주고 안데르센과 그 생애에 대한 내 서툰 질문을 오랜 시간 견뎌준 솔베이 오토센과 동료 직원분들께 깊은 감사를 드린다. 마찬가지로 오랜 시간 인내심 있게 내게 덴마크어의 뉘앙스를 설명해준 말레네 사이에르 라르센에게도 고마운 마음을 전한다. 덕분에 이 책에 언급된 다양한 덴마크어 텍스트를 '직감에 의지해' 쩔쩔매며 해독해나가는 고생을 덜었다. 19세기 문예의 도시 뮌헨을 여기저기 둘러볼 수 있도록 힘써준 디르크 하이서러에게도 큰 감동을 받았다. 이외에도 브루노 베르니, 포울 스퀴테 크리스토페르센, 브라이텐부르크성의 슈미트 부인, 멋진 미르토 게오르기우 닐센을 비롯해, 덴마크에서 이스탄불까지 하필 내가 찾아간 날 근무를 했던 거의 모든 사서와 기록보관 담당자들이 내게 분에 넘치는 관심과 시간을 내주었다. 터키 관광청, 페라펠리스 호텔, 몰타 관광청, 발레타에 있는 완전 친절한 메르디앙페니키아 호텔, 유럽카, 피터데일만크루즈 사도 내가 본래 예산을 넘기지 않도록 많은 도움을 주었다. 하지만 피터데일만크루즈 사에는 그 은혜를 부당한 언동과 저급한 노인 차별성 독설로 갚은 것 같아 한없이 부끄러운 마음이다. (피터데일만크루즈는 업계 최고이니 여러분도 당장 예약하러 가길 바란다. 우리 어머니도 즐거운 시간을 보내셨다.) 여행하는 동안 엄청난 지지를 해준 페테르와 카렌 마샬에게도 영원히 빚진 기분이다. 마지막으로 '이 책이 탄생하는 데 가장 큰 도움을 준' 커티스브라운 저작권 에이전시의 카밀라 혼비에게도 격려가 절실할 때마다 힘내라는 말을 해줘서 고맙다고 전하고 싶다.

참고문헌

Andersen, Hans Christian: *Almanakker 1833–1873*, Copenhagen 1971.

Andersen, Hans Christian: *Andersen's Fairy Tales – Complete and Unabridged* (영역자 불명), Ware 1993.

Andersen, Hans Christian: *Fairy Tales* (발행일 및 영역자 불명), London.

Andersen, Hans Christian: *The Improvisatore* (trans. Mary Howitt), London 1878.

Andersen, Hans Christian: *In Sweden and Other Stories* (영역자는 불확실하나 아마도 Mary Howitt), London 1869.

Andersen, Hans Christian: *A Poet's Bazaar*, Copenhagen 1842 (trans. Grace Thornton, New York 1988; trans. Mary Howitt, New York 1871도 함께 참조했다).

Andersen, Hans Christian: *The True Story of My Life* (trans. Mary Howitt), London 1847. 한국어판은 『안데르센 자서전: 내 인생의 동화』, 이경식 옮김, 휴먼앤북스, 2012.

Andersen, Hans Christian: *A Visit to Portugal 1866* (trans. Thornton),

London 1972.

Andersen, Hans Christian: *A Visit to Spain 1862* (trans. Grace Thornton), London 1975.

Andersen, Hans Christian: *Collected Works* (trans. Mary Howitt), New York 1870.

Andersen, Hans Andersen: *En Biografi*, Copenhagen 2002.

Anderseniana 1933–2004(연간으로 발행되었던 안데르센에 관한 글 모음집), published by Odense City Museums.

Barber, Robin: *The Blue Guide to Athens*, London 2002.

Behrend, C. and Topsøe-Jensen, H. (eds): *HC Andersen Brevveksling med Edvard og Henriette Collin*, Copenhagen 1933.

Bloch, William: *På Rejse med HC Andersen*, Copenhagen 1942.

Bredsdorff, Elias: *HC Andersen set med engelske øjne*, Copenhagen 1954.

Bredsdorff, Elias: *Hans Christian Andersen, A Biography*, London 1975.

Buzard, James: *The Beaten Track: European Tourism, Literature and the Ways to 'Culture' 1800–1918*, Oxford 1993.

Capelli, Rosanna: *National Archaeological Museum of Naples Guide*, Naples 1999.

Collin, Edvard: *HC Andersen og det Collinske Hus*, Copenhagen 1882.

Conroy, Patricia L. and Rossel, Sven H. (eds): *The Diaries of Hans Christian Andersen*, Washington 1990.

Dent, Bob: *Blue Guide City Guide Budapest*, London 1996.

Dreyer, Kirsten (ed): *HC Andersen's brevveksling med Lucie og BS Ingemann*, Copenhagen 1997.

Dulcken, H.W. (trans.): *The Complete Illustrated Stories of Hans Christian Andersen*, London 1989.

Fiore, Kristina Herrmann: *Guide to the Borghese Gallery*, Rome 1997.

Flint, Kate (ed): *Charles Dickens, Pictures From Italy*, London 1998.

Fossi, Gloria: *Uffizi Gallery: The Official Guide of all the works*, Florence 2003.

Freely, John: *Blue Guide City Guide Istanbul*, London 2000.

Freely, John: *Galata: A Guide to Istanbul's Old Genoese Quarter*, Istanbul 2000.

Gallico, Sonia: *Vatican*, Rome 1999.

Grønbech, Bo: *H.C. Andersen*, Copenhagen 1980.

Helweg, Hjalmar: *H.C. Andersen En Psykiatrisk Studie*, Copenhagen 1927.

Macadam, Alta: *Blue Guide City Guide Florence*, London 2001.

Magris, Claudio: *Danube* (trans. Patrick Creach), London 1989. 한국어판은 『다뉴브』, 이승수 옮김, 문학동네, 2015.

Marx, Harald and Weber, Gregor: *The Old Masters Picture Gallery*, Munich 2001.

de Mylius, Johan; Jørgensen, Aage and Pedersen, Viggo Hjornager (eds): *Hans Christian Andersen Centre: Hans Christian Andersen, A Poet in Time: papers from the Second International Hans Christian Andersen Conference*, Odense 1999.

Nielsen, Myrto Georgiou: *Once Upon a Time there was an Andersen*, Athens 1994 (미출간작이지만, 꼭 출간되어야 한다).

Olsen, Kåre and Topsøe-Jensen, H. (eds): *HC Andersen's Dagbøger 1825–1875*, Copenhagen 1973.

Oxenvad, Niels (ed): *Jeg er I Italian!:HC Andersen på rejse 1833–1834*, Copenhagen 1990.

Prince, Alison: *The Fan Dancer*, London 1998.

Roess, Emily: *A Child's Recollection of Hans Christian Andersen*, publ. *Munsey's Magazine*, New York, 1905.

Schirò, Joe and Sørensen, Sven: *Andersen and Malta*, Valetta 1991.

Schroeder, Veronika: *Museum Guide: Neue Pinakothek*, Munich 1999.

Sjøberg, Erik: *H.C. Andersen og Prostitutionen*, Odense 2001.

Thomson, David: *Europe Since Napoleon*, London 1957.

Toksvig, Signe: *Life of Hans Christian Andersen*, London 1933.

Topsøe-Jensen, H. (ed): *HC Andersen og Henriette Wulff. En Brevveksling*, Odense 1959.

Withers, Carl Lorain: *The Private Notebook of Hans Christian Andersen*, publ. *The Forum magazine*, 1927.

Wood, Annie: *Andersen's Friendships*, publ. in *Temple Bar Magazine*, London 1877.

Wullschlager, Jackie (ed): *Hans Christian Andersen Fairy Tales*, London 2004.

Wullschlager, Jackie: *Hans Christian Andersen: The Life of a Storyteller*, London 2000.

마이클 부스의 유럽 육로 여행기

동화 속 언더그라운드를 찾아서

초판인쇄	2019년 4월 12일
초판발행	2019년 4월 19일

지은이	마이클 부스
옮긴이	김윤경
펴낸이	강성민
편집장	이은혜
책임편집	박은아
마케팅	정민호 정현민 김도윤
홍보	김희숙 김상만 이천희
독자모니터링	황치영

펴낸곳	(주)글항아리	출판등록 2009년 1월 19일 제406-2009-000002호

주소	10881 경기도 파주시 회동길 210
전자우편	bookpot@hanmail.net
전화번호	031-955-2663(편집부) 031-955-8891(마케팅)
팩스	031-955-2557

ISBN	978-89-6735-621-7 03900

이 도서의 국립중앙도서관 출판예정도서목록(CIP)은 서지정보유통지원시스템 홈페이지(http://seoji.nl.go.kr)와 국가자료공동목록시스템(http://www.nl.go.kr/kolisnet)에서 이용하실 수 있습니다. (CIP제어번호 : CIP2019013026)